高职高专会展策划与管理专业"十二五"规划教材

HUIZHAN CEHUA YU GUANLI

会展策划与管理

陈鲁梅　主　编

吕志元　王树新　副主编

第2版

化学工业出版社

·北京·

本书将会展策划与管理的知识体系以及会展策划与管理的基本操作技能融为一体，不仅能够使读者掌握会展策划与管理的理论知识，而且使读者具备会展策划与管理的基本操作技能，熟练掌握现代会展的策划与运作方法。

具体内容包括会展业概述、会展策划、会展立项策划、会展招展策划与管理、会展招商策划与管理、会展现场策划与管理、会展服务策划与管理、会议策划与管理、会展相关活动策划与管理、会展后续工作管理、会展客户关系管理。

本书可作为高职高专院校、成人高等院校会展专业和其他相关专业的学生教材，还可作为会展从业人员参考用书。

图书在版编目（CIP）数据

会展策划与管理/陈鲁梅主编. —2 版. —北京：
化学工业出版社，2016.2（2023.1 重印）
高职高专会展策划与管理专业"十二五"规划教材
ISBN 978-7-122-25892-2

Ⅰ.①会…　Ⅱ.①陈…　Ⅲ.①展览会-策划-高等职
业教育-教材②展览会-管理-高等职业教育-教材
Ⅳ.①G245

中国版本图书馆 CIP 数据核字（2015）第 306583 号

责任编辑：李彦玲　　　　　　　　　装帧设计：史利平
责任校对：王　静

出版发行：化学工业出版社（北京市东城区青年湖南街 13 号　邮政编码 100011）
印　　装：涿州市般润文化传播有限公司
787mm×1092mm　1/16　印张 17　字数 422 千字　　2023 年 1 月北京第 2 版第 7 次印刷

购书咨询：010-64518888　　　　　　　售后服务：010-64518899
网　　址：http://www.cip.com.cn
凡购买本书，如有缺损质量问题，本社销售中心负责调换。

定　　价：35.00 元　　　　　　　　　　　　　　版权所有　违者必究

前言
Preface ....

随着我国经济的发展，会展业出现了前所未有的发展势头，越来越多的大型国际性展会在我国举办。目前，我国已基本形成了以北京、上海、广州、大连、成都、西安、昆明等城市为中心的环渤海、长江三角洲、珠江三角洲、东北以及中西部地区五大会展经济产业带。据有关研究报告显示，未来5～15年内，我国会展业年均增长率将保持在15%～20%左右。会展业的持续发展离不开会展人才的教育与培养，而会展业中的新情况、新问题更是需要理论上的知识来指导实践。因此，编写这本书的初衷就是能针对会展业的发展，有一本知识体系全新、内容更新的教材来指导教学。

本书在编写过程中，研究了国内外同类教材，吸收了国内外会展理论研究的新成果，借鉴了其他同类教材的优点，并结合我们近几年的实践教学经验，突出了教材的技能性与实践性。在全书的设计上突出了案例教学，注重基本技能的训练。本书的知识体系由项目的形式分解为各个不同的任务，在每个项目大的框架下，完成各个任务目标。各个任务目标的熟悉和完成，是学生掌握基本技能的基础。本书的每一项目都由项目目标、案例引导、主要任务、知识拓展、能力训练、复习思考题六大部分构成，其中"案例引导"都配有案例分析，由案例分析引入每个项目的学习。在案例收集过程中，注意案例的时效性和每个案例的特点；"知识拓展"和"能力训练"注重学生能力的培养；每一项目还穿插有"参考资料"和"知识链接"，以扩大学生的知识面。

本书由陈鲁梅任主编，吕志元、王树新任副主编，各项目具体撰写与改编情况如下：项目一、项目二由吕志元编写；项目三、项目八由王树新、王飒撰写与改编；项目四、项目五、项目七由陈鲁梅编写；项目六、项目十由王树新、王慧艳撰写与改编；项目九由屈波编写；项目十一由刘永焕编写。

由于笔者经验和水平有限，本书肯定还存在诸多不够完善的地方，敬请各位专家及读者谅解与赐教。

编者
2015 年 11 月

目 录
Contents

项目一 会展业概述

项目目标

通过本项目的学习，了解会展业的基本概念和分类；熟悉会展业的发展概况；明确会展业的特征和在国民经济中的作用。

案例引导

联合国认可会展业为独特经济行为

联合国国际经济和社会分类专家小组于 2005 年 7 月 27 日在法国巴黎宣布：在他们"所有经济行为的国际标准产业分类"中，会议和展览行业属于独特的一部分（国际标准产业分类，第四次临时修改草案）。

全球展览业协会（UFI）秘书长文森特·杰拉德（Vincent Gerard）对联合国的这一决定表示欢迎。他说："很高兴会展业被认定为一个重要产业。我们想要强调的是，同旅游业一样，会展业对本地经济以及民族经济具有重要的影响。UFI 坚信通过各种展览加强与全球经济紧密联系的国家，其经济往往会在相当一段时期内增长较快。这清楚地表明展览业是一种促进商业发展的重要工具。UFI 已经做好了准备，与其他伙伴组织合作，研究展览业进一步发展的具体方法和步骤，以展示展览业对全球经济的影响并大力支持旅游业的发展。实际上，UFI 正在参加国际标准化组织工作小组在新加坡首次召开的展会有关标准定义的会议。"

作为展览业的全球化组织并且代表了会展组织者、场地管理者以及服务供应商，UFI 的标准正在为全球会展业的领先者们所使用。

UFI 是会展业的世界性组织，策划、服务以及代表世界范围内的商品交易会和博览会。（资料来源：www.cce365）

【案例分析】 这一案例表明，会展业已被认定为一个重要产业，会展业是一个发展前景及其广阔的朝阳产业。

任务一 了解会展业的概念及分类

一、会展业的概念

（一）会展业概念的内涵

会展是会议和展览的统称。会展有狭义和广义之分，狭义的会展指展览、展览会或展会。广义的会展不仅包括会议和展览，还包括节庆、奖励旅游。根据这个观点，会展包括的范围非常广，它不仅包括各种类型的会议、展览会，还包括运动会、音乐会、人才交流会等。

会展业是一个综合性和关联性非常强的行业，它是由一系列相关产业、行业和企业组成，许多国家和地区都把会展业作为区域经济发展的一项支柱产业或者重点产业。国际上，会展业通常被称为 MICE Industry，是指由经营各种会议和展览的公司而形成的行业。MICE 是由会议（Meeting，主要指企业会议）、奖励旅游（Incentive Tour）、大型会议（Conference，主要指协会或团体组织会议）和展览会（Exhibition or Exposition）这四个英语词汇的第一个字母组合而成。随着会展业的不断发展，MICE 中的 E 又增加了新的内涵即节事活动（Event）。在美国，人们更多地用 Convention Industry 来指会展业，而不用 MICE Industry；而在欧洲，人们一般用 Meeting Industry 来指会展业；在国内，会展业人士则通常把奖励旅游排除在外。

在国际上，会展业被归属于服务贸易领域。根据国际《服务贸易总协定》的主要条款及内容，在国际服务贸易的十二个部门分类中，会展业属于职业服务范畴。

从会展业的性质来看，它属于服务贸易范畴，按照一、二、三产业划分理论，应划归第三产业门下。根据 2002 年 5 月国家统计局公布的最新产业划分标准——《三次产业划分规定》，把"会议及展览服务"划归第三产业当中"商业服务业"行业门类下面的一个行业小类。由于会展业直接为第一和第二产业服务，因此，会展业是一个边缘产业，产业的关联度较高，乘数效应较大，这些因素决定了会展业的构成单位的复杂性。

按照分工不同，会展业运营系统的主体由会展组织机构、承办和协办机构等组成，按照性质的不同可以进一步细分为公司、协会与社团组织以及国际组织与政府，参展企业则是各种展览的参展商、会议的与会组织或个人、大型活动的参与方的统称。所谓运营是指把资源要素的投入变换为有形产品或无形服务产出的过程，即一个组织通过获取和利用各种资源向社会提供有用产品和服务的过程。会展运营投入要素包括人力、设备、技术、信息、能源、土地资源等。产出要素主要是提供精细化的服务。会展服务提供商的种类比较多，包括会展场馆、信息服务、媒体广告服务、物流服务、设计搭建安装服务、旅游娱乐服务、物业管理服务等各种会展服务。

（二）会展业概念的外延

1. 会议和展览

会展是以城市会议和展览设施为依托，以城市文化和产业结构、消费结构为条件，通过专业化运作主体、市场化运作方式和专业化运作手段，以展览和会议为载体，能够为社会和运作主体带来经济、社会效益的经济经营活动。经济理论研究的会议和展览一定是带有专业化经营性质和能够为社会和经营主体带来经济效益的经济行为和经营活动。在功能上，会展是人们进行信息发布、洽谈商业合作和进行市场营销的场所，因此会展发挥着一种桥梁和媒介作用。

2. 会展行业

以会议展览组织和服务活动为核心的社会群体集合，通过举办各种类型会议、展览和提供各类服务，促进商品、物资、人员、资金、信息流动，从而对社会经济发展产生直接和间接的推动作用，形成一定的行业社会影响和经济效应。会展行业是一种客观存在，只要有会议展览活动出现，会展行业就必然存在。

3. 会展产业

随着商品经济的发展和社会的进步，展览活动由最简单的直接交易演进到现在的展（博）览会、交易会、洽谈会等多种形式，成为生产消费领域的桥梁和纽带。展览的功能也越来越多，不仅限于贸易和经济，还涉及社会、文化、外交、政治的发展，其影响面和产业关联度随之增强，进而推动了以展览和会议为主、涉及行业广泛的综合性经济形态的发展，从而形成会展产业。会展产业是会展行业的产业化，涵盖会议和展览策划、营销、组织和服务在内的整个产业链，是会展行业进行市场化、专业化、规模化和国际化运作的结果，是国际社会经济、文化、信息交流日益扩大的产物。会展产业具有开放性、先进性和广泛性的特征。

4. 会展经济

会展业是集信息通信、交通运输、城市建设、旅游等在内的综合性、关联度高的服务贸易行业。由于会展业能够创造高额的经济价值、提供广泛的就业机会和对社会综合经济指数增长的拉动，其表现出一种经济现象的多种形态，因此可以作为会展经济来对待。会展经济是通过举办大规模、多层次、多种类的会展活动而取得的直接经济效益和广泛社会效应的总和。会展经济包括：会展活动运作主体经济收益；会展活动服务提供者经济收益；会展活动扩散效应；会展活动导致的商品、物资、人员、资金、信息流动对经济、社会发展的拉动效应。会展经济是市场经济的产物，是一种综合经济，是会展活动与其相关活动的总和，属于国民经济中部门经济范畴，同时又是城市经济的组成部分。

（三）会展业要素构成及其定义

会展业的存在与发展必须由一定的要素构成。其主要要素包括以下五个方面。

1. 会展组织者

会展组织者是指从事会展资源开发、会展产品生产以及会展市场经营管理的专业会展公司，各类拥有会展举办权的机构和组织。它首先是一个会展项目的开发者，并且是整个会展事务的执行者，还是展后事务的处理者，因而在会展中处于主导地位。

2. 会展场馆

会展场馆是会展活动得以进行的平台。根据会议活动和展览活动的需要，它一般分别设有专门的会议厅和展览厅。由于场馆占地面积大，前期投入多，回报周期长，所以一般都是由国家投资建设，或由政府部门经营管理，或委托专门的企业组织进行管理。同时，随着会展业市场化的发展，会展场馆也出现了多元化的投资主体。

3. 会展服务公司

会展服务是会展市场中不可缺少的环节。相对于会展经营和场馆经营而言，会展服务更加多样化，包括展台的设计与装饰、展品运输、广告与信息服务、参展商和观众的接待、场馆的保洁服务等。这些服务随着会展市场化的发展必然走向专业化，由专门的会展服务公司来提供。

4. 参展商

参展商是受会展组织者邀请，通过订立参展协议书（或会展合同），于会展活动举办的特定时间内在展出场所展示产品或者服务的主体。作为会展场馆的客户群体，参展商是产品、技术等有形和无形商品的宣传者、经贸洽谈的卖方。

5. 观众

观众是通过购买门票或提前注册入场参观、与参展商进行洽谈的自然人、企业以及其他相关的市场主体。根据观众身份的不同，观众可分为普通观众和专业观众。普通观众就是一般的公众；专业观众包括贸易商、采购商、批发商等。一般说来，专业观众素质高，很多都能参与企业的决策。

在厘清了会展的内涵和外延后，我们给出会展业的定义：是指利用各种会议、展览、奖励旅游和节事活动资源，并为相关活动提供策划、设计和组织，提供场地、配套设施及其他各项服务的经营单位和机构的集合。

二、会展业的本质和类型

（一）会展业的本质

会展业在本质上是信息传播的一个平台。

会展业为参展商和观众提供了一个理想的沟通和交流的平台。通过这个平台，观众能在短时间内接触到大量的提供某一类产品的不同的参展商，接触到许多不同的展品，较充分地了解参展商的有关情况和参展品的结构、功能、性能、外观等；参展商也能在短时间内接触到大量的观众。通过参展，参展商将企业形象、企业产品等信息传达给观众；观众则可以找到合适的产品、条件更好的供应商，或从中寻找到新的商机。

对于企业来说，参展是一种经济高效的营销手段，企业不但可以在展会上销售产品和服务，还可以通过参展为企业做广告，提高企业的知名度、寻找商业合作伙伴等。对于观众则能通过参展获取相关的采购信息或发掘潜在商机。因此，通过展览将参展商的信息传递给观众是展览会的本质所在，即信息传播是展览的本质，也是其最基础的价值所在。通俗来讲，可以说展会是一个浓缩无限商机的大舞台。

作为联系参展商和观众的桥梁和纽带，参展已经成为许多企业开展营销的重要方式之一，也是观众获取相关产品信息的重要渠道。参展作为企业的一种营销方式，与其他营销方式相比具有以下鲜明的特点。

1. 信息的高度集中

通过运作，组展者将许多不同企业的展品云集在同一个地点向大量的观众展示。通过参加一个成功的展览，参展商通常可以接触到整个行业的大部分客户，获得很多有关客户的信息。而其他营销方式通常不可能在如此短的时间里接触到如此多的客户，因为通过组展者和所有参展商的共同开发，某行业几乎所有的潜在客户都可能来参观展览。参展商和观众的大量集中的一个显著效果是信息收集成本的大量节约。就参展商而言，可以在短时间内接触到大量的观众；就观众而言，可以在同样非常短的时间里与大量潜在的供应商接触，而其他方式都无法获得这样良好的效果或其他方式会花费更多的成本。

2. 联系面广

作为一种集体的大规模的物质和文化交流方式，会展活动极具开放性，观众和参展商可以来自全国及世界各地。在展会上，企业的现有客户以及潜在的客户（包括代理商、批发商、零售商等）甚至最终客户和供应商都可能参观展览。因此，会展的联系面是其他营销方式无可比拟的。

3. 展览会对企业的宣传是全方位的

展览通常在一个实物环境中，展出的是看得见、摸得着的鲜活实物产品，观众可以对展品进行详尽、全面的感受，从而增强对产品的深入了解。例如，在食品博览会上，观众不但可以看到各种参展食品的外观，而且可以亲自品尝；在汽车博览会上，观众也可以坐到汽车里面，感受汽车所带来的驾乘乐趣。

4. 不断创新

这里的"新"，不仅仅指在某次展会上，参展商可能会遇到新的买家或潜在买家，观众可能遇到新的供应商、新的产品或服务，而且指许多展会每届都会有新的主题，每届都有新的亮点。在展出技术上，也会不断创新，无论是展台搭建还是展示技术都在不断进步。这反映了会展的与时俱进。例如，现在每次展览会都有其新的主题。会展是新产品走向市场的重要渠道，许多新产品都是通过参展走向消费市场、实现价值的，从科技发展史来看，许多划时代的发明创造，如电话机、留声机、蒸汽机车、电视机等都是首先在展览会上进行展示进而推广的。展览会上通常举办一些讲座或论坛，邀请某行业国内乃至国际上知名的专家和学者，这对传播新知识新理念、促进国内国际间的沟通和交流发挥了相当大的作用。

（二）会展业的分类

根据不同的标准，可将会展业分为不同的类型。

1. 根据展会的内容分类

按国际展览业协会（UFI）的分类可以分为综合性展览、专业展览和消费展览三大类。

综合性展览（简称"综合展"）是指包括几个行业或全行业的展览，如世界博览会（简称"世博会"）。我国的中国进出口商品交易会（简称"广交会"）就是我国目前历史最长、层次最高、规模最大、商品种类最全，也是全球第二的综合性国际贸易盛会。

专业展览具有鲜明的主题，又称垂直型展览或横向型展览，主要展出某一行业或类型的产品。若展出的内容仅限于某一个产业，也可称之为××产业展览，比如农业展、工业展等。如果展会内容仅限于某一行业，比如重工业、轻工业，可称之为重工业展、轻工业展。若展览会的内容仅限于行业中的某一产品，比如汽车、钟表，可直接称之为汽车展、钟表展，如北京、广州的汽车展等。一般来说，专业展的规模小于综合展，但在展览业发达的国家，大型综合展已基本让位于专业展。

消费展览主要对公众展览，目的主要是直接销售。

参考资料

世界博览会知识介绍

世界博览会是一项由主办国政府组织或政府委托有关部门举办的有较大影响和悠久历史的国际性博览活动。它已经历了百余年的历史，最初以美术品和传统工艺品的展示主为，后来逐渐变为荟萃科学技术与产业技术的展览会，成为培育产业人才和一般市民的启蒙教育不可多得的场所。世界展览会的会场不单是展示技术和商品，而且伴以异彩纷呈的表演，富有魅力的壮观景色，设置成日常生活中无法体验的、充满节日气氛的空间，成为一般市民娱乐和消费的理想场所。

负责协调管理世界博览会的国际组织是国际展览局（BIE）。国际展览局成立于1939年，总部设在法国巴黎，其章程为《国际展览公约》。该公约由31个国家和政府代表于1928年在巴黎签署，分别于1948年、1966年及1972年作过修正。

2. 按照展会规模不同进行分类

可分为国际展、国家展、地区展、地方展和独家展。比如，2010 年举办的上海世博会就属于国际展，"广交会"是国家展。这里的规模不仅指场馆大小，还有一个重要的依据就是参展者和观众的区域范围，即参与的国家和地区。地方展面向的专业观众是当地及周边地区的企业或公众，如 2014 年郑州住房展。国家展的规模介于国际展和地方展之间，独家展的规模最小。

3. 按照展会的性质不同进行分类

根据性质的不同可将展会分为专业（贸易、技术）展、展销会（消费展）和综合展三种。按照性质展会还可以分为营利性和非营利性展会。

4. 其他标准分类

根据时间间隔和长短的不同可将展会分为定期展和不定期展、长期展和短期展。根据展览地域可分为国内展和国外展。根据举办展会的场地可分为室内展和室外展等。根据展览功能可分为教育性展览和中介性展览。根据展览方式可分为实物展览和网上展览。

任务二 了解会展业的发展概况

一、国外会展业的发展概况

国际会展业的存在已有相当长的历史，称不上是一个新近诞生的行业。世界上第一个样品展览会是 1890 年在德国莱比锡举办的样品展览会。随着社会的演变和科技的进步，会展业作为一种经济形式，其存在的形式、内容、功能和办展方式等各个方面都在不断进行调整和变化。

当今从经济总量和经济规模的角度来考察，世界会展经济在世界各国的发展很不平衡。欧洲是世界会展业的发源地，经过 100 多年的积累和发展，欧洲会展经济整体实力最强，规模最大。在这个地区中，德国、意大利、法国、英国都是世界级的会展业大国。以德国为例，德国会展业的突出特点是专业性、国际性的展览会数量多、规模大、效益好、实力强。在国际性贸易展览会方面，德国是名列前茅的世界会展强国，世界著名的国际性、专业性贸易展览会中，约有 2/3 都在德国主办。每年，德国举办的国际性贸易展览会约有 130 多个，参展商 17 万家，其中有将近一半的参展商（约为 48%）来自国外。在展览设施方面，德国也称得上是头号世界会展强国。德国现拥有 23 个大型展览中心，其中，超过 10 万平方米的展览中心就有 8 个。按营业额排序，世界十大知名展览公司中，就有 6 个是德国的，它们分别是法兰克福展览公司、杜塞尔多夫展览公司、汉诺威展览公司、慕尼黑展览公司、科隆展览公司和柏林展览公司，每年营业额合计达 14.4 亿欧元。

北美的美国和加拿大是世界会展业的后起之秀，会展经济都相当发达并形成了自己独特的办展模式和风格。美国每年举办的展览会近万个，其中，净展出面积超过 5000 平方英尺（约为 460 平方米）的展览会约有 4300 个，净展出面积 5 亿平方英尺（约 4600 万平方米），参展商 120 万，观众近 7500 万。同时更是占尽联合国所在地之地利，美国是全世界举办国际会议最多的国家。长期占据会议市场的领先地位，其客运量的 22.4% 和宾馆客源的 33.8% 均来自会展旅游，取得了很好的经济效益。

经济贸易展览会近年来在中美洲和南美洲逐步发展起来。据估计，整个拉美的会展经济总量约为 20 亿美元。其中，巴西位居第一，每年办展约 500 个，经营收入 8 亿美元；阿根廷紧随其后，每年举办 300 个展览会，产值 4 亿美元；排在第三位的是墨西哥，举办的展览会近 300 个，营业额 2.5 亿美元。除这三个国家外，其他拉美国家的会展经济规模很小，很多国家尚处于起步阶段。

整个非洲大陆的会展经济发展情况基本上与拉美相似，主要集中于经济较发达的南非和埃及。南非凭借其雄厚的经济实力及对周边国家的辐射能力，其会展业在整个南部非洲地区处于遥遥领先的地位。北部非洲的会展业以埃及为代表，埃及凭借其在连接亚非欧和沟通中东、北非市场的极有利的地理位置，会展业近年来突飞猛进，展览会的规模和国际性大大提高，每年举办的大型展览会可达 30 个。当然，由于种种条件所限，大型展览会一般都集中在首都开罗举办。除南非和埃及外，整个西部非洲和东部非洲的会展经济规模都很小，一个国家 1 年基本上举办 1~2 个展览会，而且受气候条件的限制，这些展览会不能常年举办。

亚洲会展经济的规模和水平总体上次于欧美，但比拉美和非洲要高。日本是本地区的经济发达国家，其会展业发展水平相当高。在其余的国家中，东亚的中国及中国香港地区、西亚的阿拉伯联合酋长国（阿联酋）和东南亚的新加坡，或凭借其广阔的市场和巨大经济发展潜力，或凭借其发达的基础设施、较高的服务业发展水平、较高的国际开放度以及较为有利的地理区位优势，分别成为该地区的展览大国。以新加坡为例，该国的会展业起步于 20 世纪 70 年代中期，时间并不算早，但新加坡政府对会展业十分重视，新加坡会议展览局和新加坡贸易发展局专门负责对会展业进行推广。加之，新加坡本身具有发达的交通、通信等基础设施，以及较高的服务业水准、较高的国际开放度、较高的英语普及率，新加坡 2000 年被总部设在比利时的国际协会联合会评为世界第五大会展城市，并连续 17 年成为亚洲首选会展举办地城市，每年举办的展览会和会议等大型活动达 3200 个。

大洋洲会展经济发展水平仅次于欧美，但规模则小于亚洲。该地区的会展业主要集中于澳大利亚，每年举办 300 个大型展览会，参展商超过 5 万家，观众 660 万人次，整体势头良好。

纵观会展经济在全球发展情况，我们不难看出，一国会展经济实力和发展水平是与该国综合经济实力和经济总体规模及发展水平相适应的。发达国家凭借其在科技、交通、通信、服务业水平等方面的优势，在世界会展经济发展过程中处于主导地位，占有绝对的优势。在世界会展业向专业化、国际化和集团化发展的过程中，发达国家的跨国展览集团把自己的成功知名展览会移植到发展中国家。因此，许多发展中国家尽管也有一些规模较大、水平较高的展览会，但这些展览会一般都有发达国家展览公司的参与、管理，甚至直接控制，这是全球会展经济发展的整体状况。

二、我国会展业的发展概况

近年来我国会展业发展迅速，以每年超过 20% 的速度增长。国内会展业不仅展会数量、规模持续增长，且市场结构也不断优化。会展业已成为我国的一个新兴产业，并在经济合作与交流、国际贸易往来、技术交流等方面发挥越来越重要的作用。据不完全统计，2012 年全国举办 5000 平方米以上展会 7035 场，与 1997 年相比，增长 597%，展出总面积合计 8738 万平方米，同比增长 7%；2012 年年底，全国会展场馆 316 个，室内展馆面积合计 484 万平方米，同年会展业直接产值 3543 亿元人民币，同比增长 17.5%。从国内会展业结构来看，我国现有展会大多为经济贸易类展会。从类型上看，会展已由综合性发展成为专业性，如汽车展、工业展、留学教育展等，信息产业、文化产业、服务业等新兴展会增多，UFI认证的国际性专业展会58个，位居世界第四。会展主办单位除专业会展公司外，各专业协会、中介机构、广告公司、媒体、群众机构、院校等也纷纷加盟。与此同时会展业为主办者带来了巨额的利润和经济的空前繁荣。

（一）我国会展业的发展格局

会展业的发展与一个城市产业结构、区位优势、开放和市场化程度、基础设施建设以及服务贸易发达程度等因素有关。在我国，正是由于各城市和地区的产业结构、地理位置、开放程度等存在很大差异，所以形成了多层次、多形式的会展经济产业带和会展中心城市。目前我国已形成五大会展经济产业带。

这五大会展经济产业带，一是以北京为中心的环渤海会展经济带，包括北京、天津、烟台和廊坊等地；二是长江三角洲（"长三角"）会展经济带，以上海为龙头，沿江、沿海为两翼；三是以广州、东莞、深圳为中轴包括佛山、珠海、汕头的珠江三角洲（"珠三角"）会展经济带；四是由大连、沈阳、长春、哈尔滨组成的东北会展经济带；五是以武汉、郑州、成都、西安、昆明等城市为龙头的中西部会展经济带。

1. 以北京为中心的环渤海会展经济带

北京，作为我国的政治、经济、文化中心，会展业起步较早，无论是规模档次还是场馆建设都位居全国前列。该会展经济带中的核心部分京津地区，拥有各类科研院所和高等院校是全国知识最密集、科技实力最强的区域。天津作为北京的门户，也是国际性现代化港口城市。天津可以利用处于环渤海经济中心和与北京毗邻的区位优势，通过整合会展资源将天津培育成中国二级会展中心城市。

2. 以上海为龙头的"长三角"会展经济带

上海作为世界级的大都市，经济地位高、开放程度强、基础设施好、优秀人才多，不但吸引了众多国际会展业的目光，也提升了上海作为我国会展中心城市的地位，因此发展非常迅速。以上海为龙头的"长三角"会展经济带正在形成以沿江、沿海为两翼的发展格局。此外，南京、苏州、宁波、义乌、杭州等城市也都有自己明确的定位，结合本地特色加速发展会展经济，尤其是浙江，在近几年更是取得了迅猛的发展，如杭州的"西博会"，义乌的"小商品城市"等宣传更是早已深入人心。目前，义乌已经成为国内外参展商和采购商的聚集地，美国、德国、韩国、日本等50多个国家和地区的1000多家公司已经在义乌设立了分支机构，义乌俨然成为我国的会展明星城市。

2006年12月18日，由上海、南京等6个城市发起成立了"长三角"城市会展联盟，"长三角"地区19个城市会展业主管部门和行业机构成为联盟的首批会员。该联盟的成立使"长三角"地带会展业实现会展资源共享和优势互补，"长三角"会展经济带在整合、发展、联合方面走在了全国的前列。

3. 以广交会为龙头的"珠三角"会展经济带

南方的会展业一直走在全国的前列，以广州为中心的"珠三角"会展经济带，以广交会为龙头，连接深圳、香港等会展城市，珠江三角洲地带的会展业呈现出激烈竞争与紧密合作的繁荣局面。各城市依据自身特色开发各类展会，形成了多层次、相互补充的会展市场结构。始于1957年的中国进出口商品交易会（即"广交会"）更是有"中国第一展"的美誉。广州作为珠江三角洲会展业的中心城市，以连续举办"广交会"这样大型的综合性的展览为主，以规模大、参展商多见长；深圳以举办高科技专业展会为主；其他各城市依托特色产业，举办具有浓厚的产业色彩的展会，如虎门的"服装节"、东莞的"民博会"等。

4．以大连、哈尔滨等城市为中心的东北会展经济带

东北地区与其他经济区域相比，最大的优势是与俄罗斯、韩国、朝鲜相邻，边境贸易具有相当大的发展潜力。东北地区这几大城市利用自身的特色产业开发出了对俄、对韩等经贸类展会，培育出了符合本区域特色的会展经济。在该会展经济产业带中，大连会展业虽然与北京、上海无法相比，但因其作为港口城市具有较强的经济优势和区位优势，其可列为二级会展中心城市。

5．以武汉、郑州、成都、西安、昆明等城市为龙头的中西部会展经济带

中西部会展中心城市的发展，不是以谁为中心形成集群效应的会展经济产业带，而是要突出个性，培育地区特色展会。如中部的郑州，近年来，随着交通建设与运力绩效的提升，其现代市场覆盖力更得到了业界的广泛认同。周边区域的 2 亿消费人口，50 个年销售亿元以上的大型交易市场，10 万个代理批发商网络，优越的中部区位，便捷的公路、铁路、航空立体交通，使郑州成为一个巨大的消费与流通基地。因此，利用得天独厚的区位优势，发展大物流，形成了以郑州为龙头的中原经济区，会展业发展迅速。目前，大型机械展、建材展、农产品展等物流量大的展会发展势头良好。

而在西部地区，作为我国西部特大城市的成都，是西南地区的"三枢纽"和"两中心"，具有较强的地缘优势，其城市的辐射功能较强，对我国西部大市场的培育与发展有着举足轻重的影响。因此，成都根据其经济、环境等特色，形成了节、会、展相结合的会展经济发展模式，如四川国际熊猫节、全国糖酒会、中国国际体博会、全国医博会、中国国内旅游交易会、中国国际美食旅游节等的影响力和知名度都很大。

（二）我国会展业现阶段的特征和未来发展趋势

1．我国会展业现阶段特征

（1）会展类型与数量日趋增多。据不完全统计，全国主要的行业展有电子展、轻工展、食品展、石化展、汽车展、纺织服装展、建材展等。专业展中较成熟且在国内外影响较大的有北京的国际机床展、国际汽车展、国际通信展等，面积在 4 万～6 万平方米。这些展览在其同类展中占有重要的分量，在亚洲乃至世界均有一定的影响。

（2）会展质量逐步提高。我国展览会现已总体向大型化、专业化发展，目前已有一批专业展逐渐成熟壮大，形成了全球知名的展览会，像在北京举办的机床展、冶金铸造展、印刷展和在广州举办的照明展已跻身国际同行展的前四名，珠海国际航空展成为亚洲第二大航展。这些展览会在展览规模、服务水平等方面已接近国际水准，已被列入全球行业展览计划。近年来，消费品专业展也愈加繁荣，如北京的春秋国际服装展，大连、宁波的服装节，上海的国际家具展，广州的美容美发展都逐步走向品牌化。我国厂商参加国际展的比例逐渐上升，已由 20 世纪 80～90 年代的 20％增至现在的 50％。参展的展品和装修水平也逐年提高，像通信展、汽车展的装修水平不亚于国外的参展公司。

（3）会展场馆规模不断扩大。2002 年以来，许多大型展馆的建设表现为改建或扩建，大多数城市展馆在建设中将展馆规模、城市的功能定位和会展辐射范围等联合加以考虑，展馆建设为会展城市的定位树立了标杆，不再仅仅是城市的标志，而是将其主要功能与城市发展融入到区域经济发展和全国经济发展格局中。近年来，我国展览面积年均增长 20％，我国的展馆数量和展馆面积都超过了号称"世界会展之国"的德国，拥有一批具有国际水平的现代化会展场馆。

（4）会展公司层出不穷。来华承办展览的会展公司和出国承办展览的会展公司逐年增长。特别是 20 世纪 80 年代以来，中国香港及海外的展览公司通过将中国内地有关单位作为合作伙伴，已在中国内地展览业占有重要位置。据不完全统计，现在中国内地举办的国际专业展会约有将近 40% 的中国香港或海外公司参与。与此同时，中国内地中小型会展公司纷纷涌现。会展公司越来越多，但也出现办展水平良莠不齐、会展市场出现总体办展质量不高的问题。

（5）会展专业化、国际化程度提高。我国的会展业正向专业化、国际化和品牌化发展。这主要表现为，我国会展加入国际展览联盟数量增加迅速；国际资本运作加强，德、英、美、新加坡等国际会展业巨头通过资本运作，寻求低成本扩张，先后进入发展中国家市场；展会收购增加，一些跨国公司收购我国展会数量增加；会展移植，外国会展企业将一些国际名牌会展项目移植我国，通过跨国项目运作满足了国际市场贸易需求并达到抢占世界会展市场份额目的；中外联合办展。

2. 我国会展业未来发展趋势

（1）行业协会将承担管理和服务性职能。世界贸易组织（WTO）是一个政府间组织，其各项原则和规则都是为约束、规范政府行为而制定的。因此，加入了 WTO 后，政府管理经济的手段、方式将因此发生巨大变化。"小政府，大社会"是市场经济社会的基本特征，政府对具体经济活动的审批管理和直接干预将大大减少，大量社会服务性、行业管理职能将交由中介服务组织、行业协会去做。在成熟的市场经济中，展览领域的中介服务组织、行业协会通过制定统一行约行规、定期召开会议、举办各种业务培训班、出版刊物、交流信息与经验、对展览会的组织者进行资格评估、对展览会重要数据予以公正审计等方式，对本国展览有序发展、交流信息、提高整个行业人员素质起了积极的作用。

（2）外资所占市场份额继续扩大。加入 WTO 后，我们在享受权利的同时也必须承担相应的义务，需要进一步向国外开放展览市场。虽然我国在加入 WTO 谈判中没有展览方面的具体承诺，但展览属服务业，需要遵守 WTO 为此制定的基本原则和规则，如最惠国待遇原则、透明原则、市场准入原则、国民待遇原则和逐步自由化原则等，实际上，逐步向国内外开放展览市场既是遵守 WTO 规则的需要，也是我国展览业自身发展之所需。目前，我国展览业对内市场开放趋势已表现得十分明显，出国展览和在境内举办对外经济技术展览会的资格审核已呈逐步放开之势，外资还将在此基础上逐步扩大在我国展览市场上的份额。

（3）会展业与国际接轨的步伐加快。专业化和国际化是国际大分工的必然结果。随着经济的发展，国际分工向更精密、更细致方向发展，必然造成国际分工更专业化，这也是提高劳动生产率和经济效益的必然要求。经济全球化、经济一体化发展的结果，就是增加各国的交流和来往，加速资源信息的有序流动，促进各种资源的全球化。对于我国展览业来说专业化和国际化也是必然趋势。

我国加入 WTO 后，展览经营运作方式也必须与国际接轨，借鉴先进国家在这方面的成功经验，绝大部分展览会的经营运作将按照市场化、商业化原则进行，只有极小一部分的办展活动仍留在支持性服务业内，以社会效益为重。

（4）会展企业、会展中介组织将大批出现，会展业将形成独立的产业。目前我国从事会展的企业数量众多，但专业化的会展组织者（PCO）较少，对组织接待展会处于不规范的阶段。目的地接待公司（DMC）也仅仅是一些单独的会展场馆出租等单项服务，没有完全形成一条龙服务的目的地接待公司。今后随着国际会展的增加、会展业培训体系的建立和国际会展人才的引进，专门从事会展的专业化中介公司将大批出现。

此外，我国的很多大型会展还垄断在一些非市场化的组织手中，这些组织自己举办国际会展，自己联系接待服务等一系列工作，还没有完全市场化。今后随着会展中介组织的完善，会展业必将成为一个专门的行业，并从那些部门垄断中独立出来，成为市场经济中的独立产业。

（5）会展业市场将进一步专业化细分。目前国际会展业已经形成了非常细致的市场分工，比如 ICCA（国际大会及会议协会）的市场范围包括 50 人以上的国际会议，而 UIA（国际社团组织联盟）则在 300 人以上等。目前我国的会展公司还处于发展初期，就会展的接待服务，还没有形成细分化的市场。今后随着市场的发展必将形成专业化的分工，形成专门经营展览业、会议业及其中更细分市场的格局。

任务三　了解会展业的特征与作用

一、会展业的特征

会展业在我国成为蓬勃发展的产业，是现代经济体系的有机组成部分。具体说来，会展业具有以下几个特征。

（一）表征性

会展业是随着社会生产方式的演变与经济全球化进程的推进而兴起的。在市场竞争日趋激烈的情况下，企业需要降低营销成本，及时、有效地获取各种信息，促进产品销售，并通过展示新产品来创造消费者的需求且树立良好的企业形象。会展业就是在这种背景下兴起的，同时经济全球化的深入发展也极大地刺激了企业、政府和各类组织在全球范围内寻求合作与交流的愿望，这也无疑加速了会展业的发展。可见，会展业是社会发展到一定阶段的产物，对经济运行状况具有表征作用。

（二）开放性

在整个现代经济体系中，会展业是作为一种开放的产业形态而存在的。这是由于处于会展核心地位的会展活动已成为人类物质文化交流的重要形式，它不是单纯的个体行为，而是一种集体性的大规模物质、文化交流方式，是在开放体系下才能存在的产业。会展业的发展必然会引起社会资源和要素在全国乃至于全球范围内的自由流动，从而提高各国、各地区的开放性，使整个世界处于一个开放性的体系之中。同时，利用会展这个工具，提高了举办城市的知名度，吸引外资，对举办地区的文化和经济产生影响。

（三）关联性

会展业极强的产业关联性和产业带动性主要表现在对城市基础设施建设的拉动作用和对城市劳动人口就业水平的促进作用上。会展业设计的行业广泛，包括展览营销、广告宣传、交通运输、商旅餐饮、媒介通信、城市建设等诸多行业。国际上会展业的产业带动系数为1：9，国内也已经达到1：7。每年两届的中国进出口商品交易会，带动了广州第三产业的强劲发展，展会期间，仅出租汽车司机的日收入就比平日激增 300 元左右。会展业优化了地区经济结构，不仅能够带动一系列相关产业的发展，而且可以培育新兴的产业集群，被称为城市发展的"助推器"。由于会展业是劳动密集型产业，它在带动相关产业的发展过程中，还能够刺激岗位需求，提供大量劳动就业机会。据权威部门测算，每增加 1000 平方米的展览面积，就可创造近百个就业机会。总体来讲，会展业极强的关联性为提高城市就业水平、稳定社会格局、增加城镇居民收入作出了积极的贡献。

（四）风险性

会展业是一个复杂的市场，组织者在抓住机遇的同时也要面临很多风险。首先，办展的前期投入非常大，会展业所需的场馆、设施以及规范的服务都需要大量的资金投入后才能获得。各地方政府和企业也都意识到要举办好展览会和交易会就必须具有好的场馆，于是不惜花费巨大的人力、物力、财力纷纷兴建现代化的会展中心。就我国来说，近年来，全国新建的展览面积过万的会展场馆有 30 余个，投资最少也在 4 亿元，最多达到 20 亿元。展会能不能树立自己的品牌是会展业存在的另一个风险，即资源风险。在展览业，品牌是一个主要资源，它意味着高附加值、高利润、高市场占有率，没有品牌就没有足够数量和素质的参展商，而参展商的素质又决定了能否吸引到有效的购买商。因此，会展营销的核心就是创品牌企业和品牌项目。要树立品牌展会并非易事，它需要会展组织者在各种要素上进行探索研究和苦心经营。

二、会展业的作用

（一）推动会展举办城市建设，促进城市功能定位和发挥

会展业的发展势必带来城市基础设施的建设。一个城市要举办会展必须具备相关物质基础条件，需要有会展所需的展馆及其配套设施来容纳参展商、产品和观展人员；需要对城市交通进行铺设或改造，使道路更加畅通，方便人员流动和物资运输；需要加强城市公共场所的卫生清洁工作，为会展、会议提供一个良好的环境。

城市定位是一个城市从实际出发，在一系列的经历和经验中，对自身特征有充分认识后所总结归纳而形成的目标方向，会展业促成了城市定位的明晰，并不断利用自身的媒介优势使其强化，而定位的形成则反过来对会展业又有一个宏观的指导，当然，它也加快了城市发展建设的步伐。

会展业提升城市形象，使城市会展朝国际化发展。会展业是推广城市品牌的重要手段。会展业对外释放城市个性，作为向社会宣告自己、实现自我传播的媒介，它在提高城市知名度、提升城市形象方面有着独树一帜的作用。衡量一个城市能不能跻身于国际知名城市行列，一个重要的标志就是看这个城市召开国际会议和举办国际展览的数量和规模，一次国际会议或展览不仅可以给举办城市带来可观的经济效益，更能带来无法估价的社会效益。此外，会展业也可以进一步增强城市作为贸易中心、服务中心、金融中心、科技中心等多方面的功能，进而从整体上完善城市功能，提高城市的吸引和辐射能力。

（二）推动区域经济的贸易合作，吸引外部投资

会展业的发展能促进或增加投资项目。会展内容一般是以国内外著名企业的品牌展示和高新技术产品、项目的交易为重点。在交易会、展览会和贸易洽谈会上一般都能签署一定金额的购销合同、投资、转让和合资意向书。

世界展览事业在漫长的发展进程中，逐步形成了自己的组织系统。目前，国际展览界有两大组织，一是国际展览局，二是国际展览联盟。这两个组织的总部虽然都设在法国巴黎，但在机构形式和工作的重点上相差甚远，不过目的只有一个，都在为促进国际间的经贸合作而努力工作。

（三）促进区域产业专业化分工，彰显发展成果

遵循产业分工规律，各个区域都要依据比较利益原则，充分发挥自身优势，发展特色经济，以此带动区域内其他产业部门的发展。会展业的发展与区域产业专业化的发展是相互促进的关系。有了区域产业专业化分工，才能使会展业初具规模。区域专业化分工的不断发展才能使会展业发挥规模优势。如果会展业形成了规模经济，它又能促进专业化部门的进一步发展，从而提高区域经济的实力。如深圳的高新技术产值占国内生产总值（GDP）的一半以上，从而形成了"高交会"（全称为"中国国际高新技术成果交易会"）；而高交会反过来又促进了深圳经济高速健康的发展。浙江省的义乌则由于小商品经济发达而拥有了小商品博览会；而小商品博览会促进了义乌的专业化分工，提升了义乌的城市品牌。

（四）促进区域经济一体化的发展，为政府间合作提供平台

经济全球一体化、市场化，是世界经济发展的趋势。会展业有利于打破区域、行业之间的垄断，促进各要素在整个经济体系中的资源配置，促进统一市场的形成。具体表现在以下几个方面。

（1）会展业有利于统一市场规则、惯例和经济秩序。会展业的规则必须得到参与各方的支持和协助，否则难以举行或规模难以扩大，不可能产生积极影响，也不利于会展活动的定期举办，实现不了预期目的。

（2）会展业有利于加深不同国家、地区间的分工和合作，密切彼此间的经济关系，有利于经济一体化进程。不同区域和国家、产业通过会展活动能够找到合作的机会，充分发挥各自的优势，深化分工与合作，获得彼此的做大做强利益。

（3）会展业有利于加强经济一体化的政府协作，使经济一体化得到政府的支持。大型会展活动，特别是跨国界的会展活动，必须得到多国政府的支持才能获得成功。同样，大型会展活动的成功举办，有利于增进政府合作的责任感，为政府间的其他合作提供机会。

  知识拓展

德国的展览业

德国是世界上重要的展览举办国，全世界重要的150个专业展览会，有近120个是德国举办的，说其为世界展览王国，名副其实。德国举办的这些权威性的展览会，深受参展商、专业观众的欢迎。德国作为世界展览业的代言人，之所以享有如此高的国际声誉，一是得益于它地处欧洲的中心位置，二是它拥有一个潜力非常大的消费市场；更重要的是德国能给参展商和参观者一个高质量的展览会效益。

总体来看，德国展览业具有以下先进特点。

一、有全国性的行业协会

AUMA为德国贸易展览业协会的英文缩写。该协会成立于1907年，总部设在科隆，是德国展览业的最高协会。它是由参展商、购买者和博览会组织者三方面力量组合而成的联合

体，以伙伴的身份塑造博览会市场。

AUMA 具有统一性、权威性，其地位在德国是不可动摇的。AUMA 为了确保德国博览会市场的透明化，制定了许多规章制度，尽量调整、改进新举办的博览会与德国现有的国内或国际展览会之间出现太多的重复。尽管这几年德国举办的展览会数量剧增，但各博览会的目标非常明确，展会重复现象极少。同时，AUMA 请相关人士在世界各地对展会进行考察，并写成报告，为德国政府赞助本国企业出国参展提供了很好的建议和非常重要的参考作用。

二、展览会拥有长期的计划

每个展览会的举办计划都是组织者与参展商、参观者、联合会、协会密切协商后制定出来的，而且根据各行业不断变化的市场条件进行调整。比如每 2 年一届在德国柏林举办的"电子消费品展览会"是全世界电子消费品行业内的最大展会，德国的展览会并非短期行为。

三、非常注重宣传

为了树立自身品牌，展览会的组织者不断在世界各地进行宣传，吸引参展商和专业观众。对于参展潜力比较大的国家，都专门派代表前去做宣传，介绍相关展览，并向感兴趣者提供相关咨询。即使有些展览会很火爆，甚至展位已满，他们也会继续做宣传，以强化品牌。

四、宣传资料完备

德国大型展览会的宣传资料，很多都是一本册子或一本书，内容不仅包括历年展会的情况回顾，而且介绍整个欧洲，甚至整个世界某一行业的发展趋势和动态，同时涉及参展费用、装修费用等信息。

五、展览场地设施先进

德国展览会场的设施处于国际领先水平。德国大约有 20 个国际水平的展会场地，一共有展览大厅 220 万平方米。德国每年共投资约 10 亿欧元，用于扩大展览场地并对其进行现代化的改造。现在德国几乎所有的展览中心都拥有先进的设施。

六、会议和展览相辅相成

承办会议也是德国展览公司注重经营的一项业务。目前，大多数中国展览公司只把目光局限在展览或与其相关的会议上。实际上包括德国在内的很多欧洲国家的展览公司，并不仅仅办展览，还承接一些国际性的会议，使之和展览会相辅相成。

七、展览工作人员专业素质高

德国一些大型的展览公司，每年的营业额可达到 2 亿至 5 亿欧元，拥有数百名专业员工。各个博览会都是既熟悉本专业又具有丰富经验的组织者承办的。

八、国际领先的服务水平

德国在展览服务方面也做得非常到位。例如，德国纽伦堡定期举办的"国际有机产品展"，作为一个非常专业的展览会，其服务非常周到。在展会宣传资料中，仅酒店介绍就有五六页篇幅，上百家不同档次的酒店供挑选，并详细注明优惠幅度、期限等情况。（资料来源：http://www.kesum.cn）

能力训练 🖊

结合德国会展业的发展特点，谈谈我国会展业应如何发展。

复习思考题

1. 什么是会展业？谈谈会展业的外延与内涵。
2. 会展业最基本的特征是什么？
3. 简述会展业在经济发展中的作用。
4. 我国已形成几个会展经济带？各会展经济带有哪些优势和劣势？

项目二　会展策划

项目目标 📖

学完本项目，了解会展策划的相关知识，主要是会展策划的概念、内容和策划的原则等；熟悉会展策划流程；能够独立地判断会展策划方案的优劣，掌握会展策划的方法与技巧，具备一定的会展策划能力。

案例引导 ✴

香港如何运营大型国际会议

在第六届世贸部长级会议期间，149个国家和地区的300位部长、5800名官方代表、2100名非政府组织代表、3200多名全球记者，长达100小时的马拉松谈判、整整6天的会议议程，安全保卫、交通疏导、医疗救护、各种紧急预案……承办如此大规模、高规格、高密度的国际会议，不仅是一份荣耀，也是一份考验一个城市营运和组织管理能力的最高规格的试卷。香港是如何保证大会高效、顺利进行，同时又尽可能减少会议对城市经济正常运行的影响，以及保障市民正常生活、出行秩序尽量不受到影响的呢？

透视香港特区政府此次会议的组织手段，对其他城市建设国际化城市、发展会展经济无疑有诸多值得借鉴学习之处。

一、政府：拨款2.5亿港元筹备会议

采访本次会议的各国记者都会注意到，在香港这个寸土寸金的地方，组委会方面却为媒体提供了高达4000平方米的新闻中心，同时，为了保证信息的及时传递，在会场外还设有两个新闻发布厅，均提供同声翻译服务。有关方面对于香港这次会议的筹备之精心由此可见一斑。

事实上，自2004年世界贸易组织选定香港作为第六届部长级会议的主办地以来，特区政府及相关部门即上下同心全力以赴迎接盛会。为此，特区政府专门成立了会议统筹办事处，负责筹划会议的详细安排，包括会议计划、酒店住宿、交通及礼宾程序、会议设施、信息及通信等；成立委员会和工作小组，负责监督并展开筹备工作；政府专门拨款2.5亿港元支持此次会议的相关开支。

特区政府还成立重大事故控制中心，随时待命应对和处置紧急情况，医院管理局也提供出预案为医疗服务需求做好准备。

二、演习：大型跨部门演习长达2月

此次世贸部长级会议是香港回归以来举办的最大规模的国际会议，为了确保万无一失，香港特区政府在会议召开前夕举行了史上最大规模的跨部门演习，为期长达近2个月，涉及44个政府部门、机构以及遍布全港多个地方的25个部门的紧急控制中心。

连串演习在9月23日展开，到11月18日深夜结束。整个过程由保安局辖下的演习策划小组统筹。策划小组由一批在紧急应变及危机管理方面经验丰富的人员组成。演习模拟多个不同的情景，测试主要部门应变计划的可行性及成效、各个部门现行通信系统接合的协调情况，以及负责指挥的"跨部门协调中心"与现时各部门的指挥和控制系统的联系情况，以锻炼各部门对会议期间可能出现的连串事故的应变能力。

三、安保：9000 警务人员为会议护驾

会议开幕前夕，湾仔会展中心以及相关区域随处可见精神抖擞的着装警员；而在部长们下榻的酒店，也都有周密细致的安保措施。虽然看上去处处戒备森严，但对于市民的生活和周边商家、公司写字楼的正常秩序，却基本没有造成不便和干扰。

据香港警方透露，为求确保会议顺利举行，这次动用了多达 9000 人的警务人员参与各项工作，是有史以来动用人数最多的一次单一行动。

四、交通：封闭路段和线路及早安排

为了保证这次会议顺利、安全召开，特区政府提前作出多项重大的特殊安排，包括会议期间部分地区中小学校停课、巴士改道，会场周围划为封闭区等。

据了解，除了会场四周被列为禁区外，毗邻香港国际机场的海面亦划为禁区，严禁船只进入。

五、义工：近 500 人提供"五星级"服务

支援者服务是大型会议不可缺少的部分。此次会议，香港特区政府共招募了 488 名义工，为与会者提供"五星级"的服务。这是香港回归以来特区政府最大规模的招募义工活动。

六、宣传：投入 400 万元港币争取市民支持

会议期间，不可避免会对市民日常生活、会场附近的交通造成一定的影响。为此，香港政府拨出专项经费为世贸会议作公众教育和宣传，以期加深市民对世贸的认识，争取市民支持香港举办这次会议。特区政府新闻处估计，到目前为止在公众教育和宣传方面的开支约400 万元港币。（资料来源：http：//www.1798.cn/News）

【案例分析】　香港特别行政区政府及相关部门，按照国际会议的操作流程精心筹备会议的各个细节，如安全保卫、交通疏导、医疗救护、各种应急预案等，从而保证了第六届世贸部长级会议的成功召开。

任务一　了解会展策划的概念、特点和作用

一、会展策划的概念

会展策划就是为实现会展活动的目标，在深入、全面分析会展信息的基础上，运用科学的策划方法，制订会展活动最佳方案的过程。也可以说会展策划是对会展进行管理和决策的一种程序，它是一种对会展活动的进程以及会展活动的总体战略进行前瞻性规划的活动。

换句话说，会展策划是在会展活动开始的最初阶段进行的，有时甚至要贯穿于会展活动始终的一种优先的、提前的、指导的活动。

一般来说，会展策划包括策划者、策划对象、策划依据、策划方案和策划效果评估等要素。

1. 策划者

策划者是指具有高智慧的脑力操作者，在会展活动中起着"智慧"的作用。策划者的素质直接影响着会展活动的成败。

2. 策划对象

策划对象可以是某项整体会展活动，也可以是会展诸要素中的某一要素。

3. 策划依据

策划依据包括策划者的知识结构、信息储存以及有关策划对象的专业信息。

4. 策划方案

策划方案是策划者为实现策划目标，针对策划对象而设计创意的一整套策略、方法和步骤。

5. 策划效果评估

策划效果评估是对实施策划方案可能产生的效果进行预先的判断与评估。

当然，我们在进行展会策划时还要考虑产业的发展前景，考虑产业的生产周期和技术的更新换代周期；还要考虑会展举办城市的综合经济优势、产业依托及其区位优势。展会策划还要对竞争对手和自身力量进行综合考量，优秀的展会策划还需要换位思考，展会一切工作的立足点和最终目的都是为了满足参展企业和观众的自身需求。

二、会展策划的特点

会展策划具有针对性、前瞻性、系统性、动态性、可行性等特点。

1. 针对性

会展策划是一项针对性很强的活动。在进行策划时，能准确地设定市场提出的问题，明确会展活动应达到什么目的，以及在整个策划活动中要解决的实际问题。有的会展以特定消费群体的生活方式为依据，具有鲜明的主题。这就要求，在进行策划时必须围绕主题组织展品，开展活动。

2. 前瞻性

"慧者所虑，虑于未萌；达者所则，规于未势"。这种先知先觉、超前思谋，正是会展策划的本质，是对现实的各种信息进行抽象思维，通过一定的逻辑推理和创意，形成对未来的预测，使创意的构想在实施中得以实现。

3. 系统性

会展策划是对整个会展活动运筹规划，因此具有系统性的特点。系统性表现在策划时要针对会展的各个方面、各个环节进行权衡，使企业目标与因参展而实现的企业市场营销目标具有一致性，使其在产品、包装、品牌、价格、服务、渠道、推销、广告、促销、宣传等方面保持一致性。系统性可以减少会展策划的随意性和无序性，提高策划效率。近年来，"立体策划"概念就是会展策划系统性的一种表现。

4. 动态性

任何的策划活动都不是静态的，而是一个动态的发展过程。策划的动态性主要表现在两个方面，一是在策划之初，就要考虑未来形式的变化，作一定的预测，并使方案具有一定的灵活性、可调控性，以备将来适应环境变化之需；二是在策划方案的执行过程中，根据市场的变化和市场的反馈对方案及时修改，让方案能更好地适应变化了的市场，与市场更加融合。

5．可行性

会展策划在市场中要切实可行。没有可行性的策划方案，写得再好也只是纸上谈兵。一般来说，会展策划方案必须经过分析论证才能实施。分析论证策划方案的可行性主要围绕策划的目标定位、实施方案以及经济效益等主要方面来进行。

三、会展策划的作用

会展策划是在市场调查与分析的基础上，应用科学的理论与方法，制定出会展中相关实施方案并进行可行性分析的过程。会展策划对于会展组织者来说，是会展运作的核心环节；而对会展参展商和观众而言，会展策划则提供了总体策略和具体计划。因此，会展策划的重要作用可以归纳为以下几点。

1．战略指导作用

战略指导是指会展策划能为会展活动提供总体的指导思想。具体说来，在展览场地、展会规模、展会主题、展会时间安排、展会品牌、合作伙伴方面，策划者都要事先提供指导。会展策划为会展活动搭建了一个整体框架，对会展活动的顺利实施具有战略指导作用。

2．实施规划作用

实施规划是指会展策划能为会展活动提供具体的行动计划。随着会展规模的不断扩大，会展的组织策划及现场管理工作就变成一个庞大的系统工程。没有一个合理详尽的策划方案，各种资源就无法合理地分配使用，各项相关工作就不能相互配合，顺利实施，就会影响会展的预期效果。会展策划方案不仅对会展工作进行整体把握，而且对各项相关工作进行详尽的安排，这就是会展策划的规划作用。

3．进程制约作用

进程制约是指会展策划能安排并制约会展活动的进程。一次展会的筹备工作可以划分为几个相关的部分，同时每一部分又可以分为几个不同的阶段。为保证展会各项筹备工作的相互配合与呼应，会展策划方案对各项工作的进程都作出详细的规定。这样，任务的执行者就可以参照策划方案来审查自己的工作进度，从而确保各项工作的整体推进。

4．效果控制作用

效果控制是指会展策划能预测、监督会展活动的效果。会展策划工作关系到整个会展筹备工作的成败，需要在充分搜集信息资料，并给予分析、设计、论证的基础上才能完成。会展策划方案不仅制订了各项工作的进度安排，同时给出了每一工作的阶段性考评标准。这样就保证了会展筹备工作在整个实施过程中处于监督控制之下。

5．规范运作作用

规范运作是指会展策划能使会展运作趋于科学、合理、规范。会展策划能对会展的组织经营部门、会展场馆的管理部门、会展的服务企业、会展的相关部门的行为具有规范作用，使之在整体的制度架构下能统一进行科学、规范的响应，从而使会展活动取得预期的效果。

任务二　会展策划的原则

会展策划是为综合性、大规模的会展活动提供策略指导和具体的计划。同时会展策划必须遵循市场经济的客观规律和会展活动的基本原则。会展策划的基本原则主要有目的性原则、操作性原则、创新性原则、艺术性原则和有效性原则。

一、目的性原则

会展策划的过程是追求最佳方案的过程，而决策方案是为实现会展目标服务的。因此，在策划过程中应遵循目的性原则。具体在策划过程中，应针对某一特定问题进行市场调研，在会展决策、计划以及运作模式、媒体策略等方面都必须以会展活动的目标为核心。

二、操作性原则

会展策划的方案或计划必须符合市场的客观实际情况，具有针对性和可操作性，这是会展策划的落脚点和归宿。会展策划的目的是解决实际问题，推动会展活动的顺利开展，如果不能达到这一目的或为这一目的服务，会展策划也就失去了应有的意义。也就是说设计的方案应具有很强的客观性和实践性，极强的操作性和可行性。因此，会展策划的操作性原则要求在制订策划方案时要结合市场的客观实际情况，以及参展企业、会展公司的具体情况、实施能力来进行，避免不切实际的策划。

三、创新性原则

创新是策划的原动力，也是会展策划追求的目标。要想在市场经济中达到万商云集并具有一定的影响力，创新是必不可少的。会展的"新"主要体现在策划的"新"。会展策划的创新性主要表现在理念的创新、目标的选择与决策的创新、组织与管理的创新、会展设计的创新等。

参考资料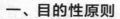

尤伯特出色策划，奥运会盈利 2.5 亿美元

历史上奥运会基本是在各国政府提供经费的情况下举办的，且都是亏损的，但第 23 届洛杉矶奥运会在政府没出一分钱的情况下，由美国第一旅游公司副董事长尤伯特设计了一系列出色的策划方案：与企业集团订立资助协议；出售电视广播权和比赛门票；压缩各项开支，充分利用现有设施，尽量不修建体育场馆；不新盖奥林匹克村，租借两座大学宿舍供运动员、官员住宿；招募志愿人员为大会义务工作等。尤伯特利用自己的聪明才智，使组委会的工作井井有条，一切如愿以偿。本届奥运会原计划耗资 5 亿美元左右，后来不仅没有出现亏空，而且有盈余。据 1984 年 12 月 19 日洛杉矶奥运会组委会公布的材料，盈利 2.5 亿美元。（资料来源：http://www.cn-lm.net/）

四、艺术性原则

会展策划是多种艺术直接、全面的综合运用，而不是在艺术上的简单堆砌，它在尊重客观事实的基础上通过艺术化的信息符号，进行选材、提炼、加工，形成强烈的艺术氛围，产生强大的艺术感染力，唤起人们的审美情趣。因此在创意设计上，要有对展会的理念和价值有暗喻性信息的表达，设计应新颖独特，直观醒目，适合于各种展示媒介和宣传媒体使用；在视觉效果上，要注意图形信息易于理解，要设计清晰简洁、布局合理、整体平衡、线条流畅、色彩和谐、形式美观，要有较强的冲击力；营销需求上，要体现展会的经营理念，准确传达展会的信息，体现出展会的特征和品质；在情感交流上，要有强烈的感染力，要吸引参展商和专业观众，打动他们的心理，使他们观后有美感，产生愉悦，留下深刻的印象，达到

信息平衡。

五、有效性原则

任何会展活动都必须产生一定的效果，而且不仅仅是有效，还必须达到预期效果或超出预期效果。会展活动的效果不应仅仅凭借会展策划者主观判断来预测，还应该通过实际的、科学的会展效果预测和监控方法来把握。因此，会展策划的有效性主要表现在所策划会展活动的效果应能达到或超出预期的效果。

任务三　会展策划的主要内容

会展策划的过程是一个综合而又复杂的过程，它是一项整合型的系统工程。它是为卖家和买家提供一定的环境和场所，促使交易达成的过程。会展策划行为离不开市场，所有策划行为都要以市场为导向。在整个策划活动中，以专业的展览服务赢得买家和卖家的支持与信赖尤为重要。会展策划原则上是应该使 80％ 以上的参展商达到参展目的，使 70％ 的专业观众达到参观的效果为标准。

会展策划主要包括以下几方面内容，即会展的立项策划、会展筹建策划、会展宣传推广策划、会展招展策划、会展招商策划、会展现场管理策划、会展相关活动策划等。

一、会展的立项策划

会展的立项策划是指在展前进行会展项目的可行性分析，写出相应的立项分析报告。展会可行性分析的关键是要进行展会项目的环境分析、战略分析、可行性分析、风险分析等，在此基础上编写完整的展会项目可行性报告，对展会的各种策划方案进行系统的总结，并提出科学的、结论性的意见和建议。这是会展策划的基础，也是必不可少的一环。

二、会展筹建策划

会展筹建策划主要包括展会的整体布局、展区的设计和布置、展位的承建、展品的运输方案、展馆的清洁和保安等内容。随着会展业竞争的日趋激烈，对会展的整体要求越来越高，展会的筹建策划是否合理、周全，会影响展会的实施，甚至反映出展会水平的高低。

三、会展宣传推广策划

会展宣传推广策划是围绕会展基本目标制订的、有目的有计划地举行的一系列促进招展、招商和建立会展形象的宣传推广活动。会展宣传推广策划主要包括确定宣传推广策略、宣传推广渠道、宣传推广时间和地域及会展宣传推广的费用预算。

在实施会展宣传推广策划方案时，必须结合宣传推广阶段的不同目标，分别选择最佳的宣传推广渠道，一方面让这些活动实现不同阶段的具体目标；另一方面要全面、系统地进行整体的规划和部署，使得各项活动互相辉映，共同服务于整体目标。

四、会展招展策划

招展策划是会展的关键环节，也是会展策划的重心之所在。会展策划人员根据会展策划书的计划与安排进行广告宣传工作、组织招展工作。参展商在会展价值链中居于核心地位，参展商的连续参展也是会展主办者的利益所在，组织招展工作一定要重视目标参展商的个性化需求，实施定制服务；客户数据库要能实现互动反馈，追踪客户的需求变化；建立科学的绩效评估措施，来改善客户关系。

五、会展招商策划

会展招商策划如何招揽观众参观展会，具体就是通过各种方式将那些对拟办展会展示的产品有需要和感兴趣的采购商和其他观众引进展会。"招商比招展更重要"、"展会成功的关键在招商。"建立一个动态的目标观众数据库就显得非常重要，目标观众的信息采集是招商方案的基石，也是展会成功与否的关键。目标观众数据库与招展阶段的参展商数据库保持适当的对接，也是吸引潜在参展商一种行之有效的方法。

六、会展现场管理策划

会展现场管理策划主要指开幕现场的管理策划、会展开展现场管理策划等，会展现场管理策划直接影响展会的现场管理，因此，策划方案一定要周全，对展会现场如何管理，提供哪些服务，将达到怎样的效果等，都应该考虑到，以便展会顺利、有序地开展。

七、会展相关活动策划

会展相关活动策划是指在会展举办期间的相关活动的计划安排，如展会开幕表演活动、专业研讨会和技术交流会活动、产品发布会和产品推介会活动、现场表演活动及其他相关活动等，这些相关活动已成为展会不可分割的重要组成部分。在展会期间策划举办展会相关活动，能丰富展会的信息功能，扩展展会的展示功能，强化展会的发布功能，延伸展会的贸易功能；对提升展会档次、扩大展会的影响发挥着非常重要的作用。

任务四　会展策划步骤和策划方案的制订

案例引导

2008 第二届中国·郑州农业博览会总体方案

农业部、河南省人民政府定于 2008 年 10 月 11～13 日在郑州国际会展中心共同举办 2008 第二届中国·郑州农业博览会（以下简称"农博会"）。为切实做好各项筹备工作，确保农博会取得圆满成功，特制订如下方案。

一、举办展会的背景

河南地处中原，是中华民族的主要发祥地之一。河南农业资源丰富、区位优势明显、市场潜力巨大，是全国第一人口大省、第一农业大省、第一产粮大省、第一粮食加工转化大省、第一劳动力大省，也是全国重要的农机大省和畜牧业大省。近年来，省委、省政府坚持以科学发展观为指导，坚定不移地走不以牺牲农业为代价的新型工业化、城镇化道路，形成了工业化、城镇化快速推进与粮食安全双赢的协调发展格局，实现了由全国农业大省向全国经济大省、工业大省的历史性转变。我省立足农业资源优势，积极推进农业结构调整，发展高效农业，强力推进科技农业、市场农业、循环农业、生态农业；大力发展粮食畜牧精深加工，积极扶持龙头企业，打造了一批在国内外有竞争力的品牌，使河南现代农业迈出了新步伐，河南正由中国"大粮仓"向全国"大厨房"转变。

改革开放 30 多年来，河南的农业发展取得了显著成绩，粮、棉、油、蔬菜、畜产品等主要农产品产量位居全国前列，肉类、速冻食品、调味品等食品工业发展均居全国领先地位，农业产业链条不断延伸，农民增收渠道不断拓宽，特别是近几年来，河南省深入贯彻落实科学发展观，着力推进粮食生产核心区建设，粮食综合生产能力明显提高。2006 年、2007 年，河南粮食总产均超过 1000 亿斤。今年全省夏粮获得丰收，秋粮收获已基本结束，有望连续三年粮食总产超 1000 亿斤，为保障国家粮食安全做出了重要贡献。郑州农业博览会能够充分展示改革开放 30 年来河南农业发展取得的巨大成就，也将很好地发挥平台和纽带作用，促进交流，深化合作，取得丰硕的成果，进一步推动河南农业、农村经济又好又快发展。

二、目的和意义

改革开放 30 多年来，河南农业及农村经济快速发展，粮食、油料产量位居全国首位，肉类、乳品、火腿肠、方便面、速冻食品等国内市场占有率位居前列，实现了传统单一粮食生产大省向全国第一粮食生产和粮食加工转化大省的跨越。农博会以胡锦涛总书记视察河南时重要讲话精神为指导，按照省委八届八次全会要求，以"现代农业·绿色品牌"为主题，搭建农产品展销平台，提升企业和品牌知名度，展示河南农业改革开放 30 年的发展成果，扩大、推动农业对外开放，拓展农业的招商引资空间，加强农业新技术、新产品、新成果和新品种的转让交流，促进农业持续增效，实现农民持续增收和农村经济全面发展，加快现代农业发展和社会主义新农村建设。

三、主要内容

（1）全面展示我省农业和农村改革开放 30 年来的巨大成就。

（2）全面展示现代农业发展成果。

（3）全面展示新农村建设成果。

（4）全面展示农业产业化成果。

（5）全面展示农业新品种、新技术、新产品、新成果。

（6）集中展示农业机械化新机具、机械耕作新技术、新成果。

（7）集中进行现代农业新技术、新成果转化、转让和交流。

（8）全面反映现代农民新风貌，开展丰富多彩的农趣活动，举行民间文艺汇演。

（9）集中销售名、特、优、新农产品，无公害、绿色、有机农产品及加工农产品和农业新品种、新产品。

（10）进行农业招商引资、技术交流和项目合作。

四、主要活动安排

（一）农产品展示展销

参会企业报到、布展时间：10 月 8～10 日。

展示交易时间：10 月 11～13 日。

撤展时间：10 月 13 日。

（二）组委会欢迎宴会

会议嘉宾、代表团领导和重点企业负责人参加。

时间：10 月 10 日 18:00～19:30。

（三）农博会开幕式

时间：10 月 11 日上午 10～11 时。

地点：郑州国际会展中心。

开幕式后领导巡视展馆展区。

（四）农业新技术、新成果、新产品交流和招商引资项目洽谈会

时间：10 月 11 日下午～10 月 12 日上午。

地点：郑州国际会展中心。

（五）项目签约仪式

时间：10 月 11 日下午。

地点：郑州国际会展中心。

（六）农趣活动和民间文艺演出

时间：10 月 11 日。

地点：郑州国际会展中心。

（七）名、特、优、新农产品评选活动

开展瓜王、果王等农产品评选，农博会优质农产品金、银奖评选，优秀展位和优秀组织单位等评选活动。

时间：10 月 11～13 日。

地点：郑州国际会展中心。

（八）总结表彰

对农博会进行总结，对组委会组织评选的优质产品、优秀展位和优秀组织单位等进行表彰。

五、展区安排

展区分室内和室外展区，展示展销面积 30000 平方米，设 50 个展区、1100 个展位。

（一）室内展区 18000 平方米

1. 展示区 13000 平方米

（1）国外城市、港澳台地区展区 1000 平方米。

（2）国内省外城市展区 2000 平方米。

（3）河南省省辖市展区。本省除郑州市外的 17 个省辖市，每市 1 个展区、100 平方米（净面积：15×6 平方米），共 2000 平方米。

（4）郑州市县（市、区）展区，每个县（市）300 平方米，每个区 150 平方米，共 3000 平方米。

（5）郑州市直部门展区 2000 平方米。

（6）重点农业龙头企业展区 1000 平方米。

（7）农业新技术、新品种、新产品、新成果展区 1000 平方米。

（8）农业新成果转让、技术交流和人才交流区 1000 平方米。

2. 销售区 5000 平方米

集中安排现场销售名、特、优、新农产品。

（二）室外展区 12000 平方米

其中农业机械展区 10000 平方米，农趣活动、民间文艺演出区 2000 平方米。

六、组织机构

成立 2008 第二届中国·郑州农业博览会组委会（以下简称"组委会"），成员名单

如下。

名誉主任：×××（农业部部长）

×××（省委书记、省人大常委会主任）

×××（省委副书记、代省长）

主　任：×××（省委副书记）

×××（农业部副部长）

副主任：×××（省委常委、郑州市委书记）

×××（副省长）

成　员：×××（农业部总经济师、市场与经济信息司司长）、×××（省长助理）、×××（郑州市委副书记、市长）、×××（省农业厅厅长）、×××（郑州市委常务副书记）、×××（省政府办公厅副巡视员）、×××（郑州市副市长）、×××（省委宣传部副部长）、×××（省发展改革委副主任）、×××（省财政厅副厅长）、×××（省农业厅副厅长）、×××（省商务厅副厅长）、×××（省公安厅副厅长）、×××（省交通厅副厅长）、×××（省畜牧局局长）、×××（省农机局局长）、×××（省林业厅副巡视员）、×××（省水利厅副厅长）、张成智（省农开办主任）、付劲松（省外侨办副主任）、李连成（省政府接待办副主任）、×××（郑州海关副关长）、×××（郑州铁路局副局长）、×××（郑州新郑国际机场管理有限公司工会主席）、各省辖市分管副市长。

秘书长：×××（省政府办公厅副巡视员）

×××（郑州市副市长）

×××（省农业厅副厅长）

组委会下设执行委员会（以下简称执委会），具体负责农博会日常工作。执委会主任：×××（兼）。副主任：×××（兼）、×××（兼）、×××（兼）、×××（兼）。郑州市有关部门负责同志为执委会成员。执委会内设综合组、招商组、宣传组、展场组、后勤组、安保组，具体负责做好会务工作。

执委会下设办公室。办公室主任：×××（郑州市政府副秘书长）。副主任：×××（郑州市农业局局长）、×××（省农业厅市场信息处处长）、×××（郑州市农业局党委副书记、副局长）。组委会、执委会成员单位和有关单位负责做好职责范围内的各项工作。

农博会执委会办公地点：××××酒店（郑州市××路与××路交汇处向北50米路西）16楼。联系方式：综合组，1602房，电话（0371）63×××××；招商组，1605房，电话（0371）63×××××；宣传组，1608房，电话（0371）63×××××；展场组，1609房，电话（0371）63×××××；后勤组，1620房，电话（0371）63×××××；安保组，1615房，电话（0371）63×××××。农博会网址：www.zz×××.cn。Email：zz×××2008@126.com，zz×××2008@yahoo.cn。

七、组委会成员单位主要职责

郑州市政府：负责总体策划、综合协调和组织实施工作。在组委会指导下，负责大会的日常筹备工作。负责综合、招商、宣传、展场、安保和后勤保障等各项会务工作。

省农业厅：负责与农业部衔接与沟通，邀请领导参会。负责组织协调河南省各省辖市代表团参展参会。

省委宣传部：负责与中央有关宣传机构的联系协调，组织中央、省、市各有关媒体做好农博会的宣传报道工作。

省商务厅：负责组织邀请省外、国外相关企业参展参会。

省公安厅：负责国家和省（部）级领导的安全保卫工作。

省交通厅：负责农博会期间绿色通道畅通并免收运输参展产品车辆过桥过路费。

省畜牧局、农机局：负责协调全省畜牧、农机系统参展参会。

省外侨办：负责大会的外事接待、联络工作，为大会提供翻译等服务。

郑州海关：负责做好重要外商和贵宾的通关工作，简化通关手续；做好外商参展物品的报关、出关事宜。

省政府接待办：负责正部级以上领导的接待工作。

省发展改革委、财政厅、林业厅、水利厅、农开办：负责做好职责范围内的有关工作。

郑州铁路局：协调安排与会代表乘车及展品的运输工作。郑州新郑国际机场管理有限责任公司：负责协调安排与会代表的机场接待和返程服务工作。

各省辖市政府：分别组织 15×6 平方米展厅精装布展工作。组织龙头企业参展。负责本市招商引资项目和贸易项目的落实，至少组织本地 1 家企业参加组委会组织的大型项目签约。

八、工作要求

（一）提高认识，加强领导

农博会是扩大对外开放，推动我省经济社会又好又快发展的重要平台。各省辖市、各有关部门要立足我省农产品资源优势，加快招商引资步伐，大力发展农村经济，努力把本届农博会办成有特色、高水平的盛会，打造河南会展品牌；要切实加强领导，精心筹备，严密组织，确保各项筹备工作顺利进行。

（二）明确任务，落实责任

各省辖市、各有关部门要认真做好客商邀请、项目签约、展示和产品贸易工作，根据工作职责和要求把各项工作任务分解细化，责任到人、措施到人，狠抓工作落实。

（三）细化方案，密切协作

各省辖市、各有关部门要根据各自承担的任务制订和细化工作方案，承办单位对重大活动安排和重要客商接待要制订具体的实施方案。各省辖市、各有关部门和各参会单位要服从组委会和执委会的统一安排和部署，高标准、严要求，加强协作，扎扎实实做好各项筹备工作。

（四）抓紧时间，及早安排

各省辖市、各有关单位要按照方案要求紧急行动起来，统筹安排，抓紧工作，全力以赴推进农博会的各项筹备工作。总的时间要求是：9 月 20 日前，各代表团组成人员、本地企业参展基本情况报组委会；各种接待方案及活动方案全部具体细化；招商任务完成 80%。9月 25 日前，各代表团、各企业与会务组进行参展参会和各项活动对接。9 月 30 日前，各项工作全部到位；招商任务全部完成；一切工作准备就绪。10 月 8 日，各参展企业进入会展中心进行装修、布展。

（五）加强宣传，扩大影响

新闻媒体要积极参与农博会和筹备工作，开辟专栏或专题进行系列报道，大力宣传我省农业比较优势，报道会议取得的成果，扩大农博会的影响。（资料来源：http：//www.henan.gov.cn）

【案例分析】 展会策划是一个系统性的策划工作，涉及展位目标定位问题，战略策划问题、职能部门沟通问题、目标参展商和观众问题等，对工作要求比较细致，好的展会策划是展会成功的一半。

一、展会策划方案基本流程

由于不同类型、不同层次、不同规模的会展策划情况各不相同，且十分复杂，因此本书仅照参国际展会的一般惯例，对会展策划基本流程进行表述。

1. 设立项目策划小组

会展企业在做会展策划工作时需要各部门人员相互配合，集体决策才能集思广益策划出具有创意的策划方案。因此，首先成立策划小组，具体负责策划工作。一般而言，策划小组由下列人员组成：小组负责人，项目策划人员，文案撰写人员，美工设计人员，市场调查人员，公关人员等。

2. 有针对性地进行市场调研

会展市场调查是会展策划的基础。会展策划者为了避免会展策划成为无源之水，无本之木，需要有针对性地搜集市场信息。在了解策划主题意向、制订出策划方案之前，市场调查是会展策划者了解市场信息，把握市场动态，进而确定会展目标和主题，编制会展策划方案，选择会展策略，检查会展效果等所必需的调研工作，从而为决策提供依据。

3. 制订详细完整的会展策划方案

在充分进行市场调研之后，确定并围绕会展目标的市场定位，制订完整的会展策划方案。在制订会展策划方案时，需要考虑展会的类型、产业标准、会展规模、展品的选择、参展商的选择、观众的数量以及参展的费用预算等因素。

4. 制订媒体策略

有效的媒体策略对会展活动的组织者是至关重要的。会展组织者要根据有限的广告预算以及会展的需要和条件，选择合适的媒体来扩大展会的影响力，吸引更多的目标客户。

5. 制订设计策略

展览展示设计是指能传达展览信息，并有效吸引参观者的展场环境的设计，它包括展区和展位的设计。好的设计能给人以美的享受，同时能提高展会的品位，吸引参观者。

6. 考虑相关的服务要点

会展组织者根据所策划会展的规模、场地等情况，要认真策划好相关服务。服务策划要以人为本，落实好参展商、专业观众的具体情况及人数，以便做好相关服务工作。

7. 制订预算方案

良好的财务管理和预算控制是筹办会展最重要的因素之一。好的财务预算策划不仅可以起到增加收益、提高效益的作用，而且还能使会展的投资者了解本次会展各种收入的来源和比例，分析主要的投入项目，确定主要的收入来源。

8. 撰写项目策划方案

会展策划方案应涵盖市场调查报告、可行性分析报告、项目建议书、展会宣传方案和展会整体策划方案等策划文案。

9. 作好对会展的评估

会展的效果评估需要由展出者自己安排或委托专业评估公司来进行。评估内容有定性的内容也有定量的内容，条件允许尽量用定量的内容，确保评估结果更客观、更有价值。

二、会展策划的步骤

（一）信息搜集与分析

市场信息是会展策划的基础和依据。只有经过市场调查，充分掌握相关市场信息，并进行整理和分析，才能为整个会展策划提供强有力的基础。会展市场是反映会展活动特征及其发展状况的数据、消息、情报等的总称。它是企业发现新的市场机会和进行正确的经营决策的基础。所谓会展市场信息分析，是指以解决会展公司经营管理中的某个或若干个特定问题为主要目标，把通过各种渠道获得的市场信息进行归类研究，进而将分析结果提供给企业相关部门的行为过程。具体而言，它包括会展市场信息的收集、整理和分析。

会展市场信息大致可以分为三类，即目标客户方面的信息分析、市场开发方面的信息分析以及会展技术方面的信息分析。具体而言，目标客户方面的市场信息包括目标参展商的基本情况、潜在专业观众的基本情况、忠诚客户的经营动态、参展商的参展项目、参展商对展会的意见和要求。市场开发方面的信息包括相关产业的发展现状及趋势、相关产业的产业结构、同类型展会的经营状况、本展会的市场占有率、潜在竞争者的市场规模。会展技术方面的信息包括会展场馆的技术数据和设备状况、新的布展概念与工艺、其他相关技术。

会展市场信息的分析主要包括以下六个方面的内容。

1. 产业发展状况分析

产业性质和发展状况是影响展会策划的重要因素之一。会展从业人员越来越注重会展主题所在行业，对诸如产业生命周期、产业规模、从业人员数量、产业结构政策导向、产品销售方式、产业技术含量等进行深入的分析研究，以科学指导展会的策划。

2. 会展公司经营环境分析

会展公司对经营环境进行分析的内容，是分析如自然、政治、经济、社会文化和科学技术等不可控因素对会展公司经营的作用方式及影响程度，从而指导会展公司内部的可控因素灵活地适应外部经营环境。

3. 展会市场供求关系分析

展会市场供求双方的关系会直接影响市场竞争状况，因而供求关系分析是会展市场分析的重要内容之一。开展供求关系分析的最终目的是为了实现市场的供求平衡，在这一过程中企业也将获得理想的经济效益。鉴于此，展会市场供求关系分析的作用主要有以下几个方面：第一，有利于一个国家或地区对展会产品结构进行调整；第二，有利于会展管理部门对大型展会进行规划、控制；第三，有利于会展公司发现意外的市场机会；第四，有利于会展公司分析新展会的市场潜力。

4. 参展商和与会者购买行为分析

参展商和与会者购买行为分析属于消费者行为分析的范畴，是现代会展公司以顾客需求为中心的经营理念的具体体现。参展商和与会者购买行为直接关系到会展的规模和市场价值，对其进行分析是展会市场分析的核心。事实上，影响参展商和与会者购买行为的因素非常复杂，可以分为内部因素、外部因素和企业营销组合三方面。其中，内部因素指参展商的动机、参展商对展会的态度、展后效果评估等；外部因素包括经济动态、行业发展状况、协会推荐等；企业营销组合则主要包括会展公司的展会项目、报价、分销渠道及宣传促销等。

5. 会展市场竞争者分析

会展市场竞争者分析，就是分析某个会展公司和其主要竞争对手的竞争能力及各自的市场占有状况，以帮助该会展公司明确自身的竞争地位，进而制订行之有效的竞争策略。竞争者分析的核心问题是明确本企业的优势，并在顾客心中形成独特的定位。

6. 会展公司经营策略分析

会展公司经营活动的目标是在满足参展商和专业观众需要的同时，获取理想的经济利益。为实现这一目标，会展公司必须合理运用各种经营策略，如市场定位策略、市场竞争策略、市场开发策略和营销组合策略等。市场经营策略分析对优化会展公司的经营效果具有很重的意义。它能帮助会展公司选择最合适的目标市场，并充分发挥其竞争优势。

（二）拟订策划方案

在前期的信息工作完成后就可以拟订初步的策划案了。策划方案的拟订程序遵循自上而下、由粗到细、由主到次的顺序。在有了对展会的整体构思后即可进入招展、招商、展会相关活动、其他方案的实施等具体工作的策划中。

（三）论证策划方案

在策划方案制订完成后，还需对方案的可行性进行论证，主要从现实中操作性的难易、成本收益情况、外部影响等角度对方案的各项进行衡量评价，可以征求多方意见，如目标参展商、观众、主管部门、行业协会及业内专家等。

三、策划方案的制订

会展策划案是对前期策划工作的归纳与总结，是将办展策略、计划、具体方法以书面方式呈现出来，它可以作为办展机构工作的总纲要，也可送呈有关部门、相关单位，使其对展会内容有一个总体了解。

一个完整的会展策划书应包括以下内容。

1. 产业与环境市场分析

对前期收集的行业与市场信息资料进行分析整理，概括行业总体特征及行业内企业的情况，并对行业所面对的市场进行剖析预测。

2. 展会具体策划

对展会筹备的具体实施工作进行规划部署。重点包括对展会承建商、运输代理、旅游代理等合作者的资质要求、工作的进度规划及质量要求。

3. 展会招展计划

对前期招展信息与市场调查结果全面分析概括，详细部署随后的招展工作。招展计划中应尽量做到职责、进度、工作要求的明确，以利于具体招展工作时参考对照。

4. 展会招商计划

制订后期招商工作的详细安排。重点包括招商工作的职责划分、进度安排与对各项工作的标准和要求。

5. 展会宣传推广计划

对展会宣传推广活动安排进行策划。主要包括宣传推广的策略、渠道、手段、预期效果等。

6. 展会组织分工计划

划分展会举办参与单位及个人的职责。应尽可能详细明确，是展会工作安排及绩效考核的依据。

7. 展会整体预算

对展会的招商、招展、宣传等各项主要活动收入与支出进行宏观预计，明确筹资渠道、方法、金额及资金到位日期等。

8. 展会筹备进度计划

整体规划展会筹备工作，保证各项工作的有序开展与协调配合。

9. 展会现场组织管理计划

现场活动分为布展、展示与撤展三部分。本计划主要包括现场活动的时间、内容安排、管理职责和人员安排等。

10. 展会相关活动安排

展会相关活动主要包括围绕展会主题进行的会议、表演及比赛等活动。这些相关活动是现代展会必不可少的组成部分，起着增强展示效果、提升展会形象、扩大展会影响的重要作用。

11. 展会结束计划

某一主题的展会可能要一届届地办下去，这就有必要在一次展会结束时对策划、招商、招展、现场管理等各环节的工作进行认真的分析总结，明确工作中的得失与教训，为下届展会积累经验。

 知识拓展

日本爱知世博会的成果与不足

日本爱知世博会于 2005 年 3 月 25 日～9 月 25 日在日本名古屋东部丘陵（长久手町、丰田市和濑户市）举行，展期为 185 天。爱知世博会的主题为"自然的睿智"，展馆面积 173 公顷，有 121 个国家（地区）和 4 个国际组织参展，累计有 22049544 名观众参观。爱知世博会这个全球大交流的舞台，让人们共同体验和汲取了世博会所带来的无穷智慧。它的举办取得了一定的成果，但也存在着不足，一些经验值得借鉴和吸取。

首先，作为当今世界最重要的博览会，本次世博会鲜明地表现了"自然的睿智"这一环保主题，凸显了人类可持续发展的重要性。这一主题的选择符合时代潮流、意义深远。本次世博会会场设立在森林中，与展会主题吻合，很有创意。另外，日本的诸多展馆从不同角度生动地表现了与"自然的睿智"有关的内容。比如，三井·东芝馆通过电影表现地球毁灭后人类探索宇宙生存空间的活动；三菱未来馆表现了没有月亮、地表全是沙漠的情形。一些展览活动还展示了风力发电、太阳能发电等新能源形式给人类带来的美好远景等。

除展览内容外，世博会展馆本身使用的建材很多都是废物利用，展会结束后还可再利用。另外，会场垃圾被分为 9 类，可以被不同程度地再利用。更重要的是，本次世博会非常重视公众参与。在濑户会场，有 235 个允许市民参与的环保项目，这有利于进一步树立公众环保意识。展会主办者认为，实现可持续发展仅靠政府和企业是不够的，只有普通民众"从我做起"，21 世纪才能真正成为环保的时代。

其次，本次展会处处体现"以人为本"。会场大门旁备有上千辆婴儿手推车和轮椅，供带小孩的家长和腿脚不便的老人使用；世博会占地 100 公顷，其间有很多道路。除了缆车线路之外，只要是供人通行的地方都很注意防滑；会场中的厕所设有报警装置，一旦有人身体不适或发生意外，只要按下电钮，救护人员会很快赶到。另外，有志愿人员时时提醒游人下台阶时注意脚下，以免发生意外；夜间道路标志不清，车站有志愿者指引帮助；夏季天热容

易中暑，会场主要干道两侧有遮阳布，支架上有冷气向下吹，使坐在凳子上的人感到凉爽。随着展会的进行，主办者还不断调整服务措施，力争处处为观众着想。由于组织筹划细致周到，半年展会期间没有发生一起安全事故。

爱知世博会的成功还体现在颇丰的经济效益之上。本次展会原本预计参观人次1500万，但实际达到2200万。这给展会所在的日本中部地区带来了巨大的经济利益。扣除大量开支之外展会盈利50亿日元，吉祥物销售额达800亿日元，相关收入超过4500亿日元。数据显示，会展期间，名古屋的百货商店销售额比去年同期增长6.3％，旅店爆满。日本民间调查机构共立综合研究所推测，爱知世博会给爱知、三重等县带来的总体经济效益可达1.28万亿日元。由于交通等基础设施得到改善，世博会还给这一地区经济发展带来后劲。交通网络得到完善，使很多企业都计划在这一地区发展，这种趋势从名古屋一些地段的地价上涨可见一斑。

当然，本届世博会的组织也存在一些不足。一个突出问题是，主办方对参观人数估计失误。原先估计每天参观人数最多不会超过20万。但实际上单日参观人数最多达到了28万。人多之后，会场、交通工具都明显拥挤，造成观众等待时间较长。另外，世博会长久手会场除了迎宾馆和主要道路外，其他展馆设施等全部拆除，据称拆除费用约100亿日元，这多少有些"物未尽其用"的遗憾。本次展会还有一个缺陷，就是会外语的服务人员太少，很多志愿服务者面对外国观众只能比比划划，沟通存在障碍，影响了服务质量。

［资料来源：http：//www.china.com.cn/zhuanti2005（在新华社通讯稿的基础上改写而成）］

能力训练

结合本案例思考，展会的策划除了基本方案的制订，还应考虑哪些因素？请查阅资料，了解2010年上海世博会举办的成功之处主要表现在哪些方面？

 复习思考题

1. 会展策划在展会中起到哪些作用？
2. 会展策划时应遵循哪些原则？
3. 会展策划的内容包括哪些方面？
4. 在会展策划步骤中，需要考虑哪些因素和环节？

项目三　会展立项策划

通过本项目的学习，学生应具备对展会选择的决策能力；对会展立项的分析能力及对会展分项策划的独立操作能力。

案例引导

2013 年夏季中国（北京）婚博会可行性分析报告

一、展会简介

由北京展览馆和北京市西城区婚庆文化产业商会联合主办的"2013 北京（夏季）婚博会"（以下称"婚博会"），将于 2013 年 8 月 17～18 日隆重展出。本届展会以倡导"绿色环保、节俭婚礼风"为出发点，以"树诚信服务典范，创时尚婚庆品牌"为宗旨，以"规范婚庆服务、创建绿色消费通道"为保障，着力为广大新人打造一个绿色、时尚、诚信、开放的欢乐体验式的一站式婚庆服务乐购平台。

时间：2013 年 8 月 17～18 日。

地点：北京展览馆。

主办单位：北京展览馆、北京市西城区婚庆文化产业商会。

承办单位：北京××国际会展有限责任公司。

展品范围：精品婚宴、婚纱摄影、结婚珠宝、婚纱礼服、婚庆用品、婚庆服务、新婚家居、新婚生活。

二、行业市场分析

1. 宏观市场环境

（1）经济环境　婚博会经济一般被认为是高收入、高盈利的经济形式，其利润率大约在 20％～25％以上。婚博会是以会议和展览活动作为发展经济的手段，通过举办大规模、多层次、多种类的会议和展览，以获取直接或间接经济效益和社会效益的经济行为。婚博会能给主办城市带来源源不断的商流、物流、人流、资金流、信息流、创造商机，吸引投资，推动商贸旅游业的发展，进而拉动其他产业的发展。

（2）社会环境　随着经济的发展，新人在婚礼方面的花费也水涨船高，婚庆业慢慢发展起来。结婚花费已从单纯地举办婚礼、婚宴发展到婚纱摄影、婚纱礼服、珠宝、婚房装修等项目，婚礼越来越是一个系统的项目，导致婚博会的盛行。

2. 微观市场环境

（1）该展会是品牌展会，获得政府支持。

（2）同类题材展会各大城市正纷纷涌现。

三、会展项目的 SWOT 分析

1. 办展优势（S）

① 竞争力优势。北京婚博会已成功举办多届，作为中国最具口碑的行业结婚展，中国北京婚博会已经成功为数百万新人提供了优质的服务，是结婚行业的时尚风向标。

② 区位优势。北京展览馆本次展会的展出面积是 2 万平方米。北京是中国的政治和文化中心，交通便利。展馆位于北京西直门繁华商业区，西邻动物园交通枢纽，东侧为西直门地铁站、城铁总站和北京火车站北站，北靠中关村科技园区，南临金融街与各大部委，地理位置十分优越。

③ 主办方优势。本届展会由北京展览馆和北京市西城区婚庆文化产业商会联合主办，主办方具有高质量的控制体系，完善的信息管理体系，有忠实的客户群体。本届展会的承办方是北京××国际会展有限公司，在办展行业有较高的信誉度，办展经验丰富，具有一定的融资能力。

2. 办展劣势（W）

① 婚博会举办的次数越多，创新点和全面展示婚博会的亮点越难。

② 有实力的会展公司纷纷涉足婚博会。

3. 潜在机会（O）

① 世界经济的一体化，为婚博会的发展带来机遇。

② 人们对生活物质与精神质量要求逐渐增高，是参展企业展示自己产品的大好机会。

③ 得到政府的大力支持。

④ 市场需求强劲增长。

4. 外部威胁（T）

① 国内外其他同类博览会纷纷涌现。

② 出现进入市场的强大的新的竞争对手。

③ 客户或者供应商谈判能力提高。

注：此次展会将采取 SO 战略，发挥内部优势，利用外部机会。

四、会展项目实施的可行性论证

婚博会符合时代潮流的发展，它不仅是一个涉及行业面广的服务综合性产业，而且是一个消费高峰期非常集中、消费额高的产业。目前，婚庆产业的商业模式主要有三类：第一类是产品服务型商业模式，如独立的婚庆产品生产销售商、婚庆服务提供商等；第二类是品牌型商业模式，如品牌连锁、网络营销；还有一类是整合型商业模式，如婚博会、结婚展等。婚博会正是集中了这些产业的优势来面向社会，满足需求者。经过市场调查，婚博会适应当今市场，具备可实施性。

五、项目执行方案分析

时间：2013 年 8 月 17～18 日。

地点：北京展览馆。

1. 对举办本次展会的基本框架进行分析

（1）展会名称和展会的展品范围与展会定位之间没有冲突。

（2）办展时间、办展频率符合展品范围所在行业的特征。

（3）展会的举办地点适合举办该展品范围所在行业的展会。

（4）会展定位与会展规模之间没有冲突。

（5）主办方在计划办展时间内能举办如此规模和定位的展会。

（6）主办方对展会展品范围所在的行业熟悉。

2. 招展招商和宣传推广计划分析

（1）招展计划分析（略）。

（2）招商计划分析（略）。

（3）宣传推广计划分析（略）。

六、进度安排（略）

七、经费预算

1. 成本费用

展览场地费用 150 万元；展会宣传推广费 10 万元（广告宣传费，展会资料设计和印刷费，资料邮寄费，新闻发布会等）；招展和招商费用 10 万元；办公费用 10 万元，税收 50 万元；不可预测费用 10 万元左右。

2. 收入预测

展位费收入 1500 万元；门票收入 30 元/人；广告费和企业赞助收入 10 万元；其他相关收入 5 万元。

盈亏平衡分析：盈利。

八、风险预测

1. 展会前

（1）在展会筹备期间可能会出现招展的展位不满，应加大宣传力度。

（2）布展时应做好安全措施，以确保人员安全。

（3）展馆内的消防设施，安全出口设施应得到确保使用。

（4）应考虑天气是否对婚博会的开幕有影响，以便及时调整，确保开幕式的顺利进行。

2. 展会中

（1）观众众多，可能会出现现场混乱，应及时组织人员维持秩序。

（2）确保消防设施，安全出口等设施正常使用，以防事故的发生。

（3）展会场外应有管理人员，确保场外的秩序以及停车秩序，以免发生交通拥堵和事故。

（4）设立应急小组，以确保应急事件的发生。

3. 展会后

（1）撤展时防止展会出现混乱。

（2）撤展时保证展位的安全拆卸，保证现场人员安全。

九、社会效益分析

婚庆产业已成为目前最具前景的朝阳产业之一。所涉及的直接和相关行业至少有 60 多个门类，包括婚纱影楼、餐饮旅游、摄影摄像器材、各类家居用品、美容美发、银行贷款、保险、理财等，可以算是一个完整的产业链。如果本届婚博会举办成功，可以带动许多相关行业的发展，取得一定的社会和经济效益。

（资料来源：http：//www.jiehun.com.cn）

【案例分析】 展会的成功举办离不开对展会的可行性分析，展会可行性分析报告是展会能否取得成功的基础。展会可行性分析工作涉及范围广，要求相关人员有较高的综合素质，思维缜密，并富有实践工作经验。

任务一　会展题材的选择和主题的确定

一、会展题材选择的依据

所谓会展题材，就是举办一个展览会计划要展出的展品的范围。会展题材选择是展出的一项前期工作。展览题材的选择是一项非常细致和专业的工作，它往往涉及到产业的专业分类和专业配置。展览题材选择的好坏和准确与否，直接影响到展览会的专业性和市场拓展性，对展览会的招展和未来发展有着重大影响。

（一）会展题材的行业选择及方法

一般说来，选择会展的展览题材，要根据会展举办地及其周边区域的经济结构、产业结构、地理位置、交通情况和展览设施等条件。首先考虑本区域的优势产业和主导产业，其次考虑国家或本地区重点发展的产业，再次考虑政府扶持的产业。

对于专业的展览会而言，一个展览会一般只包括一个展览题材。选择展览会题材主要有分列题材、拓展题材、创新题材和合并题材等。

1. 分列题材

分列题材是指将办展机构已有的展览会的展览题材进一步细分，分列出更小的题材，并将这些小题材办成独立的展览会的一种选择展览会的题材形式。分列题材的选择使得原有的展览会和依据细分题材所办的新展览会更加专业化。

采用分列题材的办法选择新展览题材有以下几个好处：第一，由于细分题材是从原有展览会大题材中分列出来的，办展机构对该题材有一定的了解，并有一定的客户基础，新展会容易举办成功；第二，该细分题材分列出来以后，不仅为原有展会其他题材让出了更大的发展空间，而且依据细分题材所办的新展览会也可以更加发展壮大；第三，原有展览会和依据细分题材所办的新展览会都将更加专业化。

采用分列题材的办法选择新展览题材也有一定的风险：第一，分列的时机很难把握，很难确定什么时候才是将某一细分题材从原有的展览会中分列出来的最佳时机，如果时机把握不好，题材分列就很难成功；第二，将某一细分题材从原有的展览会中分列出来，会给原有展览会造成多大的冲击，往往较难把握；第三，办展机构是否已经具备将某一细分题材从原有的展览会中分列出来独立办展的实力，要经过慎重考虑才能决定。

2. 拓展题材

拓展题材是指将现有展览会所没有包含的，但与现有展览会的展览题材有密切关联的题材，或是将现有展览会展览大题材中暂时还未包含的某一细分题材列入现有展览会题材的一种方法。拓展题材是展览会扩大规模的一种常用的有效方法。一方面，拓展展览题材可以扩大展览会的招展展品范围，为扩大展会规模作出贡献；另一方面，拓展展览题材也可以扩大参展企业数量和观众来源，为拓展展会发展空间服务。

通过拓展展览题材来发展展会还可以使展览会的展品范围更加完整，并使展览会更加专业化。拓展展览题材实际上就是要将现有展览会原来没有包含的题材再包含进去，将一些与现有展览会的展览题材密切相关的题材补充进展览会。这会使现有展览会的展出题材更完整，展会更专业、更具有行业代表性。

当然，如果拓展展览题材处理不当，也会带来一定的风险：第一，如果拓展的展览题材与现有展览会的展览题材的关联性不大，可能会出现"拉郎配"的现象，使现有展览会变成"大杂烩"而失去其专业性；第二，新题材的加入可能会影响到现有展览会的展区划分，影响到现有展览会的现场布置和管理。

3. 创新题材

创新题材是指通过对收集到的各种信息进行整理和分析，选定一个本办展机构从来没有涉及的产业作为举办新展览会的展览题材。对于办展机构来说，创新题材是一个新的领域，具有一定的风险性，但新题材很多时候是市场的新兴产业，抢先一步，成功的可能性就比较大。

创新题材往往是将一个新的产业作为举办展览会的展览题材，它有以下好处：第一，办展机构可以进入一个新的产业和开发一个新的市场；第二，新题材往往是暂时被市场忽视的题材，别的办展机构进入得少或者是还根本就没有办展机构进入，这样我们就可以避开其他办展机构的竞争；第三，新题材很多时候是市场的新兴产业，只要抢先一步，成功的可能性就较大。

但是，作为一个全新的展览题材，创新题材也会有一定的风险：第一，对于办展机构来说，新题材是一个崭新的领域，进入一个陌生的领域有一定的风险；第二，办展机构可能会缺乏对该题材有所了解的专业人员，对该产业的企业、行业协会等的数量和分布等缺乏基本了解，不利于以后展会筹备工作的展开；第三，由于缺乏对该产业的了解，办展机构可能对抓住该产业的行业发展重点和行业热点有困难，展会可能因而缺乏市场号召力。

4. 合并题材

所谓合并题材，就是将两个或两个以上彼此相同或有一定关联的展览题材的现有展览会合并为一个展览会，或者是将两个或两个以上的展览会中彼此相同或有一定关联的展览题材剔除出来，放在另一个展览会里统一展出。

合并题材是一些小的展览会常用的办展策略。这种策略可以带来以下好处：第一，合并题材是将彼此相同或有一定关联的展览题材合并到一起，有利于集中精力，做大、做强该题材的展览会；第二，如果合并题材是在两个不同的办展机构之间进行，那么，合并题材就可以消除市场竞争，独占该题材的展览市场；第三，合并题材可以更好地安排展览日期和划分专业展区，更方便企业参展和观众参观；第四，合并题材可以得到行业内知名企业的大力支持，提高他们参展的积极性；第五，合并题材可以使展览会更具有行业代表性，有利于提高展览会的档次。

不过，合并题材也有一定的风险：第一，合并题材往往涉及多个展览会，如果处理不当，可能会对这些展览会带来不利的影响；第二，合并题材可能会涉及多个办展机构之间的业务合作，办展机构之间的业务合作不当和利益分配不均可能会导致题材合并的失败；第三，如果合并题材选择不当，不仅会给现有展览会造成伤害，还可能会使新展览会成为一个"大杂烩"。

（二）办展机构举办展览会应考虑的因素

1. 展览的种类和特性

展览种类的选择是一项极为复杂的系统工程，受制因素很多，从制订计划、市场调研、展品范围、展商选择、展览宣传、客户邀请、展览布置、组织成交直至展品回运等，形成一个互相影响、互相制约的有机整体，只有了解这些特性，才能收到预期的效果。

2. 展览的性质

每个展览会都有自己不同的性质，办展企业应明确承办什么性质的展览会。按展览目的，可分为形象展和业务展；按行业设置可分为行业展和综合展；按观众构成可分为公众展和专业展；按贸易方式可分为零售展与订货展；按参展企业分又有综合展、贸易展、消费展等。许多展览会在性质上往往不容易区分，比如法国巴黎国际展览会。所以，在选择承办展览会时，必须先对展览会的性质作出正确的评判。

3. 展览会时间和地点的确定

对于展览会时间的选择首先是考虑订货季节，大部分产品都有特定的订货季节，也就是订货高峰，在订货季节期间举办的展览会，成交的可能性会大些。其他的考虑因素包括配额年度、财政年度等，一般的规律是前松后紧，上半年额度多、经费充裕，订货就可能多些。

展览会举办地点的选择一是从贸易角度考虑，即展览会地点是否生产或流通中心。在生产或流通中心城市举办的展览会有着得天独厚的优势，展出效果要好些。二是从与会者的角度考虑，即展览地点吃住是否便利。

4. 展出方式

选择何种展出方式？展出方式可以分为集体展出和单独展出两类。集体展出是指由政府部门、贸促机构、行业协会，甚至公司组织的有两个以上参展企业的展出形式，多为综合性展览会；单独展出，是指参展企业独立完成的展出形式，考虑到实力、费用等问题，比较适合于大中型企业。

5. 目标观众的选择

专业展已成为展览会发展的趋势。主办者要非常明确展览会的主题，要知道应该邀请哪些参展商及目标观众。

二、会展主题确定的原则

主题又称为会展的主题思想，它是会展的灵魂，是具体解释会展目标的执行者。它既是某个会展明确和创造期望的工具，决定了会展的特点，同时也是保持会展魅力的源泉。会展主题的确定，对于展会而言是十分重要的。会展主题确定应遵循以下原则。

1. 前瞻性

如果通过对市场环境的分析，发现或预测某一行业市场发展前景广阔，市场规模巨大，并且行业内企业客户沟通交流的愿意强烈，就可以考虑策划举办这个题材的展览会，即策划者要做到"嗅觉灵敏，抢占先机"。

2. 独特性

展览会主题的选择必须使参展商和专业观众能从主题中发现展览会的与众不同之处，激发他们的参展兴趣。还要在以后历届展览会的举办过程中，将这种独特性内化为自身的竞争优势，使展览会具有唯一性和不可替代性，从而形成较高的进入壁垒，并尽可能长时间地享有这种竞争优势。

3. 一致性

一致性是指展览会主题与实际展品范围的一致性，这种一致性对于任何一个想取得长久发展的展览会而言都是非常重要的，同时也是形成品牌展览会一个必不可少的条件。如果展览会主题与实际展品不一致，展览会就很难建立起顾客的忠诚度，而忠诚的客户对展览会而言是非常重要的核心资源，是形成一个展览会核心竞争力所必不可少的要素。因此，展览会主题的一致性就显得特别重要了。

4. 可行性

策划展览会主题时，应当根据系统论的观点，全面考核与展览会主题相关的各方面的信息，并充分研究这个展览会主题所涉及行业的竞争能力、发展潜力等，结合办展机构自身所具备的资源，通过科学的方法和程序，选择那些不仅发展潜力大，而且具有可操作性的展览会主题。

5. 效益性

选择展览会主题就是实现某一特定效益而进行的活动。效益是衡量展览会成功与否的重要评价指标之一，各种效益的获得首先需要通过成功选择展览会主题来实现。这里所说的效益是个广义的概念，既要考虑经济效益，又要考虑社会、文化、生态等方面的效益。因此，这就要求办展机构不仅要考虑微观效益与宏观效益的统一，也要考虑当前效益与长远效益的统一。唯有从办展机构自身到整个社会效益的角度看，以及从当前到今后一段时间来看，这个展览会所创造的效益才能达到均衡，才能体现效益性原则。

任务二　会展立项策划的可行性分析

展会立项可行性分析是展会项目立项策划的继续。展会立项可行性分析则是在仔细研究各种信息的基础上，深入分析举办展会立项策划提出的"那样的展会"是否可行，为最后是否举办该展会提供科学的决策依据。展会立项可行性分析通过一套行之有效的方法，对展会立项策划提出的展会举办方案进行全面系统的研究、分析、比较和选择，来判断该方案是"可行的"还是"不可行的"。如果展会立项策划通过可行性分析，证明计划举办展会的市场条件具备，项目具有可持续发展，各种执行方案策划合理，项目在经济上可行，风险较小且有一定的社会效益，就可以通过该展会立项策划，决定举办该展会了。

一、会展项目的环境分析

（一）宏观市场环境

宏观市场环境是指能对展会举办产生影响的各种社会因素，这些因素可能会给办展机构举办展会带来市场机会，也可能会给其造成市场威胁。办展机构在策划举办一个展会时，必须对此等因素加以密切关注，并及时对其作出适当的反应，以便有效地识别和抓住市场机会，避开和减少市场威胁。

宏观市场环境所包括的因素都是办展机构本身以外的市场因素，并且基本上都是企业自身所不能控制的因素，它们包括人口环境、经济环境、技术环境、政治法律环境、社会文化环境等。

1. 人口环境

从量的角度看，人口数量是市场规模的重要标志，从人口的分布、结构及变动的趋势可以分析判断出市场需求的特点和发展趋势，这一点对注重现场零售的展会有重要的意义。

2. 经济环境

经济环境是指那些能对企业参展和观众到会参观产生影响的各种经济因素，如社会经济发展水平，产业利润率的高低，市场规模的大小，产业进出口状况，产业结构状况，展会所在地的住宿、餐饮、旅游、交通等配套设施的完备程度等。

3. 技术环境

科学技术的发展会给企业的经营活动和经营方式产生重大影响，一方面，它可以给一些企业提供新的有利的发展机会；另一方面，它也可以给一些企业的生存与发展带来威胁。另外，在塑造展会服务的外部环境方面，科学技术的发展也能发挥巨大作用。

4. 政治法律环境

政治法律环境由那些具有强制性的和对举办展会产生影响的法律、政府部门和其他压力集团所构成。由于举办一个展会涉及的行业和社会面非常广，因此，会展业会受到比其他行业更加严厉的法律管制。

5. 社会文化环境

社会文化环境有三大类：一是物质文化；二是关系文化；三是观念文化。它们分别代表人们对物质生活、社会关系和意识形态等方面的要求、认识和看法。社会文化环境对企业参展和观众到会参观会产生较大影响。

我们在认真的市场调查和充分掌握以上各种信息的基础上，要切实结合会展产业的实际特征，对举办展会所面临的宏观市场环境的各个方面作出准确的分析，寻找市场机会，发现威胁，为展会立项可行性研究的最终决策服务。

（二）微观市场环境

微观市场环境是指对办展机构举办展会构成直接影响的各种因素。这些因素包括办展机构内部环境、目标客户、竞争者、营销中介、服务商和社会公众等。和宏观市场环境一样，微观市场环境所包括的各因素也可能会给办展机构举办展会带来市场机会，或者给其造成市场威胁。

1. 办展机构内部环境

办展机构内部环境是指办展机构内部所具备的各种条件，包括资金、人力、物力（办公设备和通信工具）以及所掌握的信息资源和能联系的社会资源等。

2. 目标客户

目标客户是指展会的潜在参展商和观众。从类别上看，展会的目标客户包括消费者市场客户、生产者市场客户、中间商市场客户、政府部门和国际市场客户五大类。

3. 竞争者

竞争者是指与本展会有竞争关系的其他同类展会。在现实中，一个题材的展会往往不止一个，展会要想在市场上取得成功，就必须能比其他同类展会更有效地满足参展商和观众的需求。一般来说，每个展会都会面临四种类型的竞争即欲望竞争、类别竞争、展会间竞争、品牌竞争。

4. 营销中介

营销中介是指受办展机构委托或者是协助展会进行宣传推广和招展招商的那些中介组织和单位，包括展会的招展代理、招商代理、广告代理和其他营销服务机构等。

5. 服务商

服务商是指受办展机构委托为展会提供各种服务的机构，包括展会指定的展品运输代理，负责展位搭装的展位承建商，提供旅游服务的旅行社，提供住宿服务的宾馆酒店以及提供展会资料印刷和观众登记的专门服务商等。

6. 社会公众

社会公众是指对展会实现其目标具有实际或潜在影响的群体。一个展会所要面临的公众有六种：媒体公众、政府公众、当地民众、市民行动公众、办展机构内部公众、金融公众等。

微观市场环境的构成要素与展会本身密切相关。我们在分析这些要素时，要能善用资源、整合资源，使各种资源间优势互补，最大限度地挖掘资质优良的资源，壮大办展队伍，并最大限度地降低办展成本。

（三）市场环境评价

在对构成市场环境的上述各因素进行分析以后，办展机构就要根据通过市场调查获取的有关信息，对市场环境进行整体分析和综合评估，以预防在举办该展会时可能受到的威胁，抓住可以利用的机会。

对市场环境的整体分析和综合评估是建立在已经掌握了大量的有关信息和对未来的环境变化趋势作出预测基础上的，这样，对市场环境作出的整体分析和综合评估才更科学。

在已经掌握了大量的有关信息和对未来的环境变化趋势作出一定的预测后，就可以对市场环境进行整体分析和综合评估。对市场环境进行整体分析和综合评估的方法很多，最常用的是"SWOT分析法"。

所谓SWOT分析法，就是把办展机构所面临的宏观和微观市场环境各要素综合起来进行分析，得出市场环境对办展机构举办该展会所形成的优势（Strengths）、劣势（Weakness）、机会（Opportunities）和威胁（Threats），并将这四个方面结合起来研究，以寻找到适合办展机构举办本展会的可行战略和有效对策。

SWOT分析法一般分三步进行。

第一步，整理和分析信息，并根据这些信息对环境的变化趋势作出预测。

第二步，详细地分析办展机构内部和外部的各种环境要素，列出市场环境对办展机构举办该展会所形成的优势、劣势、机会和威胁。

第三步，对市场环境对办展机构举办该展会所形成的优势、劣势、机会和威胁进行综合分析，确定可以选择的战略和对策。

通过以上步骤，SWOT分析法为办展机构举办该展会提供四种可以选择的对策。

SO战略：即利用办展机构的内部优势去抓住外部市场机会。例如，如果办展机构办展经验丰富并且资金雄厚（即内部优势），而产业但该展会市场覆盖面不广（即外部机会），那么，如果其他条件具备，该办展机构就可以利用本战略进入该产业举办展会。

ST战略：即利用办展机构的内部优势去回避或减少外部威胁。例如，如果办展机构的品牌优势十分明显（即内部优势），但展会服务商却不尽如人意（即外部威胁），那么，该办展机构就可以利用本战略，通过寻找更好的展会服务商进入该产业举办展会。

WO战略：即利用外部机会来改进办展机构的内部弱点。例如，如果从市场分析得出结论，某产业举办展会的市场机会巨大（即外部机会），而某办展机构内部展会策划和招展招商等人才缺乏（即内部劣势），那么，如果其他条件具备，该办展机构就可以利用本战略，利用社会和其他单位的策划和招展招商等人才，为本办展机构进入该产业举办展会服务。

WT战略：即克服办展机构的内部弱点，避免外部威胁。例如，如果办展机构计划举办的展会与另一已经存在的展会有冲突（即内部劣势），而大部分参展商和观众又认同该已经存在的展会（即外部威胁），那么，如果其他条件具备，该办展机构就可以利用本战略，重新对计划举办的展会进行定位，用新定位吸引参展商和观众。

在对市场环境进行整体分析和综合评估后，就可以形成针对市场环境的分析结论和分析报告，供办展机构最终决定是否进入某一产业举办展会作决策参考。

二、会展项目的可持续发展分析

展会项目可持续发展分析则是从计划举办的展会项目的本身出发，分析该展会是否有发展前途。分析展会项目的可持续发展，不是只分析展会举办一届或两届的可持续发展，而是要分析该展会的长期可持续发展，即要分析如果本展会举办超过五届以上，本展会是否还有发展前途的问题。

（一）项目发展空间

展会项目发展空间分析是立足于现在来分析未来，是对展会项目未来发展趋势的一种判断和预测。一般地，分析展会项目是否有发展空间，就是要分析举办该展会所依托的产业空间、市场空间、地域空间和政策空间等是否具备。

1. 产业空间

产业空间是指计划举办的展会展览题材所在的产业的发展现状和发展前景。产业的发展现状和发展前景是举办一个专业贸易性质的展会所依托的产业基础。事实上，只要某一产业的产品需求量大，产品更新快，那么，该产业就有举办展会的空间。

2. 市场空间

市场空间是指市场结构状况、市场规模的大小和市场辐射力的强弱，这是举办展会的市场基础。市场结构状况揭示了展会展览题材的选择是否适合市场的需求。

3. 地域空间

地域空间主要是指展会举办地的地域优势和辐射力如何。一般地，展会应选择在那些展会展览题材所在产业比较发达的地方举办，或者选择在该产业产品的主要销售地，尽管如此，那些交通比较便利、基础设施较完善、信息较灵通、服务业较发达的城市往往也是举办展会的首选之地。

4. 政策空间

政策空间包括展会举办地对会展业发展的政策、对展览题材所在产业的政策以及对与会展业有关的行业的政策。

当然，决定展会项目发展空间的因素不仅仅只有上述四种，还有其他一些因素如展馆设施状况等对展会项目发展空间也有较大影响；但是，总的看来，对展会项目发展空间影响最大的还是上述四个因素。

（二）项目竞争力

展会项目竞争力分析是从展会本身出发，分析本展会与同题材的其他展会相比是否具有竞争优势。展会的竞争优势来源于很多方面，但对于一个展览题材已定的展会来说，展会定位的号召力、办展机构的品牌影响力、参展商和观众的构成、展会价格和展会服务等因素，对展会的竞争优势具有决定性的影响。

1. 展会定位的号召力

展会定位要能尽量反映展览题材所在产业的发展趋势，抓住该产业的热门话题，体现该产业的亮点和市场的特点，即所谓的要"抓住产业跳动的脉搏"；或者，展会定位要能切实满足该产业某一细分市场的需求。如果展会定位做不到这一点，那么，该展会定位的行业号召力就不大，展会对参展商和观众的吸引力就不强。

2. 办展机构的品牌影响力

办展机构品牌的影响力会延伸到其举办的展会上，形成展会的品牌效应，提高展会的档次、规格和权威性，扩大展会的影响。于是，在分析计划举办的展会是否可行时，认真地分析其办展机构的组成是否合理、是否具有品牌影响力，是分析展会竞争力的重要组成部分。

3. 参展商和观众的构成

由于展会还没有举行，所以这里要分析的参展商和观众只是展会的目标参展商和目标观众。

4. 展会价格

展会价格的高低直接影响着企业参展成本的大小，企业总是希望以最低的价格获取最大的收益，因此在其他条件一定的情况下，企业会选择那些价格较低的展会参展。展会价格是展会竞争力的重要组成部分，展会定价合理能在很大程度上提高展会的竞争力。

5. 展会服务

展会服务包括展会筹备和展会举办过程中办展机构为该展会的参展商和观众提供的各种服务，也包括展会的服务商和营销中介单位为参展商和观众提供的服务。

（三）办展机构优劣势分析

办展机构的优势，决定着他们在哪些产业里举办展会成功的可能性较大，也决定着他们举办哪些性质的展会将会有较大的优势。办展机构的劣势，决定着他们在哪些产业里举办展会成功的可能性较小，也决定着他们不能举办哪些性质的展会。

所以，办展机构在计划举办一个展会时，不要只考虑该展会本身是否有发展空间、是否有竞争力，还要考虑办展机构自己的优劣势，要考虑办展机构自己是否有举办这样一个展会的能力，或者自己是否适合举办这样一个展会。如果条件不具备，就不要轻易举办。

三、会展项目可行性研究报告

在对展会项目进行了以上各种分析以后，往往还要对举办该展会项目的社会效益进行评估。所谓展会项目的社会效益，就是举办该展会对当地社会各方面可能产生的影响。一般认为，举办展会对当地社会将产生积极影响，能带动相关产业的发展。因此，各地对举办展会一般都持积极的态度。

对举办该展会项目的社会效益进行评估，我们有必要清楚地认识会展经济的社会性质和功能。会展项目的社会功能是指其具有的社会经济功能和社会功能。

会展项目的社会经济功能是指通过举办会议和展览，取得直接的经济效益以及因此而带动一个地区相关产业发展的功能。会展经济是以会议和展览为基础的一种跨行业的经济行为，举办大型会议和展览，不仅需要酒店业、餐饮业、交通业、通信业、商业、旅游业、展馆、城市建设等行业的积极参与，而且还能通过乘数效应，带动这些行业加快发展。按通常说法，会展经济对相关产业的带动效益为 1：9，会展经济因此也博得了"城市的面包"的美名。

会展项目的社会功能是指通过举办会议和展览而达到一定的社会、政治和文化目标。首先，举办大型会议和展览，不仅可以增强一个地区或城市的综合服务功能和服务意识，提高当地居民的综合素质，还可以重塑和提升该地区或城市的整体形象，从而达到一定的社会目标；其次，成功地举办国际会议和展览，还能促进国内和国际交往，增强国际合作和交流，解决某些争端，从而达到一定的政治目的；最后，通过举办会议和展览，可以促进科技文化的交流与合作，进而促进科技文化的发展。由于会展经济的社会功能强大，有人因此而将它比喻为"城市的名片"。评估展会项目的社会效益，还要评估它的社会功能如何。

如果通过评估，举办该会展其本身的经济效益和它所带来的社会效益都是明显的和可以接受的，就可以认为举办该展会是可行的；否则，就是不可行的。

完成上述分析以后，就可以形成《展会项目立项可行性研究报告》，对展会立项是可行还是不可行作出系统的评估和说明，并为最后完善该展会项目立项策划的各具体执行方案提供改进依据和建议。

因此，《展会项目立项可行性研究报告》除了环境分析、可持续发展分析和社会效益分析之外，还要包括以下三项内容。

第一，存在的问题。包括通过以上可行性分析发现的展会项目立项策划存在的各种问题、研究人员在可行性分析以外发现的可能对展会产生影响的其他问题等。

第二，改进建议。针对上述问题，提出对展会项目立项策划的改进建议，指出要成功举办该展会应该努力的方向等。

第三，努力的方向。根据展会的办展宗旨和办展目标，在上述分析的基础上，针对存在的问题，提出要办好该展会所需要具备的其他条件和需要努力的方向。

《展会项目立项可行性研究报告》是办展机构进行决策是否要举办该展会的重要依据，因此，一定要使《展会项目立项可行性研究报告》做到材料真实充分，分析客观科学，判断准确有理。

任务三　会展基本要素的策划

展会的基本要素由会展名称和地点、办展机构、办展时间、展会定位、展会规模等几方面构成。

一、会展名称和地点

展览项目立项策划要提出的计划举办的展览会的初步规划内容主要包括展会名称和地点、办展机构、办展时间、展会定位、展会规模等。

（一）展会名称

策划举办展览会，首先面临的问题就是如何给展览会取一个合适的名字。要给展览会取一个适当的名称，就必须要了解展览会名称所包含的基本内容和一般知识。

展览会的名称一般包括三个方面的内容：基本部分、限定部分和行业标识。如"第七届中国国际装备制造业博览会"，如果按上述三个内容对号入座，则基本部分是"博览会"，限定部分是"中国"、"国际"和"第七届"，行业标识是"装备制造业"。下面分别对这三个内容作一些说明。

1. 基本部分

用来表明展览会的性质和特征，常用词有展览会、博览会、展销会、交易会和"节"等。这五个词的基本含义有一些区别。一般来说，展览会是指以贸易和展示宣传为主要目的的展会，展览的题材较少和专业性较强，参与展览的产业有限，展览现场一般不准零售；博览会是指以展示宣传和贸易为主要目的的展会，展览的题材多而广泛，专业性不强，参与展览的产业较多，展览现场一般也不准零售。展销会是指以现场零售为主要目的的展会，展览题材的多寡视展会的规模而定，没有特别限制。交易会和"节"的含义较广，同时具有展览会、博览会和展销会三者的含义，但从目前展览业的实际操作看，交易会最主要的目的是贸易成交，展示的功能次之，交易会对展览题材的多寡也没有特别限制，可多可少。尽管有上述区别，但在实际操作中，人们经常将"展览会"和"博览会"混用，都用来表示展会。

2. 限定部分

用来说明展会举办的时间、地点、规模和行业范围。在展会的名称里，展会举办时间的表示办法有三种：一是用"届"来表示，二是用"年"来表示，三是用"季"来表示。如第十五届上海国际服装纺织品博览会、第一届中国国际食品展、第二届华北春季糖酒会等。在这三种表达办法里，用"届"来表示最常见，它强调展会举办的连续性。展会举办的地点在展会的名称里也要有所体现，如第十五届上海国际服装纺织品博览会中的"上海"。展览会的规模一般用国际、国家、地区等表示。如第十五届上海国际服装纺织品博览会中的"国际"表明本展会是一个国际展。

3. 行业标识

用来表明展览题材和展品范围。如第十五届上海国际服装纺织品博览会中的"服装纺织品"表明本展会是服装纺织产业的展会。行业标识通常是一个产业的名称，或者是一个产业中的某一个产品大类。有些展会的行业标识也可以是几个产业或一个产业中的几个大类，还有些展会的名称里没有行业标识，如"广州博览会"。由于展会包含的题材众多，无法在展会名称中全部体现，所以干脆就不标识。在给展会命名时，要注意选择合适的表示展会行业标识的词。如果该词的含义过宽，会使观众和参展商对展会产生浮夸和虚假的印象；如果该词的含义过窄，会削弱展会的影响和展出效果，两者对展会的长远发展都不利。

从上可见，确定展会的名称，也就确定了展会的基本内容和基本取向。比如，展会名称的基本部分决定了该展会是专业贸易展还是综合消费展，行业标识部分基本决定了展会的展品范围大约是什么。

（二）展会举办的地点

展览会在哪儿举办，包括两个方面的内容：一是展会在什么地方举办；二是展会在哪个展馆举办。

策划选择展会在什么地方举办，就是要确定展会在哪个国家、哪个省或者是哪个城市里举办。选择展会在什么地方举办，是与展会的展览题材、展会的性质和展会的定位分不开的。展会可以固定在一个地方举办，也可以在几个地方轮流举办，在几个地方轮流举办的展会通常被称为"巡回展"。在现实中，绝大部分的展会是固定在某一个地方举办的，巡回展在展会总数量中所占的比例很小。

策划选择展会在哪个展馆举办，就是要选择展会举办的具体地点。目前，大部分的展会都是在展览馆内举办的。举办展会的展览馆有室内场馆和室外场馆之分，室内场馆多用于举办一般的展览题材的展会；室外场馆多用于举办那些展品超大、超重和其他特殊题材的展会，如航空展等。

二、办展机构

办展机构是指负责展会的组织、策划、招展和招商等事宜的有关单位。办展机构可以是企业、行业协会、政府部门和新闻媒体等。根据各单位在举办展览会中的不同作用，一个展览会的办展机构一般有以下几种：主办单位、承办单位、协办单位、支持单位等。

（一）主办单位

主办单位是指拥有展会并对展会承担主要法律责任的办展单位。主办单位在法律上拥有展会的所有权。在实际操作中，主办单位有三种形式：一是拥有展会并对展会承担主要法律责任，并负责展会的实际策划、组织、操作与管理；二是拥有展会并对展会承担主要法律责任，但不参与展会的实际策划、组织、操作与管理；三是名义主办单位，既不参与展会的实际策划、组织、操作与管理，也不对展会承担法律责任。

（二）承办单位

承办单位是指直接负责展会的策划、组织、操作与管理，并对展会承担主要财务责任的办展单位。承办单位对举办展会的各个方面都会产生重大影响，是办展机构中较为核心的单位。除了上述职能外，大部分承办单位还要负责展会的招展、招商和宣传推广工作。

（三）协办单位

协办单位是指协助主办或承办单位负责展会的策划、组织、操作与管理，部分地承担展会的招展、招商和宣传推广工作的办展单位。协办单位对展会一般不承担财务责任，也不承担展会的主要招展和招商工作，只是对主办或承办单位的工作起协助作用。在实际操作中，协办单位承担的工作最为常见的是部分的招展、招商和宣传推广工作。

（四）支持单位

支持单位对展会主办或承办单位的展会策划、组织、操作与管理，或者是招展、招商和宣传推广等工作起支持作用的办展单位。支持单位有时候也承担一些展会的招商和宣传推广工作，但基本不参与展会的招展工作，也不对展会承担任何财务责任。

选择好展会的主办单位、承办单位、协办单位和支持单位等办展机构，对于一个展会的成功举办和长远发展有十分重要的意义。对于一个展会而言，主办单位和承办单位是最为核心和最为重要的办展机构，也是举办一个展会所必不可少的办展机构。协办单位和支持单位对一个展会来说不是必不可少的，它们往往是结合主办单位和承办单位的实际能力，并视展会的实际需要，来决定其是否需要。

三、办展时间

办展时间是指展会计划在什么时候举办。办展时间有三个方面的含义。一是指举办展会的具体开展日期。二是指展会的筹展和撤展日期。筹展日期是提供给参展企业在展会开幕前布置好展位的时间，撤展日期是在展会结束后供参展企业拆除展位和撤除展品的时间。三是指展会对观众开放的日期。有些展会只对专业观众开放而不许一般公众参观；有些展会对专业观众和一般公众都开放，但开放的时间不同；还有些展会同时对专业观众和一般公众开放并且开放的时间也相同。

由于办展时间三个方面的内容密切相关，互相影响，因此，对办展时间三方面的安排必须统筹兼顾，不能顾此失彼。如"世博会"的展期长达几个月甚至半年；但对于占展会绝大多数的专业贸易展来说，展期一般是 3～5 天为宜。

在确定办展时间时，不论是上述三个方面哪个方面的具体时间，都要尽量精确到"小时"和"分"，这样才有利于参展企业和展会的观众作参展和参观的计划和准备。尤其是对展会筹展和撤展时间的安排，既要充分考虑参展商的需要，也要考虑到展馆的实际条件是否允许。

时间上，要充分考虑展会所在的行业有无季节性特征，如果有，就要尽量让展会的办展时间能符合这种特征；否则，举办展会就会遇到极大的困难。

除了要考虑展会展览题材所在行业的特征外，确定本展会的办展时间时，还要充分考虑相关展会的办展时间。要根据本展会的定位、办展单位的优劣势和展会的竞争策略，充分考虑相关展会对本展会可能产生的影响，合理地安排本展会的办展时间。原则上要尽量避开国内外有重大影响的同类题材的展览会的举办时间，要避免彼此在时间上产生冲突，特别是要尽量避开国内外该类题材的品牌展会的举办时间，策划的新展会和它们的举办时间原则上要相隔三个月以上。

另外，展览时间的确定还受国家法定的节假日的影响，并在一年之中有淡季和旺季之分。一般来说，每年的3~6月和9~10月间气候适宜，且企业正在执行每年上半年或下半年的采购、销售和生产计划，参展意愿强烈，是举办各种展会的旺季；每年的7~8月和12月~次年的1月间气候稍差，且企业的采购、销售和生产计划已经执行或正在编制，参展意愿较弱，是举办各种展会的淡季。

展会的办展时间可以是固定在某一个日期，也可以每年视情况作出调整。一般来说，展会的办展时间一旦确定下来了，如果没有特殊情况就不要随便变动，这样有利于目标参展商和观众提前作参加展会的计划、预算和其他准备。

四、展会定位

展会定位就是办展机构根据自身的资源条件和市场竞争状况，通过建立和发展展会的差异化竞争优势，使自己举办的展会在参展企业和观众的心目中形成一个鲜明而独特的印象的过程。展会定位要明确展会的目标参展商和观众、办展目标、展会的主题等。给展会定位关键是要在定位前找到最适合本展会发展的细分市场，并立足于这个细分市场，赋予本展会以区别于同题材的其他展会的差异化和个性化特征。

（一）展会定位原则

第一，办展机构要客观准确地分析自己的优劣势，要使自己在进入某类题材的会展市场时，能充分发挥自己的优势，避开自己的劣势。第二，要使本展会所具有的特征，是同题材的其他展会所不能提供和无法模仿的。第三，展会的定位能提供给足够数量的参展商和观众以高度的价值，并且，这些参展商和观众通过参加本展会获取这些价值，比通过其他方式获得相同的价值要来得优越。第四，在赋予本展会以个性化特征后，举办该展会对主办者来说应是有利可图的，对参展商和观众来说，应是他们能够而且愿意支付参加这种富有个性化特征的展会而引起的各种费用。第五，展会定位要具有沟通性，展会的个性化特征应能通过某种形式准确地传递给参展商和观众，而参展商和观众在展会现场应可以感觉和体验到展会的这种个性化特征。

（二）展会定位步骤

1. 执行展会识别策略

通过对会展市场的细分，明确展会要向参展商和观众提供哪些富有特色而又与众不同的价值，界定展会与同题材的其他展会的不同之处在哪里，表明展会通过怎样的方式向参展商和观众提供这些与众不同的价值。

2. 选定目标参展商和观众

通过细分具体产业市场，选定适合所办展会的潜在参展商和观众的范围。

3. 积极传播展会形象

展会定位确定后，要通过各种手段将展会的特色告诉潜在的参展商和观众，让他们对展会的定位有初步的认知。

4. 创造差异化优势

通过上述办法，将展会富有特色而又与众不同的价值传递给参展商和观众，并得到他们的认同。由于特色鲜明，展会与同题材的其他展会相比竞争优势凸显，在众多的展会中就会脱颖而出，取得成功。

（三）展会定位应注意的问题

1. 定位不够

展会定位不够会自动将一部分参展商或观众排斥在展会的目标客户之外，不利于展会的发展。展会定位对展会所具有的特征、优势表达不清；展会能带给参展商与观众的利益表达不充分；或者是不能全面地概括展会的特征、优势以及展会能带给参展商与观众的利益，导致参展商和观众对展会只有一个非常狭隘的印象。

2. 定位过分

展会定位夸大了展会所具有的特征、优势以及展会能带给参展商与观众的利益，或者展会定位所宣扬的展会特征、优势以及展会能带给参展商与观众的利益是不可行的。展会定位过分会使参展商或观众对展会产生不切实际的过高期望，不利于展会的可持续发展。

3. 定位模糊

展会定位不能清楚准确地表达展会所具有的特征、优势以及展会能带给参展商与观众的利益，或者是对展会的特征、优势以及展会能带给参展商与观众的利益的表述较为混乱，使参展商和观众对展会只有一个模糊和混乱的概念，不知道其特别之处。展会定位模糊会使展会丧失品牌号召力，不利于对展会竞争优势的培育。

4. 定位疑惑

由于展会出现场操作等方面的问题，参展商和观众从展会的现场和实际操作中难以理解和体会到展会的定位宣传，从而对展会的定位产生疑惑，对展会整体产生不信任感。展会定位疑惑是展会筹办过程中的致命硬伤之一，它不利于展会获取目标客户及大众的认同。

5. 定位僵化

展会定位不能紧跟市场形势的变化而变化，市场形势变了，展会的定位却还是老样子，落后于市场形势，不能反映市场对展会提出的最新要求。展会定位僵化会使展会逐渐老化并丧失竞争力，不利于展会随市场的发展而发展。

五、展会规模

展会规模包括三个方面的含义：一是展会的展览面积是多少；二是参展单位的数量是多少；三是参观展会的观众有多少。在策划举办一个展会时，对这三个方面都要作出预测和规划。

（一）展会的展览面积

展览面积有实际使用面积和毛面积之分。实际使用面积是展会所有展位所实际占用的面积的总和，毛面积是实际使用面积加上展位间的通道、空地等面积的总和。实际使用面积最能真实地反映展会的规模。对于有些展会，展览面积还有室内展览面积和室外展览面积之分。

（二）参展单位的数量

就是占用一定的展位面积的参展企业的数量。参展的单位可能是企业、行业协会、媒体、研究机构和其他单位等。

（三）参观展会观众的数量

就是到会参观展会的观众的数量。到会参观展会的观众有专业观众和一般公众之分。专业观众是指那些与展会的展览题材有关的来自企事业单位的有一定经营目的的人士，一般公众是指那些基本是为个人和家庭目的而参观展会的普通大众。专业观众往往能为参展企业带来大量的订单，一般公众只是零星采购和参观。因此，对于绝大多数展会来说，保证专业观众的数量和质量是其努力追求的目标。

展会规模的大小受展会展览题材所在产业的产业规模、市场容量和发展程度、与会观众数量和质量、办展机构所采用的办展策略的限制和制约。

任务四　会展的分项目立项策划

案例引导

2015 年××国际教育展览会宣传策划方案

为做好××国际教育展览会宣传工作，保证会议效果，特拟订宣传工作方案如下。

一、展会主题

加强交流、共同发展。

二、举办时间

2015 年 7 月 19～21 日。

三、举办地点

××市展览中心。

四、主办及承办单位

主办单位：××市教育局。

承办单位：××展览有限公司。

协办单位：××大学。

五、宣传形式

（一）利用外语大赛进行宣传

1. 5 月 24 日召开××市外语大赛暨国际教育展览会新闻发布会，届时请市领导及有关部门领导出席，并请市长讲话，请各县区负责人、大专院校负责人及各新闻单位的记者参加会议。

2. 5 月 26 日～6 月 6 日，本市各大新闻媒体以重要事件作会议报道，宣传外语大赛和国际教育展览会。

3. 5 月 26 日～6 月 6 日，本市各大新闻媒体以重要版面和黄金时间各三次发布大赛组委会通告，并同时宣传国际教育展览会。

4. 在报名场地，悬挂大型条幅，大型宣传画，宣传国际教育展览会。

5. 在外语大赛报名工作进行中，利用发布参赛须知和预购门票等形式宣传国际教育展览会。

（二）利用广告媒体进行宣传

1. 拟定于 7 月 5 日、7 月 10 日、7 月 17 日分三次在××日报重要版面发布宣传广告，篇幅为二分之一版。

2. 在市精神文明办所管辖的 100 个报栏中张贴国际教育展览会宣传海报，时间为 7 月 5～20 日，数量 100 份。

3. 由教育局负责全市各中学或大专院校及有关地区张贴海报。

4. 通过团市委在团员青年集中地点张贴宣传简报。

（三）利用宣传媒体进行宣传

1. 在 7 月 1 日，在××电视台以新闻报道形式对国际教育展览会的筹备情况进行宣传。

2. 在 7 月 1～10 日之间，在××日报，以新闻采访形式对国际教育展览会的目的、意义及筹备情况进行宣传报道。

3. 在国际教育展览会研讨会议期间，邀请各方面记者到会进行采访。

4. 7 月 18 日下午 1 点半或 9 日上午 10 时在会议驻地召开新闻发布会（只限于记者参加）对展览会情况进行全面宣传。

5. 在国际教育展览会开幕式上，邀请本地和外地驻本市新闻单位记者对展会进行采访，并在××日报、××电台、××电视台的重要位置和黄金时间进行报道。

（四）利用国际互联网进行宣传

从 6 月 1 日起，开通国际教育展览会官方网站，对本次会议进行国际范围内的宣传。

（五）利用会议媒体进行宣传

1. 在国际教育展览会开幕式会场悬挂升空气球 6～8 个，内容以祝贺国际教育展览会举办为主题。

2. 在展览会会场门前设主会板，书写展会名称、主办单位、承办单位和协办单位。

3. 在展览会会场设宣传板 8～12 块，其中大幅宣传画 2 块，讲座安排 2 块，会议平面图 2 块，其余为广告宣传板。

4. 设展览会内宣板两块，一块写前言，一块写后语。

5. 展览会印制会议文件袋五千个，上面印制会标及主办单位、承办单位。

6. 展览会印制简介五千份，对会议进行宣传，如有可能请市领导为展览会题词，印制在简介上。

7. 展览会印制门票五千份，对会议进行宣传。

8. 展览会给每个外宾准备介绍本市情况材料一份，宣传本市。

9. 涉及制作展览会金铂纪念卡 300 套，给每位外宾和到会领导及组委会成员各一套。

（六）其他宣传工作

1. 会议除邀请记者进行采访报道外，会议指挥部综合组要以简报形式向市领导及组委会成员及时报告会议情况。

2. 会议除邀请专业记者报道外，还应自己安排 2～3 名摄影人员，将会议全过程进行拍照，留作资料。

3. 会议应安排专职摄像人员对会议情况进行全面录像，并在条件允许的情况下制作专题片，以后在适当时机在电视台进行播放。

六、宣传工作的组织与落实

1. 会议的宣传工作由组委会统一组织协调。

2. 新闻单位的邀请及采访报道工作由教育局统一组织落实。

3. 会议简介及前言、后语的设计及起草制作由××展览有限公司负责。

4. 展览会海报的设计、制作工作由××展览有限公司、××大学负责。

5. 会议媒体及上网的宣传工作由××大学负责。

6. 报纸的广告及宣传由××展览有限公司负责落实。

七、宣传工作日程安排

时间	内　容	负责人	备注
5月24日	召开新闻发布会	××	
5月25日	在××日报、电台、电视台发布消息	××	
5月26日	在××日报、电台、电视台发刊登大赛、教育展会的通告(第一次)	××	
6月1日	1. 在××日报、电台、电视台发刊登大赛、教育展会的通告(第二次) 2. 国际教育展览会网站开通	××	
6月6日	在××日报刊登大赛、教育展览会的通告(第三次)	××	
6月21～30日	1. 邀请记者 2. 设计、制作会议简介 3. 设计、制作会议文件袋 4. 写会议材料	××	
7月5日	在××日报刊登国际教育展览会专题广告(第一次)	××	
7月6～9日	新闻媒体报道展览会筹备工作情况及意义	××	
7月10日	在××日报刊登国际教育展览会专题广告(第二次)	××	
7月11～17日	进行展览会会场宣传媒体的制作	××	
7月17日	在××日报刊登国际教育展览会专题广告(第三次)	××	
7月18日	1. 布置开幕式及展览会场 2. 举行记者招待会	××	
7月19日	开幕式请新闻记者到会采访	××	
7月20日	各新闻单位对会议进行报道	××	

国际教育展览会组委会

2015年5月5日

【案例分析】 会展宣传方案的策划是会展的分项目策划方案之一，从以上案例我们可以看出，会展分项目立项策划涉及的面十分广泛，特别注重对细节的要求，每一个时间都环环相扣，前后逻辑性很强，是一份执行性很强的策划方案。

一、会展项目范围的策划

(一) 展品范围的确定

展品范围的确定，与展会举办的题材有关。如果是博览会，展品设置范围大，展品种类多；如果是专业性的展会，就应该定位与该展会相关行业的展品范围。否则，就会造成整个展会定位不明确。

（二）参展商范围的确定

参展厂商亦称参展客户。参展厂商是展会系统最基础的要素，没有参展厂商的参与根本就不存在展览会。如果没有参展厂商的展览行为，就不会产生展览组织者和观众的行为，也就无所谓展览系统了。而且参展厂商数量的多少和行为的活跃程度，直接关系着展会的生命力。

（三）观展商范围的确定

观展商又称观众，可分为专业观众和普通观众。专业观众是指那些带有购买任务（订单）的观众，亦称采购商、买家（Buyer）或观展商。普通观众则指一般的消费者和对展会有兴趣者。专业观众的水平可以清楚地反映出组展者的能力。因此，世界各大展览公司在重视招展工作的同时，越来越重视对观众，特别是对专业观众的宣传、引导和组织工作。

（四）会展承办企业服务范围的确定

1. 组展商的服务

组展商即展览组织者，组展商是展会系统的主体。凡以经营展览业务为赢利手段的单位都属于展览组织部门。展览组织者必须具备两个条件：一是与特定的参展厂商发生业务关系，有特定的服务对象；二是创造出服务的产品——展览会，即提供展示环境和信息。展览组织者在展会中所提供的服务，是展会成功的重要因素。在展览系统中，只有展览组织者处于核心和支配地位，它不但决定展览的性质、特点和形式，而且决定展览的最终效果。

2. 场地供应商的服务

场地供应商即展示场所（展览馆或会展中心）的供应者。在展览系统中，场馆通过展览组织者与参展商和观众发生密切的联系。展览项目需要通过场馆集中向专业观众和消费者展示，通过场馆在参展商和观众之间搭建展示、交易的平台。场地供应商在布展、开展和撤展期间都应该提供与展馆有关的服务。

二、展区的筹建策划

展区的筹建策划主要包括展区的设计和布置、展位设计与承建等。

（一）展区设计和布置

展区的设计和布置是一项基础性的工作，涉及场地、设计、施工、布置等内容。整体布置的水平高低对展会的外观效果起到关键作用。

1. 展区整体布局

展区整体布局要体现整个展览的规模、规划和构成的整体蓝图，这是后续各项工作的重要基础和依据。其具体内容包括展馆的内部设施和外部设施，内部设施包括展厅功能布局（展览区、商务洽谈区、商务办公室、会议区）及其配套办公设施、进出通道安排（展品出入和人员出入分开、具备方便的浏览通道）、装卸设施、后勤设施（水、电、照明、通信等）、服务设施（餐饮安排、休闲条件等）。外部设施指外部配套设施和智能化系统设施。外部配套设施包括交通设施、宣传设施（用于宣传展品、商家广告等）、指示设施（具备指示功能明确的指示系统，如路标、指示牌、展示牌、展馆分布图、楼层分布图、展位分布图等）、分馆间通道、运输设施、泊车设施。智能化系统设施主要包括楼宇自控系统、办公自动化系统、通信自动化系统、消防及保安系统等几部分。

2. 展场整体形象设计

展场整体形象设计主要体现在会标设计和制作上，尤其对一些长期举办的展会，必须从

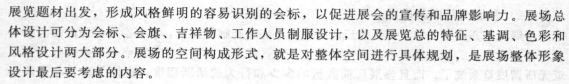

展览题材出发，形成风格鲜明的容易识别的会标，以促进展会的宣传和品牌影响力。展场总体设计可分为会标、会旗、吉祥物、工作人员制服设计，以及展览总的特征、基调、色彩和风格设计两大部分。展场的空间构成形式，就是对整体空间进行具体规划，是展场整体形象设计最后要考虑的内容。

（二）展位设计与承建

展位设计与承建是一项专业性很强的工作，随着会展行业内部专业分工的日益细化，一般的办展机构都不再承担展位的搭建工作，而是交给专门从事展会服务的搭建商负责展会展位的搭建装修工作。因此，在这项工作中对办展机构来说主要是选择展位承建商，这些展位承建商不仅切实满足参展商的要求，而且能将参展商的理念艺术性地体现在展位设计和搭建中，还要全面领会展会的目标定位，以便在展位设计中与展会的整体形象设计保持一致协调。具体计划包括以下三个方面内容。

1. 收集信息

信息收集工作主要是为展位设计师提供基础资料，如展览会的信息、参展商的要求和有关展品的资料，以便设计师设计出具有创造性、实用性、美观性的展位。

2. 选择展位承建商

选择展位承建商包括从技术、经验和成本方面考察承建商的资质，并编写相应的招标书，选择与承建商的合作方式。

3. 展位承建工作的管理

在展位的施工过程中，一般会涉及水电使用、展馆的安全规定，以及与参展商之间展位要求的协调与沟通。

三、会展的宣传策划

在展会策划工作中，宣传策划非常重要，一定要投入大量的人力、物力和财力来做。宣传策划的成果最集中地体现在制订一份独到的宣传工作计划、设计和制作会刊、制作宣传册和参展商服务手册等方面。

（一）制订宣传工作计划

办展机构应根据展会的实际情况，确定展会的宣传推广策略和宣传推广渠道，对宣传推广时间和地域作出安排。宣传推广的时间和地域安排要与招展、招商工作紧密配合，不同的时间段应制订出不同的宣传方案。会展前期宣传侧重于招展，宣传推广以专业媒体为主，结合专项推广。会展后期宣传侧重于招商，宣传推广以大众媒体为主，结合专项推广。

（二）会刊设计与制作

展览会会刊主要是为展览做宣传用，列入参展单位的名称、地址、电话、联系人、产品介绍。会刊设计是展览会前期工作的重要组成部分。在会刊上刊登有关参展单位的各类广告，效果相当明显。其设计制作主要包括以下几个方面。

1. 开本

展览会会刊一般设计为 16 开本（18.7cm×26.0cm 或 21.0cm×28.50cm）大小。

2. 封面设计

封面上设计有展览会的中英文名称，标有"会刊"、"特刊"等字样，文字色必须与背景色有一定的区分度，突出而醒目，一般处于封面的中上方位置。同时可设计有展览会举办日期、举办地点以及主办单位等，这类文字的字体一般要比展览会的名称小一些。

3．内容

内容部分包括序言、目录、公司简介、领导贺词、展位分布图、参展商索引、参展商名录、参展公司简介、展会活动、行业简讯、广告插页、展览跟踪调查表等部分。

（1）序言　简介该展会的重要性、目的和已取得的成绩以及深远意义，以及表述期望等内容。

（2）公司简介　主要介绍主办公司的公司性质、经营范围、公司宗旨以及公司地址、联系方式等内容。

（3）展位分布图　该部分包括展馆立面分布图、各个展馆平面分布图（标明展位号、参展企业所在位置、通道、出入口、洗手间等）。

（4）参展商索引　该部分简单介绍参展企业及其所在展馆。

（5）参展商名录　该部分对参展公司进行简单介绍，包括公司标识、展区展位号、公司简介（公司性质、经营范围、公司宗旨、联系方式等）。

（6）展会活动（日程安排）　此部分介绍展会具体活动安排，包括活动内容、活动具体时间、活动地点、主办承办单位以及活动内容简介。一般活动内容按顺序为新闻发布会、展会开幕式、展会活动、展商联谊会等。

（7）行业简讯　此部分为相关行业的行情动态、业内新闻、发展趋势等方面的介绍性文章。

（8）展览跟踪调查表　在会刊的最后设计这一表格，用来听取参展商、参观者对有关本次展览各个方面的反映。在展览结束后将这张表格反馈到主办方。

（三）宣传册的设计

制作一本精美的宣传册是一种很好的展会宣传方式。"宣传册"可以是一张印在廉价纸上的散页传单，也可以是对折的有4个封面的传单或者是色彩丰富的、封面光滑的宣传册。其中应包括的关键信息有展会的主办者，展会名称（主题）、举办地点和时间、哪些人会参加等。对宣传册的设计者而言，应当注意以下几点。

① 宣传册中应该有深浅颜色的强对比。

② 应使用简短明了的句子。

③ 充分利用图片，主要的几幅图片必须精心制作。

④ 变换的字体类型不要超过三种。

⑤ 突出注册表，并标明关键的联系方式，如电话号码、电子邮件地址、传真号码和其他信息也应该包括在注册表中。

⑥ 适当留空。

（四）参展商服务手册（详见项目四中内容）

一般情况下，主办方会向参展商邮寄"参展商服务手册"，或在展会的网站上设置"参展商服务手册"网页，由参展商自行下载打印。参展商服务手册除了简单介绍展会之外，主要是对参展商提供哪些服务作出说明，并对参展商提出一些要求。

参展商服务手册策划的主要目的是让参展商提前预订他们所需要的物品和展会提供的服务，同时也是对展会深度宣传，参展商由此能全面了解展会特点和展会提供的服务，便于提前作出参展与否的决定。

四、招展策划（详见项目四中内容）

会展招展就是招举办展会的参展商。参展商的数量和质量是保证展会成功的重要因素。如果参加展会的企业数量太少或者质量参差不齐，展会的档次就难以提高，展会的形象会受到影响，展会的发展前景也难以保证。因此，招展策划是展会分项目策划中最基础的工作。

五、招商策划（详见项目五中内容）

会展招商就是展会的承办方采取一定的方式和策略，吸引观众参加展会。一定数量和质量的观众是参展企业的利益所在，也是展会生存和发展的基础。可以说没有一定质量和数量的观展商就没有参展企业的参展效益，这将会影响参展商持续参展的积极性，最终影响展会的成功举办。因此，招商和招展工作同等重要，两者互相影响、互相促进。在进行展会策划时，尤其是在宣传推广过程中，常把两者结合起来进行宣传。

六、会展的时间控制策划

（一）会展时间选择的原则

会展时间的选择，必须遵循以下三个原则。

1. 订货时效性

大部分产品都有特定的订货季节，大型的综合性展览会最好选择在订货季节的前期，便于参观者选择并加大成交的可能性。

2. 季节适宜性

一般会展选择的季节在春、秋两季。这时的气候比较适宜旅行。如广交会的时间选择就比较典型：分春、秋两季，其中春季交易会的时间为 4 月中、下旬，秋季交易会的时间定在秋高气爽的 10 月。华交会的时间则定在每年的 3 月初。

3. 观众可参与性

在欧美举办的展览会，一般要避开长假期。综合性的展览会，一般持续时间为 4～5 天的，最好选择一个双休日作为一般消费者的参与日。

（二）会展时间选择的要点

按展览性质分，我们主要分国际展（包括出国展）和国内展两方面来讲述。

1. 国际展

国际展（尤其是出国展）的时间选择，一般选择全年的办展旺季即 3～6 月和 9～10 月，还要注意避开全年的重大节日（如圣诞节）和夏季休假期（一般 7～8 月）。初次赴海外或在国内举办国际展，办展时间确认必须提前一年或一年以上，以便确定办展地点和展览预算。国际展的展期一般延续 3～4 天，而综合性的展览可能时间略长一些，一般将最后一天定在双休日，以方便普通观众参观，并带动展览会的人气。

2. 国内展

除了综合性展销会或房产展、图片展等适合大众参观的展览外，国内展的时间选择要避开春节、"十一"等黄金节假日。初次举办国内展，其办展时间的确定也要提前半年到一年。国内展的展期一般也延续 3～5 天，综合性的展销会等一般延续时间稍长。

（三）会展时间控制内容

1. 招展时间控制

展会招展不是一蹴而就的，它要经过多次反复、多次邀请、多次努力才能完成的工作，这时，展会必须对招展工作在时间上进行合理安排，并在时间上对展会招展进行有效监督和控制，合理把握招展工作的启动时间、加大招展力度的时间、应该调整招展策略的时间，保证在展会预定的开幕时间以前圆满完成展会的招展任务。展会招展工作的时间性要求具体表现在以下几方面。

（1）展会开幕时间要符合展览题材所在行业产品的产销时间特点。每个行业的产品在销售时几乎都有所谓的"淡季"和"旺季"。为此，展会的开幕时间原则上要与展览题材所在行业产品的产销时间特点相适应，要尽量将开幕时间安排在该行业产品订货和销售的"旺季"。

（2）展会招展的启动时间安排要合理。对于规范运作的现代企业来说，几乎每一个企业都有自己的年度营销、产品推广和企业形象广告规划。如果没有特殊情况发生，这一计划一旦制订就不太容易改变。对展会招展来说，企业制订自己的年度营销、产品推广和企业形象广告计划的时间非常重要，展会招展的启动时间最好安排在该计划的制订时间之前。这样，就可以使该企业在制订营销计划时将参加本展会也考虑在内。

（3）预留的招展时间要充足。通常，策划举办一个新展会，从展会筹备工作的启动到展会正式开幕需要1～3年的时间，如果少于这个时间，展会的筹备工作就有些仓促，展会招展的时间就不太充裕。所以，策划举办一个新展会，要尽量考虑到展会招展在时间方面的需要，要给展会招展预留充足的时间。

（4）重点招展时间要很好地把握。每一个展会都要有自己的"黄金招展时间"，展会招展对这段黄金时间尤其要注意重点把握。对于新策划的展会来说，由于刚开始市场对该展会还不太了解，在招展工作的启动时效果往往不理想。因此，新展会"招展黄金时间"一般出现在展会招展工作的中后期。对于已经举办过的展会。"招展黄金时间"一般有两段：一是和新展一样的在展会招展的中后期；二是在上届展会展览现场招展时期。

（5）要密切监控展会的招展进度。从展会招展工作启动开始，有关负责人就要开始密切监控展会的招展进度，及时了解目标客户的反应，针对市场情况的变化及时调整招展策略，完成每一段时期的重点招展任务，从总体上把握招展进度。

总之，一旦展会开幕日期确定下来，展会的招展工作就是在"和时间赛跑"，展会招展工作安排要充分注意适合招展的时间性要求。

2. 招商时间控制

招展和招商是展会筹备工作的两翼，和展会招展一样，展会招商工作也具有很强的时间性。展会招商工作的时间性是由展会筹备工作的时间性决定的，展会招商工作必须确保展会开幕后能有足够数量并具备一定质量的观众到会参观，必须在展会开幕日期前完成招商任务。

因此，要圆满完成展会的招商任务，在安排展会的招商工作和制定展会的招商计划时就必须注意展会招商工作的时间性，使展会招商计划及工作安排符合招商时间性方面要求，具体表现在以下四个方面。

（1）展会招商计划及工作安排要有统一的时间规划。由于目标观众往往不对展会招商工作直接作出是否决定参观的回应，展会的招商效果往往更难把握。因此，展会的招商工作一定要符合时间性的要求，统一规划，分步实施，使招商活动的展开和招商信息的传播符合认识规律和信息传播规律，逐步加深目标观众对展会的了解，促使他们届时积极到会参观。

（2）把握好展会招商工作的启动时间。一般地，专门的招商工作可以在招展工作已经有一些效果时才开始大规模地进行。如果招商工作启动得太晚，对于路程较远的观众要么没有时间来得及作出参观展会计划，要么就是已经决定参观其他展会；如果招商工作启动太早，由于时间太长，有些目标观众会把本展会早期的招商活动遗忘。

（3）要善于把握展会招商工作的"黄金时期"。和展会招展工作一样，展会的招商工作也有"黄金时期"。在这段"黄金时期"里，展会的招商活动最能对目标观众的参观决策产生影响，展会的招商活动对观众的影响最大，招商的效果也最好。

（4）要密切监控展会的招商进度。为保证招商工作按计划执行并取得良好的效果，负责展会招商工作的人员必须对招商进度进行密切监控，随时跟踪招商进度，分析新情况，发现新问题，及时调整招商策略，使招商效果达到最好。

总之，展会的招商工作也具有较强的时间性。展会招商工作的这一特性要求办展机构对展会招商工作要有统一规划，要合理安排招商工作进度，并对该工作进度进行密切监控。

3. 展会宣传推广时间控制

展会宣传推广和招商与招展工作密不可分，也具有很强的时间性，具体表现为：

（1）展会宣传推广要符合展会招展的时间进度安排。展会宣传推广的中心任务之一就是为展会招展服务，促进展会招展。展会宣传推广的进度计划要根据展会招展工作的需要来制订，宣传推广的进度要考虑到展会招展进度的需要。

（2）展会宣传推广要符合展会招商的时间进度安排。鉴于展会宣传推广和展会招展与招商工作的密切关系，使展会宣传推广进度和工作安排不仅要符合展会招展的时间进度需要，也要符合展会招商的时间进度安排。

（3）展会宣传推广要从时间上考虑建立展会良好形象的需要。客户对展会的认知度、展会的知名度、客户对展会的忠诚度以及对展会的"品牌产权"的形成都需要有一个时间过程，需要按品牌形象建立的时间规律而循序渐进。为此，展会宣传推广要从时间上考虑建立展会良好形象的需要，要为展会良好品牌形象的及早建立提供强有力的支持。

（4）展会宣传推广要配合展会业务代理的工作时间进度。由于组织举办一个展会的工作繁杂，涉及面很广，时间性要求又强，因此，几乎所有的展会都有自己的业务代理。为顺利开展自己的工作，这些业务代理的工作进度安排要符合展会整体时间进度方面的需要，不能与其相背离。

4. 展会服务及筹展撤展时间控制

展会服务伴随着展会从筹展到开幕到闭幕的整个过程，也随着展会招展和招商工作的进展而不断变化，展会服务要跟得上展会客户工作进展的步伐，要跟得上市场和客户需求的变化；展会筹展和撤展工作主要集中在展会开幕之前和闭幕之后，在这两段时间里，展会的筹展和撤展工作必须安全。

（1）展会服务时间控制

① 及时。展会要充分考虑客户对各种展会服务的实际需要，在服务内容、服务流程和服务时间等方面切实为客户着想，努力在客户需要的时候提供他们所希望的会展服务。

② 快速。展会在提供服务时在服务提供过程中不能拖拖拉拉，要以最快的速度将客户所需要的服务提供给客户，尽量缩短客户等待服务的时间和过程。

③ 有求必应。不论做得到还是暂时做不到，对于客户所提出的各种会展服务要求，展会都要——作出善意的回应。

（2）筹展时间控制

① 将筹展的确切起止时间准确地通知参展商。

② 提醒参展商尽快提供展位搭建备审材料。

③ 让参展商理解筹展截止时间的不可变更性。

④ 加强布展现场管理。

（3）撤展时间控制

① 将撤展的确切起止时间准确地通知参展商。

② 让参展商理解撤展开始时间的不可变更性。

③ 加强撤展现场管理。

七、会展的财务预算策划

（一）会展企业财务预算内容

1. 收入预算

收入预算的主要内容是销售预算，它是在销售预测的基础上编制的，即通过分析会展企业过去的销售状况、目前和未来的市场需求特点及发展趋势，比较竞争对手和本企业的经营实力，确定会展企业在未来时期内为了实现目标利润必须达到的销售水平。

2. 支出预算

支出预算一般包括直接材料预算、直接人工预算、附加费用预算等内容。支出包括两个主要类型，即固定支出和不固定支出。不论参展人数多少，固定支出都是一样的，包括：场地设施费，讲演者酬金、旅费等支出，市场费，行政费，视听费，路标、鲜花和其他用来制造气氛的项目所需费用，运输费，保险费，审计费，贷款利息。不固定支出随与会人数变动而浮动，包括：餐饮，住宿，娱乐，会议装备（如文件夹、徽章等），文件资料（如材料邮寄、注册）等支出。

3. 现金预算

现金预算是指对现金的流入、流出进行预测。

4. 资金支出预算

资金支出预算是一种长期的具有投资性质的预算，包括：更新改造生产设施（如场馆）支出；研究开发支出，如，新产品研究费；人事培训与发展支出；市场发展支出，如，宣传促销费用。

5. 资产负债预算

资产负债预算是指编制预计的资产负债表。

（二）会展企业财务预算工作程序

会展企业一般在上一年末编制新一年的预算，工作步骤安排如下。

1. 预算计划会议

预算计划会议包括以下内容：审视当年的经营情况；分析整体经营条件；分析目前的经营形势；分析价格；确定总的销售额。

2. 部门预算计划

部门预算计划包括：营业收入、成本费用、利润等预算。

3. 总经理的预算报告

总经理的预算报告内容包括：宏观条件、竞争情况、经营建议、特别项目、人事、设施、价格、现金流。

（三）会展企业财务预算的作用

会展企业通过财务预算管理，可以起到以下作用。

1. 经营活动具有可比性

会展企业通过本期的或者是各期的会展活动预算可以进行横向的或者是纵向的比较。

2. 为协调和控制企业活动提供了依据

预算编制与执行预算相联系，就可以使得会展企业的工作开展有了依据，控制也有了依据。

3. 数字形式的标准能方便绩效衡量，客观可靠

由于预算是数字化的标准，可以量化、比较、考核和衡量，从而有了一定的操作性。

4. 为纠正偏差奠定基础

在操作的过程中，通过量化的数字进行比较，为纠正偏差打下了基础。

知识拓展

展会成功三部曲

参加展会，谁都不想仅仅去走个过场，专业展会的成功举办需要主办方做好以下工作。

一、赢得参展商的参与是展会成功的开始

展览会的组织者要赢得参展商，首先要使参展商了解展会的概念及目的。这就意味着展览会要通过宣传、广告及销售渠道，将展会的信息传递给企业，以推广自己的展会。

组织专业展会的目的是为了满足参展企业的贸易需求。企业决定参展，是认为参加展会能为企业带来价值，能满足他们宣传企业产品，树立企业形象、促进贸易等需求。参展商的参展是展览会取得成功的关键，有了参展企业的参展，主办单位的价值才得以体现。主办单位举办展览会的主要收益来自于参展企业的展位费。因此，主办单位与参展商之间的价值传递是非常重要的。要保证这一"传递"过程的顺利，就要依赖于展会是否遵循着一个出色的、可行的价值交付系统。这个系统就是，展会应不仅能够向参展商提供一种他们认为能带来价值的产品及服务，而且能够降低参展商的贸易成本。

具体表现为：一是参展商能在展览会上结识新客户，扩大贸易合作关系，增加贸易量；二是通过参展树立了企业形象，宣传了企业产品，扩大了品牌知名度等。当企业认为参加展览会，可以实现以上价值时，他们就会报名参展，成为参展商。

二、做好参展商的组织、服务工作是展会成功的关键

参展商报名参展，主办单位与参展商的合作就开始了。作为主办单位，应向参展商提供一系列专业、周到的服务。

首先，应了解参展商的参展需求、企业产品的定位、寻求合作的贸易方式、寻求贸易对象的类别等。只有全面地了解了参展商的需求，才能为他们做好有目标的服务。广大参展商寻求的目标客户对象的集合，形成了展会专业观众组成的基础。将参展商与专业观众有针对性地结合在一起，使他们在展会这个平台上达成贸易交流、合作协议以及后续长期的合作，就达到了展会的真正目的。

在展商报名的同时，用填写表格的形式，了解他们的参展需求及其相关信息，是做好展会筹备期相关工作的依据；了解参展企业的产品定位及结构，将他们安排在不同的展区，可体现展会的专业性，同时还可以方便专业观众查找；了解参展企业的品牌实力、合作需求，可以有目标地为他们寻求目标对象。同时，参展商的这些信息也可以作为展会招商的依据。

其次，根据展会的定位、参展商的分类情况有针对性地组织专业观众。展会有了参展商，根据他们的需求组织观众，这是一个专业展会成功举办的重要工作。可以通过多种方式做好专业观众的组织工作，如，通过各类展会的宣传、广告、网站等。用邀请函邀请，通过商业机构有组织地邀请，通过参展商邀请他们的客户等。

对于展会，参展商和观众是同时存在、互相依托的。展会有了具有实力的参展商，能带来有价值、有创新概念的新产品，就能吸引有价值的观众。参展商和观众的同时到来，就是专业展会成功的基础。一个展会，参展商与专业观众的数量及质量是体现其展会品牌实力的重要依据。

第三，向参展商提供细致、周到的服务。参展商面对参展会遇到许多实际问题，如了解场馆环境、层位尺寸及结构、展位设计、展品运输、现场搭建；形象宣传、现场广告、展期活动安排、工作人员吃、住、行等具体问题。作为主办单位应向参展商提供尽量细致、周到的服务。对于每一个细小的参展环节，应先提交工作方案，并及时提供给参展商，使他们得到展会直接的专业服务。

除了建立客户联系，推广企业产品，了解行业的流行趋势，得到相关的信息咨询，通常也是参展商的参展目的。所以，从专业或行业的角度，邀请国内外同行专家，进行讲座，提供咨询服务，也是做好展会综合服务的一部分。

展会现场高效、系列的服务，是展会组织工作中的重要环节。在展期短短的几天里，各类相关人士的集合、各类活动的集合、时间的限定等使各项组织工作的效率显得至关重要。现场的服务工作直接、具体、综合。面对如此复杂的服务工作，首先应做好情况的分析，提交解决的工作方案。对工作人员做好培训工作，使其能提供优质、快捷的服务。应要求工作人员每天对参展商进行巡查，在了解贸易成交情况的同时，为他们解决一些细小的问题。

总之，对参展商的服务千头万绪，首先制订出总体的工作方案是万事之本；提高工作人员的综合素质，是做好服务工作的保证。

三、与参展商建立长期的合作关系是展会发展的根本

参展商希望通过展会得到更多的服务，带来更多的价值，以满足他们的需求。这也督促主办单位不断进取，不断改进工作。随着展会水平的提升，参展商越来越不能接受用展位费来换取短期的经济利益，他们希望能得到长期的服务，长期的综合利益。因此，主办单位与参展商之间建立长期的合作关系是趋势所在，是满足双方利益的需要。

保证长期的合作关系，有利于主办单位与参展商的共赢。参展商的目的通过展会来实现，展会及时了解参展商的需求变化，来调整展会的定位，这就形成了合作的良性循环。专业的展会应与参展商保持一种三至五年或更长的合作关系。应随时保持与参展商沟通，了解他们参展的需求变化，了解他们的产品结构变化，以及企业人士和结构等变化，取得他们的长期信任。总之，通过多种方式的沟通，不断寻求增进相互关系的办法。

要成功建立长期的合作伙伴关系并不像展会初期销售展位那么简单，要在更多方面满足参展商的各种需求，帮助他们去解决各种问题。作为主办单位还能为参展商做些什么呢？首先可以多方面地了解参展商的参展想法，向他们提出更多的参展建议，尊重他们的各种意见、建议。可以成立参展商的联合会，为了展会的共同发展，与主办单位共同决定展会发展

中的重大问题；集思广益地探讨成功办展的新举措；从参展商的利益出发，除了帮助他们增加经济利润，还应帮助他们节省参展开支。因此，主办单位理解、满足参展商的各种参展期望，是维系参展商长期合作关系的根本。

总之，专业展会的成功，离不开参展商、专业观众的参与；品牌展会的提升、发展，更离不开参展商、专业观众的长期支持。（资料来源：http：//www.expo-china.com）

能力训练

制订可行性报告分析、展区筹划方案、会展宣传策划方案

为了提高会展专业学生专业水平和实践能力，增加专业实践机会，根据学院师生需求和专业实训教学安排，学院拟组织 13 级会展专业学生与 2015 年 5 月 13~15 日举办"2015 年春季商品展销会"（校内），为学院师生提供学习、生活用品等销售服务，为专业学生创造校内生产性实训条件。展会主要工作内容如下。

① 组织学生按照专业实训要求和商业规律拟订展销会工作方案，锻炼提高学生会展策划及组织的专业水平和实践操作能力。

② 按照拟订的工作方案组织会展专业学生进行招展、招商工作，保证展销会参与商家达到 50 家以上。

③ 按照会展专业的专业标准要求及商业运作惯例组织布展活动，为学院师生提供学习、生活用品销售服务。

④ 对展会召开情况进行总结，进行财经结算。

请根据给定内容，结合本学校自身情况，制订××学校"2015 年春季商品展销会"的可行性分析报告、展区筹划方案及会展宣传策划方案。

复习思考题

1. 如何选择展览题材？

2. 确定展览主题应遵循哪些原则？

3. 假如公司已经确定了一个展览项目，你如何据此制订相应的可行性分析报告？

4. 如果你是企业展览宣传策划人员，在展览策划中你会考虑哪些因素？

5. 假如你是一位展览从业人员，请你为你公司某一展览项目制订的会刊及宣传册提出相应要求及建议。

项目四　会展招展策划与管理

项目目标

通过实践和模拟练习，学生能够进行招展的宣传与推广工作；了解和掌握招展代理的选择及分工应考虑的因素；并具备编写招展书和参展商手册的能力。

案例引导

第九届中国国际机床工具展览会招展策划工作

2008 China International Machinery & Equipment Show（CIMES2008）

CIMES 通过国际展览资格认证，正式加入全球展览业协会 UFI，全面迈向国际化。CIMES 已成为继欧洲 EMO 和美国芝加哥机床展后世界第三大机床展。

时间：2008 年 10 月 9～13 日（5 日）

地点：北京·北京中国国际展览中心＋北京·新中国国际展览中心

展览面积：15 万平方米

批准单位：中华人民共和国商务部

主办单位/承办单位：中国机床总公司、励展博览集团、北京国际展览中心/励华国际展览北京公司

华南地区组团单位：广州市南博湾展览服务有限公司

与世界沟通的一流商务平台！

欢迎来到双年度亚太地区最具影响力的国际机床盛会！

2008 年正值北京奥运年，科学技术将为奥运会的举办发挥着越来越重要的作用，同时 10 月又将迎来机床行业的奥运会，让我们共享世界最先进的制造技术，共同参与共创辉煌！

CIMES 是经商务部批准，国际展览联盟 UFI 全球推荐的展会。CIMES 是原中国国际机械装备展览会（CIMES）和中国机床工具商品展览交易会（CMTF）合并而立，深受海内外装备制造业、设备用户单位以及外贸、流通企业的欢迎和支持，现已发展成机械行业年度规模最大、专业性水平最高的国际性机床展览交易盛会，每逢双年度在北京举办。2006 年举办的 CIMES & CMTF 有来自 25 个国家和地区的 1020 家制造商参展，展会展览面积已达 7.5 万平方米。展会接待用户及观众 15.9 万余人次，贸易成交额达 16.9 亿元人民币，参展企业和展出面积分别较上届展会增加 23％和 53％。展会取得辉煌成果。

CIMES 2006 展会在市场和买家推广宣传费用上超过上届 2 倍多，在展前的一年半的时间里做了大量的宣传工作，宣传方式多种多样，包括电视台、行业报社、专业杂志、专业网站、户外广告、宣传品派发等，宣传范围涵盖了装备制造业、航空、航天、船舶、铁路等多个行业。

从展览的规模、展出水平和展览效果来看，CIMES 已属全国机械展会之首，亦属国际

知名品牌展览会之列。2006 年展会，展出面积较 2004 年展会增长两成，就其规模而言已跻身于欧洲 EMO、美国芝加哥机床展后的世界第三大国际机床展。

CIMES 2006 更是吸引了来自德国、意大利、英国、瑞士、瑞典、法国、西班牙、卢森堡、奥地利、俄罗斯、白俄罗斯、罗马尼亚、以色列、日本、韩国、新加坡、土耳其、美国、加拿大、中国及中国香港特别行政区及中国台湾省等 25 个国家和地区的 1020 家单位参展，其中 354 家为国际展商，展出规模达到 7.5 万平方米，来自 56 个国家和地区的专业观众达到 15 万人次，其中海外观众 11000 多人次。

CIMES 部分展览会历史数据见下表。

时间 /年	展览面积 /万平方米	展商数量 /家	国家 /个	专业观众 /人	海外观众 /人	贸易额 /亿元
2000	21130	452	17	55610	1335	5.9
2002	31700	629	20	96518	3976	9.6
2004	51618	882	24	12563	5212	13.9
2006	75000	1020	25	150000	11000	16.9
2008（预计）	150000	1200	50	200000	20000	20

CIMES 2008 集中展示的新技术、新产品如下：

① 金属切削机床；

② 金属成形机床；

③ 模具制造技术及设备；

④ 金属板材加工技术及设备；

⑤ 金属管材加工技术及设备；

⑥ 锻压机械；

⑦ 特种加工机械设备；

⑧ 焊接及切割技术、工具及设备；

⑨ 专用机床；

⑩ 切削工具、机床附件、配件、辅助材料、机床电器、功能部件及机械手；

⑪ 表面处理技术及设备；

⑫ 质量控制系统及仪器设备；

⑬ 计量和测试技术及仪器、设备；

⑭ 控制系统（NC，CNC，DNC，PLC）、伺服系统及电机；

⑮ CAD/CAM 与制造业信息化产品技术；

⑯ 工业润滑油；

⑰ 工业机器人；

⑱ 柔性制造技术及设备；

⑲ 电气传动及控制系统、机械传动、液压传动与空气传动；

⑳ 工厂节能环保设备。

收费标准：

企业类别	标准摊位费用(不少于9m²)	净地摊位费用(不少于36m²)
国内企业	RMB835元/m²	RMB735元/m²
国内中外合资企业	RMB1790元/m²	RMB1690元/m²
国内外资企业	USD320元/m²	USD285元/m²

参加丰富务实的展会配套活动包括：

① MM高峰论坛第三届中国国际机床高峰会及2007～2008年度中国机床行业双十风云人物评选；

② 举办制造业信息化高层论坛，为参展商提供一个全面了解和认识CAD/CAM/CAE/CAPP/PDM/ERP等先进技术的机会；

③ 各国最新制造技术交流活动；

④ 中国金属加工业创新技术产品颁奖典礼；

⑤ 机床风采摄影展。

宣传服务包括：

① 邀请中央电视台、北京电视台、凤凰卫视台强势推出这届展会，同时与60多家、报刊、专业杂志等多种媒体合作，为大会和参展商进行宣传；

② 设立大会新闻中心，对大会进行宣传报道；

③ 刊发《参展商名录》(会刊)、《参观指南》和《大会专刊》，广泛赠阅，扩大宣传；

④ 组织对展品的评述及展前、展期、展后宣传报道。

主要指导观展机构和重点采购商如下：

① 计划发改委工业司；

② 国资委所辖120家大型国家企业；

③ 商务部机电司；

④ 商务部中国-欧洲商会；

⑤ 交通部各直属企业；

⑥ 各省市政府采购中心；

⑦ 各省市机电办公室；

⑧ 全国各省市高新技术开发区；

⑨ 机电产品建设项目单位；

⑩ 机械行业各研究院所；

⑪ 驻国外商务机构513家、进出口商、商会、商务组织900余家。

重点项目采购团：通过国内各相关协会和企业集团的合作，主办单位将多渠道邀请国家重点建设项目、技术改造项目、重大装备项目及机械设备用户单位到会采购。

十大采购集团：主办单位将重点邀请军工、航空航天、船舶、铁路、电力、通信、冶金、化工、纺织、印刷等行业集团组成十大采购团参观采购。

十大汽车制造商：主办单位将特别邀请国内十大汽车制造商莅会参观和选购制造设备，包括通用、大众、福特、丰田、本田、日产、现代、大宇、上汽、长安等汽车集团。

全国行业领域用户：主办单位将利用多年积累的用户数据库，广泛邀请机械制造、机床工具、汽车制造、军工国防、航空航天、船舶集装箱、交通运输、石油能源、水利电力、工业电子、铁道机车、农业机械、纺织机械、流通营销、进出口贸易等行业领域的专业人士参观。

海外采购商：主办单位还将充分利用励展博览集团全球制造系列展的买家资源，并重点联手其旗下泰国国际机床展和澳大利亚国际机械制造周组织数千名海外专业观众与会参观和采购。（资料来源：http：//www.cimes.net.cn）

【案例分析】 招展策划是会展策划的核心内容，招展策划是否合理，直接影响招展工作的进行。"第九届中国国际机床工具展览会"招展策划时充分考虑到参展商的需求，比如：组织丰富务实的展会配套活动；为参展商寻找客户，指导观展机构和重点采购商前来观展和采购；邀请重要的媒体来展会宣传等。成功的展会必须得有一定数量和质量的参展商，而参展商能否参展，取决于办展机构能否满足他们参展的愿望。"中国国际机床工具展览会"之所以越办越好，是因为组展方充分考虑了参展商的利益。

任务一　招展的前期准备工作

招展策划是会展策划的核心内容之一，招展策划是否合理，内容是否完善，直接关系到招展工作的执行，招展工作的好坏会影响到展会的效果，也是展会能否取得成功的关键。

一、参展商信息的收集

（一）收集目标参展商信息

招展策划的第一步是通过广泛收集目标参展商的信息，建立一个完整实用的目标参展商数据库，为展会招展做好基础性的工作。所谓目标参展商，是指办展机构认为可能会来参加展出的企业或其他单位。目标参展商是展会招揽展出者的目标范围。

1. 目标参展商的信息收集渠道

目标参展商的信息可以通过以下几种渠道收集。

（1）各行业的企业名录　很多行业都有行业内企业的名录，组展方可以从中找到大量的目标参展商信息。

（2）商会、行业协会、连锁协会等行业组织　因为这些组织机构对本行业的企业了解很深并备有企业的详细资料，组展方可以从中获取所需要的信息。而且有些行业协会或协会的海外组织，能提供同行业海外参展商的信息。

（3）政府相关部门　某些政府部门对其所主管行业的企业有较详细的了解，可从中获取信息。如果举办国际展会，组展机构还需要在不同的国家和地区寻找展位销售代理商，而政府有关部门能提供相应的市场分析资料，或代为寻找比较合适的代理商。

（4）同类展会　组展机构应经常关注同类展会的举办，及时收集国内外同类展会的信息和报道，储备参展商的资料和有关信息。

（5）各种专业媒体　组展方可以通过专业报刊、行业会刊或专业网站等媒体收集目标参展商的信息。

此外，还可以通过外国驻华机构、各个国家或地区的办事机构以及电话黄页等渠道收集目标参展商的信息。收集的信息应包括企业的名称、地址、联系电话、传真、网址、E-mail、联系人等基本信息，还应该有参展企业的产品种类、目标市场、企业规模等市场信息，这些信息对以后会展拓展有重要参考价值。

2. 建立目标参展商数据库

收集到大量参展商信息之后，建立目标参展商数据库，并及时对数据库更新。

（1）通过计算机建立有一定结构的文本信息。参展商数据库信息尽量详细，应包括企业的名称、地址、联系电话、传真、网址、E-mail、联系人等基本信息，以及参展企业的产品种类、目标市场、企业规模等市场信息。

（2）选择合适的软件，对信息进行分类，便于查询和统计。

（3）及时修改与调整。根据招展工作的需要及时调整和修改参展商数据库。

目标参展商数据库的建立应注意以下几点：分类科学、数据真实、查找方便、及时更新。

（二）了解参展商的类型

展会活动会吸引为数众多的参展商，不同参展商往往在自身的性质、参展目的、参展行为等方面存在明显的差异。根据不同的标准，可将参展商分为不同类型。

1. 根据参展商的国别划分

根据参展商的国别不同，可以将参展商分为国内参展商和国外参展商（或境外参展商）。我国《专业性展览会的等级划分及评定》（中华人民共和国商业行业标准 SB/T 10358—2002）把境外参展商界定为"以境外注册企业或境外品牌名义参加展览的参展商"。境外参展商占所有参展商的比例是衡量和评价一个会展国际化程度及其影响力的重要指标。在今天，随着各国尤其是发达国家会展业的日趋成熟，会展产业的国际化也逐渐成为各国拓展会展市场、提升会展产业影响力的越来越重要的手段。

2. 根据参展商参展的联合程度划分

根据参展商参展的联合程度不同，可以把参展商划分为独立参展商、联合参展商和团体参展商。所谓独立参展商，就是以独立身份单独参展的企业组织或个人；联合参展商通常是由两个或两个以上参展商组成，这种参展行为更适用于中小参展商，由于各种资源的限制，采用联合参展的形式可以更好地减少投资，降低风险；在一些跨地区或者国际性的大型会展活动中，很多参展商还可以组成参展团一起参展，这样有利于增强参展商的竞争力，提高参展的影响力，增强参展效果。

3. 根据参展商的实力及其在行业中的地位划分

不同的行业和系统都存在一些规模庞大、实力雄厚的龙头企业或组织，它们在行业内拥有强大的号召力和影响力，通常扮演着行业领导者的角色；另外，还有一些处于成长阶段、发展潜力强劲的行业赶超型企业；更多的则是那些实力较差、规模相对较小的行业落后企业。展会中行业领导者能够引领行业发展潮流、展示最新技术、公布权威信息，这类企业的参展有利于提升会展的品牌效应，增强展会的影响力；行业赶超型以及行业落后企业则可以通过会展展示自己的经营特色和市场优势，它们是会展活动参展主体中的主力军，对会展活动的规模构成重要影响。

4. 参展商目标划分

德国展览协会根据市场营销理论将参展目标归纳为基本目标、产品目标、价格目标、宣传目标、销售目标五类。

（1）基本目标　参展商为了了解新市场、寻找出口机会、交流经验；了解行业发展趋势、了解竞争情况、检验自身的竞争力、了解公司所处行业的状况；寻求合作机会、向新市场介绍本公司的产品。

（2）宣传目标　参展商主要是为了建立个人关系、增强公司形象、了解客户的需要、收集市场信息、加强与新闻媒体的关系；接触新客户、了解客户情况、挖掘现有客户的潜力；训练职员调研及推广技术。

（3）产品目标　参展商主要是为了推出新产品、介绍新发明、了解新产品营销成果；扩大产品系列、了解市场对产品系列的接受程度。

（4）销售目标　扩大销售网、寻找新代理；测试减少贸易层次的效果。

（5）价格目标　试探定价余地，将产品和服务推向市场。

二、展区和展位的分配

（一）展区和展位的含义

1. 展区

展区是指组展商根据展品性质或参展商性质安排展览活动的空间。

2. 展位

展位是指参展商展示其产品或服务的地域空间范围。

展览会一般要按照展览类型划分展区，在每个展区内还要划分展位。展区展位是组展商获得会展经济利润的最主要资源。通常，展会的大多数收入都是通过出租展位来实现的。展位是招展推销的"产品"。如何分配展区和展位，是办展机构精心思考的问题，展区和展位的合理划分与分配，既便于服务与布置、展现现场气氛，又能增强展出效果，提高参展商的满意度，吸引更多观众。

（二）展位的种类

不同的展会，其展位规格、样式、基本配置都会有所不同。一般展会按面积大小分为两大类。

（1）标准展位　标准展位是指使用统一材料，按规定的标准模式统一搭建的展位。目前国际上通用的标准展位面积为 $9m^2$，规格是 $3m×3m$。每个标准展位通常由 3 面围板（高 2.5m、宽 1m 的国际标准白色展板）、1 块楣板（中英文参展单位名称）组成。

标准展位的基本配置大多为两盏射灯或日光灯、一个电源插座（220V，5A）、一张洽谈桌、两张折椅和一个纸篓；另外，根据商品的展示特点不同，每个展区也会设置不同的展具；有的展会在每个标准展位还会设置一个宽带接口。现在不少展会已开始采用 Wifi 上网。

由于展会的展出性质不同，各地的展馆规模或结构不尽相同，因此，展位规格和结构也有所不同。例如，有的展会的标准展位规格为 $2.4m×3.6m$ 或其他规格。再如我国广交会，标准展位为 $9m^2$，但化工和矿产展区标准展位面积为 $4m^2$，规格为 $2m×2m$。

（2）特装展位　特装展位是指同一参展单位要求展位的面积大，不采用标准展位装搭的模式，而是申请预留空地，委托特装布展施工单位进行大型装修布展或使用其他与标准展位装搭材料不同的制作材料进行的复杂装修布展。

这种展位通常为室内或室外光地，参展商可视自己企业的实际情况确定面积。其大小、形式以及与观众的距离，要根据展览的项目类型、展品的性质和陈列方式、展馆建筑空间的具体情况来确定。比如，展出大型的机器、车辆，就要占用较大的面积，同观众的距离也要适当宽敞一些。有些展会还规定，特装展位租用空间不得少于某一面积，例如不得少于 $36m^2$ 等。

按展位的外部形状，展位又可以分为以下几种。

（1）道边形（单开口）　这是最常见的展台形状，在走道两侧，为单面开。其优势是三面墙提供了充分的产品、文字和图表的展示面积，而且租用价格也比较低廉。其弱势是视角最小，开面窄，参观者只能从正面进入展台，展台内人流不易疏散。因此，集体展出要选择通道两旁道边展台，在平面看分属两块展地，但是在局部看，整体效果更好。设计人员可以装饰走道，形成独特的环境，建立整体的形象。道边形是标准展位常用的展台形式。

（2）内角形（双开口）　内角形又叫墙角形，这种展位为两面开。其优势是在面对的两个通道里都可以看到此展台，容易吸引观众，并容易给观众留下印象。其弱势是展台人流不畅通，另外必须占三个标准展台的位置才可以有此效果。内角形也是标准展位常采用的形式，但由于其展示效果比道边形要好，其租金也要比道边形展台高出10％～15％。

（3）外角形　外角形展位也是两开面。其优势是位于岔道口，人流量比较大，参观者最先到达，也容易进入展台，展台视野开阔。弱势是用于展示的墙面少，可能需要更多地使用独立的展具。外角形位置比较适合布置展示焦点，或用于设立咨询台。

（4）半岛形　半岛形展位为三开面。这种形状有非常好的展示面，视野开阔，参观者进出方便，人流畅通，设计人员在设计安排上可以有很大的灵活性。但是这种形状不宜使用标准展架，可供布置的墙面更少，需要使用其他展示、布置手段。

（5）岛形　岛形展位为四面开，展示面最广、人流最为畅通，观众可以从任意一个侧面进入展台，因而更能吸引观众的注意力。岛形位置不适于标准展架，因为它没有可供布置的墙面。一些特装展位常采用这种形式，比如大型的机械展、汽车展等。

（6）通道形　通道形展位为两端开面。一些专家认为通道型位置的性价比比较高。这类展台有良好的展示面，有比较多的展示墙面，人流也比较通畅。但是设计人员需要注意参观者的流向，大多数参观者愿意从进入的口出去。

（7）板式标滩　"板式标滩"又叫板式标准展位，多为两面开，也有三面开。这种展位剔除了老式标准展位中的铝柱和上下的铝框，使标准展位由繁变简，从而得到了更加完整的展示空间。其高度一般为3m，由整体围板构成，与高大的特装展台站在一起时，更显得庄重、简约、不失气派，改变了老式标准展位单一、格调低的局面。"板式标摊"前两年在国外的国际展览市场上才能见到，如今已出现在国内的展会上。

（三）展位的优劣

在商业性展览活动中，展位之间存在着一定的优劣差异。

比较好的位置有：展馆主馆中一楼展厅中的入口和出口主道右侧，这是参观者流量最大的通道；展馆主馆中一楼展厅中几条通道的汇聚点；转角展台（每行两端的展位）；面对展馆入口的展台位置是最好的。

比较差的位置有：附属展区、远离入口处、主活动区的背区、边通道、"死胡同"的最里面位置、展馆后部的角落、大柱或楼梯之后等。

争论比较大的位置有服务场所周边位置（包括餐饮、休息、厕所、问询处、电信等设施区域）。这些地方观众流量很大，因此有些人认为在此能接触很多参观者；但另一种观点认为，虽然这些地方来往的人很多，但他们往往都有其他目的，并不一定会认真观看展台。同时这些地方人群比较拥挤，会对展台人员和贸易客户产生一定的副作用。在对公众开放的消费品展览会上，这可能是一个比较好的位置。但是，在贸易展览会上，这一位置则要视其他条件来判断。可以肯定的是，这一位置不太适合国家或团体性质的展览会。

（四）划分展区展位的方法

展区和展位的划分是展会招展策划与展位营销的一项重要的基础性准备工作，关系到招展和展会的整体形象，因此，展区和展位在展会招展工作进行之前就应该划分好。在划分展区展位时，常采用的方法有如下几类。

1. 按专业题材划分展区

所谓按专业题材划分展区，就是在满足展品对场地要求的基础上，将同类展品安排在一个区域内展出。在同一题材的展区内，同类展品的参展商可以根据自己的要求，对自己需要的具体展位进行选择。按专业题材划分展区，可以使展会条理清楚、秩序井然。

为进一步提高展览会的专业水准，方便专业客户根据自己的需要选择参观专业展区，目前绝大多数的展会都按商品的展出类别划分展区，实行分类展出。

2. 按地区划分展区

为了突出某个国家或地区的参展商品，常采用这种分类方法。这种方法适合综合性的展会或国际参展商较多的展会，比如"世博会"、"中博会"等。

3. 按展品的相关性划分展区

将与某些展品相关联的展品类别划分在相邻展区，以便于观众的参观。

4. 要考虑现场管理和服务的方便

展区和展位的划分要注意消防安全，遇到紧急情况便于疏散人群，最好不要有闲置死角，要方便展台的搭建、拆装与运输，易于现场的管理与服务。

5. 要适应参观人流的规律

展会举办期间，集中了大量的人流，为保证参展的效果，便于现场管理，一般按照人流在整个会场的移动方向来考虑合理间隔区间，分流人群，注意主通道、服务区、大的展位前空间的布置面积要大。

展会参观人流的形成和流动有其自己的规律，一般人们进入展馆后习惯于直接向前走，如果不能直接向前，就习惯于向右转；在展馆的入口处、主通道、服务区和大的展位前的人流比较多，容易形成大量的人群围观某一展位和展品等。

6. 合理分配标准展位和特装展位

既注意特装展位的分配，也不能忽视标准展位的分配，做到两种展位兼顾，满足大多数参展商的需求。

7. 合理安排展会的功能服务区域

一个展会除展示区域外，还应合理地安排好功能服务区域，如登记处、咨询处、洽谈区、休息区、新闻中心、餐饮区等，要做到统筹兼顾、因地制宜，在保证展会质量和气氛的前提下，提高展馆的利用率。

8. 亮化展品分区

对不同展品分区进行亮化装饰，使观众能够快捷地寻找到目标产品。

（五）展区和展位划分时应注意的事项

1. 注意统筹兼顾

所谓统筹兼顾是指划分展区和展位时，要在办好展会和符合展会需要的前提下，对展会所有的展位作统一安排，最大限度地兼顾到办展机构、参展商、观众以及展会服务商各方面的利益和便利性。

2. 因地制宜地划分展区和展位

展区和展位的划分除了要充分考虑展会本身、办展机构、参展商、观众以及展会服务商的需要外，还要充分考虑到展馆的场地条件，因地制宜。例如，不管是空地展位还是标准展位，参展商都不希望自己的展位里有柱子，如果展馆里有柱子，就要考虑不能将柱子划分在某个展位里面。不同参展商对自己展位的具体形状的要求也各不相同，有的希望是岛形的，有的希望是通道形的，有的希望是道边形的，展位划分时要充分考虑到这些需要。

3. 不能遮挡展馆的服务设施

展馆里的服务设施是展会安全的重要保证，要保证任何展位都不能遮挡展馆里的一些重要安全设施。例如，不能遮挡消防栓、不能堵塞消防和安全通道、不能遮挡供电箱等。在展馆的入口处要留出一定的区域供参观人流聚散，展场的各种通道要达到一定的宽度，以便参观人流通过。

4. 注意提高展会的档次

展会和展位的划分直接影响到参展商和观众对展会的印象。如果一个展会里的标准展位和特装展位的分布杂乱无章，各种展品的展位相互混杂，即使这个展会的规模很大，参展商和观众也会认为它档次不高、不专业，对它的印象不会很好。因此，展会和展位的划分要有利于提高展会的档次，使参展商和观众首先从外观上对展会能产生好的印象。

5. 注意提高参展商的展出效果

展区和展位的划分对参展商的展出效果有直接的影响。如果一个或几个标准展位夹在一些特装展位之中，标准展位将变得非常不显眼；如果将一些次要的题材放在展馆最好的位置，展会的整体效果将大打折扣。因此，展区和展位的划分既要符合展品的特点，也要考虑到展位的搭装效果，还要考虑到方便观众参观和聚集，这样才能扩大参展商的展出影响。

（六）展位编号

展位分隔后要统一编号，编号的方式要一致，以便管理和寻找。展位号的表示方法通常依次由馆号、楼层号、通道号（用英文字母表示）和展位序号组成。一般采取以入口处为基点，从前向后、从左到右顺序编号。展馆较大的，可以先分成若干厅或区，如东区、西区等；有若干展层的展馆，要确定层号。例如：3.4H15 即表示 3 号馆 4 楼 H 通道的第 15 号展位。

（七）展区展位的分配方法

1. 延续法

即连续参展商可以提出在下一届展览会继续展出同类商品、租用同一展位的申请，组展方将优先考虑和满足连续参展商的利益和要求，甚至有些时候，还允许连续参展商拥有长期或永久性展位。这也是留住老客户常采用的方法。比如，在汉诺威举办的电脑展上，展会组织者专门将一个馆租给 IBM 等大公司建永久性展台。

2. 先到先分法

这是组展方常用的分配方法，按报名参展的时间顺序先到先挑。

3. 会员法

根据会员资格确定分配顺序。如果展会是由展览组织举办的，正式会员往往能享受优惠，并优先分配展位。

4. 面积法

根据参展商承租展位面积的大小确定分配次序，即承租展位多的，优先分配展位。

5. 打分法

组展方根据参展商的参展记录、在行业协会中的广告数量及对协会的捐赠等因素进行打分，由分数高低分配展位。

6. 抽签法

这是标准展位常用的分配方法。组展方将展位编号，通过抽签的方式决定参展商的展位。现在很多组展商采取的抽签方式是，先将展位号输入电脑，由电脑随机抽签，或者由主办单位抽签。

7. 预定法

这种方式有两种：一种是参展商通过专业媒体了解了展览信息，组展方还未开始招展，参展商开始提前预定；另一种是在当前展会举行期间，到会的参展商可以根据下次展会的平面图选择未来的场地。

8. 竞标法

好的展位由出价高的参展商租用。

9. 支付方式法

根据费用支付的方式确定分配次序，比如申请时支付和一次性支付者优先。

以上几种方式可以结合使用。比如，同一天收到多份参展申请书，就可以根据是否属于正式会员或者承租的展位面积大小来确定分配的次序。无论采取何种方式分配展位，都需要有确定的标准来规避不满情绪，所有方法都应有明确的记录，方法的选择和相关信息应在给参展商的招展书中明确说明，防止发生误解。

三、招展价格的确定

（一）招展价格的确定策略

招展价格是展位的租用价格，按展位不同，可分为标准展位的价格和欲搭建特装展位的空地价格。标准展位的价格通常用一个标准展位多少钱表示，特装展位的空地价格用每平方米多少钱来表示。按场地不同，招展价格还可以分为室内展位价格和室外展位价格等。

招展价格的确定应考虑以下因素。

1. 会展项目的生命周期

一般会展项目的生命周期都经历着投入期、成长期、成熟期和衰退期的发展阶段。在展会的投入期，市场认知度比较低，企业参展不积极，这时主要采用保本策略吸引企业参加，招展价格不易太高；在展会的成长期，展会规模扩大，在行业内知名度开始上升，企业参展的主动性增强，此时要在提高展会质量基础上实现展会的利润目标，展会的价格可以适当提高；在展会的成熟期，展会在市场上的地位基本稳定，本展会与同一地区其他展会的价格基本一致，参展商的数量也基本稳定，展会价格也基本固定；在展会的衰退期，展会吸引力减弱，参展企业开始减少，展会面临重新定位，展会价格应该较低。

2. 利润目标

利润是每个出资人对企业运作的基本要求，也是企业生存和发展的基本要求。利润目标会体现在企业经营的多种行为上，其中价格策略也会反映利润要求。办展机构的利润要求通常是指它的短期最大利润，即指办展机构举办此次展览会的主要目标就是为了获利，实现利润最大化。

3. 考虑竞争需要

展会的定价要考虑与本展会有竞争关系的同类展会的价格状况，如果本展会是品牌展会，或者具有市场优势，那么展会价格定位可略高点；但如果与同类展会相比较，既不是品牌展会，又不具有市场优势，那么展会价格定位只能略低点。

4. 考虑展览题材所在行业的状况

主要考虑该行业平均利润的大小和行业的发展状况。如果展览题材的行业平均利润率比较低，该行业的企业盈利不高，展会的价格就不能定得过高；反之，如果展览题材的行业平均利润率比较高，该行业的企业盈利就比较高，展会的价格就适当定得高点。

5. 由办展机构的发展目标确定价格

当一个实力不是很强的展览公司刚进入市场时，为了生存，不会将展览会的价格定得太高，而会小心翼翼地跟随行业中大的展览公司的价格定价，它的注意力不在于利润，而是尽可能地为自己赢得生存空间；如果办展机构拥有一定实力，展会的目标是为了扩大市场份额，提高市场占有率，展位价格可以适当降低，甚至不惜以本次展会亏损为代价。

6. 办展机构的自身条件

办展机构的自身条件是指它在该行业的影响力，包括办展机构的企业形象、品牌、办展资历和资金实力等。当办展机构在行业中处于龙头地位时，制订价格时就有一定的自由度或决定作用；当办展机构刚刚进入本行业时，制订价格就应小心地跟随本行业实力雄厚的展览公司制订。

7. 考虑展会的价格弹性

价格弹性主要衡量展会展位销售量变动对展位价格的敏感程度。如果展会的价格弹性大，展会招展价格的降低会引起展位销售量的大增；反之，展会的价格弹性小，招展价格的降低对展位的销售量不会产生太大的影响。

8. 展区和展位的位置差异

位置较好的展区和展位，展位价格定得比较高，反之，展位价格低。

9. 国外参展商和国内参展商的区别

一般国外参展商展位价格较高，位置也比较好。

（二）招展价格的折扣策略

在招展的实际操作中，给予参展商一定的价格折扣，是常见的一种促销策略。折扣有统一折扣、差别折扣、特别折扣、位置折扣、季节折扣等多种，但不管采取何种策略，招展执行价格应保持统一，避免混乱。

1. 统一折扣

统一折扣即所有的参展商都适用于一个统一的折扣标准。它分为两种类型：现金折扣和面积折扣。现金折扣是指参展商如果在一定的时间期限内确定参展并预付定金，办展机构会给予他们一定的价格折扣。对于办展机构来说，参展商越早确定参展，并且预付定金，那么招展工作就会越顺利，办展的不确定性就会越小，从而风险也会越小。面积折扣是办展机构鼓励参展商大面积租用展位时所给予的折扣。参展商租用的展位面积越大，办展机构剩下的展位面积就越小，办展的风险也就越小。

2. 差别折扣

差别折扣即价格折扣按照需要分为几种，针对不同的标准执行不同的价格折扣。但在执行时，某个具体的折扣标准对其所覆盖的所有参展商应该是一致的，否则会引起招展价格的混乱。

3. 特别折扣

特别折扣即通常给予那些参展规模巨大、在行业内有较大影响力和知名度的企业特别优惠价格。因为行业内知名企业可以提高展会的影响力。

4. 位置折扣

位置折扣是针对不同展区、不同展位制订的折扣价格。有的展区或展位位置较差，人流较少，招展时应该给予一定的折扣。

5. 季节折扣

展览会受季节的影响很明显，为了保证展览淡季办展机构的利润维持在一个比较稳定的水平上，办展机构常在淡季给参展商一定的优惠，以吸引参展商淡季参展。

折扣是一种促销策略，招展时严格执行价格和价格折扣标准，差别折扣和特别折扣的范围要严格控制，同时避免在招展末期低价倾销展位，这样会造成价格的混乱，也会造成提前交定金的参展商不满，会使有经验的参展商下次参加展会采取观望态度。虽然这一届展览会的工作已完成，但是对以后的招展工作却构成威胁。

四、招展进度的安排

招展进度的安排就是对展会的各项招展工作进度作出总体规划和安排，以便控制展会招展工作的进程，确保展会招展成功。要做到合理安排招展进度，就必须进行招展进度计划的策划。

所谓招展进度计划，就是在招展工作开始实施之前，就对招展工作及其要达到的效果进行统筹规划，事先安排好什么时候该开展什么样的招展活动，采取什么样的招展措施、到什么阶段招展工作要达到什么样的效果、完成什么样的任务等。有了招展进度的安排，就可以对展会招展工作进行总体控制和监督，及时对照检查，发现问题，调整策略，使招展工作能更顺利地完成，从而保证展会成功举办。

招展进度安排可以用表格的形式来表现，见表 4-1。

表 4-1　招展进度安排表

序号	工作任务名称	开始时间	结束时间	招展措施	达到效果	负责人

有了这样一张招展进度计划表，就可以有条不紊地按计划开展招展活动，并对招展效果及时作出检查，如果发现没有达到招展阶段性目标，则及时采取补救措施，促进招展任务的顺利完成。

任务二 招展的宣传推广策划

案例引导

案例一

第十一届中国国际模具技术设备及机床工具
展览会招展宣传（中国济南）

主办单位：中国国际贸易促进委员会机械行业分会、中国国际商会机械行业商会、济南市人民政府、山东省自动化学会。

承办单位：中国国际贸易促进委员会济南市分会、济南华展展览有限公司、青岛金诺会展有限公司

特邀单位：中国台湾贸易发展局、中国台湾区机器工业同业公会、韩国工作机械工业协会、韩国机床协会、欧洲机床协会、美国机械制造技术协会、马来西亚对外贸易发展局、德国机床制造协会、中国重型汽车集团有限公司、济南钢铁集团总公司、济南柴油机股份有限公司

布展时间：2009 年 2 月 24～25 日

展览时间：2009 年 2 月 26～28 日（农历二月初二～初四）

撤展时间：2009 年 2 月 28 日 16：00

地　　点：济南舜耕国际会展中心（舜耕路 28 号）

展会历程——一年一届、专业专注

"济南国际机床模具展"自创办以来至今已连续成功举办了十届，每届定于该年度的二月底或三月初在省会城市济南举办，已在展商及专业观众中形成了定时参展参观的习惯，在行业内也形成的良好的声誉，现已发展成为华东、环渤海湾地区涵盖整个机床模具行业领域的国际盛会。

大市场、新前景、新商机——通过参展可以最大限度地利用新的投资浪潮带来新的商机。

山东·济南——日韩制造业的转移阵地及山东半岛制造业的基地。

黄河经济区和环渤海经济圈重要的总部经济聚集中心。

济南核心产业如下。

1. 交通装备业：重汽、吉利、中车、轻骑。

2. 发供电设备制造业：齐鲁电机、济锅。

3. 数控机床制造业：二机床、一机床、法因数控、天辰集团。

4. 新能源产业：力诺、桑乐、华艺、山大碳化硅材料。

5. 电子信息产业：齐鲁软件园、浪潮、中创、中兴。

上届展会于 2008 年 3 月 12 日在济南舜耕国际会展中心圆满闭幕，展会共设两个展厅，展览面积近 20000m²，共吸引了近 500 余家中外展商参展，2 万余名专业观众到会参观。展会现场有美国哈斯、美国哈挺、美国帕莱克、韩国斗山、小巨人、德国克努特、海克斯康、山特维克、瑞典山高、阿奇、三菱、中国台湾友佳、伟扬精机、凯伯、金丰、沈阳机床集团、济南二机、济南一机、北一大隈、青海一机、桂林机床、汉川机床、苏州三光、泰州冬

庆、杭州机床、浙江日发、浙江凯达、成都成量等企业的参展，使展会更具国际化、品牌化。展会上发布了上千种新产品和新技术。该展会现已成为山东省行业交流，设备采购的重要平台。

数据统计如下。

（截止到 2008 年 3 月 12 日）

历届参展客户：723 家公司（不重复累计），涉及 12 个国家，29 个省市级城市。

历届参观客户：189583 人次，涉及 17 个国家，32 个省市级城市。

上届参展客户：523 家公司（外商 35 家），涉及 9 个国家，26 个省市级城市。

上届参观客户：35672 人次，涉及 12 个国家，27 个省市级城市。

预计本届参展客户：600 多家（外商 50 多家），涉及 11 个国家，30 个省市级城市

预计本届参观客户：6 万人次，涉及 15 个国家，32 个省市级城市。

2009 年展会营销——全方位的专业观众邀请、参观价值的保证。

您的参展活动将由于积极有效的观众组织推广工作而得到强有力的支持。

行业杂志：通过在机床模具业内专业杂志及在机械应用领域的杂志充分宣传，使机械装备领域上下游企业充分关注济南机床模具展。

知名网站：在 120 多家业内及应用领域知名网站做网站链接，信息发布，扩大展会知名度。

同行展会：国内有知名度的机床模具及制造业类展会，承办单位将派遣专业人员前往派发"展前快讯"及门票宣传本届展会。

展前快讯：组委会在 2008 年 10 月份及 2008 年 12 月份编辑两期关于参展商及参展展品清单的"展前快讯"手册，通过 296000 条制造业信息数据库系统邮寄至专业客商及采购商手中。

工业园区：承办单位在山东及周边地区各大工业区，张贴海报 1 万张、派发门票 30 万张。使可见广告充分深入各类终端用户。

大众媒体：通过电视、报纸等大众媒体的宣传，进一步扩大展会在各应用领域的影响力。

路牌广告：高速公路、济南火车站、机床市场、工业南路、北园大街、长途汽车站、市区高档写字楼电梯广告、分众传媒等。

专业市场广告牌：济南国际五金机电城、章丘机床城、临沂机床城、潍坊机床城、济南海贝尔电器城、济南中恒电子商城、济宁机械市场、德州机械市场、青岛山贺电子城。

手机短信：组委会将针对数据库掌握的专业客商定期发手机短信提醒充分关注"2009第十一届济南机床模具展"。

电子邮件：承办单位信息部将寄发电子邮件 20 万封，邀请国内外参观商。面向行业——与来自所有主要工业领域的参观者进行广泛接触的理想时机。

我们的宣传推广活动保证了相当一部分高质量的展会参观者到会，并且为展商接触主要目标公司的代表和决策者开辟一个美好的前景。

面向行业：汽车制造企业、模具企业电子/通信产品制造业、钟表、仪器制造企业、摩托车制造企业、军用机械制造业、玩具制造企业、建材制造企业、航空航天制造业、纺织机械制造企业、轻工重型机械、工程机械制造企业、船舶制造业、电梯制造企业、自行车制造企业、塑胶企业、钢铁、冶金行业、专业金属加工企业、机械进出口公司、机械设计院、研

究所、大专院校等、五金制品制造企业、轻工产品制造业、机电设备制造企业、其他机械制造企业。

参展范围：金属切削机床、组合机床、电加工及特种加工机床、数控机床、加工中心等；专用机床与锻压机械、折弯机械、相关加工设备等；机床新型配套件、机床元部件、附件及辅助设备；量具量仪、刀具、工件夹装置、磨料磨具、切削油、润滑油；快速成型技术及设备，检查、测量和试验设备、激光等；各类模具、模具材料、模具标准件、模具检测设备及模具加工设备；模具抛光技术及设备，模具热处理技术及表面处理技术和设备；控制系统（NC、CNC、DNC、PLC）及柔性加工系统（FMC、FMS）；模具CAD、CAM、CAE、CAPP、PDM、ERP技术。机械制造新工艺、新材料、新技术、新装备。

参展费用（按展位类别分）：标准展位（3×3/9m²）双开口展位加收10%，室内空地（36m²起），室外空地（36m²起），国内企业RMB6800/展位、RMB700/m²、RMB500/m²；国外企业USD1500/展位、USD150/m²、USD100/m²。

配套设施：三面围板、一桌两椅、一面楣板、220V电源插座，无配套设施。特装管理费10元/m²/展期。

会刊广告：本届大会《会刊》一书为16开（210mm×140mm）进口铜版纸彩色精印，图文并茂，尽列展会详情，展商及介绍，是本次大会对外宣传、行业交流、资料查阅独一无二的宣传资料，具有长期的广告效应。

技术讲座：主办单位提供场地、灯光、讲桌、座椅、开水、音响、白板、投影仪等，4000元/每场。

参展手续：参展单位填写参展申请表——→加盖公章——→邮寄或传真至组委会——→组委会确认参展资格——→参展单位一周内将所需费用汇至组委会并将汇款底单传真至组委会——→组委会按报名顺序、付款顺序安排展位——→2009年1月21日前付清余款——→展位完全确定。

会务接待、住宿、展品托运等请见《参展商手册》。

展会地点：济南舜耕国际会展中心（舜耕路28号）

网址：http：//www.jn-smtm.com　　联系人：×××

资料来源：http：//www.jn-smtm.com

【案例分析】　展会的招展宣传是展前必须要做的工作，只有做好了招展宣传，才能扩大展会的知名度，吸引参展商前来参展。不同展会根据自己的办展特色实施招展宣传，以达到展会的招展目的。

案例二

2014第九届中国国际农业机械展览会邀请函

尊敬的女士/先生：

中国（山东）国际农业机械展览会是山东省人民政府和中国机械工业联合会共同主办的唯一一个农业机械博览会，也是山东省机械工业协会和山东省农业机械管理局联手举办的大型专业展会。本届将力邀全国农机经销商，农机专业合作社，农机使用大户，大型农机服务组织；农机管理部门，农机鉴定站、推广站；农机科研院所、大专院校等行业及领域专业人士和买家到会参观、采购。同时，通过国际行业机构组织国外农机制造商、农机进出口商。预计本届展会专业观众将达到4万人次。

诚邀您光临：2014第九届中国（山东）国际农业机械展览会。

一、展会时间

2014 年 3 月 18～20 日。

二、举办展馆

济南国际会展中心。

三、主办单位

山东省人民政府、中国机械工业联合会。

四、承办单位

山东省经济和信息化委员会、山东省住房和城乡建设厅、山东省交通运输厅、山东省商务厅、济南市人民政府、山东省机械工业协会、山东省农业机械管理局、山东机械工程学会。

五、执行承办单位

山东新丞华展览有限公司。

六、举办期限

一年一届。

七、展会概况

★知名企业云集最多的展会之一

历届展会吸引了福田雷沃、中国一拖、山东常林、东风农机、时风集团、五征集团、福田汽车、爱科大丰、常发农装、金亿机械、潍柴、全柴、洋马发动机、天津拖拉机、洛阳中收、河北农哈哈、马斯奇奥、苏州久保田、浙江柳林、九方泰禾、北京丰茂、江苏清拖、凯马等国内外众多知名企业，展示全国行业内最新的产品和服务，为业界提供了一个高效的商务合作及交流平台。

★专业观众质量较高的展会，观众组团带班车参观，享受 500～2000 元不等的油费补贴，现场采购尊享一天食宿补贴。

★展会优势

政企合办，省长高度重视，展会预计规模达 3 万平方米。

高品质观众云集，优质买家近距离接触。

2012～2014 年国家、省级农机购置补贴产品齐聚泉城济南

挺进中国最具活力市场，深入山东战略要地，山东是农业大省；政策支持，农民受益。2013 年，山东省农机购置补贴资金达 12.9 亿元。

★观众邀请

2013 年观众邀请比例：农机经销商 42％；农机使用大户 8％；农机合作社 26％；农机大市场 5％；农机局（办）12％；农机鉴定站、推广站 5％；农机科研/教育 2％。

八、展览范围

(1) 拖拉机、内燃机及内燃发电机组等动力机械。

(2) 轻型卡车、工程车、载货汽车、三轮汽车、皮卡、挂车、专用车辆等运输机械。

(3) 收获机械、收获后处理机械、场上作业机械等。

(4) 耕整、种植施肥、田间管理、植保、排灌机械等。

(5) 挖掘机、装载机、推土机、平地机、吊车及各类专用机械等农用工程机械。

(6) 农副产品及粮油加工机械、果蔬保鲜加工机械及储藏设备（设备）等。

(7) 畜牧水产养殖机械、草原建设机械等。

(8) 园林/园艺机械、设施农业装备等。

(9) 各类配附件、加工维修设备、工具等。

（10）沼气罐、节能灶、生物质气化炉、太阳能综合利用等农村新能源设备，废弃物处理设备。

九、联系方式

山东新丞华展览有限公司

联系人：×××、×××

电话：0531-8651××××、8887××××

传真：0531-8887××××　　Email：sdnjz2008@126.com

网址：www.sdnyjxz.com

地址：山东省济南市高新技术开发区大学科技园北区 G 座（丞华大厦）

（资料来源：中国有机农业网）

【案例分析】　从本案例可以看出，组展方通过网上发布邀请函，宣传展品范围和展会优势，达到了招展目的。

具有一定的参展商和观展商是一个展会成功与否的主要标志之一，而参展商的多少直接影响展会的规模、效果及收益。展会宣传是吸引参加者、推广展会主题、树立展会品牌的重要手段，展会宣传的具体执行也应全方位立体化，通过综合运用各种宣传手段实现最佳的宣传效果。

一、招展宣传与推广的目的

（一）熟知展会，扩大展会影响

展会的招展宣传可以为目标参展商提供参加展会的机会，使本展会能最优先进入他们参展选择考虑的视野。本来一些参展商可能并不知道该展会，通过招展宣传，使参展商从不知道该展会到了解展会，并根据自身情况做出决定是否参加展会。对于行业中影响力不大的组展机构，更应该通过招展宣传，来吸引目标参展商的参展。

（二）树立展会形象，创造展会竞争优势

随着会展业的发展，展会和办展机构越来越多，如何在竞争激烈的会展市场上占有一席之地，使参展商认可，大量的工作来自招展前的宣传。因为只有通过招展宣传，才能使参展商清楚该展会将提供怎样的服务，与同类展会相比较有哪些不同，自己的参展目的能否得以实现。如果办展机构不进行招展宣传，展会提供的服务，特别是增值服务就不被人所知，也就不能赢得客户。可见，招展宣传可以帮助办展机构树立展会形象，创造展会的竞争优势。

（三）促进展会招展

招展宣传推广是为促进展会更好的招展而有目的、有针对性地举行的一些宣传推广活动，这些宣传推广活动是围绕着展会招展基本策略和目标而制订的，有很强的协调配合性。对于主办机构而言，会展宣传与推广的直接目的就是吸引大量的参展商来参展。

（四）促进展会招商

会展宣传推广与会展的招展、招商工作相互融合，办展机构在进行招展宣传时，实际上也起到吸引目标观众的作用。如果招展的宣传力度大，工作到位，招展效果好，参展企业中行业内的知名企业较多，展品的技术创新含量高，信息集中，那么观众就会踊跃到会参观，尤其是目标观众的到会率将会提高。

（五）扩大展会的品牌知名度

将自己举办的展会逐步培育成在国内外有重大影响力的品牌展会，是每一个展会主办者

不懈的追求和执着的梦想。品牌展会都是通过对展会进行卓有成效的品牌经营才培育出来的，展会品牌经营是展会进行市场竞争最有效的手段之一。

展会品牌经营，就是以经营品牌的观念来经营展会，将展会培育成品牌，并通过展会品牌来加强展会与参展商和观众关系的一种展会经营策略。如果将举办的展会本身就是一个品牌展会，通过宣传更能扩大展会的品牌知名度。

（六）不断提升目标参展商和观众对展会品牌的忠诚度

展会的品牌忠诚度是指参展商和参观者对展会的偏向性行为反应，是依据以往展会活动的记忆形成的对展会的感情度量。目标参展商和观众对一个展会的忠诚度越高，他们就越倾向于参加该展会；反之，他们越容易转向参加其他展会。

二、招展宣传与推广的内容

（一）确定招展宣传对象

招展宣传的首要任务是确定招展对象，也就是确定招什么样的参展单位和招多少数量的参展者，这项工作要按招展的计划进行。

1. 参展者的类别

（1）参展者的专业类别　不同性质的展览要专业对口，对于参展申请者不能来者不拒，必须根据展会的主题、展出目标和任务、展会性质将参展者限制在一定专业或行业范围内，否则就会影响展会的质量，进而影响展会的声誉。比如，欲举办一次电子展览会，主办者的办展目标是促进电器产品的出口，那么，就必须将参展者限制在电子行业公司，排除其他行业的公司。

（2）参展者的规模类别　根据展会的性质，考虑参展商的规模，有针对性地进行招展活动。如举行外贸展会，招展时要特别为中小企业考虑。新获外贸经营机会的企业、中小企业、边远企业最需要开拓新市场的机会，最需要外力的支持，因此最有可能参加外贸展会中的集体展出，也最应该受到鼓励和帮助。国外集体展出组织者，尤其是由政府资助的展出，往往将展览单位规模限制为中小企业。集体展出的主要目的就是帮助缺乏经验但有潜力的中小企业开拓市场。当前金融风暴的影响下，帮助这些企业参加展览尤为重要。但是，如果办展机构的办展目标是建立某方面的形象，那么就需要有实力的大公司支撑门面。

2. 参展者的数量

参展者的数量多少不是组织者能完全控制的因素，而要受两方面的制约。一方面是受参展单位意愿的制约，有可能感兴趣并且申请参展的企业非常多，也可能感兴趣并且申请参展的企业非常少。另一方面受展览主办机构的制约，主要体现在承办机构的规模、声望以及展馆场地的大小等。好的展览会往往没有足够摊位，主办者为了保证参展企业的质量，有时也有意识地限制参展企业的数量。

总之，确定展览对象不仅是为了招展宣传有针对性，而且也是为了在选择展览对象时有依据。

（二）确定招展宣传内容

1. 展会基本信息的宣传

展会基本信息的宣传主要有以下几个方面。

（1）开展时间、展会时限、地点、场馆、交通住宿状况、会务组接待事宜等。

（2）参展者情况、往届展会的情况、社会评价等。

（3）参展要求与条件等。

2. 展会主要活动的宣传

（1）展会开幕式、闭幕式、开展文艺演出等。

（2）展会期间将举办的研讨会、论坛、技术交流会、行业峰会等。

（3）围绕会展主题开展的工农业考察、现场参观等。

（4）其他相关活动，如比赛、表演、音乐演奏会、盛装游行等。

（5）会展旅游的宣传。

不同的展会宣传的侧重点有所不同，办展机构通过宣传展会的主要内容，吸引目标参展商参加展会，以达到招展的目的。

三、招展宣传推广的策略

随着我国会展业的发展，国内办展机构竞争激烈，加上近几年我国贸易服务业全面开放，国际著名的展览企业在我国迅速实现展览市场开拓、品牌塑造，我国展览业面临国际展览机构对中国展览市场的挤压，当前又遭遇全球性"金融海啸"，我国展览市场的空间再度面临安全危机，如何在新的全球经济形势下成功举办展会，应做到以下几点。

（一）实施品牌战略

品牌展览会是指具有一定规模，能反映某种类型展览会的发展动态及趋势，能对此类展览活动起指导作用并具有较大影响力的展览会。

展览品牌战略可概括为以下几个方面：寻求权威协会和代表企业的坚强支持；实现规模效应；引领行业发展方向；提供专业展览服务；获得 UFI 的资格认可；媒体合作和品牌宣传；长期缜密规划。

品牌战略是国际展览组织机构在展览业整体发展规划优先和重点规划的，通过在本地实施品牌战略，再将成功的展览品牌移植海外市场，从而抢占海外展览市场份额，增强自身发展空间与核心竞争力。比如德国的展览公司十分注重创建强有力的展览品牌，以增强其展览项目的核心竞争力。

（二）持续宣传策略

国外的大多数展览公司在策划展览主题时，通常制订长远的规划。组织者机构会长期在世界各地开展宣传活动，以期在最大范围内吸引参展商和专业观众。对于参展潜力较大的国家或地区，公司往往会专门派代表前去，通过新闻发布会或客户联谊会等活动推介相关展览，并为感兴趣者提供详细的咨询服务，以不断强化展览品牌。

境外展览公司开展宣传活动的持续性还体现在对单个展览会的推广上。首先，各种推广活动将贯穿展览会的全过程。例如，德国展览组织者在开展半年前就开始在各种媒体上宣传造势，尽可能在深度和广度上吸引更多的参展商和贸易观众，这种努力在接着的展览过程中会表现得淋漓尽致。其次，每届展览会的宣传推广也是连续的，以便于参展商和专业观众早日确定参展计划。此外，国外著名的展览公司十分注重其展后服务，往往在展览结束后一段时期内，参展商和与会者还能收到主办单位邮寄的有关展览统计分析资料，方便目标客户为下次展览做好准备工作。

（三）重视客户关系管理，为参展商提供增值服务

办展机构要重视客户关系管理，招展宣传时及时了解参展商需求，采纳参展商合理的建议，为参展商提供增值服务；了解参展商动向，不断融洽与参展商的关系。

（四）灵活运用价格和服务策略

在举办成熟产业的会展时，由于企业利润的下降，企业对价格较为敏感，如果同类展会竞争激烈，办展机构应该以价格和服务赢取竞争优势，在招展宣传时用活价格和服务策略。比如，办展机构可以与产业内一些知名大企业协商来确定价格水平，也可以在价格折扣上采用更加灵活的办法。服务上引入最新的服务理念，并在招展宣传上体现这些服务理念。

（五）吸引龙头性企业参展策略

龙头性企业是指规模较大、实力雄厚，在整个行业有很大影响力的领袖型企业。由于这些企业一旦参展，其参展面积一般都较大，而且这些企业的一举一动都会被行业所瞩目，在产业内的示范效应和标杆作用十分明显。因此，龙头型企业的参展能够提升展会的影响力。

参考资料

素有"天下第一会"之称的糖酒会，从 2003 年沈阳"秋交会"起，就已经显示出盛名之下其实难符的高疲态。后面几届规模越办越小，厂商越来越少，招展招商越来越难，效果越来越差……但在成都举办的糖酒会上却一改往届的局面，展会办得红红火火，一个主要原因，办展机构把本行业内的龙头企业吸引到此次展会上。川酒，向来有中国酒坛"霸主"之称，这次参展的企业有四川"五粮液"、"剑南春"、"泸州老窖"、"全兴"、"郎酒"、"沱牌"等名酒参展，仅就品牌而言，在全国十七家名酒厂中四川就有"六朵金花"，占全国名酒企业数的三分之一强。

（六）网络宣传策略

国际展览组织越来越意识到网络对扩大展览会影响甚至改变展览会格局方面所起到的重要作用。国际展览机构不仅在举办展览会时，利用互联网和参展商、专业观众进行互动式交流，以期及时发现服务中的缺陷并迅速改进，同时将下一届展览会的举办日期和地点公布于网站上，方便参展商在制订未来参展计划时把本展览会也考虑进去。概括而言，国外展览公司网络宣传的工作重点有以下三个方面。

（1）通过 Internet 查找专业展览的信息及其网址，并策划将自有品牌展览的相关信息链接这些网站；在目标客户集中地的门户网站上投放广告，为展览会宣传造势。

（2）建设自己的展览会网站，并将详细的观众招揽计划公布于众。同时，建立与参展商及其所在行业品牌网站、协会网址之间的链接，以互相促进网站点击率的提高。

（3）努力创造展览的独特宣传点（UPS），增强展览吸引力，如展览期间举办高峰论坛，邀请知名人士演讲等。在展览专业网站上列出重要参展商的名单等。

（七）运用多种宣传营销策略

办展机构要针对不同企业，组合利用关系营销、合作营销、网络营销等多种营销策略，以多种营销手段来巩固老客户，开发新客户，培育知名度高、影响力大的会展品牌。

（八）会员制策略

所谓会员制是指办展机构为了能争取到长期、稳定的参展商，由参加某一会展项目的企业组成一个协会形式的集合，加入协会的条件是交一笔小数额会费，成为会员后便可在一定的时期内享受有折扣的优先服务，或是能享用办展机构的网站资源。会员的资格期一般为一年，期满后再续交会费，延续会员资格。

采取会员制策略，办展机构可以达到以下目的：

① 获得长期、稳定的参展客户；

② 能培养忠实的参展企业群体；

③ 给会展企业带来一定的会费收入。

四、招展宣传推广的渠道与方法

招展宣传推广的渠道：可以根据招展实际工作的需要，选择召开新闻发布会、在专业和大众报纸杂志上做广告、向有关人员直接邮寄展会资料、在国内外同类展会上直接推广、在网上宣传推广、通过有关协会和商会宣传推广、利用外国驻华机构和我国驻外机构做宣传等多种渠道进行。

（一）通过一些机构和单位进行招展宣传

1. 行业协会和商会

行业协会和商会在行业里有重要的影响和强大的号召力，它们一般拥有自己擅长的领域和自己的营销渠道，也有自己独特的营销技巧和营销手段，与这些单位合作，能很好地优势互补。

2. 国内外著名展览机构

国内外著名展览机构具有一定的知名度和可信度，并且拥有自己的客户群，通过这些著名展览机构帮助宣传展会，可吸引部分参展商前来参展。

3. 专业报纸杂志

行业内的专业报纸杂志对本行业有一定的影响，也有一批熟悉的客户，对行业发展趋势比较了解，联系比较广泛，不仅能够充当招展宣传的喉舌，还可以直接招展。

4. 国际组织

一些相关的国际组织具有一定的权威性，在国际上有较强的号召力，与它们合作往往能很好地带动国外企业参展。

5. 各种招展代理

招展代理是与办展机构紧密合作的专门的招展单位，适当地发展招展代理对展会招展很有好处。

6. 行业知名企业

行业知名企业在行业里有一定的号召力，它们的参展对其他企业有很好的示范效果，会带动一批企业参展。

7. 国外同类展会

由于距离较远和展会定位不同，不同国家举办的展会，彼此之间的竞争力并不是很强。我们可以和国外同类展会合作，在各自的展会上推广对方的展会，或采取其他合作方式争取彼此合作、营销互赢。

8. 外国驻华机构

外国驻华使馆和领事馆以及其他机构，如贸易代表处、办事处等，它们不仅对该国比较熟悉，联系方便，而且对所在国也很了解，它们向该国企业推广的展会一般能取得该国企业的信任。

9. 政府有关部门

尽管政府部门正在逐渐淡出经济事务，但政府的行业主管部门对行业的影响仍然很大，与这些单位合作不仅有利于招展，还能取得其他便利条件。

10. 网络

网站是一个较好的合作宣传伙伴。办展机构可以根据展会特点和本身的优劣势，选择自己的合作伙伴。

（二）广告宣传

广告是展览宣传的重要方式，也是吸引参展企业的主要渠道之一。展览广告是覆盖面最广的，范围可能覆盖已知的和未知的所有参展企业，可以将展出情况传达到为直接联络所遗漏的参展企业，也可以加强直接联络的效果。广告宣传比较昂贵，要注意控制广告预算，明确广告宣传的目的，采用适当的广告媒体。

广告可分为媒体广告和户外广告两大类。媒体广告包括专业媒体（如专业报纸、杂志、网站等）和大众媒体（如电视、广播、一般性报纸等）。户外广告包括户外的广告牌、灯箱、海报、宣传条幅、彩旗、公共汽车外体等形式。

1. 广告媒体的选择

选择媒体主要看媒体的宣传对象是否是办展机构的目标参展企业。如果是消费品的展出，可以选择大众传媒，包括报刊、电视、电台，在人流密集地区悬挂招贴画、旗帜等。如果是专业性质的贸易展出，就在专业媒体上刊登广告，选择生产和流通领域里针对特定观众的专业媒体，包括专业报刊、内部刊物、展览刊物等。

（1）电视台和电台　对于消费品展出的展会，组织者可通过电视台和电台进行广告宣传。因为电视和广播是覆盖面最广的媒体，广告效果理想，但费用通常很高。

（2）网络　随着互联网的迅速发展，在互联网上做广告的展会越来越多。网络广告费用低廉，覆盖面广，但要选好会展行业的知名网站，才能达到宣传的目的。

（3）专业刊物　指行业内的专业报纸和杂志，拥有行业内的读者群体，在专业刊物上登广告，不仅效果好，而且费用比大众媒体低。某一专业领域往往会有数家报刊，如果预算有限，就要选择影响最大的专业报刊刊登广告。如果预算充足，可以多使用几家报刊刊登广告。交叉使用行业内的不同刊物刊登广告可以加深参展商的印象。

（4）内部刊物　这是指政府有关部门、贸促机构、行业协会等的刊物。在内部刊物上登广告的优势是读者专业，费用低、效果好。缺点是覆盖面不够理想。办展机构如果与内部刊物有特殊关系，可以在做广告的同时安排新闻性质的报道，以加强宣传的可信性。

（5）广告夹页　在重点刊物中设广告夹页，可以刊登丰富的信息和图片，印刷质量也容易控制，可给人留下良好印象。

（6）广告牌　广告牌主要用于吸引人们的注意力，激发人们对展览项目的关注，引发其参展、观展的兴趣。

2. 广告传播范围

选择广告媒体，必须考虑展会规模大小，如果是地区性展会，参展企业主要来自当地，参展商的产品也主要在本地区销售，则主办者应选择当地的报纸、电台等媒体；如果是全国性的展会，那么主办者应在全国性的报纸、电视台、广播电台和网络上做广告；如果是国际性的展会，主办者还需要在国外重要的媒体上做广告。

3. 广告规模

广告预算决定广告规模，要根据需要和条件决定预算。如果经费充裕，可以多在几家媒体上反复登载广告。如果经费有限，应集中力量在少数影响大效果好的几家媒体上做广告。

广告开支与效果不一定呈正比，选择合适的媒体是降低成本、提高效率的最好办法。

4. 广告时间

广告时间也需要安排，一般情况下，一旦做出展览决定就要开始发布广告，期间的时间间隔要事先安排好。连续刊登广告有利于加深客户的印象。美国的一项调查显示，比起未登广告的办展企业，连续六次广告的办展企业可多吸引50%的参展企业，登十二次整版广告的办展企业可多吸引70%的参展企业。

5. 不同广告的优缺点比较 （表4-2）

表4-2　不同广告的优缺点比较

广告媒体	优点	缺点
报纸	影响广泛,时效性强;对当地市场的覆盖面广;可信度高;费用较低	延续时间短,广告表现力差,不易被记住
杂志	声誉与可信度高;针对性强;持续时间长,广告表现力强,易于被传阅	广告周期长,时效性差;发行量少,价格偏高
广播	地区覆盖面广,地区针对性强;传播迅速,及时灵活;成本低	时间短促,表达不直观,缺乏视觉效果
电视	视听并存,图文并茂,富有感染力;传播及时,覆盖面广,影响面大	展示时间短,费用高;受时间频道限制;有一定的制作难度
直接邮寄	灵活性强,读者的专业性强;受时空限制少	限制创造性的表现;人员、时间、经济投入相对高,有时会引发收件人的反感
户外广告	灵活性强;展示时间长;成本低,醒目	针对性不强,限制创造性的表现;内容局限性大;时效性差
网络广告	成本低,受时空限制少;地区覆盖面广;读者的专业性强;可双向沟通,效果易于统计	诚信度不高,受网络技术设备影响

（三）人员推广

人员推广指展会有关工作人员及招展代理对各机构和目标客户的直接拜访，以及电话、传真、和电子邮件往来等。人员推广能够最直接地和目标客户进行一对一的沟通，能更好地联络客户的感情，倾听客户的想法和建议，以便更好地办好展会。

（四）新闻宣传

新闻宣传是借助新闻媒体，通过新闻发布会、知名网站链接等方式对会展进行综合的评价和报道，以起到宣传推广的作用。这种报道和采访是免费的，而且可信度较强，效果直接明显。

展会的新闻宣传活动贯穿于展前、展中和展后全过程。通常情况下，新闻宣传对展会的整体形象起到了很好的宣传推广作用，但展前的宣传有利于招展。

展会的举办方在展会筹办期间就要设置专门的新闻宣传部门，筹划展会的宣传工作。除了做好展前的宣传工作之外，也不能忽视展中和展后的宣传工作。具体步骤如下。

1. 展会前的新闻宣传

展会举办之前，要任命专职的新闻负责人，并组织相关工作人员进行展会信息的搜集、整理和更新，制订新闻宣传工作计划，通过举办新闻发布会、广告等形式，在报纸、广播、电视等媒体上积极、真实地宣传本次展会活动的主题、主办单位、承办单位、活动安排等详细信息，形成展会前新闻宣传的舆论声势。展前的新闻宣传有利于招展工作的进行。

2. 展会中的新闻宣传

展会中的新闻宣传从开幕式开始，新闻媒体可全程直播展会的开幕式实况，并在报纸、杂志、网站上醒目位置刊登展会开幕情况报道，并配发言论和图片，各电台、电视台可播发有分量的消息、评论和现场录音、录像报道等。在展会举办期间，集中各报纸版面、广播、电视的黄金时段，全方位、大容量地反映展会的动态消息，实时向参展商和参观者报道展会期间的相关活动和新闻。展中宣传做得好，能为参展商和目标观众提供增值服务。

3. 展会后的新闻宣传

新闻宣传工作不应随着展会的结束而结束，展会的闭幕式同样需要新闻宣传。报社、电台、电视台等新闻媒体要刊登、播放展会期间发生的重要消息和言论、评论。同时，展会的新闻宣传部门要做好后勤保障工作，兑现展前的相关承诺，向出席展会相关活动的记者发感谢信，迅速回答新闻报道引起的读者来信，并要与媒体建立长期良好的合作关系。展会后的新闻宣传能树立展会的形象，为下一届展会的成功举办奠定基础。

五、招展宣传推广的时间和地域安排

招展宣传推广在时间和地域的分布和安排上要注意与招展实际工作紧密配合，并且要走在招展实际工作的前面，为招展工作造声势、造知名度。宣传推广在时间上要连贯，要有统一的理念和策略作指导；在地域上要因地制宜但又不彼此冲突。

展会宣传推广是展会策划与管理活动中的一项重要内容，除招展宣传推广外，它还包括展会整体形象宣传推广和招商宣传推广。三者的宣传是密不可分的，展会的整体宣传是为了树立形象，更好地招展与招商，而招展宣传的同时也起到了招商的作用，招展和招商的宣传效果，直接影响到展会的成功举办。

任务三　招展代理的选择和招展分工

一、招展代理的选择

指定展会招展代理是办展机构借用外部力量来做大、做活招展业务的一种有效手段。它可以增加招展单位的业务网络，扩大业务规模，提高经济效益。指定展会招展代理，要尽可能地保证代理商的资质可靠，因为只有可靠的代理商才能切实地履行其职责。

（一）招展代理的选择应考虑的因素

① 找对口的合作单位作为展会的招展组团代理。寻找对口的合作单位作为展会的招展组团代理，是展会招展组团成功的重要环节。其优势在于：能提高展会的影响力，加快信息的有效快速传递；善用资源，优势互补，加快资源整合；最大限度地降低招展成本。

② 招展代理的主要机构应包括当地行业协会、主办单位的分支机构、行业权威机构、办展机构（公司）、海外代理机构等。

③ 要对招展代理的选择和管理做出安排，对代理的佣金水平和代理权限作出规定。

如果举办的是一次国际性展会，办展机构都希望能有尽可能多的国内外企业参展，以提高展会的品牌效应。如何才能组织到有尽可能多的境外参展商来华参展，这就成了成功举办一个国际展的关键。而选择一个胜任的招展代理商是实现主办者这一良好愿望的一个重要因素。

选择国外招展代理商应考虑以下因素。

1. 所选代理商对象应该是对于展会有一定的客户基础

在国内办的任何一个展览会都会有一个展览主题。代理商是否掌握这一展览主题的有关参展商客户，这是其能否胜任这一项工作的基础。通常在国外能满足这一条件的有相关行业协会、地区商会等机构；有专业展览公司、广告公司等可供选择。尤其是一些在境外举办过相同题材展会的机构（企业），更应是首选对象。

2. 要熟悉展览会各项工作的运作

代理商在其代理的范围（地域）代表着主办者形象与客户接触，因此，一个成功的代理商，要通过对客户进行展会宣传，吸引参展商。而每一个参展商都会对自己参加的展览会进行评估，会对有关参加展会的费用、程序、展览服务等各方面提出各种各样的问题和疑问，这一切都需要由代理商进行详细的解答和解释。如果所选的代理商不熟悉这些方面的情况，不熟悉组织展会的运作，或者没有这方面的工作技能，是不能给予客户满意的答复，也就不能很好地完成招展工作。

3. 选择信誉良好的机构

良好的商业信誉是经济伙伴在相关经济活动中合作成功的基础。中外双方合作开展经济活动，肯定会产生一些经济利益问题，这是每个企业都要面对的。如果对方信誉好，则合作较易顺利进行。否则，容易产生经济纠纷，影响相互合作。因此，要通过各种渠道，既要深入了解代理商的代理能力，也要了解其资质信誉度。对于某些国家的代理商，还要了解其代理资格（如果某些国家对代理资格有要求），经过对比、择优取舍。

4. 选择办展理念相近的合作者

由于国内外的社会状况、企业特点、经济环境、人们价值观等方面都有不少的差异，因此，在选择代理商时，应尽量选择能够互相理解，最好是能接受我方办展理念、工作方法及要求的合作者。否则，由于双方文化和社会环境差异而带来的副作用，也会直接影响到招展成效。除此之外，还要看对方是否有利益要求，不管这种要求是出于政治性，还是出于经济利益驱动。如果这个代理商对代理工作没有利益追求，其就不会积极主动地去做好这项工作，这一因素也会直接影响到招展成效。

在完成代理商的选择后，合作双方应签署一份合作协议，通过法律和经济手段确立双方合作的合法性，明确双方的"责、权、利"，以利于代理招商工作的良好发展。

（二）招展代理的形式

1. 独家代理

在某一时期内将某一地区的招展权赋予给某一家代理商独家负责，在该地域内不再有其他的代理商为本项目代理招展，本招展单位也不得在该地域内招展。独家代理的业务范围较大，但一般要承诺完成一定数量的招展任务。

2. 排他代理

赋予代理商在某一地区一定时间内的招展权，在该地内区不再有其他的代理商为本项目招展，但本招展单位可在该地区招展。国外代理一般可采取这种形式。

3. 一般代理

在同一地区同时委托几个代理商作为本招展单位的招展代理，本单位也可在该地区招展，但须明确各代理单位的招展权限。采用此种方式时，代理条件必须统一、明确。

4. 承包代理

代理商承包一定数量的展位，不论能否完成约定的展位数量，代理商都得按商定的展位费付给本单位。

（三）招展代理的考察

公司、相关协会和商会、有关媒体、个人、国外驻华商务处、贸易代表处等都可以成为招展代理。为保证代理的资质可靠，主办方在指定某一机构为代理前必须对其进行资质考察，只有符合条件的才能被正式确定为代理。

1. 公司的考察

对于从事代理招展的公司，要考察其过去的代理业绩、其所熟悉的行业和业务范围、业务覆盖地域、营业执照（包括发证单位和有效期等）、人员数量、业务规模，办公地点、负责人等。

2. 协会和商会的考察

主要考察其成立的时间、覆盖的地域、会员数量、对行业内企业的感召力以及批准成立的单位等。

3. 媒体的考察

主要考察其发行量的大小、发行覆盖的地域、在行业内的权威性、对行业内企业的感召力和影响力等。

4. 个人的考察

请个人做代理尤其要加强考察其可靠性和信誉度，而且要着重考察并核实其身份、履历经历、业务能力和道德品质等。

5. 国外代理的考察

考察其业绩、公司注册证件、个人有效证件、实力等，必要时可通过我国驻国外商务处、贸易代表处和公司协助了解。

（四）招展代理的聘用及代理期限

1. 招展代理的聘用

确定了需要哪种代理和哪种机构可以成为代理后，聘用代理的程序一般按如下进行。

（1）取得必要的证明资料，对代理商进行资质验证，确定代理商的资质是否可靠。

（2）展会项目经理或业务员初步与代理商议定代理条件，项目总监或经理审查代理条件。

（3）公司负责人批准代理条件，签订代理合同。

2. 招展代理的期限

招展代理的期限就是代理商代理招展权限的长短。对于不同的展会、不同的代理形式应设定不同的代理期限：对于独家代理与排他代理，刚开始时不应将期限定得过长，可先试用一届（年），再视其业绩如何来确定时间的长短。对于一般代理，代理期限一般是一届（年），期满后视情况再决定是否继续或向独家代理与排他代理转变。对于承包代理，代理期限一般是一届（年），期满后视情况再决定是否继续聘用。对于那些业绩稳定、信誉良好的代理商，可与其建立较长期的代理关系。

二、招展分工

招展分工即主办方对展会的招展工作分工作出安排，包括招展单位分工安排、本单位内招展人员及分工安排、招展地区分工安排等。展会的招展单位一般不止一个，各单位招展工作混乱和招展地区出现交叉是展会招展工作中的大忌。招展前主办方对招展单位进行招展分工，合理安排招展地区和招展职责，以避免引起招展的混乱和招展的整体效果。

展会招展分工涉及两方面的内容：各招展单位之间的分工安排和本单位内招展人员及其分工安排。

（一）各招展单位之间的分工安排

当展会是由几个单位共同来负责招展时，主办方必须明确各招展单位之间的分工，如各招展单位必须共同遵守的招展原则、各招展单位的计划招展面积、各单位负责的招展地区和重点目标参展商、展位费的收取办法、如何具体安排各参展商的具体展位等。对各招展单位的招展工作进行分工，是保证展会顺利招展的重要手段之一。

各招展单位之间的招展分工必须合理、协调和具有可操作性，并兼顾到各方面的利益。如果分工不合理，有些单位就会缺乏招展的积极性，或者有些招展任务根本就是某些招展单位力所不能及的，这将严重影响展会的整体招展效果；如果分工缺乏协调性，就可能使各招展单位之间缺乏沟通，彼此信息不通畅，会出现几个招展单位同时争抢同一家目标参展商的混乱局面；如果分工缺乏可操作性，招展分工就会失去约束力，成为纸上谈兵；如果分工没有兼顾到各方面的利益，就可能会出现各招展单位竞相压价招揽企业参展的不利局面。总之，对各招展单位的招展分工一定要结合各单位的招展实力，充分发挥各单位的优势，做到优势互补，各方共赢，共同圆满完成展会的招展任务。

（二）本单位内招展人员及其分工安排

不管展会的招展工作是由几个单位共同负责，还是只由本单位一家负责，招展单位都要对本单位的招展人员及其分工作出安排。首先，要确定招展的人员名单；其次，要明确各招展人员负责招展的地区范围和重点目标客户名单；第三，要制订各招展人员的信息沟通和工作协调办法；第四，制订统一安排展位的措施。

与其他单位之间的招展分工一样，单位内招展人员之间的分工也要注意发挥各自的特长，统筹协调。要避免在招展过程中出现招展任务不明确、跟进措施不力、彼此信息不通等现象。

任务四　招展书和参展商手册的编写

案例引导

案例一

2015 中国义乌国际装备博览会暨 3D 打印展招展函

为展示国内外装备制造业的先进技术和产品，加快引进国际先进装备和技术，促进国内装备制造技术推广和产品销售，打造国际装备交易平台，由浙江省人民政府主办，义乌市人民政府和中国机电产品进出口商会共同承办的"2015 中国义乌国际装备博览会"（以下简称"2015 义乌装博会"）将在浙江义乌举办。

一、基本情况

时间：2015 年 11 月 30 日～12 月 3 日

地点：义乌国际博览中心

主办单位：浙江省人民政府

承办单位：义乌市人民政府、广州汇连展览服务有限公司参展展区及参展范围如下。

3D打印展区：3D打印机、工业级3D打印机、桌面型3D打印机，以及其他3D打印制造设备（快速成型机、快速制造设备）、3D打印机配件。

三维扫描与软件：三维扫描仪、三维激光雕刻机、激光制版、激光设备、三维测量仪、三坐标测量机/仪、激光跟踪仪、三维相机、三维激光抄数机、三维设计系统、运动捕捉系统、三维摄影测量系统、数控系统、检测与逆向工程软件、三维检测软件、普及应用3D设计软件、打印软件等。

3D打印材料及技术：光敏树脂、塑料粉末材料（尼龙、尼龙玻纤、尼龙碳纤维、尼龙铝粉、Peek材料）等、金属粉末材料（模具钢、钛合金、铝合金以及CoCrMo合金、铁镍合金）等；3D打印技术、其他快速成型技术、逆向工程技术、表面处理等。

3D打印服务：3D打印、快速成型、手板制作，以及其他快速成型、逆向工程服务、三维扫描与测量等。

仓储物流展区：叉车、液压车、立体货架、托盘、AGV搬运车辆、仓储自动化集成系统、自动分拣系统、拣选系统、输送机；称重、包装设备、包装机、包装盒、打标机、打包机、缠绕机、捆扎机、包装容器、包装材料等。

二、往届情况

2013年首届装博会，盛况空前，整体展出面积达8万平方米，参展商共计1009家，国际参展商数量共计93家，国内外参展行业龙头企业包括国机集团、通用技术集团、三一重工、徐工集团、BDI、SMC、美国阿德万斯等，参会专业采购商及观众超过5万人。装博会还得到了日本国际贸易促进协会、欧洲投资理事会、德国机械设备制造业联合会、罗马尼亚布加勒斯特工商会、中国台湾贸易中心、非洲工程培训协会等国际组织的积极配合与支持。

2014义乌装博会共有来自全国17个省（区、市）以及德国、意大利、中国香港及中国台湾等12个国家和地区的843家企业参展，设标准展位3175个，展览面积达8万平方米。驰名中外的德国埃马克机床、E-PLAN公司、法国史陶比尔集团、日本日立、中国通用集团、国机集团、大连叉车、无锡开普、大族激光等均携最新研发的装备及技术前来参展。Stratasys中国区代理义乌市骏屹电子科技有限公司、西安铂力特激光成形技术有限公司、北京太尔时代、杭州先临三维科技股份有限公司、三迪时空网等多家知名3D打印企业连续参加了义乌装备博览会。

三、展会亮点

（1）浙江省装备制造业市场前景广阔，潜力巨大。

（2）德国、美国、日本等装备强国组团参展。

（3）90个国内外商协会、30家专业媒体、100家专业网站、40个国内外专业展会立体式宣传。

（4）精品论坛活动，引领业界把握市场动脉。

（5）专场采购洽谈会创造企业间对点贸易。

四、参展费用

（1）标准展位：6000元/个（9m²，含基本配置）。

（2）光地费用：600元/m²（最小起订面积36m²）。

优惠活动：2015年6月30日前报名参展的企业，展位费享受8折优惠。

五、报名咨询

欢迎有意参展的企业联络咨询，我们将根据企业报名先后顺序，予以展位费用优惠，具体请咨询"装博会组委会执行办公室"。

地址：北京市朝阳区潘家园南里××号楼×××室。邮编：100021。

联系人：××、××

电话：010-5828××××

传真：010-5828××××

Email：meexpo@cccme.org.cn

网址：www.ywmeexpo.com

我们期待与您在 2015 装博会现场相聚！

（资料来源：http://www.ywmeexpo.com）

【案例分析】 招展书（函）格式不尽相同，但内容一定要清晰明了，明确展会的展品范围，突出自己的展会优势，以吸引参展商前来参展。

案例二

<h3 style="text-align:center">第二届东北亚博览会参展商手册</h3>
<h3 style="text-align:center">前　言</h3>

欢迎参加第二届中国吉林·东北亚投资贸易博览会（以下简称东北亚博览会）。

第二届东北亚博览会于 2006 年 9 月 2～6 日举行，主会场设在长春市会展大街 100 号长春国际会展中心（以下简称会展中心）。

为方便参展，规范秩序，把东北亚博览会办成具有国际水平的投资贸易盛会，特制作《第二届中国吉林·东北亚投资贸易博览会参展商手册》（以下简称《手册》），供东北亚博览会参展企业参阅。

请仔细阅读参展商手册，如有任何疑问，请联系相关部门（见第一部分第一章）。

更多内容请登录东北亚博览会网站。

网址：www.neasiaexpo.org.cn

本《手册》的最终解释权归东北亚博览会执委会秘书处

<h3 style="text-align:center">参展特别提示</h3>

一、东北亚博览会展位仅限经资格审查通过的参展单位使用。展位实际使用单位须与展位楣板标明的参展单位一致。

二、严禁违规转让或转租（卖）展位，各参展单位要对所属展位的使用加强管理。

三、展位号的表示方法为依次由馆号、楼层号、通道号（用英文字母表示）和展位序号组成。

例：A1·A01 即表示 A 馆 1 楼 A 通道的第 01 号展位。

四、东北亚博览会执委会秘书处办公地址在长春市松江路 51 号。展会期间在长春国际会展中心设立现场指挥中心。

五、长春国际会展中心展馆位于长春市会展大街 100 号，参展商可自行选择交通工具前往。

长春市公交公司的 160、120、125 路等公交车可直通会展中心。

六、东北亚博览会各类证件在证件中心办理。证件办理办法请参阅《手册》第二部分第一章"办证服务"。

七、东北亚博览会展馆现场一条龙服务点设在主体展馆一楼环廊。

八、筹、撤展期间，参展单位自运展样品的运输车辆进入长春国际会展中心展馆须办理有效车证，按规定的路线和停放位置运送、装卸货物。筹、撤展期间，载客车辆不准在长春国际会展中心展馆区域马路停放。

九、注意饮食卫生，建议参展人员尽量使用大会内部提供的各类中西餐饮。

目　录

（目录具体内容省略）

（资料来源：www.neasiaexpo.org.cn）

【案例分析】　参展商手册的形式各异，但有关参展须知、展馆布局、办展规定、展会服务、对参展商的要求等内容一定要详细，以指导参展商前来布展及参展。参展商手册也对办展机构对展会的布展、展览和撤展等各环节进行有效的现场管理有很大的帮助和影响。

一、招展书的编写

（一）编写招展书

招展书又称招展函，是办展机构用来说明展会以招揽目标参展商的小册子，是招展工作主要的宣传资料，主要作用是向目标参展商说明展会的有关情况，并引起这些参展商参加展会的兴趣。招展函的内容要全面、简单、实用，制作精美，便于携带和邮寄。

招展书的主要内容如下。

1. 展会的基本内容

（1）展会名称和标志　展会的名称一般被放在展会招展函封面最醒目的位置，展会的名称一般用较大的字体。如果展会是国际性的，展会的名称还包括其英文名称。另外，由于展会名称一般都较长，为了使用方便，展会的名称常常有一个简称，如中国出口商品交易会的中文简称为"广交会"，英文简称是"CECF"，展会的简称也常常包括在此。展会往往都有自己的会标，会标也应该在封面上显示出来。

（2）展会的举办时间和地点　展会的举办时间和地点一般被放在展会招展函的封面，举办时间也会放在招展函的内页，只不过封面的举办时间是展会的正式展览时间；内页的举办时间往往还包括展会的布展、撤展和对专业及普通观众的开放时间等。

（3）办展机构　包括展会的主办单位、承办单位、协办单位和支持单位等，有时候还包括展会的批准机构。它们一般被放在展会招展函的封面。

（4）办展起因和办展目标　简要说明为什么要举办该展会以及计划将该展会办成什么样的一个展会，如展会计划有多大规模，预计有多少观众等。如果是已经连续举办多次的展会，那么对往届展会的回顾也是一项必不可少的内容。

（5）展会特色　常常是用非常简洁的言语来高度概括展会的特色，如展会的宣传口号、展会的主题等，要易记易懂，易于传播。

（6）展品范围　详细地列明展会的展品范围，有时候还包括展会的展区划分，供参展商做参展决策时参考。

（7）价格　列明展会的各种价格，包括空地价格、标准展位价格、室外场地价格等。对于标准展位，一般还要对其基本配置作出详细说明。

2. 市场状况介绍

（1）行业状况　结合展位的定位，对展会展览题材所在行业的状况作简要介绍，如行业生产、销售、进出口及发展趋势等。

（2）地区的市场状况　简要介绍办展所在地区的市场状况，如果展会是国际展，那么介绍的"地区"范围就不仅仅是展会所在的城市和省份，它可能还包括整个国家及其周边国家，如德国的展会介绍常常包括整个欧洲大陆。上述介绍的"地区"范围究竟该包括哪些地区，主要取决于展会的定位和市场辐射范围的大小。

3. 展会招商和宣传推广计划

（1）招商计划　简要介绍展会计划邀请专业观众的办法、范围和渠道。如果展会是已经连续多次举办的展会，那么，对往届展会到会观众的回顾分析将是十分有用的资料。

（2）宣传推广计划　简要介绍展会宣传推广的手段、办法、范围和渠道以及展会计划如何扩大其影响的措施等。展会宣传推广计划是参展商较关注的项目，需要详细列明。

4. 展会的相关活动

简要介绍展会期间将要举办哪些相关活动、各种活动的举办时间和地点以及参展商参加活动的联系办法等。展会相关活动的作用是双重的，它既有对展会的宣传和辅助作用，也有对参展商的宣传和展示作用，有些参展商因此也乐意参加。

5. 服务项目

搞好服务是展会提高竞争力和吸引力的重要手段之一。招展函要告诉目标参展商，如果他们参展，他们将能从展会获得怎样的服务，这些服务包括展会为他们提供的各种收费服务和免费服务。

6. 参展办法

（1）如何办理参展手续　告诉目标参展商，如果他们计划参展，他们将怎样办理参展手续。

（2）付款方式　列明展会的开户银行、开户名称和账号、收款单位名称、参展商参展的付款办法、应付定金的数量和付款时间等。

（3）参展申请表　招展函上要预留参展商参展申请表，一旦目标参展商计划参展，他们就可以填写该表并传真回办展机构预定展位。

（4）联系办法　列明办展机构的联系地址、电话、传真、网址和 E-mail 等，供目标参展商参展联系之用。

7. 各种图案

除以上内容外，招展函还会有一些图片和其他图案，如展馆图、展馆周边地区交通图、往届展会现场的图片等。如果有需要，有些招展函还对展馆作一些简要介绍。这些图片既可以对展会相关情况作进一步的说明，也可以起到美化招展函的作用。

（二）编制招展书（函）的原则

展会招展函的内容较多，也较繁杂，在编制招展函时一定要对其内容、图片和版面进行仔细的规划和安排，使招展函在展会招展的过程中发挥其应有的作用。一般地，在编制招展函时要遵循以下原则。

1. 内容全面准确

招展函很多时候是参展商了解展会的第一手资料，也是他们最后作出是否参展决策的重要参考资料，在展会与其目标参展商进行沟通和联系时起着重要的作用。因此，招展函所包括的内容一定要全面，要准确，不能有所遗漏，不能出现差错。比如，如果招展函对展会标准展位的配置的介绍与实际状况有出入，而参展商按此来筹备参展事宜，那么，在展台布展现场将会出现很大的麻烦。

2. 简单实用

招展函的内容要全面准确，但不要拖沓和繁琐，要简洁，最好寥寥几个字让人一目了然。招展函的内容要实用，与展会招展无关的内容尽量不要写在招展函上。

3. 美观大方

招展函的版式安排、文字图片等的布局要美观大方，让人赏心悦目；招展函文字的字体要适合人们的阅读习惯，不要因为追求美观而去追求美观。

4. 便于邮寄和携带

由于招展函一般要通过邮寄或者招展工作人员的携带而传到目标参展商手中，因此，招展函的制作样式要便于邮寄和携带，否则，它不但会给招展工作带来不便，还会增加展会的办展成本。

二、参展商手册的编写

参展商手册又叫参展商说明书，是办展机构将展会筹备、开幕以及参展商参加展会时应注意的其他问题汇编成册，以方便参展商进行参展准备的一种小册子。编制参展商手册是展会筹备过程中的一项基础性的工作，它是在展会筹建计划和相关活动计划的基础上编写的。

从某种意义上讲，参展商手册是帮助参展商进行参展筹备的纲领性文件，也是办展机构对展会布展、展览和撤展等各环节进行有效管理的指导性文件，参展商手册所包含的内容涉及举办展会的各个环节。

一般来说，参展商手册主要包括以下几方面的内容。

（一）参展商手册的主要内容

1. 前言

前言主要是对参展商参加本展会表示欢迎，说明本手册编制的原则和目的，提醒参展商在筹展、布展、展览和撤展等环节要自觉遵守本手册的相关规定等。前言一般都很简短，言简意赅。

2. 展览场地基本情况

展览场地基本情况包括展览场馆及展区平面图、至展览场馆的交通图、展览场馆的基本技术数据等。

绘制展览场馆及展区平面图时，要注意标明展览场馆各种服务设施所在的位置、展区和展位划分的详细情况、展览场馆内部通道和出入口等；在绘制展览场馆的交通图时，要注意标明展览场馆在该城市的具体位置、到展览场馆可以利用的各种主要交通工具和交通线路、各指定接待酒店在该城市的具体位置等；对于该展览馆的基本技术数据，要清楚准确地列出地面承重、展馆室内通风条件、货运电梯容积容量、展馆室内空间高度、展馆入口高度、水电供应状况等。对展览场馆基本情况的介绍，对于帮助参展商准确地找到展区和自己的展位，进而进行展位搭建和布展有着很好的指引作用。

3. 展会的基本信息

展会的基本信息包括展会名称、举办地点、时间、办展机构、展会信息网址、展会秘书处、参展证件、推荐搭建商、推荐运输商、展会推荐酒店、展会指定旅游代理商等。

对于办展时间，要具体列明展会的布展时间、开幕时间、对专业观众和普通观众开放的时间、撤展时间、布展和撤展加班时间等，对以上时间尽量精确到小时；对于办展机构，要具体列明展会的主办单位、承办单位、支持单位和协办单位等；另外还要具体列明各办展机构、展会指定承建商、展会指定运输代理商、展会指定旅游代理商、展会指定接待酒店等的详细联系地址、联系电话、传真和联系人，如果有网址和 E-mail 也最好能公布，以便参展商在需要的时候方便联系各有关单位。

4. 展会规则

展会规则就是展会要求参展商和观众等参加展会时所必须遵守的一些规章制度，包括展会有关证件使用和管理的规定、展会现场保安和保险的规定、展位清洁的规定、物品储藏的规定、现场使用水电的注意事项、现场展品销售的规定、消防规定、知识产权保护规定、现场展品演示的注意事项等。展会规则是所有与会人员必须遵守的一些制度，对展会现场管理和维护现场秩序十分重要。

5. 展位搭建指南

展位搭建指南是对展会展位搭建的一些基本要求和说明，主要包括标准展位说明和空地展位搭建说明等。由于所有的标准展位的标准结构和配置都是一样的，所以标准展位说明主要是对展位的标准配置作出说明，列明参展商使用标准展位的注意事项，指出如果参展商需要增加非标准配置以外的其他配置的处理方法等。空地展位搭建说明主要是对参展商搭建空地展位作出的一些规定和要求，如使用材料的要求、用电作业的规定、消防安全的规定和铺设电线的规定等。展位搭建指南对指导参展商顺利、安全地搭建展位和布展有较大帮助。

6. 展品运输指南

展品运输指南是指对参展商将展品等物品运到展览现场所作的一些指引和说明，主要包括海外运输指南和国内运输指南等。不管是海外运输指南还是国内运输指南，都要对展品等的运输方式和运输线路、交运和文件提交的期限、货运文件的准备和交付、收费标准、包装、海关报关、回程运输、可供选择的自选服务等作出具体说明。展品运输指南对帮助参展商及时安排展品等物品的运输有较大的帮助。

7. 会展旅行信息

会展旅行信息是对解决参展商和观众等参加展会期间的吃、住、行等需要，以及展会期间及前后可供选择的商务考察和观光休闲的线路和安排等作出的一些说明。会展旅行信息要详细地列出各指定接待酒店的档次、协议优惠价格、地址、联系电话和传真、联系人、与展馆的距离等，还要列出海外观众和参展商入境的签证办法等。会展旅行信息主要是为方便参展商和观众的日常生活服务的。

8. 相关表格

相关表格是有关参展商在筹展和布展过程中需要使用的各种表格，主要包括展览表格和展位搭建表格两种。展览表格主要有贵宾买家服务表，聘请临时服务人员服务表、额外工作证和邀请卡申请表、研讨会和技术交流会申请表、刊登会刊广告申请表等。展位搭建表格主要有展位楣板填写表、标准展位设施布置图、展具租赁表、展位用电申请表、电源接驳及机械动力用电申请表、电话申请表等。为了便于管理和准备，对于以上各种表格，一定要列明填妥返回的最后截止日期。

9. 付款方式

列明开户银行、收款单位和银行账号。

参展商手册编制成功以后，可以印刷成册，在展会开幕前适当的时间寄给参展商，也可以将其内容发布在展会的专门网站上供参展商阅览和下载，如果展会有海外参展商，还要将参展商手册翻译成外语文本。

（二）参展商手册的作用

参展商手册主要是为方便和指引参展商顺利进行筹展、布展、展览和撤展服务的，它不仅对参展商进行参展筹备有着十分重要的指引作用，也对办展机构对展会的布展、展览和撤展等各环节进行有效的现场管理有很大的帮助和影响。

1. 参展商手册对参展商的指引作用

参展商手册分别对展览场馆基本情况、展会基本信息、展会规则、展位搭建指南、展品运输指南和会展旅游信息等作出详细的说明。参展商在得到手册以后，就可以通过该手册的指引，对参展的各项准备工作进行筹备。

2. 参展商手册对展会现场的管理作用

参展商手册对展会在筹展、布展、展览和撤展期间的各项规定，不仅有利于指导各参展商按规定办事，也有利于办展机构按手册的规定监督展会现场的各种事宜，并按手册的规定为参展商提供各种服务。参展商手册是办展机构对展会筹展、布展、展览和撤展等环节进行现场管理的重要依据之一，它为展会各阶段制定了必须遵守的行为规范，有利于办展机构按此规定对展会各环节的现场进行管理。

3. 参展商手册对观众的作用

参展商手册除了对参展商的指引和对展会现场管理的作用外，对观众也能起一定的作用。比如，手册上对展览场馆平面图、馆内服务设施分布图、展览场馆交通路线、指定接待酒店和展会开放时间的说明等，就对观众参观展会有较大的帮助。

观众在展览场馆交通路线图的指引下可以更方便地到达展馆；在馆内服务设施分布图的指引下可以找到自己需要的服务提供点；在展会指定酒店，可以享受优惠价格待遇；在展会开放时间说明的指引下，可以合理地安排自己的参观时间等。一般来说，展会的观众有相当一部分是各参展商自己邀请来的，参展商一般都会将上述信息通知其邀请的观众。这样，参展商手册对观众所起的作用将更大。

 知识拓展

企业的参展策略

会展是一项极为复杂的系统工程，受制因素很多。从制订计划、市场调研、展位选择、展品征集、报关运输、客户邀请、展场布置、广告宣传、组织成交直至展品回运，形成了一个互相影响互相制约的有机整体，任何一个环节的失误，都会直接影响展览活动的效果。

对于参展企业而言一个精心策划的会展可以成为企业营销计划最节省成本的组成部分。从时间顺序上分析，参展企业的会展营销策略通常包括明确参展目的、选择会展、会前活动、会中活动、会后活动、营销策略效果评估以及作为补充的网上展览等。

一、明确参展目的

每个企业由于各自情况不同，其参展的目的也就不同，在决定参展之前，企业必须设定参展目标。企业的参展目的不外乎展示实力、树立品牌形象、宣传产品、达成交易、物色代理商或批发商或合资伙伴、研究当地市场、开发新产品等。德国展览协会根据市场营销理论将参展目标归纳为基本目标、产品目标、价格目标、宣传目标和销售目标五类。企业应根据顾客需求来细分市场并适应这些变化的需求，比如寻求潜在的可能顾客的策略与进一步加强长期顾客关系的目标的策略就截然不同。

二、选择展会

在众多的展会中，企业必须有选择地参加某个会展。选择会展时主要考虑如下一些因素。

（1）会展的目标市场　展会的目标市场包括其主题定位、目的、观众结构等，企业参展前确定该展会是否与企业的发展计划相吻合，能否促进企业达到预期的目标。

（2）会展的规模　成功的会展必然具备一定的规模，规模大的会展可以吸引更多的专业观众，而这正是保证参展商达到参展目的的最主要因素。评估展会的规模主要看参展商和专业观众的数量以及展览面积的大小。

（3）会展组织者的能力　选择有影响力、富有经验及对行业的认知度高的组织者。会展的组织是一个庞大的系统工程，从会展推广、专业观众的邀请、行业活动的组织安排到客户服务等一系列工作需组织者在落实了解参展商需求的情况下作出策略性统筹才能成功举办。企业可以从其对外的招展函、广告以及各项组织计划等方面来评估组织者的策划能力和宣传推广能力。与德国汉诺威展览公司等国外著名展览公司相比，我国的展览公司整体水平不高，在招展、组展、展台建设等方面还有较大差距。

（4）会展的历史和影响　如在过去的几年中，参展商有哪些、会展的效果如何等，企业应选择有影响力、知名度高、参展商多且参展商的影响力强的会展。

（5）参展的费用　在参展费用越来越高的趋势下，企业根据自身的财力在预算内选择适合的会展，参展的费用不能对企业造成额外的负担。对于开支谨慎的中小企业来讲，更是如此。

（6）会展所在城市和展览馆　一般来说，大城市、国际性大都市是会展选择的重点，其交通运输、酒店、报关、签证以及展馆的配套及服务水平要优于其他城市。我国大部分的会展都在经济、交通、信息、人才、科技、服务等方面拥有综合优势的上海、北京、广州、大连、深圳等城市举办。

三、会前活动

会前活动包括公关活动以及提前辨识可能的客户并给其发送特别邀请。可以利用会展的会刊、展前快讯、展前的媒体宣传等手段来扩大企业的影响力，吸引更多的目标客户。

四、会中活动

与其他方面相比，这是决定企业参展成败的决定因素，主要包括展位的选择、展台的布置、展品的选择及其展示方式、展台的人员配备、洽谈环境以及展会期间的相关活动等。

展位的选择具体涉及展位的位置、面积的大小的决策。展位的选择一般是根据人潮在整个会场移动的方向来考虑；展位面积通常为 $9m^2$，称为标准展位。值得说明的是特装展位，也称为自由布展区，指展位面积超过 4 个或 4 个以上标准展位的面积时，企业可以只预定光地面，其他的装修则可以根据公司产品特点、技术特点、市场定位、展览期间的活动安排等因素由企业自主决定。这类展位能充分表现企业文化、宣传品牌理念，非常有利于树立企业整体形象。

展台是企业显示企业实力和产品特色的窗口，有个性、有视觉冲击力的展台布置可以使企业在众多的参展商中脱颖而出。展台设计的根本任务是帮助企业达到参展的目的，展台要能反映企业的形象，能吸引观众的注意力，能提供工作的功能环境。

在展品的选择上，要选择能体现自身产品优势的展品，展品品质是参展企业给观众留下印象的最重要的因素。选择展品有三条原则，即针对性、代表性、独特性。针对性是指展品要符合展出的目的、方针、性质和内容；代表性是指展品要体现企业的技术水平、生产能力及行业特点；独特性是指展品要有自身的独特之处，能和其他同类产品相区别。

在展示方式上，展品本身大部分情况下并不能说明企业产品的全部情况、也不能显示全部特征，一般需要配以图表、资料、照片、模型、道具、模特或讲解员等真人实物，借助装饰、布景、照明、视听设备等展示手段，加以说明、强调和渲染。总之，展示设计应做到内容与形式的统一、整体与局部的统一、科学与艺术的统一、继承与创新的统一等。

在人员配备上，人员配备的质量决定着参展企业在会展上的成败，企业配备的人员的能力及其展示反映了企业在行业中的地位，没有代表参展或仅有狭小摊位的企业，将面临失去市场份额的危险。特别是服务人员的身体语言、对话和知识是否具有亲和力对会展的成功是极为重要的，服务人员在发放资料时应尽量多与观众沟通交流达到互动的效果。展台的人员配备一般可以从以下方面来考虑：第一，根据展览性质选派相关部门的人员；第二，根据工作量的大小决定人员数量；第三，注重人员的基本素质，如相貌、声音、性格、能动性等；第四，加强现场培训，如专业知识、产品性能、演示方法等。

参展企业还可以在展会期间进行新产品发布会、经销商年会、产品演示等配套活动，这是在稳定老客户的基础上发展新客户的有效手段；此外，营造轻松、愉快的洽谈环境对提高商务成功率也大有帮助。

五、会后活动及营销策略效果评估

企业应将在会展中收集到的信息纳入企业的营销信息系统中，对获得的市场信息进行分析和评估。企业还应及时将展览结果与预定目标进行比较，总结效果如何、分析原因何在。一般来说，展会的效果难于精确评估，其原因主要是有些成果可立刻产生，但更有可能在展会后的一段时间之后产生。会展的组织者为了帮助参展商进行会展评价，一般会提供有关会展与会者的统计信息。企业可根据这些统计信息并结合自身实际情况对参展的效果进行评估，并就下次是否参加该会展作出初步决策。

六、重视网上展览的作用和发展前景

网上展览已成为会展业的一道新风景线，被称为永不落幕的展览会。网上展览目前只是实物展览的补充和配角，但随着信息技术和电子商务的进一步发展，网上展览有望后来居上，成为现代会展业的主体。与实物展览相比，网上展览具有下面一些优点：一是成本更低、速度更快、成功可能性更大；二是机会平等，无论企业强弱，只要产品合适就有可能找到合适的买家。三是可以减少中间商的盘剥，越来越多的买家都在想方设法直接向生产厂家购买产品。

能力训练

1. 以本地区代表性展会为例，写一份招展函。
2. 如果你所在的城市将举办糖烟酒展览会，展馆面积 3 万平方米，如何进行招展策划？
3. 请根据当地展览会的相关资料，撰写一份参展商手册。

 复习思考题

1. 如何收集参展商的信息？
2. 展区和展位应如何分配才能使参展商满意？
3. 招展的宣传推广策略有哪些？
4. 招展代理的选择应注意哪些事项？
5. 如何策划招展方案？写招展策划书应考虑哪些因素？
6. 参展商手册应涵盖哪些内容？

项目五　会展招商策划与管理

项目目标

通过实践和模拟练习，学生能够制作相关的招商方案；并进行招商的宣传与推广工作；具备实际招商的工作能力。

案例引导

第九届中国国际机床工具展览会招商案例

2008年10月9～13日，第九届中国国际机床工具展览会（CIMES2008北京国际机床展）在北京中国国际展览中心和新中国国际展览中心两个展馆同时举行。本届展览会为期五天，展出范围涵盖了整个机床产业链的各个重要环节及生产与加工过程，展品范围包括机床、工具与机床附件、自动化控制与动力传动、机床热加工技术与设备以及相关制造技术与设备，囊括了国内外机床工具行业最新、最精尖技术，展出面积达15万平方米，来自美国、英国、瑞士、西班牙、韩国、日本、中国（包括中国台湾地区）等30个国家和地区的1400多家海内外展商参展，其中包括416家海外参展商，前来参观的专业观众超过20万人次，是世界机床工具行业的一次盛会。

在本届展会上，展出面积达到100平方米以上的企业超过110家，既包括美国的哈斯和AMG、日本三菱和山崎马扎克、德国西门子等海外巨头，也有大连机床、齐齐哈尔机床二厂、桂林机床等国内顶尖企业。其中美国哈斯、日本三菱、德国西门子等国际巨头纷纷携最新产品和技术亮相，台达、巴鲁夫（上海）贸易有限公司、无锡迈克彼恩机电有限公司、斗山机床（烟台）有限公司等众多知名企业也在本次展会上展示了其新一代产品。美国哈斯自动化公司主要生产一系列的数控卧式、立式加工中心、数控车床及站台，是美国最大的机床生产商。三菱电机除了展出最新的CNC、激光加工机、放电加工机产品与技术外，还包括丰富的FA产品和最新制造业解决方案，并进行了动态生产现场模拟演示。西门子公司展出的SINUMERIK全系列数控系统也吸引了众多专业观众驻足。台达则以"主轴控制"为主题，展出了多款主轴控制新品及解决方案，并通过现场形象的方案演示与讲解，与观众交流台达在主轴控制方面的心得。参展商在本届展会上推出的展品涵盖了整个机床产业链的各个重要环节及生产与加工过程，荟萃了国内外知名品牌，且部分展品处于世界领先水平。

主办单位还与知名参展商、专业媒体合作，在展会期间举办了一系列机床工具论坛和技术讲座，进行多层次多方面的技术演讲和技术座谈活动，共同研讨中国机床业发展趋势与热点问题。

在当前国际金融危机的形势下举办如此大型的行业展会，并且举办得如此成功，办展机构做了大量的工作。本次展会的办展是由中国机床总公司主办，北京国际展览中心和励华国际展览有限公司承办的国际性大型专业机床展会，他们始终关注的焦点是要有高质量的参展商和高质量的观众，吸引高质量的专业观众，最大限度地回馈展商的投入。

在观众的组织宣传方面做到以下几点。

1. 主办单位为扩大展览会影响，吸引更多中外买家到会，倾巨资邀请中央电视台、北京电视台、凤凰卫视以及 60 多家报刊、专业杂志和网站等多种媒体参与观展宣传合作，强势推出本届展会，主要合作媒体有：

中央电视台、北京电视台、凤凰卫视台，《MM 现代制造》、《机电信息》、《机械贸促通讯》、《广东机械产品年鉴》、《机械工人》、《机床商情》、《模具商情》、《机电工程技术》、《模具制造》、《模具工业》、《世界机电经贸信息》、《制造技术与机床》、《国际机械工业商情》、《航空制造技术》、《模具制造工业》、《机械制造》、《机电国际市场》、《机械商讯》、《机床工具黄页》、《机电产品市场》、《新技术新工艺》、《汽车制造》、《数控机床市场》、《组合机床与自动化加工技术》、《通用机械商讯》、《机械与模具》、《模具工业商情》、《世界制造技术与装备市场》、《中国航天》、《CAD/CAM 与制造业信息化》、《数字化工》、《中国制造业信息化》、《e 制造》等。

2. 主办单位还印制《展会快讯》、电子新闻稿、参观邀请函、参观指南、展会会刊、现场展会快报和展后报告等多种宣传品，共计上百万份，直邮国内外业内人士与买家，对本届展会进行宣传报道。

3. 主办单位除了将与国内外众多专业网站进行合作宣传本次展会外，还致力于建设一流的本展会门户网站：www.cimes.net.cn，以使网站能成为主办单位与展商和海内外观众交流沟通的大平台。

4. 主办单位还利用多年积累的国内最详尽的机床展观众数据库，共计 30 余万条，开展观展预登记和配对贸易洽谈活动。

5. 主办单位除了继续保持与 EMO、IMTS 和 JIMTOF 的世界机床大展的合作外，还充分利用励展博览集团的全球资源，在励展各全球制造系列展上运用新闻发布会、演讲会、宣传展台和组团出访等多种形式，全力开展本届展览会推广活动。

在招商方面，主办方对专业观众的组织投入了大量的人力、物力、财力。主办方除了通过多种渠道邀请了国内军工、航空、船舶、铁路、电力、冶金等行业的大型集团买家到场采购之外，还加大了对区域性买家的邀请力度，重点是东南亚地区。由于本次展览是在北京新老两个展馆同时举办，主办方还专门安排巴士穿梭在两个展馆之间，来组织专业观众参观和采购。展会开展期间，不断有买家团体和集团客户到场，5 天接待专业观众超过 20 万人次。本届展会上国内外观众数量有了历史性的突破，让大家共同见证了 CIMES2008 不愧为中国机床工具行业的领先展会。

（资料来源：http://www.cimes.net.cn）

【案例分析】　一次成功的展会，除了有高质量的参展商参加之外，还得有一定数量的专业观众前来参观和采购。第九届中国国际机床工具展览会之所以办得很成功，主办方不仅招展工作做得好，而且在专业观众的组织上经过了精心的策划。

任务一　会展招商及方案的制订

举办会展，参展商和观众是同时存在、互为依托的。一次展会有了具有实力的参展商，就能带来有价值、有创新的新产品，才能吸引有价值的观众。只有有价值的观众的到来，参展企业才能实现自己的参展目的。因此，会展招商是整个展会策划工作的重要组成部分，它的圆满完成对展会的成功举办至关重要。

一、会展招商及其重要性

（一）会展招商的概念

会展招商就是邀请观众到展会来参观，具体就是通过各种方式将那些对拟办展会展示的产品有需求和感兴趣的采购商和其他观众引进展会。

一般说来，按参观观众的专业性分类，展会招商所邀请的观众可分为专业观众和普通观众。

专业观众是指从事展会上所展示的某类展品或服务的设计、开发、生产、销售或服务的专业人士以及该产品的用户。

普通观众是指除专业观众以外的其他观众，这些观众只是到展会来观展，没有具体的目的，对参展商而言没有实际的意义。

如果不是展会有意控制，一个展会往往是既有专业观众到会参观，也有普通观众到会参观。有些展览会对观众的要求比较严格，如"广交会"只邀请专业观众参加，不允许普通观众入场。

按观众对展会是否有效，展会所吸引的观众可分为有效观众和无效观众。

有效观众是指到会参观的专业观众或参展商所期望的其他观众，这是具有一定质量的观众，对展会来说不可或缺的。

无效观众是指参展商所不期望的观众，这些观众对参展商来说意义不大。

对于办展机构而言，要尽可能多地邀请目标观众。所谓目标观众就是指专业观众和有效观众。这些观众可能是展会展览题材所在行业的人士，也可能是与该题材所在行业有关联的行业人士。目标观众是展会招商主要的目标客户，所以会展招商实际上就是寻找目标观众，让目标观众到展会上来观展，以达到展会的目的。

（二）会展招商的重要性

1. 吸引目标观众，以实现参展商的目的

展会对于一个产业来说，是企业进行市场招商、产品交易、品牌展示、市场营销的好机会，也是商家采购产品、寻求代理、了解产品、企业、行业发展趋势的最好机会，在上下游厂商供求信息不对称的情况下，展会就是一个巨大的信息交流平台，只有展会上有大量的目标观众，参展商才能借展会达到自己的目的。

2. 提高展会的服务水平

参展商是展会的基础，没有参展商就没有展会。为了吸引参展商，办展机构总是想方设法提供优质服务。而邀请更多高质量的目标观众到会参观，才是办展机构为参展商提供的最好服务，这项服务的重要性是其他任何服务都无法替代的。如果办展机构不能很好地提供这种服务，那就会失去参展商。

3. 专业观众是展会的生命线

目前，认同"展会成功的关键在于招商"这一观念的展览公司越来越多，一些以往只注重招展、只紧盯展位收益的公司也逐渐改变思路，不断加大招商力度，把工作的重点放到参观观众的组织上来。参展企业花了很多经费参加展会主要是为了拓展销路和市场，如果专业观众很少，或者专业观众的质量不高，参展公司就不会再次参展。据悉，具有知名度的展览

公司，是不愁找不到参展商的，就怕专业买家的数量少、质量低。从某种意义上讲，买家客户是展会的生命线，展会的成功与否，主战场应是观众的组织，而不单纯是寻求参展商的数量。

4. 扩大展会的社会影响

通过展会的招商宣传，展会及办展机构的社会知名度将大大提高。这有利于办展机构在该产业举办相似题材的展会或是转向其他行业举办展会。

5. 树立展会的品牌形象

品牌是展会宝贵的无形资源。办展机构要想在一个产业中将一个题材的展会持续办下去，获得长久和利益，就必须创立自己的品牌，如"广交会"、"高教会"、中部六省的"中博会"等。而为展会招商的过程就是办展机构在大众心目中树立品牌、提升形象的机会。

二、会展招商方案的制订

会展招商方案是展会整体策划诸多方案中的核心方案之一，也是为展会邀请观众而制订的具体执行方案。会展招商方案在充分了解展会展品需求市场的基础上，合理地安排招商人员在适当的时间里通过合适的渠道进行展会招商活动，是对展会招商活动进行的总体安排和把握，目的是保证展会开幕时能有足够的观众到会。

（一）确定会展招商方案的目标

1. 明确招商活动的具体目标，确定目标观众

明确本次展会招商活动的具体目标是什么；对目标观众的数量与质量有何要求。每一个展会都会针对一个具体的观众群体，即目标观众。目标观众能够给参展商带来即时的或未来的经济收益。因此，展会招商工作应该主要围绕目标观众展开，在经济条件与精力允许的情况下兼顾一般观众。

2. 招商组织工作如何与招展组织工作相配合、相支持

展会招商和展会招展工作是互相影响、互相作用的。一方面，如果展会招商效果好，到会观众多，质量上乘，参展商的展出效果就有保证，企业就更乐意来参展；反之，如果展会招商不理想，到会观众较少，或者无效观众很多，参展商的展出效果就难以有保证，企业参展的积极性就会降低。另一方面，如果展会的招展效果较好，参展企业尤其是行业知名企业较多，信息集中，观众到会参观就会更踊跃。因此，招商和招展工作同等重要，很多办展企业在进行招展的同时进行招商宣传，同样，在进行招商的同时进行招展宣传。

3. 采用何种措施能使招商组织的工作目标得以实现

会展招商方案的目的是邀请更多高质量的目标观众到会参观洽谈，以达到办展者和参展商双赢的目的。因此，展会采取何种措施进行招商，应达到什么样的效果，这些具体目标一定要明确。只有目标明确，才能按既定的目标组织和完成招商工作。

（二）招商方案的制订原则

1. 方案的可行性

具体的招商方案要切合实际，具有可行性，能够通过各部门的协同作战、上下努力最终实现。切忌脱离实际，主观臆断，制订出无法实现的招商方案。

2. 方案的可操作性

招商方案在具体实施过程中具有可操作性，能够顺利完成招商任务。

3. 方案的可改变性

会展市场环境和条件是在不断变化的，专业观众的构成和要求也在不断变化，即便是举办同类展会，不同的时间与地点，招商方案都应根据实际情况进行调整与改变。

4. 方案的周密性

制订方案一定要根据实际情况尽量详细周密，方案的详细与否直接影响招商效果。

5. 方案的创造性

制订创造性的招商方案，会达到意想不到的招商效果。

（三）招商方案的制订

会展招商方案的制订应包括：展会招商工作分工、展会通讯的制作、会展招商的宣传策略与渠道、会展招商推广活动的安排、招商进度安排、招商预算等。

1. 展会招商工作分工

举办一次展会参与的单位往往不止一家，包括主办单位、承办单位、协办单位、支持单位等。虽然承办单位是会展工作的实际运作者，它承担了会展的招展、招商和宣传推广工作，但要圆满完成会展的招商工作还需要其他单位的共同参与，其他单位的紧密配合对任务的完成至关重要。合作的基础是要有明确的分工。招商分工是根据不同单位具有的不同优势划分任务，做到优势互补、各显神通。一般来说，招商的主要负责单位对整体招商工作控制把握，协调各个单位的关系。

对于招商的主办单位，还需要将分配到的招商任务在本单位范围内进行具体划分，应做的工作有以下几项。

（1）确定招商人员名单。确定主要负责人。招商工作人员应该具备招商工作的经验，确保招商工作的正常进行。

（2）对招商人员进行内部分工。明确招商人员招商的地区范围、主要的目标观众及目标观众的数量，便于招商工作的监督与评估。

（3）制订招商工作日程表。明确不同的时间段应该完成怎样的任务目标。

（4）建立招商人员信息交流与协调的工作机制。

（5）对重要的目标观众，要制订接待安排计划。

2. 展会通讯的制作

展会通讯是办展机构根据展会的实际需要编写的、用来向展会目标客户通报有关情况的一种宣传材料，它通常是一本小册子或一份小报。展会通讯可以起到及时向目标客户传达信息，促进展会招展、招商以及树立办展机构良好形象等作用。

展会通讯制作时，可以包括以下几个方面的内容。

（1）展会简介。包括展会名称、举办时间、地点、办展机构、展会的 LOGO、本次展会的特点及优势等。

（2）招展情况介绍。可介绍参展企业的数量，通报参展企业名录，对行业参展的知名企业可以重点宣传，甚至配有图片宣传。

（3）招商情况介绍。可简单介绍招商计划，比如在哪些地区招商，计划招商人数，哪些重要的目标观众已经有了观展的意向等。

（4）展会期间相关活动介绍。展会期间将举办哪些活动，在展会通讯中重点列出，比如技术交流会、专题研讨会、信息发布会及论坛等，使目标观众根据自己的所需做出选择。

（5）观展回执表。可在展会通讯中设计观展回执表，以便于目标观众反馈其参展信息。

展会通讯要制作得美观大方，重点宣传内容醒目，使人过目不忘，并且具有知识性、趣味性、时尚性。对于重点目标客户，除直接邮寄展会通讯外，还要做到电话及时回访，以确认目标观众是否观展。

3. 会展招商的宣传策略与渠道

招商工作的目的是将目标观众吸引到展会中来，主办方应做哪些宣传，采取哪些策略，通过什么渠道使目标观众顺利观展，办展机构都应该提前制作出方案。关于招商渠道的宣传工作在本项目中的任务二将重点介绍。

4. 会展招商推广活动的安排

拟举办的展会将安排哪些招商推广活动，比如新闻发布会、经贸洽谈、项目对接、科技交流等，这些推广活动都应精心策划与安排，以使参展商和观众双方满意。

5. 招商进度安排

招商进度安排是对展会的各项招商活动进度编制出总体规划和安排。事先安排好各种招商的进程和要取得的效果，以便控制展会招商工作的进程，使招商工作能更加顺利完成，确保届时展会有足够数量的和一定质量的观众到会参观，尤其是能给参展商带来直接效益或潜在效益的目标观众前来观展与洽谈。

6. 招商预算

在招商策划方案和时间进度的基础上就可以进行招商预算的编制。招商预算是对展会招商可能需要的费用作出整体安排和具体支出计划，以便展会及时、合理地安排各种费用的支出。资金的准时、足额到位是招商工作顺利推进的保障。招商工作的直接费用一般包括：

（1）招商人员的费用支出，其中包含工资、奖金、差旅费、通信费用等；

（2）广告费用；

（3）招商资料编印与邮寄费用；

（4）代理商费用；

（5）招商公关费用及其他不可预见的费用等。

（四）招商方案的实施

办展机构在招商方案制订的基础上，参照每一个具体方案，结合实际情况逐步实施招商方案的各项内容。在各个工作阶段结束后，对该阶段进行考核评估，及时纠正实施过程中的错误或者修改原来方案中的内容。

任务二　会展招商的宣传推广策划

案例引导

第三十五届中国广州国际家具博览会招商宣传

2015 年 3 月 18 日，第三十五届中国广州国际家具博览会（简称"CIFF 广州家具展"）将在广交会琶洲展馆盛大开幕！本届展览分两期举行，第一期于 3 月 18～22 日展出民用家具、家居饰品、家纺布艺、户外家居及休闲用品等题材产品，第二期于 3 月 28 日～4 月 1 日展出办公系统家具、酒店家具、办公配件、钢制家具、办公坐具、公共家具、家具生产设备及配料等题材产品，两期总规模超过 68 万平方米，预计将超过 3800 多家来自全球 30 多个国家和地区的品牌企业参展。

本届展会有以下特点。

一、品质提升

国际品牌馆规模持续扩大，品质不断提升，已经成为 CIFF 家具展皇冠上又一颗璀璨的明珠，为观众们带来精彩绝伦的观感盛宴。本届展会，国际顶尖品牌进一步扩容，有美国爱室丽（Ashley）、意大利纳图兹（Natuzzi）、新加坡华达利（HTL）、意大利夏图（Chateau d'AX）等老朋友继续参展外，还有英国乔纳森查尔斯（Jonathan Charles）、德国朗乐福（Longlife）、韩国奔思（Bens）、日本上坐（Chairman）等品牌企业闪亮登场。国际品牌馆内涵更加多元化，整体品质又迈上了一个新台阶。

二、定制亮丽

家具展本着服务行业、助力企业发展的宗旨，前瞻市场发展趋势，及时捕捉市场变化，多年前设立定制家具展区，成功引进个性化设计强、服务周到完善的定制家具企业。定制家具展区也成了 CIFF 家具展上另一道亮丽的风景线，本届展会有好莱客、尚品宅配、维意定制、优越等多家上市公司和国内一线品牌领衔参展，挖掘更加个性化、多样化的市场需求。

三、强化优势

中国广州国际家具生产设备及配料展是 CIFF 广州家具展的重要组成部分，在亚洲同题材的展览会中占据绝对优势。高达 14 万平方米的盛大规模，卓越的参展效果以及与 interzum guangzhou 的强强联合，每一届都吸引了全球生产设备及配料行业众多品牌企业报名参展。顺应广大企业需要，本届第二期展会继续优化展区布局，增加使用 12.1 号展馆、B 区一楼通道展位和天桥展位，展区规模和展商数量再次扩张，展会的集成效应进一步凸显，题材优势进一步强化，为参展企业创造更多商机；为观展商提供更多的观感体验和洽谈机会。

四、注入新锐

扎根行业 18 年，CIFF 广州家具展始终坚持锐意创新、科学发展，打造了一个时尚化、全球化、多维度、互动式的国际商贸平台。不断完善展会结构，优化展区布局，创新题材设置，前瞻行业潮流。作为为会员企业服务的重要指标之一，国内外行业组织与协会纷纷推荐优质企业前来参展，为这个蒸蒸日上的平台注入新锐的力量。本届展会中，注重设计理念的民用家具品牌华林凯迪、美国高端家居饰品品牌 Global Views、美国高端户外遮阳材料供应商 Sunbrella、浙江知名户外家具品牌远大家俬、国内唯一同时在 A＋H 股上市的国有大型家具企业天坛家具、中国十大酒店家具品牌经典通达、办公坐具品牌震喜等，将为展会带来更多活力与惊喜。

五、联动宣传

从 2015 年起，9 月广州家具展将整体移师上海虹桥的国家会展中心举办，CIFF 家具展即将形成每年 3 月逢单届（68 万平方米）在广州琶洲，9 月逢双届（40 万平方米）在上海虹桥，南北呼应、春华秋实的中国家具展举办格局。为充分发挥 3 月广州和 9 月上海虹桥家具展互相助力、共同发展的优势，"3 月广州＋9 月上海"的全球联动宣传早在 2014 年 3 月启动，高潮呈现在 2015 年 4 月米兰家具展期间，届时"双城魅力—米兰行"将举行盛大新闻发布会，邀请家具业全球精英到会，引发了全球各地家具、家居行业的高度关注。广州家具展多年内蕴的平台资源、品牌影响力联动上海的国际化程度、城市影响力，就如强劲的两翼，必将极大助力 CIFF 家具展这一国际著名的世界级品牌大展飞得越高、变得越强。

六、精确推广

家具展投入巨资与全球超过 500 家专业媒体、尤其是网络媒体紧密合作，在国内的产业集散地、家居卖场、专业渠道和新媒体渠道展开精准的宣传及推广活动，将为展会带来全球190 多个国家和地区的超过 14 万名具有商业价值的专业观众，以及美国、德国、意大利、法国、韩国、印度、日本、土耳其、比利时等多地的高品质专业买家团。同时，在稳定且精确的手机观众数据基础上，打通互联网和移动互联网的各端口，优化了官方网站、微信及APP 等新媒介的宣传平台，实现了对与会人士的精确推广和精准邀请。

七、贴心服务

本届展会利用技术创新，进一步完善观众服务系统，首次引入了手触屏导航设备，更方便与会观众查询相关信息，提高了参展商与买家之间的配对率。同时，提供连接各展馆的免费电瓶车服务；连接机场、合作酒店、展馆的穿梭巴士交通服务；包括有中西餐、清真和国际连锁品牌的餐饮服务；ABC 三区展馆均设立有祈祷室服务等贴心服务，让中外客商在收获巨大商机的同时，尽情享受展会的美好时光。

八、馆展一体

依托中国对外贸易中心（集团）自有展馆的优势，CIFF 广州家具展在 18 年来不断发展壮大。随着国家会展中心（上海）的全馆投入使用，馆展一体的经营模式也将进一步发挥优势，实现展览服务与展馆服务无缝对接的配套服务，实现可持续发展和良性循环。本届展会进一步简化了入场办证程序，丰富了官方网站及微信功能，方便观众快捷预先登记入场；此外，展览期间还安排了白云机场至展馆以及环绕展馆的穿梭巴士。展馆与展会将如同左右手，合力为观展商提供天衣无缝的舒适服务。

（资料来源：http://www.ciff-gz.com）

【案例分析】　第三十五届中国广州国际家具博览会注重招商宣传，展前主办方采取了强大的宣传攻势，确保买家质量；并为观展商提供专业化的服务。通过这一系列的活动，不仅为业内人士提供了丰富的资讯，同时也促进了参展商和目标观众的良性互动。

一、会展招商宣传推广策略

（一）确定目标观众

与展会招展需要有目标参展商数据库一样，展会招商也是建立在完整而实用的目标观众数据库之上的。一个好的目标观众数据库是进行展会招商策划和制订展会宣传推广方案的重要基础，也是策划和制作展会通讯和观众邀请函的基础。

一般而言，展会的目标观众的范围比其目标参展商的范围要广，其涉及的行业也多。所以我们在进行展会招商时，不能把目标观众的范围仅仅局限在展会展览题材所在的行业，还要考虑其相关行业和产品的各种用户所在的行业。如体育用品博览会的目标观众除了体育行业内的人士以外，还有众多的健身休闲产业、房地产行业、会所等相关行业的人士。

对于专业性展会，无效观众不可以太多，否则就会给正常的商务活动带来不利影响。一次展会有效观众的数量至少要占到观众总量的 30%，否则展会的展出效果无法保证。

（二）建立目标观众数据库

目标观众数据库是将已掌握的所有目标观众的有关信息按照一定的规律整理而建立的。收集目标观众信息的渠道和收集目标参展商信息相似，可以通过以下渠道进行。

（1）通过行业企业名录收集。使用时要注意不要仅仅局限于展览题材所在的行业，还要收集相关行业的信息。

（2）通过商会和行业协会收集。包括展览题材所在行业及其相关行业的商会或者协会。

（3）通过政府主管部门收集。

（4）通过专业报刊收集。包括展览题材所在行业的专业报纸和杂志及其他相关行业的专业报纸和杂志。

（5）通过同类展会收集。

（6）通过外国驻华机构收集。

（7）通过各种专业网站收集。

（8）通过自办网站收集。主办单位除了与国内外众多专业网站进行合作宣传所办展会外，还应致力于建设一流的自办展会门户网站，以使网站能成为主办单位与展商和海内外观众交流沟通的大平台。

（9）通过各地的电话黄页收集。

收集目标观众的信息，除了要收集他们的名称、地址、联系电话、传真、电子邮箱和网址等基本信息外，还要了解目标观众的职务、年龄、个性特点、购买影响力等，同时还要注意收集他们的产品需求倾向。收集到上述信息后，就可以着手建立目标观众数据库了。

每个展览公司都应该建立自己的目标观众数据库，充分收集和了解目标观众的背景材料，利用现有信息通过拨打电话或 E-mail 等手段来核实信息，以保证信息的真实性，这也是建立数据库应遵循的原则之一。

建立目标观众数据库要遵循一些基本原则。

（1）数据库要有一定的数据量，以保证招商时有一定的目标客户来源。

（2）分类科学合理，以便于查找。

（3）数据真实可靠。

（4）便于查找和检索。

（5）及时更新与修改。

（6）数据库的用户界面要友好、简洁、一目了然。

（7）数据库要适合在局域网上使用，支持多用户同时使用。

（8）对数据库基本修改要有一定的权限限制，不能人人都可以对数据库的数据进行修改。

（9）目标参展商数据库与目标观众数据库之间，应建立一定的联系。

展会目标观众的数量不是一成不变的，它还是展会潜在参展商的一个重要来源。有些人在这一届展会可能是观众，但下一届展会可能是参展商，当展会越办越好时，这种转变就尤其明显。因此，目标观众数据库既是展会招商时目标观众的重要来源，也是展会招展时目标参展商的潜在来源。在建立目标观众数据库时，要充分考虑这种转变，不要将目标观众数据库和目标参展商数据库截然分开，而要让它们两者保持某种联系，以便于对它们加以充分利用。

（三）增强宣传的针对性

在目标观众数据库建立的基础上，细分宣传对象群体，增强对目标观众宣传的针对性，以达到较好的宣传效果。

（四）展会定位准确，主题鲜明

会展的定位能明确会展的目标参展企业、目标观众、展会的目标和主题等。一个定位准确的展会不仅能确定该展会在会展市场上的位置，而且能关注参展商和目标观众的需求。展会定位明确后，通过各种手段将本展会的特色告诉潜在的参展商和目标观众，让他们了解本展会的定位。

（五）突出目标观众的需求

在安排招商活动时，本着以目标观众的需求为导向，以目标观众的利益为出发点进行招商宣传。尤其要注意特色服务的开展与宣传，使目标观众确实感到展会考虑了观众的利益，能满足自己的所需，达到观展的目的，从而提前做出观展决定。

参考资料 🖐

提供细节服务，吸引观众观展

由中国国际贸促会纺织行业分会、中国纺织信息中心和法兰克福展览（香港）有限公司共同承办的第十二届中国国际纺织面料及辅料（秋冬）博览会于 2006 年 10 月 25～28 日在上海新国际博览中心开幕。

作为世界知名的纺织面辅料盛会，每年都会吸引众多的海内外观众云集上海。据统计，2005 中国国际纺织面料及辅料（秋冬）博览会共有来自 101 个国家和地区的 45137 名贸易观众到场参观。为了减少观众排队登录时间、提高参观效率、改善现场贸易洽谈环境，展会主办单位采取多种措施，有效组织观众入场秩序，增强现场贸易氛围。

开通观众在线预登记系统。随着信息时代科学技术的不断发展，网络已经成为众多企业了解信息的首选便捷工具。为此，展会主办单位在中国国际纺织面料及辅料（秋冬）博览会网站上开辟了观众预登记服务。有意到展会现场参观的观众可以通过网络方便快捷的填写预登记信息表并向组委会在线提交，待审查通过后，组委会便会直接寄送胸卡，大大节约了观众现场登录的排队等候时间。已经有越来越多的观众开始接受并尝试此种服务。据统计，上届展会共有近千名观众通过在线预登记方式获得参观胸卡，既有效改善了展会入场秩序，也提高了观众的入场参观效率。

设定展会首日为"特邀买家日"。"特邀买家日"经过两届展会的运用，已经充分验证了它存在的合理性和必要性。也是主办单位对多年来一直支持、拥护展会成长的众多展商的一个重大回馈。经调查显示，特邀买家日的设立不仅增强了现场的贸易氛围，更有效缓解了由于现场客户众多导致企业疏于接待的矛盾。此外，由于展会首日到场的特邀买家一部分是组委会通过层层筛选出的有效贸易观众外，另一部分则是参展企业自身选择的已经有多年合作基础的或有潜在基础成为合作伙伴的商家，这种双重保险更是大大提高了展会的商贸功能。

正是这些注重细节、不断创新的人性化服务措施，加上展前对这些特色服务的宣传，使得中国国际纺织面料及辅料博览会不断焕发新的活力，成为纺织业不容错过的节日盛典。

（资料来源：根据中华纺织网相关资料整理得到。）

（六）有针对性地发放展会邀请函

在展会即将举行前，办展机构要向目标观众发出邀请函，确切的发出邀请函的时间应提前多少可视展会的性质和观众的具体情况而定，原则是方便观众提前做好准备，准时参加展会。

展会的邀请函主要包括以下几个基本部分。

（1）展会的基本情况　主要包括展会名称、举办时间、地点、举办单位、展会的主题和特色等。

（2）展会的招展情况　主要是针对展会的招展情况进行整体介绍，并详细介绍业内知名企业的参展情况。

（3）展会期间相关活动安排　展会期间将举办的技术交流会、专题研讨会、信息发布会、论坛、表演、比赛等活动的时间、地点、内容。

（4）展会的服务与管理　主要是介绍办展机构在展会期间为观众提供的服务，包括接待、交通、信息等基本服务，以及展会的特色服务等。

（5）目标观众的确认函　即目标观众前来参观的回执。对于展会通讯中设计的观展回执表，很多观众不一定回应，开展前观众确认函的发放，更能确认来参展观众的数量，以使办展机构心中有数。

观众邀请函的发放可以是信函的形式，也可以是电子邮件的形式。目前很多办展机构多采用电子邮件的形式，这种形式方便、灵活，能及时地与目标观众沟通与交流，并能很快获得目标观众是否观展的信息，既节省了时间，又提高了效率。

二、会展招商宣传推广渠道

会展招商的宣传渠道通常有以下几种。

（1）专业媒体　在专业杂志、报刊及国内主要行业网站上刊登广告；在指定专业媒体进行特别报道、专题采访、评述等。

（2）公众媒体　组展方与公众媒体结成同盟，投放大规模广告宣传，并通过相关专业网站向国内外厂商及用户发布展会信息及参展商资料等。

（3）专业观众数据库　从往届展会观众数据库中，挖掘专业观众，以发邀请函的形式，继续邀请他们参观本届展览会。

（4）行业协会　行业协会往往在行业内有较高的知名度与影响力，掌握着大量的信息，是组展方理想的招商合作伙伴，可以通过行业协会向专业观众发出邀请。

（5）政府主管部门　政府主管部门在行业的影响力更大，与其合作能掌握大量的信息，带来诸多方便。

（6）国外驻华机构　若举办国际性的展会，可通过国外驻华机构，因国外驻华机构熟悉中国及展会举办地的情况，由这些机构发出的通知，对国外观众具有较强的说服力，能吸引更多的专业观众来观展。

（7）展览会的专门网站　建立展会的专业网站，并将其与大型的门户网站相链接，以更好地宣传、推广展会，让更多的专业观众了解展会。而且自办的专业网站还能成为主办单位与展商和海内外观众交流沟通的大平台。

（8）通过展会宣传　可通过不同地区或不同国家的其他展会进行展会宣传。通过境外贸易观众较为集中的著名品牌展览会来推广展览，已成为我国办展机构有效组织观众的重要途径。

（9）通过参展企业宣传　参展企业，特别是有一定知名度的大企业，其客户群比较庞大，展会为他们提供了一个交流和联络的有益平台，通过这些知名企业的宣传，会带动一大批目标观众前来观展。

（10）通过招商代理宣传 组展方可委托专业招商代理机构进行招商宣传。

三、会展宣传推广的时间安排

办展机构在宣传推广的时间上要做好安排，展会所处的不同阶段，宣传推广的目的和侧重点有所不同，通常可分为以下几个阶段。

（一）会展前的宣传推广

在会展筹备阶段即展前阶段，主要是为会展造势。

在筹备的最初阶段，宣传目的主要是提示性宣传，告诉专业人士和众多观众有这样一个展会，向社会大众介绍展会的主题，树立展会的市场形象，提高展会的社会知名度；在会展筹备前期，宣传的目的重在促进招展。

随着展会筹备工作的进一步推进，展会的宣传推广工作可以进一步展开。特别是在会展招展任务基本完成时，宣传目的重在招商，即招目标观众。这时处于展会筹备的中期，招商的宣传推广工作将完全展开，主要通过专业媒体、网站、招商代理等渠道，对目标观众展开宣传攻势。宣传的内容可以更加详细具体，但应将重点放在展会的进程安排、服务等项目上。

展会筹备的后期，宣传工作进入收尾阶段。在对目标观众的宣传工作基本完成的情况下，可以将宣传的重点转向普通观众。

总之，展会开展前的观众宣传推广至关重要，通过各种媒介、专业市场目标数据库、与观众面对面的推广活动等，能提高目标观众对展览会的关注程度和参与的积极性。

（二）会展期间的宣传推广

会展期间的宣传推广重点是促使参展商和观众获取更大的经济效益。办展机构这一时期的主要宣传活动就集中于会展的新闻报道，充分利用专业和大众媒体，对会展情况进行详细报道，以利于参展商和观众获取更多的会展信息，挖掘更多的展会资源。

展会期间，办展机构也要做好一些增值服务，这样会起到潜在的宣传推广作用。办展机构可通过举办各类对参展观众的增值服务与论坛活动，加强目标观众观展的兴趣与积极性，如快速办理观众注册、行李寄存、住宿，订票服务，以及提供展览向导、城市地图、参展商查询等现场增值服务；免费上网、免费电话的贸易增值服务；为观展的专业观众提供参展商产品发布会、行业研讨会、专业发展趋势论坛、下届展览新闻发布会、专业观众与展览组织机构的座谈会等增值服务。

（三）会展后的宣传推广

在展后阶段，宣传活动则更多的是展后跟进工作，即通报会展的效果，对会展活动的评估工作进行相关报道，让广大观众了解本次会展的盛况，也为下次会展宣传做准备。

对于办展机构而言，展后的观众组织推广工作是一项最有效、最有价值的观众组织工作。办展机构应当及时整理历届展会的观众资料，向到会的重要目标观众发感谢信并邮寄展会的相关信息与最新的评估资料，使目标观众能直接感受办展机构的精心服务。同时，对于本地的目标观众可以召开观众座谈会，利用座谈会与观众面对面地交流观众组织活动中的细节问题，以及如何提升展会现场观众的接待与服务工作，巩固与专业观众的良好关系。如果时间允许，也可邀请外地的目标观众一起参加座谈会；若时间不允许，可采用邮件或信函的方式，了解外地目标观众对本次展会的看法及建议。

任务三　会展招商的主要方式

现代展会的招商工作可以通过多种方式展开。各种方式有各自不同的特点，适用于不同的情况。办展机构应该了解各种不同招商方式，并在实际工作中灵活地运用它们，发挥它们的协同效应，以圆满完成展会预期的招商目标，为展会的成功举办打下坚实的基础。

展会举办机构常采用以下几种招商方式。

一、直接招商

这是一种目前会展企业普遍采用的招商形式。主办机构委托协办单位或设立专门的部门完成招商工作。通过各种招商宣传推广渠道，直接与目标观众和普通观众接触。

这种方式的优点是办展机构可以直接掌握整个招商过程的进程，使它与整个展会筹办工作协调进行。同时，办展机构对展会本身的熟识程度也将使宣传工作更具针对性，更加到位。但是，展会招商工作是一项复杂、耗时、专业性很强的工作，办展机构要想完成这项工作，首先要拥有一个具有这方面专业知识技能和实战经验的工作团队。他们熟悉基本的招商程序，了解各种招商渠道的特点，并能够结合展会自身的特点制订合适的招商方案。

二、代理招商

如果办展机构是不具有实战经验的工作团队，招商条件不具备的情况下就可以选择寻找专门的招商代理公司帮助自己完成整个或部分招商工作。专业的招商代理公司通常在人才、信息及渠道资源上与普通办展相比有明显的优势。但是，这种方式的不足之处主要是费用较高，办展机构无法将这部分工作纳入整体规划当中，发挥它的适时协同作用。

三、品牌招商

（一）品牌招商的重要性

所谓品牌展会是指具有一定规模，能代表这个行业内的发展动态，反映这个行业的发展趋势，对该行业有指导意义并具有较强影响力的展览会。一个展会经过营造，具有自己的品牌定位、内容、优势与个性，得到目标观众的一致认可，那就成为品牌展会了。

品牌既是办展机构的一面旗帜，也是展会竞争优势的重要来源。品牌展会越来越受到参展商和目标观众的重视。通过品牌招商，办展机构不用在每次招商工作中都投入大量的资金与人员，就可以达到令人满意的效果。

（二）建立品牌展会的途径

并不是每个展会都是品牌展会，还得办展机构的不懈努力，不断培育，形成品牌展会。建立品牌展会的主要途径有以下几种。

1. 自我培育

选择能代表某一行业先进水平或某一领域发展方向的展览主题，充分体现展会具有前瞻性、专业性强和涵盖面广的特点，对这种展会经过数年培育，可以使之成为品牌展会。例如，深圳的"高交会"和中部地区的"中博会"，虽然举办的历史较短，但是"政府搭台，企业唱戏"的运作方法已使展会名声大增。同样，"大连国际服装博览会"目前已成为国内举办时间最长、国际化程度最高的交易会。

2. 实施联合策略

品牌展会的一大特征是规模与质量，因此，办展机构可以根据实际情况，把同类或相类似的展会进行整合，实行同一主题或相关主题展会的联合。如北京的"中国国际机床展览会"、"北京国际印刷技术展览会"、"中国制冷展览会"等由分散到联合，均被国际展览联盟认可，这些展会无论在国际化、专业化还是品牌化都已初露端倪。

3. 品牌移植

通过品牌移植，塑造品牌展会。目前国际知名展览公司逐渐进入我国，也带来了国际知名的展览会。我们可以借帆出海，不失为国内展会品牌化的一种方法。如中国国际展览中心的"世界计算机展览会"（COM DEX），就是引入了美国在其行业中影响和水平最高的展览会，形成一定的品牌效应。

办展机构通过自身的品牌招商，能吸引大量的目标观众。

四、以商带商

以商带商就是借助参展商来完成招商工作。参展商一般都有自己的客户群、合作伙伴群及市场关系网络。办展机构应该充分利用这种关系资源与信息资源，使自己的招商工作产生辐射效应，达到事半功倍的效果。

👆 知识拓展

观展的技巧

现在的展会规模越做越大，买家若不懂方法，则观展的效果就会大打折扣。其实，只要在参观展览前做些功课，就能在有限的时间里获得更多的商业资讯。

一、展前：准备要充分

1. 弄清楚参观的目的。列出你准备参观的厂商的清单，并将他们分成两个部分，一个是"必须参观"的，另一个是"要参观"的。

2. 确定你参观整个展览会所花费的时间，甚至停留每一个摊位所要花费的时间，为浏览、琐事和排队留出时间。

3. 明确你需要从参展商那里了解的信息，区别各个卖主的不同之处，然后准备好到时提问的问题。

4. 设计一个产品/服务信息收集表，以便准确地比较不同参展商之间的异同。

5. 预约想要约见的参展商。

6. 尽快取得参展商的分布图，设定参观路线。

7. 携带足够的名片，这样使你省去填表的麻烦。

8. 穿上舒适的鞋子和衣物。在展览馆参观是很疲劳的。垫上鞋垫走路可以减轻足部的疲劳，令脚舒服些。

9. 在准备行李的时候，要预留空位，方便回程时有足够的空间容纳参展商的资料。

10. 带上一个轻便的旅行袋，塑料袋通常都是既不美观又不舒服的，甚至会割伤手。

11. 尽量选择靠近展会的酒店，节省往返时间和方便休息。

二、展中：主动拉关系

1. 计划好准备参加的研讨会或参观的产品陈列室。事先在接待处做好登记并提前30分钟到达会场，避免排长队浪费时间。

2. 直接告诉参展商你的行程紧张，不希望浪费时间闲聊，希望可以单刀直入正题。

3. 寻找建立商业网络的机会。与业界领袖交谈；尽量获得参展商的邀请到其下榻酒店洽谈；派发并收集名片。

4. 避开太拥挤的摊位，应在展会结束前，参观人数不多的时候再折回拜访。

5. 带上笔和便条随时记下重要的信息，甚至可以用小型录音机作记录。

6. 参观几小时就需休息一下，以恢复精神。喝一些水（尽量不要喝汽水和啤酒），防止虚脱。

7. 每一站都做好行程记录，每晚总结一下。

8. 避免与不相关的厂商进行洽谈。

9. 提前 30 分钟离场，避免等车麻烦。

三、展后：跟进不能忘

1. 对所收集的资料进行整理、归类，并作进一步联系。

2. 跟进在展会上要求邮寄的印刷品和样品。

这些参观展会的准备和计划虽然简单，但却是事实证明行之有效、事半功倍的办法。只要注意到这些细节问题，便可达到预期的效果。

能力训练

1. 你所居住的城市将举办什么展会？请针对该展会的有关信息，编写一个招商方案。

2. 实地考察当地某一展会的宣传推广工作，并撰写该展会的招商宣传推广策划。

复习思考题

1. 招商方案的制订应遵循哪些原则？

2. 招商方案的制订主要包括哪些内容？

3. 会展的招商宣传推广工作应采取哪些策略？可通过哪些招商渠道去完成招商任务？

4. 会展的招商方式主要有哪些？请简述每一种方式的不同。

项目六 会展现场策划与管理

项目目标

通过实践和模拟练习，学生能够组织策划展会现场开幕式；了解和掌握展会现场服务方面的基本要素，并具备一定的现场服务策划能力。

案例引导

第九届中国—东盟博览会现场管理与服务更趋便利化

展览现场管理工作的顺利进行，是展会成功举办的重要保证。第九届中国-东盟博览会采取了多项新的举措，进一步健全现场管理和服务保障体系，完善服务规范、服务标准和现场服务问责制，从而为客商和观众提供优质、高效、便捷的一站式服务。

为进一步提升展厅现场服务水平，本届博览会在每个展馆设立馆长一职，并首次为馆长配备助理。作为博览会展览管理和客户服务中心职能在每个展厅的延伸，馆长及其助理均经过前期跟岗学习和培训，主要负责为展品进出馆提供协助，对展会现场服务提出申请并进行追踪和落实，提供即时咨询和指引服务，处理客商投诉事件以及管理所辖展厅的志愿者等工作。

本届博览会着力提升现场服务志愿者形象，对所有志愿者均进行了严格的岗前培训。会期，现场服务志愿者统一佩戴专门设计制作的黄色手环，以方便客商和观众辨识和求助。馆外咨询志愿者还配备便携式扩音器以提升服务效果。

本届博览会加强了对餐饮品牌的引进，在确保卫生安全和最大限度满足各种口味需求的前提下，努力提高餐饮质量和水平。现场设立了3个餐饮功能区和2个咖啡休闲区，供应中式快餐、西式糕点套餐、日本料理、清真餐、方便面和咖啡饮品等，并新增了11个免费饮水点和8台沸腾式快速节能电热开水器。

为使参展客商享受到便捷的上网服务，主会场南宁国际会展中心安装了无线网络发射点，从而建立起包括馆内公共区域在内的覆盖整个展馆区域的无线网络体系。中国移动在展会现场添置了手机自助充电设备，为广大客商提供各种型号的手机自助充电服务。各银行也在馆内增设了多台ATM机。

本届博览会继续对东盟国家参展商实行定额代缴的税款政策。现场物流继续采用了竞争机制，推荐中国外运广西分公司和广西区邮政速递物流有限公司为展品运输与通关工作的物流代理商。广西出入境检验检疫局和南宁海关对博览会通关展品继续采取十项便利措施，在会展中心实行"联合办公、共同查验（检验）、一站式服务"的工作模式，做到展品"即到、即验、即放"，并加强了现场查验和巡查的工作力度。

同时，博览会狠抓安全保卫工作，切实维护正常展览秩序，力求从各个细微环节入手消除安全隐患，在确保安全的同时努力为客商提供了便利。工商、质检、食药监、知识产权、城管和安保等部门继续组成了联合执法组，于展会期间派驻骨干力量，佩戴醒目的执法标志，不间断地开展了现场巡查督导，进行博览会知识产权保护、打击假冒伪劣商品及维护展览秩序。

由于第九届中国-东盟博览会恰逢《中国-东盟全面经济合作框架协议》签署 10 周年和中国-东盟科技合作年，展馆设计紧紧围绕"友谊、合作、发展、繁荣"的主题展开，整体形象更加大气，氛围更加浓重热烈，同时加入体现科技合作的部分元素，创意新颖，亮点迭出。

（资料来源：http://www.caexpo.org）

【案例分析】 会展属于服务型产业，服务是会展业的基本属性。服务，尤其是对参展商和观众的服务是现代展览公司的核心任务，会展现场管理与服务水平高低，决定会展企业的成败。第九届中国-东盟博览会现场管理与服务更趋便利化，而且在知识产权保护和维护展览秩序上加大了巡查力度，获得了展商和观众的好评。

任务一　会展开幕式现场策划与管理

一、展会开幕式的策划

开幕式是展会的重要仪式，举办开幕式的主要目的是制造气氛、扩大影响，提高展会的知名度，吸引更多的观众来参展，也是展会宣传推广的一个组成部分。参展商和参展观众都是从会展的开幕式上得到对展会的第一印象的，举行开幕式是办展机构的重要工作，策划一个盛大的开幕式是办展机构能力的体现，并起着预示会展成功的作用。然而，由于展会开幕式涉及的层面较多、事务十分复杂，所以要成功举办一次开幕式，事前必须进行精心策划。

（一）展会开幕式策划的要点

开幕式是展会正式开始的标志，同时也是主办单位向公众展示展会规模和实力的良好机会，因而必须受到重视，更不能有任何差错。要办好展会的开幕式需要做好以下内容的工作。

1. 主题

展会的开幕式应该围绕一个鲜明的主题来开展。一般来说，这个主题与本届展会的定位是一脉相承的。明确了开幕式的主题后，活动程序、领导发言稿和新闻通讯稿的撰写、表演活动等便有了基调和依据。

2. 时间和地点

确定展会开幕式的时间应遵循"三不宜"原则，即不宜过早、不宜过晚、持续时间不宜过长。因此，大部分展会都将开幕式的时间定在早上 9 时左右。至于地点，则一般选择在场馆前的广场上举行，舞台往往需要临时搭建。

另外，策划开幕式的时间和地点时，主办单位还应该充分考虑当天的天气状况。如果恰逢天气炎热或雨天，应提前通知嘉宾、媒体记者等作好相应准备。

3. 程序

制作出一个清晰而简洁的开幕式程序。展会开幕式的基本程序一般为：开幕前气氛渲染；礼仪小姐引领海内外嘉宾走向开幕式主席台就位；主持人宣布仪式开始并介绍到会的各位嘉宾；举行升旗仪式；嘉宾致开幕词；剪彩或开幕式表演活动；主持人宣布展会开幕式结束；由工作人员带领、主办单位负责人陪同嘉宾进展会现场参观。有时候，展会主办单位还会在开幕式当天举行晚宴或酒会，以答谢主要参展商和相关人士。

4. 出席嘉宾

一般情况下，展会主办方会邀请行业主管部门的领导、行业协会的主管人员、外国驻华机构代表和专家及其他相关人士作为嘉宾出席开幕式。对于所有应邀嘉宾，展会主办方应该提前沟通并确认，落实好接待人员、翻译人员、礼仪人员以及嘉宾在开幕式主席台上的位置等事宜。

5. 讲话稿和新闻通稿

展会开幕式上，主要领导的讲话稿和主办单位的新闻通稿是媒体及广大公众全面了解本届展会基本情况的重要材料，且往往是新闻媒体报道的基调，因而必须认真准备。领导的讲话稿和新闻通稿在核心内容上大同小异，两者都会说明本届展览会的亮点、创新之处以及对整个行业发展的重要意义，但相比较而言，前者更加口语化，而且可以带有个人的感情色彩；后者则会对展览会进行全面的介绍，可为新闻记者提供一些背景资料。

6. 应急预案

展会主办方在策划开幕式时要充分考虑天气状况，可求助当地气象部门预测当天的天气状况。对出现意料之外的情况，要预先策划好，以保证开幕式的圆满成功。

参考资料

下面是第二届中国-东盟博览会开幕式的程序，仅供参考。

开幕式程序

时间：2005年10月19日上午11:00时（因天气原因，第二届中国-东盟博览会开幕式延迟到上午11时举行）。

地点：中国南宁国际会展中心。

10:53　分现场各项工作已经正在紧张准备中。志愿者、礼仪小姐已经各就各位，参加博览会开幕式的嘉宾已经就座。担任本届中国-东盟博览会司仪的是中央电视台主持人×××。

10:59　大会司仪×××登上主席台。

11:00　司仪：女士们先生们，大家上午好！非常荣幸地担任第二届中国-东盟博览会的司仪。去年，首届中国-东盟博览会在这里拉开了序幕，为中国和东盟国家的经贸往来搭建了一个双向互利的平台，有力地推动了中国-东盟自由贸易区的建设。今天，以拥有17亿人口的世界第三大自由贸易区为主题的博览会，即中国-东盟博览会，将再次拉开帷幕。现在，友谊之门正在开启，中国和东盟国家领导人向我们走来！请大家起立，以热烈的掌声欢迎×××副主席和东盟各国领导人、贵宾入场！装饰美丽的、象征"友谊之门"的LED大屏幕在音乐声中缓缓开启，贵宾穿过鲜花拱桥，通过友谊之门走上主席台就座。

11:03　司仪：请少年儿童给领导人献花。一群天真活泼的孩子们，按照崇高的礼仪，为尊贵的客人献上绚丽的鲜花，送上最美好的祝福。今天的开幕式由中国-东盟博览会组委会副主任兼秘书长、广西壮族自治区副主席×××先生主持。

11:05　主持人：女士们，先生们，第二届中国-东盟博览会开幕式现在开始。请全体起立。升博览会会旗，奏主题曲。

11:06　主持人：请坐下。现在请中华人民共和国商务部部长×××先生致辞。

11：09　主持人：感谢×××部长。现在，有请×××自治区人民政府主席×××先生致辞。

11：17　主持人：感谢×××主席。现在，有请东盟秘书长×××先生致辞。

11：18　主持人：感谢×××秘书长。现在，让我们以热烈的掌声，有请中华人民共和国副主席×××先生，宣布第二届中国-东盟博览会开幕。

×××：现在，我宣布，首届中国-东盟博览会开幕！礼花漫天飞舞，呼应着广场中央上万盆鲜花组成的花坛。

11：21　司仪：虹桥飞架，彩花绽放。中国-东盟博览会犹如彩虹之桥，把中国与东盟国家紧密地连接起来，携手并肩，走向似锦前程。

11：22　主持人：现在，请中国和东盟10国商会协会会长，共盖合作印章。

司仪：印鉴是合作诚信的象征。中国-东盟博览会这一经贸平台，吸引了四海商人在这里真诚合作、创造财富。

11：26　主持人：接下来，请中国国家副主席×××、柬埔寨首相×××、缅甸总理×××、老挝国家副主席×××、泰王国副总理兼商务部部长×××、越南常务副总理×××、文莱工业和初级资源部长×××、印尼贸易部部长×××、马来西亚贸工部政务次长×××、菲律宾贸工部副部长×××、新加坡贸工部长兼教育部政务部长×××、中国商务部部长×××、东盟秘书长×××、广西壮族自治区党委书记×××，为博览会开幕剪彩！各国领导人在水晶按钮前就位。场上花瓣飞舞、巨幅条幅升起。

11：30　司仪：十加一大于十一，是力量的凝聚，合作的结晶。这漫天的金色，是诚挚的邀约，是热切的期盼，是合力的象征，有了这种力量，各国人民的明天会更美好！

主持人：第二届中国-东盟博览会开幕式圆满结束！谢谢大家！

思考：1. 试分析第二届中国-东盟博览会开幕式的特色。

2. 大型展会开幕式策划时，需要注意哪几方面的问题？

（二）展会开幕式创新策划技巧

好的开始是成功的一半，一个设计巧妙、新颖独特的开幕式能给主管领导、参展商和专业观众耳目一新的感觉。展会的开幕式应该不断创新，这种创新可以是形式上的，也可以是内容上的，甚至是文化上的。概括而言，展会开幕式创新设计的常用方法有以下几种。

1. 名人效应

尽管现代会展业已发展到一定的水平，但邀请名人出席开幕式仍旧不失为一种很好的方式。这种通过政府或行业名人的影响力来提高展会受关注度的方法不愧为一种高明的营销手段，无论是从吸引参展商或专业观众的角度出发还是从争取更多媒体报道的角度出发，相信都能给人不错的"第一印象"。

2. 制造新闻事件

由于出席嘉宾层次较高、潜在新闻集中且信息量大等原因，开幕式往往会受到众多媒体记者的关注。因此，主办单位应该充分利用这个机会，适当制造一些事件，以吸引媒体注意，大力宣传展览会的形象。例如，在第六届中国住交会（全称为"中国国际房地产与建筑科技展览会"，CIHAF）上，主办单位邀请农民工作为开幕式的剪彩嘉宾和颁奖晚会的颁奖嘉宾，引起了媒体的广泛关注和积极报道。对此，有专家这样评价：长期以来，广大农民工为城市建设作出了巨大贡献，但他们的社会地位很低，中国住交会组委会邀请农民工参加开幕式和颁奖晚会，不仅向社会发出了倡导尊重农民工的呼声，也增添了展览会的人文色彩。

3. 情境设置上创新

在竞争日益激烈的当今时代，展会开幕式要塑造个性独特、新颖的形象，必须坚持求异创新原则。有了详尽的展会开幕式策划方案，还必须要有新颖的表现形式、活动手段，才能吸引参展商和观众，扩大影响。开幕式创新策划，可在情境设置上紧扣本土文化主题，深挖本土文化的深刻内涵，突出展会举办地独特的地域特点和文化特色，塑造展会的品牌。

二、展会开幕现场的布置

（一）布置要求

展会开幕式的布置总的要求是庄严隆重，气氛营造要符合展会定位需要。具体要注意以下几点。

1. 确保安全

开幕式往往会有政府要员、商业巨头、业界精英或娱乐明星等出席，谨防恐怖袭击或突发事件是必须要放在第一位的。

2. 舞台搭建稳固美观

开幕式的舞台一般是临时性的，但由于它的影响面较大，所以在布置舞台时要以稳固美观为宗旨，特别是安排文艺表演时对舞台的稳固性要求则更高。

3. 音响视频配置到位

出席开幕式的人员可能会很多，专业服务人员要对现场的音响视频配置进行合理安置、调试，以保证开幕式的视听效果。

4. 人流的控制适当

在布置开幕式现场的时候要安排好人流进出的通道，舞台与观看人群之间要留有足够的空间，有时还必须安排警力站于观礼人员前面，以防不测。

（二）布置内容

在场馆之外举行的开幕式，现场布置需要有展会背板或展会横幅，背板上的主要内容有展会名称、时间、展会的主办、承办、支持、合作单位等办展机构名称。还要有舞台主持、发言布置及鲜花、绿色植物等效果布置，如有赞助单位，还可以在现场周边合适的位置布置空飘气球或其他广告牌等宣传用具。

在场馆之内举行的开幕式一般要布置好以下内容：展会背板或展会横幅、舞台发言布置及鲜花、绿色植物等效果布置等，配合展会宣传的布置还有展会简介牌、展区和展位分布平面图、各参展企业及其展位号一览表、展区参观路线指示牌、展会宣传推广报道牌、展会相关活动告示牌等。

（三）布置形式

展会的开幕式形式多样，隆重的开幕场合还会安排鸣放礼炮、嘉宾剪彩、重要领导讲话等环节。不同的开幕形式其现场布置形式也有所不同。布置范例如图6-1、图6-2所示。

三、展会的现场接待工作

（一）VIP 接待

VIP（Very Important Person），即贵宾。对于展会而言，VIP 主要包括行业主管部分

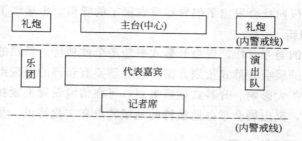

图 6-1　展会开幕式现场布置范例一

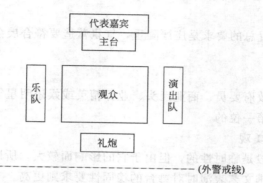

图 6-2　展会开幕式现场布置范例二

官员、名人演讲者、公司总经理、著名艺人、外国驻华机构代表、重要的赞助商等，有时还会有重要的贵宾，如国家领导人、各国政要、王室贵族等。

对于 VIP，展会主办方要事先落实他们的名单并与之多方面沟通，告诉他们展会开幕的准确时间地点，一旦他们决定出席，展会要派专人接待。从到达酒店到出席开幕式直到离开展会地点都要进行周到的安排，对于特别重要的贵宾有时还需要事先制订接待计划，上报有关负责部门和相关人员审定后执行。

在开幕活动之前，要考虑贵宾的坐席和排位，在有坐席的情况下，贵宾必须要有席卡。需要贵宾开幕致辞、剪彩的一定要安排好顺序，根据需要配备翻译，陪同参观展览。

由于 VIP 的特殊身份，在安全管理方面有很高的要求，有时需要在当地公安部门的指导下成立安全工作领导小组，防止各类突发事件的发生，维护良好的展会秩序，保证贵宾的人身安全。

（二）媒体的接待与管理

展会开幕前，办展机构要与相关的媒体取得联系，要求媒体记者前来采访报道。媒体接待要注意的细节问题主要有：

① 预先确定媒体接待工作小组；

② 预先确定对媒体的发言人；

③ 预先确定提供给媒体的有关资料；

④ 为媒体采访提供必要的服务，如水、电、灯光、道具等。

有些展会机构在展会现场开辟一定的区域作为展会的"新闻中心"，供各媒体和记者使用。新闻中心一般都配有相应的设备和用品，发放一些展会资料及小礼品等。

展会可以根据专业媒体、大众媒体等不同媒体的不同需求来提供展会资料。在保证报道基调统一的前提下，引导媒体从不同的角度全方位地报道展会。

在展会的开幕工作中，主办方往往还要提供开幕式的讲话稿和新闻通稿，展会开幕式的讲话稿和新闻通稿在内容上有些相似之处，不过开幕式的讲话稿比新闻通稿更简化些。展会新闻通稿是各新闻媒体报道展会的基调，是展会给新闻媒体的第一印象，需要认真准备。

四、开幕式酒会策划

开幕式酒会是展会的一项重要的公关活动，它可以很好地促进办展机构与参展商、行业领导和其他有关方面的关系。办展机构要事先策划安排好酒会举办的地点、时间、酒会的方式、出席酒会的人员范围、酒会的标准等。

开幕酒会是展会联络各方感情，与各方进行面对面沟通交流的一种非常好的方式，因此需要精心筹划以达目的。策划开幕酒会时要注意以下几个事项：举办的地点最好安排在离展馆不远的酒店里举行，选择酒店时要考虑到酒店的接待能力、嘉宾到酒店的交通便利情况以及酒会的安全等因素；举办的时间可以根据实际需要安排在中午或晚上，若酒会安排在晚上，开始时间要适宜，不宜太早或太晚；出席酒会的人员范围可视展会需要确定，展会组委会应事先通知他们有关酒会的情况，并发出正式邀请，派专人跟踪落实他们的到会情况；开幕酒会的方式可以采用冷餐酒会和鸡尾酒会的形式；开幕酒会可以由展会主办单位领导致简短欢迎词，并安排其他有关领导发表简短讲话。

任务二　会展的布展与现场管理

案例引导

办展会就是做服务——"ISPO的服务与管理"

慕尼黑体育用品及运动时装国际博览会（ISPO），是当今世界最大的体育用品类国际博览会。展览会于每年冬、夏两季在慕尼黑举办，至今已举办60多届，展出面积均在10万平方米以上。展览分设"爱好运动世界"、"冬季/夏季运动世界"、"健身运动世界"、"运动时装世界"，"儿童与妇女运动世界"、"运动鞋和团体运动世界"、"自然与户外运动世界"、"球拍与室内运动世界"等专题。每届ISPO都有来自世界上近百个国家的数千家生产及销售商参展，有四万多专业客商观展洽谈。世界上许多著名品牌如"阿迪达斯"、"贝纳通"、"茵宝"等都如约而至并大面积展出。展品代表着世界运动类产品的最新潮流。

近年来，在ISPO的贸易观众中，有60%以上来自德国以外的国家和地区。ISPO的主办方在每个展馆里都专门辟出一个休闲场地，被称为"ISPOBAR"，为参展商和观众服务，提供各种饮料与食品；在展馆之间的通道，设置了不少整齐的柜台，专门摆放各参展商的资料，供感兴趣的人自由选择。这样避免了无效派发及会后资料满地、难于清理的局面。

面积较大的展位，基本上都设有专门的洽谈区。

ISPO所有展馆内的背景音乐都是轻缓型的，以便于交流与洽谈。

在上海体育用品博览会上，慕尼黑展览公司借机宣布将在上海举办ISPO CHINA。根据其市场分析，将ISPO CHINA定位为体育品牌的高端的专业展。为此，ISPO CHINA将严格限制参展企业的数量，保证至少80%以上的参展商属于国外品牌企业。因为，一方面，相比几个已经抢占了中国市场的国际顶尖品牌，国外众多中高档次的运动品牌显然也十分看好亚洲市场，尤其是中国这个极具潜力的市场，然而他们却一直没有找到一个合适的途径了解和进入这个市场；另一方面，庞大的中国市场对于这些品牌也有很强的市场需求。因而举办这样有个展会将为供求双方提供一个良好的平台。

至于参展商的选择标准，主办方将成立一个由体育用品行业的专业人士组成的委员会，由这个委员会来决定哪些品牌具备参展的条件，而不是由主办方来决定，更不是只要交了钱就能参展。

与 ISPO 主要面向欧洲市场相比，ISPO CHINA 主要面向亚洲。主办方除了会将慕尼黑的专业观众组织计划等办展经验带到中国外，还将通过举办专业的论坛来为经销商们提供学习的机会，同时帮助他们改善自己的商业活动。

ISPO CHINA 还将对参展面积有所限制，每家都不能超过 $150m^2$。ISPO CHINA 如此限制展商数量，抬高参展门槛，显然会对其招展产生影响。但主办方表示：保证参展效果才是最重要的。由于 ISPO CHINA 的前期宣传推广力度很大，尤其是对国内专业观众的宣传和招揽工作在展览开幕前就已经全面展开，并且是多种方式和渠道并举，因而，国际参展商得到订单的机会将大大提高。

考虑到中国企业的实情，主办方还出台一些鼓励和支持新兴企业的政策，希望通过 ISPO CHINA 对这些企业的发展起到推动的作用。

（资料来源：根据相关资料整理）

思考：分析 ISPO 在布展环节中，如何体现服务的理念？

一、办展机构的现场管理

办展机构的现场管理是指展会从布展开始，包括展会展览期间，到最后展会闭幕这一段时间对展会布展、展览和撤展等事务的组织管理工作。它所包含的事务很多，需要多方面的协调配合。办展机构对现场组织管理工作的好坏直接影响展会质量高低，因此，办展机构一般对展会现场工作极为重视。

（一）布展管理

从办展机构的角度看，布展是指对展会现场环境进行布置和对参展商的有关工作进行协调和管理。根据国家对展会的管理规定，办展机构在组织展会布展前需要到工商、消防、安保和海关等部门办理有关手续，经这几个部门报批和备案后，方能开始布展。如果展馆位于城市的中心地带，在有些城市还需要办理外地车辆进城证，以方便外地企业运送展品到展会现场布展。

此外，在布展前，办展机构还需要与展会指定承建商和展品运输代理进行充分的协调和沟通，共同交流对展会现场环境布置和展位搭建的指导思想、意见和建议，及时解决展品运输过程中可能出现的各种问题，避免出现现场布展格调不统一或展品迟迟不到等不良现象，保证展会布展现场秩序井然、有条不紊。

展会布展正式开始后，办展机构要对布展工作进行全方面协调和管理。

1. 展位画线工作

按照各参展单位租用的场地面积和位置画好每一个展位的地域范围，确定每一个展位的具体位置，方便参展商在自己租用的地方搭建展位和陈列展品。展位画线工作涉及每一个参展商租用展位的具体位置和面积大小，办展机构要认真仔细，一丝不苟，要按照事先对参展商的承诺如实办理。

2. 展馆地毯铺设

在展馆计划铺设地毯的地方按计划铺设地毯，如展馆的公共区域、某些标准展位等。地毯铺设一定要紧贴地面，要美观，不能妨碍行人通行。

3. 参展商报到和进场

各参展商凭合同及其他有关证明到展会现场报到，付清各种款项，领取相关证件，办理入场手续。

4. 展位搭建协调工作

除了一些特装展位由参展商自己搭建以外，展会一般还要负责搭建一些标准展位。不管是标准展位还是特装展位，办展机构都要监督所有的承建商按展会要求搭建。对于展位搭建中出现的各种问题，展会要及时协调处理。

5. 现场施工管理和验收

展会要派出专门人员管理各承建商的现场施工，如现场用电、用火、噪声、展位高度控制、电线电缆的安装和走向、灯光的设计和使用、标准展位的标准配置等，要及时查验，避免施工现场秩序混乱和出现安全隐患。

6. 展位楣板的制作、安装和核对

各参展商展位的楣板上标有参展商的单位名称和展位号，有的还有参展商的企业标志或展品商标。这些内容关系到参展商的门面，对参展商非常重要，一定不能有丝毫的差错，展会要派出专门人员认真核对。

7. 海关现场办公

对于海外参展的展品，要及时办理海关通关手续。如果海外参展比例较大，可以邀请海关现场办公。对于所有海外参展展品，展会要陪同海关进行现场抽样查验。

8. 现场安全保卫工作

布展期间，现场人员众多，各单位布展施工涉及用水用电，有一定的危险性。展会要负责展会的一般安全保卫工作，但对参展商的展品丢失、损坏和人员意外伤亡等不负责任。

9. 消防和安全检查

所有的展位布置完毕以后，展会还要陪同消防和安保部门对所有的展位进行一次全面系统的检查，保证展会符合消防和安全要求，彻底清除展会现场可能存在的安全隐患。

10. 现场清洁和布展垃圾的处理

展会布展往往会产生大量的垃圾，对这些垃圾要及时收集和运出展馆并进行处理。

上述布展工作结束以后，展会的现场布置已经基本就绪。在布置好展会的开幕现场、序幕大厅、观众登记处、展会相关活动现场和其他各服务网点以后，办展机构就可以按计划举行展会的开幕式，对外正式宣布展会开幕了。

（二）展览期间现场工作管理

展会开幕以后，展会就进入了展览期间的现场工作阶段。这是展会最重要和最关键的阶段，展会前期的所有准备工作都是为了这一个时期的工作能顺利进行。办展机构的目标、参展商的展览目标和观众的参观目标主要是在这一阶段得到实现。这一阶段的工作直接决定展会举办成功与否。

展会展览期间的现场工作是保证展会展览现场秩序的重要工作，也是办展机构与参展商、观众和其他有关各方进行直接沟通和交流的重要时机，办展机构一般都极为重视。展会展览期间的现场工作主要包括以下几个方面。

1. 参展商现场联络和服务

展览期间，所有的参展商都亲临展会，办展机构一般都会抓住这一机遇，亲自到各参展商的展位拜访参展商，或者邀请参展商座谈，与他们联络感情，了解他们的需求，征求他们对展会的意见和改进建议，及时为他们提供其需要的各种服务。

2. 观众登记和服务

观众通过登记进入展会会场以后，展会要对观众参观、观众信息咨询、中场休息场地和设施的提供、观众与参展商贸易谈判等提供便利的服务。

3. 公关和重要接待活动

展会展览期间，展会往往会安排一些重要的公关活动，如邀请重要领导视察和参观展会、接待外国参展和参观代表团、接待行业协会和商会的考察、接待外国驻华机构代表的访问等。这些公关和接待活动对扩大展会影响、树立展会良好形象有重要作用。

4. 媒体接待与采访

展览期间，展会还会安排一些媒体对展会进行参观和采访，一些著名的展会媒体还会主动申请采访。接待媒体与安排媒体采访对扩大展会宣传推广有重要作用，展会要认真对待。另外，展会还可以通过展会的新闻中心有意识地对外发布一些展会方面的新闻，以进一步扩大展会的影响。

5. 展览期间的设备设施管理

展览会组织者一般都会提供展具的租赁服务，比如，提供办公设备、接待车辆、空调、布展设备的出租服务；在展览期间，向参展商提供生活用品、摄像机、电视机、安保设备和保安人员等的出租服务等，或者将展具出租商的名单提供给参展商。租用展具要事先申请，提前租定，按需填好租用表交展览会组织或展具出租商，展具出租商就会按约定的时间将展具送到展位。展会结束后，展具出租商会自动搬走展具。

6. 展会相关活动的协调管理

对于展会展览期间举办的会议、比赛、表演和其他相关活动，办展机构要积极安排和协调。

7. 现场安全保卫工作

展览期间的安全保卫工作主要是防止可疑人员进入展会，防止展品丢失和被盗、展会消防安全保护、协助参展商处理一些安全保卫方面的工作等。和布展时一样，展览期间展会也只负责提供一般的保护工作。

8. 现场清洁

展会一般要负责展场公共区域（如通道等）的清洁卫生工作，展览期间以及每天闭馆后派相关人员清洁和打扫这些区域。展会一般不负责各展位里面的清洁工作，这些区域的清洁卫生工作由各参展商自己负责。

9. 有关信息的收集整理

展会展览期间，各种信息汇集于同一个展馆里，办展机构要抓住这一时机收集有关信息，如对参展商和观众进行问卷调查，了解他们对展会各方面的看法和意见等。展览期间收集的信息是改进展会办展策略的重要参考资料，办展机构要认真收集、分析和整理。

10. 与场地部门结算

办展机构要派出专门人员与展馆场地部门核对展会租用面积、参展类别和各服务收费，准备相关资料和数据，为展会闭幕后与场地部门结算作准备。

11. 与有关方面商谈下一届展会的合作与代理事宜

展览期间，展会的各合作单位和招展、招商代理一般都会亲临展会。办展机构需要与他们商谈下一届展会的合作与代理招展、招商等事宜，为下一届展会提前作准备。

12. 为下一届展会招展预订展位

展览期间，行业内企业和人员大量汇集，展会可以在大会现场设立招展办公室，负责为参展商预定下一届展会的展位。

（三）知识产权保护

展会是个包括参展商、承办者、主办者、布展者、观展者在内的多方利益的聚合体，其中，各种利益又互相牵制、互相影响。在知识产权的保护上，对于办展机构来说，要严格审查展品。展品出运前，组委会应要求各参展单位提前自查，有疑问或不能肯定的产品不能出运，敏感的产品种类需在参展之前提供产品专利或相关认证，层层把关，责任到人。办展机构还要与各参展单位签署参展知识产权保证书。出现问题展品的单位，如确有侵权行为，将停止其下届参展资格。

广交会：保护知识产权有法可依

广交会对知识产权保护工作非常重视，引起了国内外的广泛关注。在广交会未建立知识产权保护制度之前，展览期间受侵权企业数量较多，出现大面积侵权、连续侵权现象。第94届广交会在建立、健全知识产权保护制度方面进行了大胆探索，加大了工作力度，取得了良好效果。具体措施如下。

一、设立机构健全组织

广交会知识产权组由商务部条法司牵头，负责部署大会保护知识产权工作，提出工作要点，制定大会维权规章，掌握工作动态，检查各交易团维权工作情况，总结当届的工作。

投诉接待站是维权执行机构，主要组织实施受理投诉、取证鉴定、提出对侵权展商的处理意见，记录每天受理、查处情况，写出工作简报。

第94届广交会下发了投诉接待站工作要点，要求各交易团、商会认真贯彻大会有关规定，密切配合，加强对参展企业的管理和教育，从源头抓起，严把展品审查关，狠抓侵权展品的清查工作。针对连续、大面积侵权日本三丽鸥公司"HELLOKITTY"商标的突出问题，大会专门向各参展企业发出通告，公布该商标的标识和图案，要求各企业严格对照，自查自纠。

投诉接待站下设的专利、商标、版权三个专业工作小组依法维权办事，由广交会商请广东省、广州市工商管理局、知识产权局、版权局派出专业执法人员组成，各组独立开展工作。大会还邀请国家工商局的有关专家驻会，对地方工商局的工作给予指导。

二、建章立制依法维权

广交会现行保护知识产权规章制度为《参展展品管理规定》（以下简称《规定》）《规定》提出了一项维权的硬措施：所有参展单位（企业）都必须向大会作出"所有携带参展的展品绝无侵犯知识产权，如有发现，愿接受大会处置"的书面承诺。这份"承诺书"实际上就是广交会与每个参展企业的维权合约，既对参展企业的参展行为具有约束力，又是大会对侵权企业进行处罚的依据；《涉嫌侵犯知识产权的投诉及处理办法》规范受理侵权投诉、查处侵权行为的程序。《没收（暂扣）侵权或涉嫌侵权展品的管理规定》对投诉站决定予以没收或暂扣展品的收缴程序、登记封存、入库保管、最终处理等各个环节的操作要点，都提出了具体的规定。《大会投诉接待站工作纪律》对投诉站工作人员要做到文明执勤、依法办案、按章行政、廉洁自律等方面提出具体的要求。

三、发挥商团维权作用

广交会的交易团负责向参展企业、参展人员普及维权知识教育，宣讲广交会保护知识产权的规章制度，并督促执行落实；负责对参展展品的鉴别审查，组织参展企业与大会签订维权承诺书，并存档备案；负责协助大会投诉站查处涉嫌侵权企业。

在本届广交会上，对于涉及展位较多，影响面较大的投诉案件，轻工、机电等商会积极主动配合大会，核实所属被投诉参展企业，清查被投诉展品。为维护 DVD 的正常出口和已同外方签订专利使用许可协议企业的合法权益，机电商会会同大会投诉站成立了"6C"知识产权维护协调小组，调查核实侵权生产、出口 DVD 的参展企业，妥善处理了 7 家参展企业与外方的"6C"知识产权纠纷。轻工商会对 12 个展区、7890 个展位的展品进行了拉网式检查，清除涉嫌侵权产品，该商会将容易被仿冒的商标标识和图案印发到每位检查员，商会领导亲自动员，部署检查工作。通过清查，35 个展位的涉嫌侵权商品被勒令撤展。广东省纺织品进出口集团公司严格知识产权管理，成立专门负责知识产权事务的协调结构，明确各子公司责任人，设立联络员，要求各企业务必做到清晰产权，严格自律，通过多种渠道宣传有关法律法规，把驰名商标、知名图案列为保护重点，慎重排查。

（资料来源 http://www.cnii.com.cn）

思考题：广交会如何保护参展商展品的知识产权？

（四）撤展管理

展会的撤展工作主要包括展位的拆除、参展商租用展具退还、参展商展品的处理和回运、展品出馆控制、展场的清洁和撤展安全保卫工作。

1. 展位的拆除

展览完毕，各参展商的展位要安全拆除，让展览场地恢复原貌。展位的拆除工作一般在展品取下展架后才进行。如果参展商使用的是标准展位或者委托施工的展位，展位的拆除工作一般由承建商负责。展位的拆除工作有时比布展更为复杂，也更为危险。展会要监督各参展商或承建商按规定的程序进行展位的拆除工作。

2. 参展商租用展具的退还

展览完毕，各参展商临时租用的展具要及时退还给展馆服务部门或者各承建商。如果参展商在退还展具时和展馆服务部门或承建商之间出现问题，展会相关人员可以从中协调。

3. 参展商展品的处理和回运

展览结束后，参展商的展品有四种处理办法：出售、赠送、销毁和回运。不管是哪一种处理办法，参展商都要提前做好计划和准备工作。例如，有些展会不许现场出售展品，这时参展商就不能在展览结束后将展品卖给观众。展览结束后，参展商可以将展品赠送给客户、当地代理商或其他有关人员。如果某些展品不便赠送或者参展商不愿出售和赠送，往往就地销毁。对于一些价值较大又无法现场售出的展品，参展商往往要将它们运回去。

4. 展品出馆控制

为了保证所有出馆人员带出展馆的展品不是他人的物品，在展会展览期间及展会结束后，要对所有的出馆展品进行查验。展会可对出馆展品实行"出门条"控制。需要出馆的展品，相应的参展商要向展会申请"出门条"，办展机构在查验展品与"出门条"一致时才准许其出馆。

5. 展场的清洁

展会撤展时往往会比布展时产生更多的垃圾。对于这些垃圾，办展机构或其指定的承建商要及时处理。办展机构不要在展会结束后在展馆留下大量的垃圾，也不要弄脏展场地面和其他有关设施。

6. 撤展安全保卫

展会撤展时往往比较杂乱，办展机构不能放松撤展现场的安全和消防保卫工作。展会的撤展工作是在展会闭幕后才进行的，但展会撤展管理的准备工作要在展会撤展前就准备就绪，这样才能保证展会撤展工作有条不紊地进行。不然，撤展工作就可能会出现混乱。

二、参展商的布展及现场管理

（一）参展商布展

参展商布展是指参展商为准备展览而在展会开幕前对展位进行搭装、布置和将展品陈列在展位上的系列工作，它一般在展会开幕前几天进行。不同题材的展会需要的时间长短不同。有的展会布展时间很长，如汽车展和大型机械展，往往需要一个星期；有的展会布展时间很短，如消费品展布展时间常常只需要两天。展会布置时间的长短主要取决于展览题材及展品的复杂程度。展会规模的大小对布展时间也有一定的影响。展会规模越大，需要的布展时间往往越长。对于一般的展会，布展时间常常在2～4天之间。

1. 展台搭建

一般而言，展台的搭建工作是由展览服务承包商负责完成的。对于参展商来说，需要关注两件事情。

（1）根据展览服务手册的内容与展览服务承包商签订合同　展览服务公司的管理人员将负责监督整个展览会的搬运、搭建和拆卸等工作，并在现场随时为参展商和办展机构的临时需求提供服务。

（2）需要关注预先安排的时间表　在进行展会策划时，许多展览就对使用展览场地的时间进行了规划，其中包括搬运展览材料、拆箱、安装、调试及开展前的清洁工作所需的时间。尤其是一些重型设备的展览，一般都是根据展台的位置和大小来确定进场、出场时间表，目的是为了有条不紊地进行展台的搭建和拆除工作。参展商必须了解这一方面的具体时间安排，尤其是要关注自己应该在什么时候进场。若是参展商错过分配给自己的日期或时间，不仅会错过搭建展台最好的时间，甚至有可能遭受其他的损失（如一定数量的罚款）。

2. 展台布置

展会中，展台可以说是一个企业的名片，展台的大小、设计、外观必须尽善尽美，符合竞争标准，才能使企业在展览会中首先立于不败之地。未来的展览会评价一个展台是否成功的标准不是看它的布置是不是华丽、奢侈，而是看它的沟通能力，它所表达的概念，展台所确定的功能性和展品本身的内涵。因此，参展商必须重视展台布置设计的效果。

展台布置设计应该达到怎样的效果，简单来说，就是要让观众看起来悦目、听起来悦耳，能够充分调动观众的情绪。优秀的展台设计能够帮助和加强参展商和其产品在市场中所占领的位置，这就要求在设计时必须完成两个任务：首先，所设计的展台模式和展示内容必须尽快被观众识别出来；其次，必须赋予展台和参展企业一种精神形象。若要达到这两个目的，其展台布置必须具有一定的创造性，而这种创造性不仅体现在设计思路上，而且需要通过展示用具体现出来。

常用的展台布置技巧有以下几点。

（1）预先规划　展前应由参展单位的业务人员会同展位设计人员现场策划展品的陈列风格，然后决定展台具体的设计方案。

（2）分类集中展示　参展商千万不要将所有的产品都搬来展览，应只展示主要产品。如展品种类太多，应将产品妥善分类、分区展出，以利于观展商在一瞥之下，即可确认其目标产品。展台分区的方法很多，诸如各区域陈列台及背景墙壁以不同色彩来区分，各陈列台可以有高低宽窄的变化，各区之间以各式隔板分隔等，方式不限。总之以清晰明朗、无损于整个展台的协调统一为准。

（3）特设针对性展室　有时某些参展企业因特别需要可在展位内设特殊房间，陈列尚不宜公开的新产品，仅邀请特定的专业对象参观。这既可充分利用展览活动推销自己的新技术，又免于泄漏商品或技术机密。

（4）根据买方心理布展　要确认您的销售对象是谁，找出其兴趣所在，针对他们关心和感兴趣的事来布展。假如你的公司是做速溶咖啡生意的，参加一个以消费者为对象的展览，则应当寻求能充分体现喝咖啡乐趣的布置，并增加赠饮活动，而不是着重于咖啡的种植、采收、制作过程。

（5）实际操作演示　机械、电脑、电动玩具等展品都应该允许顾客或消费者进行现场操作表演，使其能较好地了解产品的使用、性能及功效。原料商则应展示使用该原料所制造出的成品，以增强其说服力。

（6）夸张的立体陈列　展览陈列最忌讳将产品堆置在平面的陈列台上。应让产品陈列有立体感、动感，把它们垫高、降低、挂在墙上、悬在空中，但应注意选择较舒适的角度。如果您的企业只卖一种产品，而它的体积又很小，则可采取大量陈列和制作超大型样品等方式吸引人们的注意力。比如贵企业是从事花生生意的，则可在展位的墙上、展台上、天花板上都放置上规则排列的花生实物、超大型样品及图片等，以塑造戏剧性效果。

（二）参展商的现场管理

参展商的现场管理广义上包括展会开幕前展台布置、开幕期间的系列工作及闭幕后的展品处理等三个阶段的组织管理工作；狭义上仅包括展会开幕期间的展台接待、展台推销、贸易洽谈、情况记录、市场调研等工作。本书所介绍内容是狭义的参展商现场管理。

1. 展台环境

展台环境具有双重功能：一是对观展商而言，展台环境是形象；二是对参展商而言，展台是工作场所。展台环境主要指展台清洁、展台安全和展台保卫。

展台体现参展商的形象，应当维持展台整齐、干净的状态。为保持展台清洁，在进行展台设计时就必须设计出充足的储存空间。

展品以及模型、图文、声像设备等要放在合适的位置；如被挪动或碰脏，要及时挪回原位，并擦干净；展出期间，观众喜欢摸展品，要随时擦去展品、展架上的脏手印；若有空箱必须及时搬走；检查资料、样本放置，展台上不应有乱放的资料；供观众自己拿取的资料要摆放整齐。

展台地面要保持干净，随时拣走地面上的纸片、空杯或其他物品，展台墙面也要保持干净，随时擦去污渍，展台内不要随便放东西，尤其是可能绊倒人的物品或障碍。参展商可以雇佣专业清扫工或指定展台人员负责展台清扫。

2. 配备展台工作人员

展台人员的配备可以从四个方面考虑。

（1）人员条件，指人员的后天因素，包括经验、知识、技术等。

（2）工作量需要，根据工作量和环境决定人数。

（3）工作性质需要，根据工作性质决定人员种类。

（4）人员素质，指人员的内在因素，包括个性、能动性、自觉性等。

选配展台人员是一项认真严肃的工作，应该严格挑选和配备。

3. 接待客户

接待客户是参展商现场管理工作的关键。其主要内容是发现新客户并与之建立联系，以及保持、巩固与老客户的联系。接待可以是随意的，也可以是预约的。最好将预约接待安排在参观者人少的时间，以减少会谈时打扰，同时也避免占用接待其他客户的机会。

接待对象可以分为重要客户、现有客户、潜在客户、普通参观者等。重要客户，不论是现有的还是潜在的，可以列出名单，先告知展台人员。如果发现重要客户前来参观，要予以特别的接待。要接待好现有客户，维持好关系，但是如果不是洽谈业务就不要因为他们而耽误接触新客户的机会，可以约他们在闭馆后共进晚餐。接待潜在客户是展览会的最大优势、最大价值所在，也应该是展台最重要工作之一。普通参观者一般没有贸易价值，与展出目标没有直接的关系。因此，不要耗费时间和精力接待普通参观者，但是要注意不能没有礼貌，可以巧妙一点，客气地打招呼，简略地答问题，尽快结束交谈。

4. 贸易洽谈

贸易洽谈是参展商现场管理的重要内容之一，其目的是推销企业产品，树立了企业形象。有效的推销会使潜在客户对展出商品、服务产生兴趣，使现有客户对新产品产生兴趣和购买意愿，要达到这一目的，就开始进入洽谈阶段。但展会现场避免同新客户的大宗买卖签约，要保持谨慎态度，应在展会结束后做市场调研，在掌握信息后再签订大笔订单和大项目投资协议。

5. 现场统计

统计工作也是参展商现场管理的重点，它对参展商展后的评估和总结具有重要意义。现场统计主要是记录每天观众流量、人数、新客户名单、现有客户观展数量、现场调查问卷等内容。目前现场统计的方式多种多样，常用的有收集名片、使用登记簿、电子记录等。

6. 其他相关宣传推广活动

为了吸引观众，参展商可以在展位内举办相关宣传推广活动，如小型产品讲座、技术讲座、有奖活动、发送小纪念品、文艺演出等。总之，应在有限的时间、场地和经费预算内达到最好的宣传效果。

7. 展台资料

展台资料包括企业介绍、产品目录、服务说明、展出介绍、价格单、展台人员名片等。展台资料如管理使用得当，可以有效地发挥宣传、推销作用；管理使用不当，资料便会被丢弃、被浪费。要控制资料的散发数量和散发对象，撤下残损的资料，添加新的补充资料等。

8. 展览调研

展会上的调研范围主要是市场、趋势、展品、竞争、需求等。参展商的调研范围和内容可根据展出需要和条件安排，可以委托专业公司做，也可以由展台人员自己做。展览现场调研的途径和方式是多种多样的。可以以展台为阵地，主要针对参观者进行调研，了解他们对展品和服务的意见以及建议，询问参观者对产品和服务的需求和要求，以及参观者对市场的发展趋势的看法等。可以抽空参观其他展台，尤其是竞争对手的展台，主要针对竞争对手进行调研，收集资料、询问情况。还可以参观展会期间召开的研讨会，针对市场进行调研。

三、观展商的现场管理

观展商是展会的重要资源之一，办展机构一般对观展商到会情况极为重视，并安排专门的程序对到会的观展商进行注册登记。对观展商的现场管理主要是为其做好服务工作，在进行登记前，一般要做好以下几种准备工作。

（一）展会参观指南

展会参观指南是展会编印的用来指引观展商、媒体记者、特邀嘉宾参观展会的小册子。参观指南主要包括四个方面的内容：展会的基本内容，包括展会的 LOGO、名称、展览时间和地点、办展机构名称和展品范围等；展会的简短介绍，主要介绍展会的规模、参展企业数量和来源、展品特点、展会相关活动安排等；展区和展位划分与安排，主要包括展会的展区展位划分图、各展区的位置和范围、各参展企业名单及其展位号一览表等；其他有关图表，主要有展馆在该城市中的位置及交通图、展馆内部交通图、展馆内各服务网点的分布图等。参观指南的编写一切都是从观展商需要出发，应简单明了，条理清楚。

参考资料

第八届中国国际航空航天博览会航展现场参观指南

一、外地观众前来参观航展交通指南资讯

1. 珠海市区至航展馆的驾车指南

广东省内各城市的观众可自驾车从各高速公路或国道到达珠海市，从珠海市区按道路指示一直往机场路的珠海（三灶）机场方向行驶即可到达航展馆，航展馆也叫航展中心位于珠海机场路的珠海（三灶）机场的隔壁，珠海市各主要道路设有前往航展馆（或珠海机场）的指示牌，请各驾车者留意道路的指示。

2. 珠海市区至航展馆交通工具指南

市区到展馆之间有日常开通的 207 路公交车、出租车和航展专线车（指：在展览期间分时段开通的珠海市各区主要酒店、港口码头、口岸、车站直通航展馆的专线车），参展展商和观众观展都可以自由选择乘坐方便、快捷的交通工具前往航展馆。乘坐航展专线车收费标准：单程每人车费 25 元人民币。

3. 其他交通工具选择相关指南

（1）外地观众直飞到珠海机场，走出珠海机场即可以直接看到航展馆，可自行选择步行或坐车到达航展馆。

（2）外地观众先飞到广州新白云机场，可以直接在广州新白云机场的候机楼乘坐到珠海的机场快巴，到达珠海后选择香洲总站、拱北客运站、九州港、拱北口岸、主要酒店等各区设置的航展专线车前往航展馆。

（3）外地观众乘坐火车到达广州后，可到广州各区汽车客运站乘坐到珠海的专线大巴，到达珠海后选择香洲总站、拱北客运站、九州港、拱北口岸、主要酒店等各区设置的航展专线车前往航展馆。

（4）外地观众乘坐火车或飞机到达深圳，可到深圳各区汽车客运站乘坐到珠海的专线大巴，到达珠海后选择香洲总站、拱北客运站、九州港、拱北口岸、主要酒店等各区设置的航展专线车前往航展馆。

（5）香港观众既可以直接到香港机场码头、港澳码头乘坐专线高速客船到达珠海九州港码头入境，九州港码头前面的公交车站设有前往航展馆的航展专线车。香港观众也可以过境到深圳后，到深圳各区的汽车客运站乘坐到珠海的专线大巴，到达珠海后选择香洲总站、拱北客运站、九州港、拱北口岸、主要酒店等各区设置的航展专线车前往航展馆。

（6）澳门观众可以直接从珠海拱北口岸入境，走出拱北口岸大楼后走下口岸广场的负二层的公交车站，那里设有航展专线车上落客点。口岸广场附近的拱北汽车站也设有航展专线车前往航展馆，观众可自由选择乘车地点。

（7）请在珠海入住宾馆的观众自行查阅附表中航展专线车一览表中的酒店专线和其他专线车的线路，也可选择出租车前往展馆。

4.珠海市场交通

珠海市内各区距离航展馆约在45公里至60公里左右，从市区自驾车或乘坐出租车到航展馆约需40分钟至1小时左右，在珠海市各区乘坐各线路公交车或航展专线车到达航展馆约需40分钟至80分钟左右。

5.网站查询

所有公众可随时登录航展官方网站（www.airshow.com.cn）查询以上所有交通指南相关资讯，交通详图可放大查阅。

二、航展现场参观指南

航展现场展区主要分布如下。

（1）展区外围的两边设有公众停车场（停车位约6万个），停车场还规划了展商车辆的停车区（即B1车证停车区）、公交车和专线车的停车区、旅行社的旅游大巴停车区（即B4车证停车区）、出租车停车区、其他为观众停车区。

（2）展区共设展场出入口四个（分别叫1号门、2号门、3号门、4号门）；凭大会配发的人员证件和车辆证件进入场内。其中1号门、2号门设有人员出入口和配证车辆入口，4号门只设人员出入口，3号门为配证车辆出口。（展场内设有电动车穿梭巴士为参展商等佩戴证件人员在展区内的往来服务，不对门票观众提供服务。）

（3）室内展览分布在三个展馆：

1号馆为国际展馆（展示国内外知名展商的展品）；

2号馆为中国航天科技馆（展示航天领域的展品）；

3号馆为中国航空工业馆（展示航空领域的展品）。

（4）室外展览分为静态展示区：停放各种静态展示的参展飞机、飞行表演的飞机停放。

（5）展区内的服务设施分布如下。

①餐饮区分布：1号馆的咖啡区（面向持证件人员供应餐饮）、新闻中心就餐区（面向

工作人员和媒体记者供应餐饮)、商业服务区餐饮区（划分自助餐区和快餐区，面向所有现场人员供应餐饮)。现场指定餐饮商的订餐电话：珠海度假村酒店——张小组；珠海常胜餐饮服务公司——邓总。

②纪念品和超市经营区分布（略)。

③航展现场指定的各类服务商：餐饮、超市、电动车、银行、电信、邮局、移动通信、保险等，1号馆中间的现场服务区内及商业服务区内的（经营区）设有服务商营业点。航展现场指定的销售商品：饮用水、邮品、飞机模型、高级白酒、高级用茶、纪念杏仁饼、包装食品和零食、饮料、雨伞、太阳帽等各类纪念礼品和日常生活用品。纪念品销售点和超市经营点分布在2号馆、3号馆前面靠路旁的玻璃房及商业服务区内的经营区。

④航展现场指定服务商和产品销售商的联络方式。

指定餐饮服务商的订餐电话：珠海度假村酒店——张小姐。

珠海常胜餐饮服务公司——邓小姐。

指定超市服务商的订货电话：民润超市——许先生。

指定饮用水销售商的送水电话：汪之洋饮用水——谢先生。

指定纪念邮品销售商的订货电话：珠海邮政局——许先生。

指定航模纪念品销售商的订货电话：精艺模型公司——陈先生。

指定高级白酒销售商的订货电话：酒鬼酒公司——张先生。

指定高级用茶销售商的订货电话：景龙普洱——林先生。

指定食品类纪念品销售商订货电话："桃园"杏仁饼系列——余小姐。

（资料来源：http://www.airshow.com.cn)

【分析提示】 以上是第八届中国国际航空航天博览会现场的观展指南，观展商从中能得到多方面的信息，指导其顺利观展。

（二）观展登记表

登记表是用来收集观展商信息的一种问卷调查表，观展商需要填写它才能取得进入展会参观的"观展证"。展会通过登记表收集到会观展商的信息，为以后展会调整经营思路、进行客户关系管理提供重要依据。

观展登记表主要包括两部分的内容：问卷调查的问题和观展商的联系方法。问卷调查的问题，一般包括五个方面的内容：调查对象所在单位的业务性质；调查对象感兴趣的产品和技术种类；调查观展商参观本展会的主要目的；调查观展商在产品购买中的角色；调查观展商从什么渠道得知展会的信息。

知识链接

中国国际高新技术成果交易会专业产品展（简称"高交会"）分会
2007国际消费类电子产品展览会
专业观众登记表

时间：2007 年 5 月 25～27 日

地点：中国深圳会展中心

个人信息（如赐名片，可不填写)

姓名：_____ 公司名称：_____ 网址：_____

部门/职位：_____ 电话：_____ 移动电话：_____

传真：_____ 电子信箱：_____ 邮编：_____

地址：_____

综合信息

1. 公司业务性质（可多选）

☐制造商 ☐贸易公司 ☐咨询公司 ☐行业协会、商会

☐批发商、零售商、连锁卖场 ☐政府机构 ☐金融机构 ☐专业媒体

☐科研院所、教育 ☐物流公司 ☐其他（请注明）_____

2. 参会目的（可多选）

☐收集行业信息 ☐寻找合作伙伴 ☐寻找买家 ☐项目洽谈 ☐采购

☐寻找投资项目 ☐了解市场发展趋势 ☐其他（请注明）_____

3. 您所感兴趣的产品（可多选）

视听、数码娱乐产品

☐电视机 ☐影碟机 ☐组合音响 ☐移动多媒体播放器 ☐数码影像产品

☐电子游戏设备 ☐移动存储设备 ☐其他影音设备

通信、计算机及外设

☐手机及配套产品 ☐电子对讲产品 ☐视频通信设备 ☐计算机整机

☐计算机外设 ☐办公自动化设备 ☐各类网络在线服务 ☐宽带网络设备

☐软件 ☐其他无线和移动通信产品

汽车电子产品

☐车载视听设备 ☐GPS汽车导航系统 ☐汽车安防设备 ☐车载通信系统

☐倒车雷达 ☐车身电子控制系统 ☐汽车测试设备 ☐其他

电器类产品及综合配套产品

☐空气调节设备 ☐冰箱冷冻设备 ☐洗衣干衣设备

☐厨房卫浴电器 ☐照明设备

☐家用安保设备 ☐电子钟表及电子礼品 ☐家用医疗保健电器产品

☐其他小家电产品

4. 您如何知道本展览会（可多选）

☐高交会及其宣传资料 ☐高交会网站 ☐专业杂志、期刊 ☐电视、电台

☐搜索引擎 ☐协会、商会

☐网站链接 ☐报纸 ☐同行推荐 ☐户外广告 ☐其他展会

☐其他（请注明）_____

5. 您拟参观的日期（单选）

☐5月25日 ☐5月26日 ☐5月27日

6. 您是否希望收到高交会或我中心举办其他展会的动态信息电子邮件（单选）

☐希望收到 ☐不希望收到

7. 您是否参加中国手机产业高峰论坛（单选）

☐是 ☐否

（资料来源：http://www.hi-tech.org.cn）

会展策划与管理

（三）展会证件

展会开幕以后，办展机构一般对展会实行证件管理，有展会认可的证件才能进入展馆参观。实行证件管理的目的在于维持展会现场的良好秩序，保证展会的安全和参展商取得较好的展出效果。

根据实际需要，展会一般要印制七种证件：参展商证，供展会参展商进出展馆使用；布（撤）展证，供展会在布展和撤展时，展览服务商的工作人员使用；观展商证，供展会的观展商使用，观展商填写上述观众登记表后取得本证，凭本证进入展馆；VIP证，供到会的 VIP 客户使用；媒体证，供各新闻媒体的记者及摄影等工作人员使用；工作人员证，供办展机构的有关工作人员使用；车辆通行证，供参展商、观展商和到会嘉宾在展馆停车场使用。

为了便于展会现场管理，展会一般要求所有进馆人员都必须将有关证件佩戴在胸前，并自觉配合展会保安人员的查验。所有证件一般都不许涂改、不许转让，也不允许一证多用。

（四）展会会刊的发放

展会会刊是本届展会所有参展商的有关信息的汇编。展会会刊是展会为参展商提供的一项宣传服务，有利于补充参展商在展会上接触的信息的不足，为参展商架起一座走向市场的桥梁。展会将所有参展商的有关信息汇编成册，然后通过多种渠道分发到展会所有参展商、专业观众、行业协会和商会、外国驻华机构等手中，借此帮助参展商扩大宣传，扩大参展商的知名度。专业观众可以凭该会刊寻找自己需要的产品供应商。

展会会刊一般通过两种方式对外发放：免费赠送和定价出售。免费赠送主要是赠送给行业协会和商会、外国驻华机构等组织以及所有的参展商，有些展会也部分赠送给展会的专业观众。定价出售主要是出售给展会的专业观众。在展会展览期间，展会可以在专业观众登记台附近设一个专门的会刊出售点来出售会刊。

任务三 现场观众的统计与管理

案例引导

第二届中国-东盟博览会现场观众统计报告

本届东盟博览会专业观众在首届除中国和东盟外 14 个国家和地区参与的基础上，新增了萨摩亚、印度、瑞典、荷兰、俄罗斯、葡萄牙、希腊等 7 个亚洲、欧洲和大洋洲国家。博览会正在吸引全球采购商的目光。境内外参会客商、采购商 1.8 万人，其中中国大陆采购商 1.2 万人，境外采购商 6000 人，比首届增长 29% 左右。

本届博览会专业观众规格档次高，质量高。东盟 10 国经贸部长率本国政府代表团和经贸代表团参会，中国和东盟共有 160 余位部长级贵宾参会，东盟国家共有 42 位副部级以上贵宾出席，其中包括 6 位来自不同国度的国家领导人。

根据东盟博览会门禁信息管理系统现场登记结果统计，本届博览会观众总数共计 16388 条，其中中国（包括港澳台）共计 15230 人，占本次现场登记观众数量的 92.94%（其中港澳台观众数量 173 人，占所有观众数量的 1.06%。中国大陆地区观众占 91.88%）；境外观众共计 1158 人，占本次展会观众数据的 7.06%。境内外观众的构成比例见图 6-3。

132

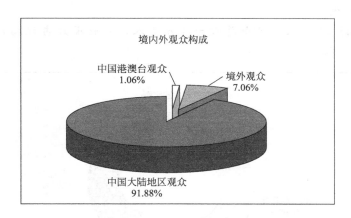

图 6-3　境内外观众的构成比例

专业观众共计 7197 人，占现场所有观众数量的 43.92％。广西境内观众共计 8342 人，占现场所有观众数量的 50.90％，中国大陆广西境外观众共计 6715 人，占所有现场观众数量的 40.98％。

表 6-1 中为负责本届中国-东盟博览会门禁管理信息系统开发及管理的运营商提供的统计结果。

表 6-1　第二届中国-东盟博览会观众按国家地区统计表

国家地区		国家名称	数量	所占百分比
中国	中国大陆	中国广西境内	8342	50.90％
		中国广西境外	6715	40.98％
		中国大陆小计	15057	91.88％
	其他地区	中国香港	107	0.65％
		中国台湾	62	0.38％
		中国澳门	4	0.02％
		其他地区小计	173	1.06％
		小计	15230	92.93％
国外		越南	632	3.86％
		马来西亚	74	0.45％
		泰国	47	0.29％
		印度尼西亚	41	0.25％
		美国	38	0.23％
		新加坡	37	0.23％
		......		

参考德国权威的展会评估机构 FKM（德国展览会统计资料自愿审核协会）的专业观众结构分析指标，对本届博览会的专业观众分析如下。

1. 专业观众总数

门禁信息系统显示本届东盟博览会的专业观众总数为 7197 人。

2. 专业观众比例

专业观众共计 7197 人，观众总数为 1.6 万人，专业观众占现场所有观众数量的 43.92％。如图 6-4 所示。

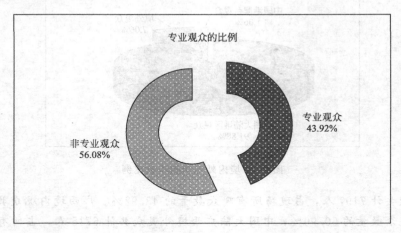

图 6-4　专业观众比例

3. 本国观众来自中国各行政及地理区域比例统计（表 6-2）

表 6-2　国内观众地区来源统计表

序号	观众来源省份	回收问卷数	观众行政地区结构比例
1	广西	267	54.2％
2	广东	40	8.1％
3	浙江	21	4.2％
4	福建	19	3.9％
5	上海	17	3.5％
6	北京	16	3.2％
7	江苏	14	2.9％
……			

4. 外国观众来自各大洲的比例统计（图 6-5）

博览会信息系统观众统计材料显示境外观众共计 1158 人。

亚洲：东盟 10 国共 882 名，东盟之外的亚洲国家 70 名。

欧洲：67 名。

北美洲：共 58 名（美国 38 名，加拿大 17 名，其他 3 名）。

南美洲：6 名。

非洲：22 名。

大洋洲：26 名。

国外未知：17 名。

用境外观众总数减去国外未明国籍观众的数量作基数（即 1158－17＝1141），可计算外国观众来自各大洲的比例：

亚洲，83.44％；欧洲，5.87％；北美洲，5.08％；南美洲，0.53％；非洲，1.93％；

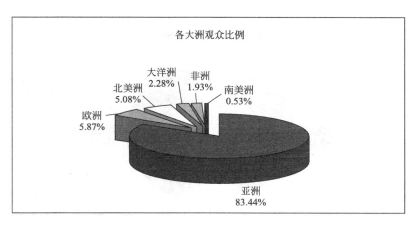

图 6-5 各大洲观众比例

大洋洲，2.28%。

5. 外国观众最多的来源国家比例统计

外国观众最多的来源国家为越南，越南观众为 632 名，占观众总数 3.86%。

6. 观众来自不同的经济领域比例统计

从观众留下的 416 个名片进行分析，观众来自不同的经济领域比例如表 6-3 所示。

表 6-3 观众来源经济领域构成比例

序号	观众来自的经济领域	名片数	占比例
1	商业	76	18.2%
2	农产品加工	70	16.8%
3	机械制造	53	12.7%
4	服装业	50	11.9%
5	轻工业	44	10.5%
6	旅游业	31	7.5%
7	建筑业	21	5%
8	运输业	17	4.1%
9	冶金业	14	3.3%
10	化学工业	6	1.4%
11	其他	32	7.6%

7. 对采购的影响力的专业观众比例统计

专业观众对于"是否所在单位决策人"选项，393 人作答，其中 204 人选"是"，说明 51.9% 的观众具有采购影响力；189 人选"否"，48.1% 观众的采购影响力较小。如图 6-6 所示。

8. 专业观众职位统计

经对对 415 名专业观众的名片进行整理分析，29% 的观众为厂长、总经理、总裁、董事长、行长、市长等所在单位或部门的决策层负责人，46% 的观众为企业营销经理或单位的中层干部，25% 的观众为普通员工。

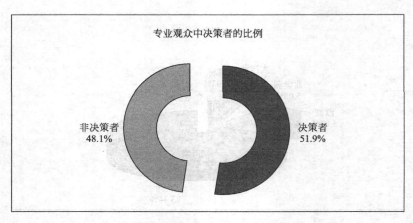

图 6-6 专业观众中决策者的比例

9. 专业观众职业统计

经过对 415 名专业观众的名片进行整理分析，专业观众职业统计结果如表 6-4、图 6-7 所示。

表 6-4 专业观众职业统计表

序号	专业观众职业	名片数	占比例
1	营销员	115	27.6%
2	经理、厂长、董事长、总裁、行长	83	20.1%
3	研究员、设计师、工程师、技术员	66	15.9%
4	会计师、经济师	56	13.4%
5	政府公务员	50	12%
6	境外外交人员	1	0.3%
7	其他	44	10.7%
		小计：415	

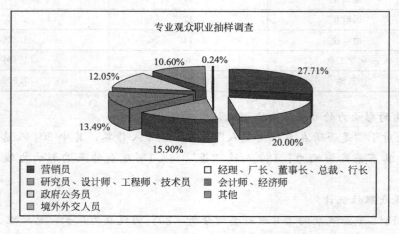

图 6-7 专业观众职业抽样调查

10. 专业观众参加历届展会情况

专业观众对于"是否参加首届中国—东盟博览会选"题，474 人作答，159 人选择"是"，占 33.54％；315 人选"否"，占 66.46％。如图 6-8 所示。

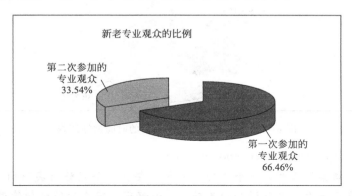

图 6-8 新老专业观众的比例

11. 专业观众所在企业规模比例统计（表 6-5）

表 6-5 专业观众所在企业规模统计表

序号	所在企业规模	选择该项的观众数	占比例
1	50 人以下	142	28.80％
2	50～500 人	153	31.03％
3	501～5000 人	106	21.50％
4	5001～20000 人	78	15.82％
5	20001 人以上	11	2.23％
		小计:490	

专业观众所在企业规模以介于 50～500 人的居多，占 31.03％。如图 6-9 所示。

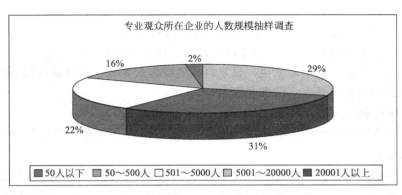

图 6-9 专业观众所在企业的人数规模抽样调查

12. 专业观众停留时间统计

关于专业观众在南宁停留时间的选择题，417 位观众作答，选择"1～4 天"有 245 位观众，占观众比例 58.75％；选择"5～8 天"有 90 位观众，占 21.58％；选择"9～15 天"有 39 位，占 9.35％；选择"16 天以上"13 位，占 3.12％。如图 6-10 所示。

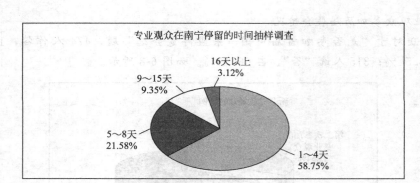

图 6-10 专业观众在南宁停留的时间抽样调查

（资料来源：http：//www.caexpo.org.cn）

【案例分析】 该案例表明，一个成功的展会需要有一个完整而实用的目标观众数据库，而数据库是建立在现场大量统计资料的基础上。做好现场观众的统计和管理工作，是组织一个展会成功的基础。

思考题：第二届中国-东盟博览会现场观众统计报告主要从哪些方面对参展观众进行了分析？意义何在？

一、参展观众的统计与管理

展览研究中心发现，人们参加展会的主要原因有：获取竞争信息、开阔思路、计划未来开发项目、获取产品的实践经验、见识新产品、可以跟专家交谈、研究产业发展趋势、直接检验产品并进行比较、获得个人发展和培训的机会、扩大人际交流等。

另外，有关参展观众行为方面的统计数据显示如下。

(1) 普通展销会的观众平均花在展会上的时间是 3.6 小时，并且只在 3～5 个展位上逗留较长的时间。

(2) 行业交易会的观众平均花在展销会上的时间是 9.6 小时（两天以上），参观大约 20～25 个展位。

(3) 约有 70％的参展观众在参加展会时会作出购买决定。

(4) 88％的参展观众在近 12 个月里没有被参展商的销售代表拜访过。

在所有的观众里，对参展商来说，属于自己的顾客最重要。参展商可以利用下面的公式推算出参展观众中有多少是真正的潜在顾客：

A——参展观众总人数；

B——非常感兴趣的潜在顾客人数（根据业内统计，参展观众中平均有 16％的人会对某种产品产生兴趣）；

AIF——观众兴趣指数（Audience Interest Factor），只有多少潜在顾客会在你的展位前停留。有数据显示，一般展会或展销会的平均指数是 25％～30％，行业交易会的平均指数可达 50％或更多，所有展会的平均指数为 48％；

C——潜在顾客的总人数（这个数字应该称为你的目标）。

因此，可计算：

观众总人数×对参展的产品感兴趣的观众百分比（$A×16％$）

=非常感兴趣的人数×会在参展商展位停留的百分比（AIF）（$B×48％$）

＝潜在顾客总人数

二、目标观众的统计与管理

一个展会的观众可以分为专业观众和普通观众。其中专业观众是指从事展会上所展示的某类展品或服务的设计、开发、生产、销售或者服务的专业人士以及该产品的用户。另外，展会的观众还可以分为有效观众和无效观众。有效观众是到会参观的专业观众以及是展会参展商所期望的其他观众，是有一定质量的观众。目标观众主要是指专业观众和有效观众，这些观众可能是该展会展览题材所在行业的人士，也可能是与该题材所在行业有关联的行业的人士。目标观众是展会招商主要的目标客户，展会招商是在了解了上述观众所在行业、观众的基本数量、需求特征和分布状况的前提下进行的。

展会现场对目标观众的统计通常依据观众办理登记手续的内容进行统计，展会在展馆的序幕大厅或专门的观众进馆大厅设立观众登记处，进行专业观众的登记工作。在展会结束后就可根据观众登记资料进行专业观众的人数及其他信息的统计。还可以通过参展商的客户统计来确定目标观众的数量。

三、普通观众的统计与管理

普通观众是相对专业观众而言的，普通观众参展的目的仅仅是参观。现场对普通观众的统计管理工作一般是根据在现场售出或领取门票的情况进行统计，这样可以计算出普通观众的人数。

四、媒体记者的统计与管理

在展览期间，展会主办机构会安排一些媒体记者对展会进行参观和采访，以扩大展会的宣传推广。目前对媒体记者的统计常采用网上注册系统，媒体记者只需轻点鼠标按照网上提示和要求，如实填写相关注册信息并传真相应证件的复印件，即可完成网上媒体登记及注册。展会主办方根据网上注册系统所提交的信息进行核实和统计。

任务四　现场的风险管理

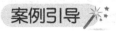

会展风险案例

案例一　王女士独自一人在南宁国际会展中心逛了一个上午，买了一大堆大包小包的参展商品。她正准备离开时，有一个中年女子上前向她询问所买商品的价钱、品质。王女士是个开朗的人，没什么戒备，就和对方聊了起来，越聊越投机。

不知不觉过了一个多小时，王女士想去卫生间。看到王女士大包小包的商品，中年女子便说："（东西）放这里，我帮你看着。"见王女士有些迟疑，中年女子又笑着说："我们旁边就是警察，你还担心我拿走啊。"王女士有些不好意思，就照办了。

等王女士回来时，自己的东西和中年女子已是"人去楼空"。接到王女士的报警，执勤的民警还有些不太相信，因为刚才看到她与中年女子谈得这么投机，还以为是一起来逛的亲友。

案例二 "2008印度国际制药原料展览会"原定于11月28日在孟买开幕，但26日晚"印度历史上最恶劣的袭击事件"让整个孟买几乎成了"鬼城"。由于孟买发生的恐怖袭击事件，使展会被迫取消，推迟至2009年召开。本次展会，中国化工信息中心、中国医药保健品进出口商会、中国国际贸易促进委员会化工行业分会三家机构，共同组织中国企业赴孟买参展。团队一行100多人26日晚上已抵达孟买，下榻皇家棕榈酒店（该酒店位于距离孟买市中心25公里的约胡海滩）；恐怖袭击事件发生后，他们一直住在酒店，闻听袭击事件使取消了之前预定的参观等行程，现在比较安全。

案例三 2004年9月14日原本是中国网球公开赛最有票房号召力的一天：精心准备的开幕式，萨芬、费雷罗、莫亚和斯里查潘四大明星悉数亮相……然而一场突如其来的暴雨让球迷、选手和工作人员失去了好心情，开幕式取消、比赛延期。尽管按照国际惯例，赛事组委会已决定进行换票处理，但是精彩的、颇具悬念的开幕式却无人目睹，也引起了部分购票者的不满："我是冲着开幕式来的，换票有什么用，况且从来也没有人说过，下雨不能举行开幕式。"

对此，某保险经纪公司总经理告诉记者。作为活动的主办方来说，要让观众在购票时认识到这个风险，这样可使观众有一定的心理准备。同时一旦发生与观众退票有关的纠纷时，也能使主办方处于有利的位置。这在国外也是个惯例，叫弃权书或弃权说明，属于风险共享的一种。

事实上。天气预报越来越多地参与到我们的经济生活中来。一位气象专家告诉记者，国外的大型演出一般会事先和气象预报机构签订协议，由气象研究员预测天气，如果出现失误，气象机构也将会为演出给予赔付。这也是所谓的风险共担。

案例四 "住博会"参展商张先生找到执勤民警报案，说放在参展柜台上的一台手提电脑"蒸发"了，里面存着大量的公司重要文件和客户资料。民警们立刻根据张先生提供的信息围堵犯罪嫌疑人。10分钟后，民警在会展中心门口发现了一个抱着手提电脑的男子神情紧张，便上前查询，果然就是偷张先生电脑的犯罪嫌疑人。

思考：针对上述案例谈谈如何做好展会现场的风险管理工作？

会展是一个人流、物流密集的场所，任何的风险事件在会展中发生都会使它本身的影响扩大数倍，既造成参展商、观众的人身和财产损失，又造成对展会的无形损害。我国会展业发展还不成熟，对展会风险的应变能力和抵御能力不强。因此作为展会主办单位，提高危机意识，把风险管理纳入会展管理的体系中，使我国的会展风险管理正规化、系统化是当务之急。

一、现场的安全管理

（一）会展安全管理的内涵

会展安全管理的主体是会议场所和展览场馆的安全。会议场所和展览场馆是一个公共场所，人员聚集密度高，因此必须保障人员的人身安全，再加上展会上存放大量财产、物资和资金，因此人、财、物、信息等安全都成为宾客的基本需要。所以会展安全管理的内涵可以被定义为保障客人、员工两个方面的生命、财产而进行的一系列计划、组织、指挥、协调、控制等管理活动。

"广交会"就非常重视安全保卫工作，专门成立了大会保卫办公室，负责交易会展览场所和重要活动安全保卫工作的组织领导，包括制订展会的各种保卫方案和措施，协调各级公安部门行动，为"广交会"创造安全良好的社会环境；指导各交易团做好本团的安全保卫工作；维护展馆的防火安全；维护"广交会"大院及其附近道路交通秩序，保障交通畅顺；负责发放内宾证件和车证等。人员编成上包括商务部人事司、广东省公安厅、广州市公安局、广州市国家安全局、武警广东省总队、外贸中心保卫处等。

（二）会展现场安全管理的内容

1. 对场地进行安全分析

展会组办者要做好展会现场的安全保卫工作，一定要对场馆进行安保检查。测定的内容主要有：有无发生过火灾、盗窃事件；出入场馆的交通是否符合交通安全标准；场馆内的安全设施是否齐全等。在场馆的安保检查过程中，安保人员应着重检查用电安全监控系统和应急服务，反复询问大量有关安全的问题，直到觉得这个场所相对比较安全为止。

2. 同当地的安全管理部门之间建立良好的工作关系

在展会开幕前，要陪同消防和安保部门对所有的展位进行一次全面系统的检查，保证展会符合消防和安全要求，彻底清除可能的安全隐患，并且确定当展会出现安全问题时能得到相关部门的帮助。

3. 制作安全小册子、标牌以及其他交流方式

要确保所有参加展会的客户和工作人员都能读懂这些标牌。例如，可采用的最好撤退路线、出口标志、急救标志、警告标志、紧急援助电话号码等。

4. 制订一个媒体管理计划

媒体对会展风险管理的成效有重要影响，媒体可以帮助办展机构更好地处理危机，也可以给危机管理带来很多负面影响，因此应将媒体作为一个重要的管理对象纳入危机管理计划。具体应注意以下事项：多渠道地与媒体保持沟通和密切联系；适当地控制媒体在危机中的活动范围以便为危机管理赢得一定的时间；尽量提供真实的信息；不要和媒体发生冲突等。

二、突发事件的管理

（一）突发事件管理的原则

展会已成为活跃经济的重要途径。国内目前尚没有一个展会出台突发事件的应急预案，所以加强展会的应急管理工作十分必要。展会应急管理应把握以下的几个原则。

1. 预防为主原则

预防为主的重点应放在展会的安全保卫工作上，做到：会前有安全保卫工作策划，制订完善的安全保卫工作实施方案，并举行消防工作演练；会中（布展、开幕、参展、撤展）具体实施安全保卫工作方案；会后及时总结经验。

2. 快速反应原则

展会突发事件发生后，要及时准确地了解、把握事件的情况信息，分析发展动向，迅速启动应急措施方案，快速反应，及时、有效地控制事态发展。

3. 统一指挥，协调联动原则

展会应急管理应建立由展会展览组、安全保卫组、会务组、接待组、项目组、新闻组等有关小组领导、专家组成的展会应急管理指挥、协调联动小组。一旦事件发生后，各小组要充分发挥各自的专业性，加强沟通协调，理顺关系，明确职责，搞好部门之间、条块之间的衔接和配合。服从统一指挥，协同作战，相互支持，积极应对，保证应急工作有序、高效

运行。

4. 政府主导，社会参与原则

政府的权威性不可动摇，社会的力量不可忽视。展会突发事件的处理，必须发挥政府的主导作用，综合运用各种手段，调动社会各方面的资源投入，形成政府主导、部门协调、军地结合、社会参与的应急管理工作格局。

（二）突发事件的处理

危及展会安全的事件多种多样，工作人员的失职、盗窃、抢劫、突发急病、食物中毒、甚至是爆炸、恐怖主义等，下面就几种常见的危机事件进行论述。

1. 盗窃

这是在展会中经常发生的第一类事件。由于展会的参加人数多、流动性大，对进入者的身份核查一般都是填写一份表格，而表格的有效性难以核查，加上珠宝展、文物展、奢侈品展的兴盛，给盗窃犯罪分子提供了可乘之机，而且盗窃一旦发生，丢失的财物很难寻回。近几年，展会中发生的盗窃行为愈演愈烈，甚至有很多盗窃团伙、盗窃集团也把展会看成是难得的"契机"。在一次"香港国际珠宝展"上，仅在开幕之日就发生了两起珠宝失窃案。两名参展商在两分钟内，先后被两批外来的珠宝大盗偷去价值200万美元的钻饰。

预防盗窃事件首先要从出入口开始，保证合格人员的进入，对有"前科"的人员要提高警惕，加快电子身份核查系统的开发和应用。对于安全要求标准较高的展会，要加大安全预算支出，引进和改进电子监控设施。此外，要加强安全保卫队伍的建设和武警官兵的联系。

2. 火灾

火灾也许是第二个最为常见的人为灾难。大部分火灾都是人为因素造成的。例如，展馆内部和外部的电路复杂，稍有疏忽就会引起火灾；展会现场中的某些观展者可能将尚未完全熄灭的烟头丢弃，加上展台搭建用的材料很多是易燃易爆材料，很容易使火势蔓延，更为可怕的是火灾发生后会引起人群恐慌，自然地向入口逃散，往往给救火工作造成阻碍。

如何把展会现场火灾的风险降到最小，这需要展会主办方和场馆管理者在最初的策划或现场的服务中将所有可能造成火灾威胁的注意事项（如禁止吸烟的表示要醒目，员工要熟知消防器材的安放地点和使用方法等）、紧急逃散方式（出入口以及紧急出口的标识要明显）、在发生危害时的急救措施告知每一位与会者（会前的宣传手册告知和危害发生时的现场指导相结合）。迄今为止，展览业中还没有发生过严重的火灾事故，但管理者依然要给予足够的重视。

3. 医疗卫生

展会现场是人流的聚集地，其中可能有传染病携带者，而病人和展会组织者可能不知情；拥挤或者过于激动也可能造成突发性疾病或者晕厥；在统一安排的条件不是很完善的就餐环境中，可能会发生食物中毒等医疗卫生事故。所以基本上每个展会活动都应采取基本的医疗救助措施来维护展会活动的正常进行。

国际会展管理协会（IAEM）的《生命/安全指导方针》指出：每个会展或是设施都要有合格的员工在场来处理紧急医疗事件。除了对正式员工及签约雇员进行事先培训，指导怎样应对紧急医疗事件外，还应当聘请合格的护士或护理人员在观众入场、展会期间以及观众退场时值班。聘请的医护人员或是场馆中可用的紧急救援人员，应当精通基本的救生常识、伤病诊断、急救主持和心肺复苏术，通晓风险通报计划的应用以及整个风险管理计划中的所有其他要素。

4. 工程事故

由于展会现场中的展台和其他建筑都是临时搭建的，在活动结束后会被拆掉，因而一些参展商为了节约成本，找一些非专业的设计公司现场施工，所使用的材料及施工质量存在严重的安全隐患。2008年11月上海某展会闭幕撤展时，展厅内一块广告板从高处砸下，酿成1名撤展工人当场死亡、3人受伤的悲剧。为杜绝此类工程事故的发生，展会现场应当制定一系列的安全规定。例如，为了保证安全，展台搭建所用的材料必须具备防火功能；照明设备和材料必须符合当地安全标准；电源必须有展会指定的搭建公司人员负责安装。此外还必须注意施工搭建时的安全，不能使用有安全隐患的工具和材料；在展出期间，要有专人负责检查展台及设备情况，以保证展台安全和设备的正常工作。

5. 暴力行为

暴力行为范围广，包括抢劫、袭击、对抗、示威、恐怖主义分子爆炸威胁或暴乱。这里要强调的是，恐怖主义是确实存在的，国际恐怖分子是会展管理者、观展者和参展商最有可能遇到的恐怖袭击者。袭击的很大一部分是针对交易的。但是国际上有一种新的趋势，恐怖主义袭击的目标越来越多地指向旅游者。

这些事件最典型的特点是影响面很大，处理这类事件除了及时与武警官兵配合，尽快解决问题之外，还应该配备一个有经验的发言人或是协调员，以防止事件扩大，同时稳定与会者和外界的情绪，保证会展顺利进行。为了避免抢劫等一般犯罪行为的发生，会展举办之前，了解所在区域的犯罪率和以前会展期间发生过的犯罪种类是必要的步骤。

6. 自然因素

在会展的举办地，有可能发生自然灾害这种不可抗力，并由此导致财产和人身的风险。暴风雨雪、飓风、地震、森林大火等都是典型的自然灾害。自然灾害的剧烈性和大范围破坏性通常会造成难以估量的损失。作为会展主办方，在选择城市、场馆时就要充分考虑这些因素，首先查看选择的城市有没有发生自然灾害的历史，其次场馆建造时有没有考虑这些因素，以及能承受的自然灾害的级别有多大。一旦发生灾害，城市的相关部门和场馆方面有没有应对方案和措施。在进行场地检查时，要确保对所有的警报装置都有清楚的了解。

参考资料

厦门国际会展中心展馆安全管理规定

1. 为了维护展览会的良好秩序，防止各类事故的发生，确保会展安全顺利进行，依据社会治安管理有关要求，制定本规定。

2. 会展主办（承办）单位应遵守公安部关于《群众性文化体育活动治安管理办法》和《机关、团体、企业、事业单位消防安全管理规定》精神依法办展，须办理：公安机关"许可举办活动决定书"、消防部门"同意举办会展消防审核意见书"、工商行政管理机关"商品展销会登记证"方可进馆布展。

3. 实行安全保卫责任制。按照"谁主办，谁负责"的原则，主办（承办）单位对会展的安全负责，并制订安全保卫方案，加强安全宣传教育和管理，落实以防火、防爆、防盗、防破坏、防事故等为主要内容的安保措施，并层层签订安全责任书。

4. 加强证件的使用管理。会展应统一制作有效证件；参（布）展人员须佩戴证件进场，并服从安保人员的检查，证件不得转借，遗失立即向主办单位报告；所有参展人员按照会展规定的开/闭馆时间，准时进/出展馆；闭馆后，一律不准进入展厅；需要加班时，要事先经过组展单位的同意，并主动向展厅服务台办理相关的加班申请手续。

5. 所有展台、展品、广告牌布置不得跨区布展，不得占用安全疏散通道；不得在人行通道、出入口、消防设施、强弱电地插等处摆、挂、贴及钉各类展览样品、宣传品或其他标志；请勿占用人行通道放置展品，大声叫卖。

6. 对所有标准摊位的照明及电源安装提供服务；需24小时供电和延时断电的用户必须事先申请；参展单位应如实向保障部提供用电负荷，严禁私接线路和超负荷用电，自带电工必须持有上岗证，服从保障部对用电安全的管理；标准展位内500W电源只限一般照明及低功率电器使用；未经展场电工确认，禁止私自接装大功率照明灯具、电冰箱（柜）和电动工具等设备。

7. 参展商须在展览会规定的时间进场布展、参展、撤展，遵守开闭馆时间；开展后未按时到位或闭馆清场时提前离开展位，展品丢失、损坏，责任自负；在展期内要妥善保管个人的提包、现金、手机、证件等贵重物品，贵重物品要锁入展柜内，不得随意丢放展位上，贵重展品要定人看管，提高警惕，严防盗窃、诈骗行为；对拾获的物品应及时送交保障部。

8. 标准展位的搭建及展具的配置由场地管理部统一负责；不得擅自拆装改动，改动须到展厅服务台办理手续；严禁用展馆的桌椅做登高工具，凡需登高请自行搭建攀登器具；不得在展板展具上钉钉、刻划、悬挂较重的物品，损坏展板、展具按损坏物的实价赔偿；在展架展具上大面积粘贴或裱褙，按每件收取100元押金，撤展时自行撤除清理并接受检查确认后可退还押金；各展厅按照协议对每个展位配置展具（如：桌椅、射灯、插座、台板等），参展单位或个人不能以任何名义转借（让）或出租，若需要使用其他展具时，须向各服务台办理租借手续；严禁私自转租或挪用其他展位展具，一经发现，工作人员有权收回。

9. 需要进行特殊装修施工的参展单位，请提前与组委会联系，向组委会提交施工图、电路图、使用材料说明等资料。特装展位的搭建不得超高；登高作业人员要有安全措施并具备高空作业操作证；广告牌的搭建必须牢固可靠，符合安全要求；禁止在展馆内进行木工材料及油漆类基础加工；各展位的特殊装修布置物品应尽量在室外做好再进入展厅现场安装；参展人员进馆后，特装展位向展厅服务台交缴特装管理费后方可进行施工，如有现场高处作业的施工单位应现场签订《展馆高处作业安全管理约定》（详见"展馆高处作业安全管理规定"）后方可施工；参展商进行展位特殊装修布置时，应自行清理特殊装修布置的废弃物。

10. 任何参展单位的展品、样品、广告宣传活动、布展等仅限于在其展位内进行，严禁堵塞消防通道和消防设施；经劝阻不听，将予以清理；情节严重者，移交保卫人员按照有关规定给予处理；所有参展单位或个人不得展示、出售侵犯他人商标的样品和擅自使用他人商标对外报价、成交；严禁参展人员经营出售假冒伪劣商品，如有违者，后果由参展人员自负。

11. 严禁非报名参展展品进馆展示，严禁非参展人员携带展、样品进馆展示、销售，一经发现，经劝阻两次后不听者，送交组委会保卫组给予处理。

12. 若发生燃、爆等突发事件，主办单位及其人员要保持冷静，应遵守本中心制订的紧急疏散措施，服从本中心工作人员的指挥；主办单位必须对其组织的观众人数按约定严格限制；观众参观时间应尽量避开举行开幕式和闭馆的时间，并控制当天观众人数的总量。

13. 展览样品拆箱后，包装箱、碎纸、泡沫和木板等易燃物必须及时清出展馆，不得在展位外存放包装箱和展品；如存放物品可与场地管理部联系和办理存放手续。

14. 参展商将任何物品带出展馆，必须持有组委会的《物品出馆证明》，经查验后方可放行；需提前撤展的参展单位，须填写《物品出馆证明》并经组展单位负责人同意签字确认后，保卫人员凭《物品出馆证明》给予放行。

15. 撤展时，参展单位应保管好各自的物品，以防丢失；爱护馆内设施，不得夹带搬走、不得损坏，违者照价赔偿；对私拿他人物品者以偷窃论处；参展单位的物品应在撤展当天撤出展馆，如确需留在展馆内暂时寄存或需办理托运的，须到展厅服务台办理寄存或托运手续。

16. 在展览会开幕前，所有自行组织展台施工的参展单位应准时参加由公安、消防等部门组织的安全检查，对检查出的问题应在开幕前解决，不得拖延。

17. 本中心允许使用可擦洗的粉笔或经批准使用的胶带在展览大厅地面上标识摊位位置，其他地面划线方法不可使用；去除未经批准的地面划线的费用由主办单位负担。

18. 在租用区域内分发食品及饮料样品，主办单位应获得有关机构书面批准。

19. 所有食品及饮料的样品应符合现行的健康、安全、卫生标准和其他一切中国食品卫生管理部门规定。

（资料来源：www.gjcg.org.cn）

 知识拓展

UFI 统计标准和定义

近期 UFI 向其会员发布了最新修订的《UFI 统计标准和定义》，而国际标准化组织也正在为全球范围内颁布和推行类似的展览行业术语和标准而紧锣密鼓地工作着。作为全球展览行业的标准之一，在整个行业内进行宣传和推广，将对我国展览行业产生积极影响。不仅对国内的 UFI 会员，而且也有益于引导国内其他的展览企业真实客观规范地公布数据，有益于展览业与国际接轨。《UFI 统计标准和定义》包括以下主要内容。

一、展览面积计算准则

对于每个组展商，需提供并接受审核的数据为"总的净展览面积"，指整个展览面积，包括由参展商占用的室内和室外面积。也被称为"合同面积"，包括付费和非付费面积。它也包括分配给与展览主题直接相关的特殊展出。

对于每个展览场地运营商，需所提供的数据是"总毛面积"。指的是由场地运营商提供给组展商的总面积，或者包括通道面积在内的展览使用总面积。餐饮、办公室、仓储等用地不被计算入内。当提及展览面积时，必须申明为"总的净面积"或"总的毛面积"。

二、参展商数量的计算标准

1. 参展商（也称"直接"参展商）只计算"直接"参展商，如主体参展商和联合参展商均被计算入内。主体参展商为那些直接与组展商签订合同的公司或组织。根据 UFI 标准，或 UFI 认证展会的条件，只有直接参展商才能列入统计数据。联合参展商指那些在某个主参展商的展位内参加展出的公司或组织，有其自己公司职员、产品和服务参加展出。必须通过几种方式予以表明：如通过主体参展商的参展报名表，或相关的联合机构或通过展览会目录。在集体参展的情况下，由集体参展的组织者租赁展位和支付参展费，展位由若干公司或组织共同使用。如果它们各自占用一定面积，其公司职员以自身公司/组织的名义，展示其产品与服务，则被认为联合参展商，如果不满足上述条件，此类参展商只被视作"被代表的公司"（也称为"非直接"参展商），不被计入参展商总数。

2. 被代表公司（也称为"间接"参展商）指一些公司或组织，其产品和服务在主体参展商或联合参展商的展位上展出，但没有自己的职员直接参展。被代表的公司不被计入参展商总数。

3. 为避免混淆，必须声明参展商所属类别。

三、参展商国籍

参展商的国籍由参展公司或组织与组展商签订的合同上的地址决定。当地址与参展商真实国籍不符时，组展商以参展商的自我声明的国籍为准，由组展商单方面的声明无效。当对参展商的国籍存有疑问时，参展公司或组织的总部应该声明分支机构代表其参展。

四、入场人次、参观人次和观众数的计算标准

1. 计算时间段：观众计算应发生在展览正式开放时间。

2. 入场人次：指在展览正式开放期间进入展会现场的人数。

3. 出席人次：展览入场总人次等于展览开放期间通过入口处的总人次。入场总人次等于出席总人次。出席总人次不能作为观众数，报给 UFI 或其他形式的发布。

4. 参观人次：参观指代表着组展商和参展商所期望的市场诉求对象，凭入场证件在展览正式开放期间进入展览现场的人的行为。

下列人群被计入"参观人次"：在展览现场购票者；在开展前购票并到场参观者；凭免费邀请函或优惠券入场并到场参观者；凭长期门票参观者；记者；每人每日只被统计一次。

下列人群不被计入"参观人次"：场馆运营商和组展商的工作人员；服务供应商工作人员；参展公司/组织的工作人员；展览的演讲人。

5. 观众人数：观众指参观展览的人。不管参观多少次，只能一次被计入观众人数。

6. 重复参观：重复参观指第一次参观后的其他可以计算的参观次数。

7. 参观总人次（第 5、6 条的附加条款）：参观总人次等于观众总数加上重复参观总数。

8. 数据发布和 UFI 展览认证：UFI 只接受与"参观人次"或者"观众"有关的数据。

必须通过上下文清楚地理解"参观人次"或者"观众"两个定义。在声明、媒体和宣传材料中也应保持数据的真实性。

五、国内和国际观众的参观

根据观众的常驻地决定观众国籍，并必须在观众注册表格上注明其国外地址。外国或国际参观指来自于非展览举办地所在国的其他国家的观众的参观行为。

如果不具备观众登记条件，组展商应征得 UFI 授权同意，对 UFI 认证的国际展览进行抽样调查，统计出外国参观的百分比。这种调查应由市场研究公司并经独立审计公司证明。证明书中必须说明调查的抽样方法。

如果是综合性公众展览，允许只把外国专业人士计入参观总数。每位外国观众最好通过登记系统来统计。

审计公司的证明书中必须对使用的统计方法予以确认。

能力训练

1. 学生就某一展会/活动进行开幕式策划方案的讨论，并撰写其策划方案。

2. 情景模拟展会现场突发某一危急事件，学生作为展会服务人员该如何处理？

复习思考题

1. 展会开幕式策划的内容有哪些？

2. 会展期间的现场工作主要有哪些？如何去做？

3. 展会突发事件管理的原则是什么？

项目七　会展服务策划与管理

项目目标

通过实践和模拟练习，学生能够对展位承建商进行考察；能撰写展位搭建招标书；了解和掌握会展运输代理和报关代理的工作准则，并能参与国内外会展运输代理的活动；具有会展后勤服务管理方面的能力。

案例引导

案例一

"工博会"现场服务与管理创新

2014 年 11 月 4～8 日，为期五天的第 16 届中国国际工业博览会（以下简称"工博会"）在上海圆满闭幕。作为现代服务业和先进制造业融合以及服务产业创新发展的平台，2014 年的"工博会"在推动服务创新方面也新上一个台阶。以信息化技术提升服务水准，利用互联网、数据服务等信息技术为参展观众提供了更加多样化和个性化的需求，在服务保障方面更加注重细节。主要表现在以下几个方面。

一、"网上工博会"全面更新

继 2013 年"网上工博会"的开启受到好评后，2014 年"工博会"主办方将"网上工博会"功能和管理系统全面更新，并提供更多个性化的需求。参展商可以借助网络上传展品和公司信息，据统计，已有超过 1000 项展品在"网上工博会"展示。这些信息可以方便参观者，尤其是外省市参观者，使他们在进入展馆，直观感受展品前，对展品及参展商有所了解，也是参展商展示自己的网上平台。专业观众则可以通过"网上工博会"进行预登记，参观时只需凭打印的电子观众证入馆，方便程度大大提升。

二、官方微信首秀大热

除了传统的网站平台之外，今年"工博会"加强了移动互联网的功能开发，首次推出微信公众账号。通过展前每周推送 1～2 期工博会预览，展中推送展览重点信息及预告，观众可随时了解参展商和展会信息。走进展馆，"工博会"官方微信的二维码随处可见，在展览中心入口处及票务办理处等地方，甚至可以看到观众排队扫码的热闹景象。为了答谢观众对"工博会"平台的认可，主办方推出了关注有奖活动，从丰厚的奖品可以看出主办方诚意十足。

三、门禁管理信息化

今年"工博会"还加强了门禁系统的信息化管理，所有网上预登记观众可直接打印电子观众证，手机用户直接出示手机内保存的预登记编号即可通过门禁扫描入场参观，方便观众入场，系统也将实时统计记录观众入场信息。

从这些服务举措的创新，不难看出"工博会"始终坚持创新与实践，将国内外知名展会运用信息化的成功经验与中国"工博会"相结合，并成功运用在本届"工博会"的招展、招商和展会服务等各方面。信息化的手段提高了展会的办展效率和能级，创新的服务方式，为参展商和观众带来最优质的服务，提升"工博会""市场化、专业化、国际化、品牌化"水准。

四、现场服务井然有序

现场秩序维护人员早晨 7:20 到场，参加早礼、分配岗位、展区巡查、打开场馆大门，开始了一天的忙碌。每个岗位三人轮班，每人站岗一个半小时，休息半小时，轮流交替进行。170 多个秩序维护人员，在各个展馆展开安保工作。虽然每天现场观众很多，但井然有序，很多展商对工博会赞不绝口。

18 万平方米的展览中心开通了免费电动巴士，电动巴士一刻不停地来回穿梭在几个场馆之间，方便了观众在各展馆的参观。

"工博会"还设置了医疗急救室，每天有两名医生当班，时刻准备着为参展商和观众提供医疗服务。医疗急救室常备着针对胃疼、感冒、头痛、酒精消毒等紧急治疗的基础性药物，"工博会"期间经常会有观众和参展商因为不舒服，来这里寻求帮助。

保洁人员每天清晨 7:30 到岗，8:00 正式工作，奔走在展馆内需要人手的各个角落。虽然每天工作很辛苦，但是保证了场馆的整洁。

工博会特别设置了餐饮区，为参展人员就餐提供了方面。为了保证服务质量，珍鼎餐饮服务有限公司的十八个工作人员每天凌晨 3:00 开始准备当天的商务套餐，9:00 将所有餐食装在保温箱里面搬运至展会现场，再通过烤箱加热装盒。为了提供顾客更好的进餐体验，公司特别为这次工博会设计制作了套餐纸盒。（资料来源：根据 http://www.ciif-expo.com 相关资料整理）

【案例分析】　工博会得以成功举办，离不开承办方各个部门的倾力合作以及他们提供的各种服务，更离不开每一位工作人员的辛勤付出。

案例二

广州锦汉展览中心对客户的服务

随着会展业的发展，广州展览市场竞争激烈，如何在展馆众多、竞争激烈的市场中立于不败之地？广州锦汉展览中心注重展会的服务，赢得客户。

2007 年 12 月，锦汉展览中心展开了"服务月"系列活动提出：服务就是我们的生命力，服务就是我们的产品，服务就是我们的竞争力。尽管这只是三句简单的口号，却浓缩了锦汉 5 年来的服务经验。5 年来，锦汉展览中心无论是展是会，都做得风生水起，其中"服务"二字功不可没。

锦汉的"服务月"主要包含以下四大部分。

一、统一展馆形象

走进光线通透的锦汉展览中心，崭新的展馆设施导向牌，清晰地指示出展馆的各个功能区，让即使第一次到锦汉的客户都能通行自如。展馆的灯箱是以"服务月"为主题而设计的宣传画、可爱的笑脸、直观的服务口号，给人以崭新的面貌。整齐的制服、规范的服务动作、温馨的言语、亲切的笑容和服务人员专业的工作态度让人有置身五星级酒店的感觉。

二、细化统筹

"项目统筹负责制度"，即中心在承接任何项目之前的洽谈、项目执行之中的统筹、项目执行之后的总结服务，均由同一位项目统筹经理负责，为每个客户提供全面、贴心的会务统筹服务。由于服务富有个性及特色，深受各地客户的好评。中心将项目统筹负责制度的含义延伸到属下的各前线部门，对中心各部门的职责权限进行明确的界定。在执行每一个项目时各部门均指定一位主管作为专项工作的直接负责人，各司其职，同时兼顾标准化、人性化，将专项服务做精、做细。

自 2002 年 10 月经营以来，锦汉展览中心在借鉴和探索中建立的"项目统筹负责制度"，已形成了较为系统的统筹制度及方案。2007 年，锦汉展览中心提出了将客户分类的理念，从简单的新老客户分类到按照展览服务对象的分类，将客户的性质、对服务的要求详细分类，把突出特点和一些需要特别注意的事项作为统筹方案的核心，制订出更贴近客户的统筹服务执行方案。锦汉展览中心用自身积累的经验，以及从服务过的各种展览会中吸取经验，力求协助服务的客户实现更高的目标。锦汉的工作人员表示："每次统筹服务的变革，都凝聚了大家更多的心血，看似简单的变化，都需要比以往加倍的努力，服务理念的不断更新和转变，更是需要在管理和培训上质的飞跃。变是恒久不变的真理，只有不断改变服务的内涵，才能取得不变的成果。"

三、安全为先

展览会是否能给客户创造一个舒适安全的环境，越来越成为展览主办单位所重视的问题。锦汉视安全的问题为重中之重，中心本身聘请保安，组成一支保障有力的专业治安保卫消防队伍。2007 年，中心特将属下原保卫部和技术保障部合并，正式成立了安全及技术保障部，全权负责展会的施工图纸审核、消防申报、治安消防安全以及展会布展现场的施工管理服务，为所有展会与会人员提供专业的安全保障。

安全及技术保障部的合并完全是一次全新的尝试，以往保安的"人防"和专业技术的"技防"，虽然同为场馆提供安全服务，但是既存在工作的交叉，又存在工作的盲点，"两防"缺乏紧密结合和无间合作，两者合二为一后，统一的管理和内部的培训，使保安员和专业技术人员的素质都有了提高，能够进行优势互补，换位思考。现在的安全及技术保障部为展览现场"人"和"物"的安全提供了可靠的保证。

四、100－1＝0

服务的执行者是提供服务的人，锦汉展览中心内部员工能力和素质的提升则成为提高服务的关键。中心对内部培训也非常重视，尤其是注重做好"培训培训者"的工作，通过定期对中层管理者的服务管理培训，带动所有服务人员的服务技能培训。"服务月"中心组织了《服务的营销战略》及《构建卓越执行力》的内部管理人员培训，以提高服务质量管理的水平和有效、系统执行任务的能力。同时，中心还展开了"服务之星"的评选活动，让内部员工形成良性竞争，增强工作荣誉感。

锦汉展览中心管理层深刻地理解"100－1＝0"的真谛，高度重视服务的质量管理，并建立了完善的质量监督体系。在日常运营过程中将服务的实际操作与已建立的政策与程序进行对照，力求将每一项工作都无差错地准时完成，严格按照标准操作。在瞬息万变的会展环境下，锦汉展览中心对新环境下对服务产生的新要求采取积极的应对措施并做好记录，作为案例对操作人员进行及时的培训，与最新环境保持同步。在广州展馆扩容日趋迅速的时候，锦汉展览中心始终坚信"服务就是竞争力"，只有让办展的主办方、参展的客商、参观的专业人士都能感受到服务的价值，才能使场馆的经营达到最大的保障。

"硬件设施是固有的，软性的服务是变化的。客户不仅需要完备的硬件设施，更需要的是细致入微的服务。"锦汉展览中心"2008 服务年"基调是：创新服务——转变员工服务意识，从服务的内容、形式、接受方式上不断创新；营销服务——向更多的客户营销"锦汉式"

的服务，让更多的客户分享到中心的服务；规范管理——将共性问题统一纳入日常的管理规范，把问题变为流程，把临时应变变成有规可循。（资料来源：http：//www.cce.net.cn）

【案例分析】　锦汉展览中心管理层深刻地理解了"100－1＝0"的真谛，高度重视服务的质量管理。展览中心将项目统筹负责制度的含义延伸到属下的各前线部门，对中心各部门的职责权限进行明确的界定；同时注重做好"培训培训者"的工作，通过定期对中层管理者的服务管理培训，带动所有服务人员的服务技能培训。中心把对客户的服务渗透到各个方面，并建立了完善的服务质量监督体系。由于服务富有个性及特色，深受各地客户的好评。

任务一　展览搭建服务

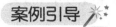

案例一

"第八届中国中部投资贸易博览会"
开幕式实施招标公告

第八届中国中部投资贸易博览会（以下简称"第八届中博会"）将于2013年5月18～20日在河南省举办。第八届中博会以"持续转型、协调发展、促进崛起"为主题，以承接产业转移和投资贸易促进为主线，以信息交流、展览展示、项目推介、合作洽谈、专题论坛为主要内容，为中外客商搭建经济技术交流与合作的平台，促进中部地区与国内外市场、资本、资源的全面对接，实现双向互动、互利共赢、共同发展，提升开放水平，推动中部崛起。

第八届中博会开幕式作为重大活动之一，为做好筹备和组织工作，提升办会水平，按照组委会和河南省筹委会的要求，决定面向境内外专业性机构对开幕式现场组织实施进行招标。现就有关事项通知如下。

一、活动名称

（一）活动名称：第八届中国中部投资贸易博览会开幕式。

（二）项目实施地点：河南省郑州市郑州国际会展中心广场。

二、招标内容

本次招标内容为：2013年5月18日上午9：00～9：30，在河南省郑州市郑州国际会展中心广场举办第八届中国中部投资贸易博览会开幕式现场组织实施。具体工作内容如下。

（一）提出开幕式组织实施方案，要求简朴、大气，充分体现第八届中博会主题、中部六省特点和中原经济区建设元素，既注重营造现场气氛，又充分利用周边环境。

（二）现场组织实施开幕式，包括主席台搭建、现场布置、现场及周边氛围营造、物品制作等。

（三）应急工作：针对特定紧急情况采取紧急应对措施，针对具体要求配合提出方案并协助落实执行。

三、招标方式

公开招标。

四、投标人资格条件

（一）投标人必须具有独立法人资格，能够与招标人签订相关合同；遵守《中华人民共和国招标投标法》等国家法律法规。

（二）投标人应具备承担招标项目的能力并获得国家有关部门核发的其他相关资质证明，无处于被责令停业、财产被接管、冻结、破产状态。

（三）注册资金在 100 万元人民币以上（含 100 万元人民币）。

（四）参加投标的单位必须具有同类活动创意策划及实施经验。

（五）投标人需提供近三年与本招标活动类似的案例。

（六）具有良好履行合同的财务能力。

（七）具有良好的供应商支持系统。

（八）本次招标不接受联合投标。

联系人：周×　0371-6357××××

五、有关要求

（一）主席台：长 45 米，宽 15 米，高 1.5 米，上铺木板及地毯，可容纳不少于 400 人，台上两侧分别制作 3～5 层台阶，要求安全、稳固。

（二）背景板：宽 45 米，高 8 米，正面木板平整，红底金属漆，上贴金黄色亚克力中英文刻字，要求平整、均匀、防水、防晒。

（三）现场气氛营造：使用锣鼓队、军乐队和旋风彩虹、彩烟、礼炮、绿植及适量鲜花。

（四）简单、实用且易操作的启动装置。

六、招投标时间及地点

（一）获取招标通知时间：2013 年 2 月 25～3 月 1 日（法定节假日除外），每日上午9:00～12:00，下午 15:00～17:00。

（二）获取招标通知地点如下。

（1）现场获取：郑州市文化路 115 号，河南省商务厅办公楼 62×× 房间。

（2）邮寄发送：请提供详细地址及联系人、联系方式，通过邮寄寄送，本单位不承担误时及丢失责任。

七、递交投标文件的截止时间及地点

（一）递交投标文件截止时间：2013 年 3 月 15 日 17:00，过时不候。

（1）递交投标文件时，需同时提供如下资料：总体实施方案及文字说明，现场效果图各2 份，初步预算 1 份，《企业法人营业执照》、展览资质等有效资质证明复印件各 1 份，实施同类活动创意策划及实施情况说明 1 份。

（2）投标方在报送投标文件和有关资料时，需将创意方案文字说明，效果图发送到××××12009@163.com 邮箱。

（3）2013 年 3 月 29 日前以书面方式通知中标情况。如未收到书面中标通知，即为未中标，设计方案可书面申请退回。

（二）递交投标文件地点：郑州市文化路 115 号，河南省商务厅办公楼 62×× 房间。

联系人：周×

联系电话（tel）：0371-6357××××

传　　真（fax）：0371-6357××××

电子邮箱（e-mail）：××××12009@163.com

河南省商务厅
2013 年 2 月 25 日

（资料来源：中博会网站）

【案例分析】 展会开展前都需要找承建商提供展会所需的搭建服务，搭建服务既包括开幕式主席台搭建、主席台现场布置、展会指示牌、名录板及广告牌等的制作与搭建，也包括为展会搭建展台提供的服务，为保证展会各项目设计、施工能够及时、高质量完成，办展机构往往针对不同的搭建项目进行公开招标，以挑选合适的承建商。

案例二

"第五届中国中部投资贸易博览会"
河南展台招标方案

一、展台形式

展台要求采取现代创意方式，以图片展示为主要内容，以现代、大气为主格调，运用实物、造型和灯光辅助完成展台特装造型，并进行开放式处理。

二、展台名称

2010 河南旅游。

三、展台主题

文化河南、壮美中原。

四、展台要求

1. 位置：江西省南昌市国际展览中心。

2. 展位号：D 馆 D2（详见附图）（略）。

3. 面积：150 平方米，15 米（横向、宽）×10 米（纵向、长）。展台上下通道两面分别为 4 米，左侧 3.5 米，右侧 6 米，主通道入口方向在右横向。

4. 搭建限高：7 米。

5. 咨询台：需设置公共咨询台 1 个，吧椅 2 把；咨询台不少于 10 个，折椅 20 把。

6. 展区内设置储藏室（面积 3 平方米以上）和洽谈区（不少于 2 个洽谈桌，8 把折椅）。

7. 展台以图片展示为主，加以部分文字说明。要求展示画面不少于 30 幅，展示面积不少于 80 平方米，采取内打光兼多种形式表达（鼓励使用新的展示方式及新型展示材料搭建展台）。

8. 宣传版面：重点展示我省经典旅游品牌（拳头产品）和文化旅游精品。

9. 主入口处需设置 1 台 47 英寸以上的液晶或等离子电视，鼓励使用大面积电视墙。

10. 展区内饰以高档植物和花草。

11. 要求严格按照展馆安全要求进行设计制作和搭建，若由此产生安全等问题，由承建商负责。展台展览展示期间由搭建商进行维护和管理。

12. 各单位需在 2010 年 9 月 9 日前将设计效果图、平面图及报价发至电子邮箱 hnlyc××××@163.com（每幅图像尺寸不超过 200 万像素，采用 JPEG 格式，文档用 WDRD 格式），或送至河南省旅游局旅游促进处。

地址：郑州市政三街×号河南省旅游局旅游促进处

联系人：周××、刘×

电话：0371-6550××××、6550××××

传真：0371-6550××××

河南省旅游局

2010 年 9 月 2 日

（资料来源：http://www.hnta.cn）

【案例分析】 对于展会标准展位的搭建往往由主办方选定的承建商承担,他们被称为展会的"指定承建商",或称"主场搭建商"。对于特装展位的搭建,参展商可自行选择搭建服务商,组办方也可为其推荐主场搭建商。参展商自行选择搭建服务商时也要进行公开招标,对搭建服务商进行考察,以选择信誉度好的展位承建商。

一、展览搭建服务的主要内容

展览的搭建服务既包括为展会所需提供的搭建服务,也包括为展会搭建展台提供的服务,这里主要是指为展会搭建展台提供的服务。展位搭建的好坏,会影响到展会的整体形象和参展商的展示效果,进而影响参展商的参展效果。

一般的办展机构趋向于交给专门从事展会服务的搭建商负责展会展位的搭建装修工作,自己则集中精力做好展会的招展、招商和组织协调工作。因此,选择信誉高的展位承建商是一项关键的工作。

(一)展位承建商的考察

在筹备展会时,组展方都要事先选择一到几家展位承建商来具体负责这项工作,通常把组展方选定的承建商称为展会的"指定承建商",或叫"主场搭建商"(或主场承建商)。"主场搭建商"主要负责为参展商提供标准展位的搭建,水、电气等动力设备的预定与安装,拱门、指示牌、名录板及广告牌等的制作,展具租赁等服务,还可满足参展商提出的一些特殊要求,如提供标摊变异(变异的标准展台)、紧急加装、撤展等服务。一般来说,租用光地(特装展台)的参展商可自行选择和最终确定搭建服务商,组展方也可为其推荐主场搭建商。

由于主场搭建商负责展会展位的搭建,要同时对组展方和参展商负责,展示效果是观众对展会形象的第一印象,所以展位外观设计效果的好坏,在很大程度上会影响到展会的整体形象和参展商的展示效果,进而会影响参展商的参展效果。参展商很多时候都把主场搭建商所提供的服务看成是展会组展工作服务的有机组成部分,因此组展方在选择主场搭建商时一定要全面考察,以确保其能够胜任展位搭建工作。

组展方在考察时应考虑到主场承建商必须具备以下条件。

1. 承建商必须具备合法的经营资格

承建商必须具备合法的经营资格,具备展览工程施工资格;具备专业施工安装技术队伍,有固定从事展览工程业务的人员;同时应确保有足够的人力、物力能在规定时间内完成各项布展、撤展工作。

2. 专业技术和知识比较全面

主场承建商不仅能为展会设计和审核平面图,还能承担展会的会标、展会登记处、办公区、开幕仪式、招待区域、馆别和指示牌等布置工作。主场承建商的专业技术队伍应全面掌握室内设计和装潢技术、工程结构知识、绘图绘画和模型知识、展具展架和施工方面的知识,以及供电、供水、机械、消防等方面的知识和技术。

3. 要有丰富的经验

每个展会展馆的布局以及组展商的要求是不一样的,有经验的承建商能够根据展馆的布局和组展商的意图,处理好设计搭建方面的问题,使展位的设计与搭建既实用又美观大方,而且能突出展会的主题,保证了展位设计的目的性和艺术性。

4. 熟悉展览场地及其设施

展会布展、撤展时间有限,在短时间内要完成布展和撤展任务,尤其是布展任务完成的同时，还要达到预期的效果，这就需要既有经验还得熟悉展览场地的承建商。

5. 价格合理

承建商提供的价格关系到组展商和参展商两者成本的高低，对于组展商而言可直接影响招展价格，进而影响参展商的利益。因此，组展商对承建商考察时，价格因素是考察的重点因素之一。组展方要求展位承建商提供合理的价格，但不是越低越好，价格合理的前提是搭建质量和服务有保证。

6. 遵守展馆的规章制度

承建商要熟悉并遵守布展、撤展、施工管理规定，自觉服从组展者现场工作人员的管理。对于展馆的一些限制性要求，如展位的高度、展具展架的使用、通道和公共用地的限制、消防和安保方面的限制和要求等，必须了解清楚才能进行展台和展位的搭建，以保证搭建的顺利进行。撤展时要注意撤展时间，标准展台必须要在参展商全部离开后才能撤展。

7. 提供展位的维修保养服务

展位搭建好以后，承建商还应对展位承担维修和保养的服务。如果参展商对展位有改进和调整的要求，只要这些要求是合理可行的，承建商都应提供相应的服务。

（二）指定展位承建商的方法

在展会筹备期间，组展商往往考察几家承建商，考察完毕后，可以通过招标和专家推荐的方式具体选定展会的主场承建商，招标选定展位承建商是较为常见的方式，承建商与组展商签订合同，由组展方对其监督和管理。

招标一般可分为公开招标、选择招标等形式。组展商往往对将投标的主场搭建商从以下几个方面提出要求。

1. 投标公司简介

简要介绍公司情况，包括公司成立的时间、规模、负责人姓名等。

2. 公司业绩

何时何地、何场馆完成了展会的主场搭建工作，效果如何？用户评价如何？需要投标公司提供至少三家用户的最新业绩，并且提供用户的联系方式。

3. 用户评价

近期会展使用客户对该搭建商评价良好，并有实例证明。

4. 全部服务或工程的总价格

5. 投标报价单所提供的信息应详细、准确

6. 限定的时间内能否提供高质量的服务

组展商仔细审阅、分析投标报价单，在一定的时间内以书面的形式给予回复，并且声明最低价格方案不保证被认为是最佳方案。

对于标准展位的搭建，往往由主场搭建商进行搭建，而特装展位的搭建，参展商既可以用主场搭建商，也可以自行选择搭建商，但组办方要对特装布展方案进行审核。参展商自行选择搭建商前，也要进行布展前的招标工作。

（三）撰写展位搭建招标书的步骤

1. 会展名称、地点

搭建招标书首先应注明展会名称，城市名称及所在城市的哪个展馆举办。

2. 时间

注明开展时间、展位搭建时间、撤展时间。

3. 具体位置、搭建面积、限高

需搭建的展位在什么位置，将搭建的展位面积是多少？展位的限高要求等。

4. 主题宣传口号、主要展示内容

参展商主题宣传口号是什么，展示的展品范围，搭建展台欲达到什么样的要求等。

5. 对搭建公司的要求

搭建公司需要具备什么样的条件，在招标书上明确指出，这样避免众多的搭建公司一拥而上，减少了筛选的麻烦。

6. 其他要求

参展商如果有其他特殊要求，可以在招标书中提出。

7. 联系地址、联系人及联系方式等

最后写明参展商的联系地址、主要联系人或负责人、电话、传真等，便于搭建商及时联系。

展位搭建招标书撰写时应注意内容详细，目的明确，表达准确。参展商可根据自己的需要添加招标内容，这样展位搭建商可根据参展商的要求和自己的实力作出是否投标的决定。

二、布展施工管理

承建商选定以后，就可以进入布展的现场管理，对于组展方而言，要严格监督，确保布局工作按照规定安全、有序地进行。具体要求如下。

（一）展位高度

一般而言，标准展位搭建高度为 3 米（包括地台高度）以下，在施工和技术条件允许的情况下，特装展位的建筑高度不超过 8 米（包括地台高度），超出此高度的展位，需申请批准。

（二）特装展位布展

特装展位的布展，参展商对所有报送备案的内容不得自行更改，如需要更改的，需在指定日期前向组展商重新报送。特装展位的设计与施工，其垂直正投影不得超出预留空地的范围。特装布展的参展商负责自己展台内的地毯装饰，所有地毯和地面装饰可使用双面胶纸固定。施工单位应将"施工许可证"挂放在展位醒目位置，严格按图施工。特装展位的维护由施工单位负责，由该展位所属的参展商负责监管。

（三）禁止操作的项目

严禁使用双面或单面胶等材料在展览场馆通道的柱子上粘贴任何物品，不得在墙面、地面打孔、刷漆、刷胶、粘贴、涂色。严禁锯裁展览场馆的展材、展板，不得在展材、展板上油漆、打钉、开洞。

（四）水、电、气的使用

不得损害展览现场的任何设施，所有水、电、气源配置必须向展览场馆预定。

（五）与消防设施保持距离

展位搭建必须与消防栓四周至少保持 1 米距离，以留出取用通道。

（六）悬挂作业

屋顶的悬挂作业只能由展览场馆工作人员或经授权的专业人士完成。未经许可，任何单位和个人不得在展览场馆从事任何形式的物品悬挂作业。展览场馆的屋顶悬挂作业一般公限于广告条幅和指示性轻质标志，不允许在展馆里面悬挂重物或作为展位结构的牵引之用。悬挂作业需要预先申请，在申请中列出悬挂物品的名称、尺寸大小、材质、重量和内容（广告或标志），并注明需要悬挂的平面位置和高度。

（七）证件管理

从布展之日起，所有施工人员应佩戴相关证件，服从并配合保安的检查，证件不得转借给他人和带无证人员入馆。

（八）楣板设计

标准展位的楣板文字（参展单位名称）经组展公司核对，由指定承建商统一制作。参展单位未经组展公司审核批准，不得擅自更改，如确需更改，可在筹展期内到服务台与指定承建商联系。

任务二　会展物流服务

案例引导

东北亚博览会通关服务的保障措施

东北亚博览会海关服务的措施越来越具体完备。2013年第九届东北亚博览会，首批东北亚博览会货物通关相比去年整整提前了一天时间，为参展企业留出了充分的布展时间，同时节约了很大的物流成本。本届博览会"功能定位提升、办会规格提高、展示内容丰富、经贸实效增强"等新变化，积极完善监管和服务方式，推出多项举措确保服务到位。

一、健全组织机构

成立以主管关领导为组长，有关业务科室密切配合的"东北亚博览会货物通关领导小组"，围绕"通关高效、监管到位、服务优质、形象良好"的工作目标，制订切实可行的工作方案，细化责任分工，明确具体内容，在严密监管的同时，保证展品安全、有序出入境。

二、加强海关政策宣传

修订东北亚博览会通关指南，规范进境展品通关流程，并及时通报组委会及代理报关公司，对有关调整变化情况进行解释说明，为中外参展商提供明确的通关咨询服务。争取境外留购展品税收优惠政策，使每一位参展商享受优惠政策带来的好处。

三、在网站上设通关服务专用栏

在东北亚博览会网站和东北亚会展网上设立专项网页，分别设中、英、日、俄、蒙、朝6种语言的边防检查指南、海关监管指南、检验检疫指南、人员入出境指南、航空服务指南和展品运输指南、各物流公司的简介及报价单。

四、加强口岸工作人员培训

边防、海关、检验检疫、出入境管理、民航、航空等部门要抓紧时间，对现场工作人员加强培训，提高业务素质、外语水平，强化涉外礼仪知识学习，确保通关现场文明、便捷、高效服务。

五、延长口岸通关时间及增加临时国际航班

在东北亚博览会期间，省内各边境口岸视实际情况，由吉林公安边防总队与俄、朝方边防（通行）检察机关会晤协商，适当延长口岸通关时间；长春市公安局出入境管理处要在长春和珲春口岸派专人负责，并与对方口岸相关部门做好衔接工作；民航和航空公司要提前做好预测，并与有关部门沟通，必要时在博览会期间增加一些由吉林省航空口岸入出境的临时国际航班；保证参展人员和货物顺利入出境。

六、举办东北亚博览会通关培训班

以东北亚博览会执委会秘书处的名义，在省内举办东北亚博览会通关培训班，参加培训的包括各市（州）、县（市）商务局、贸促会等负责国际招商招展工作的相关单位和有关企业、外贸公司相关人员。

七、简化展品通关流程

在展品进境方面，实行一次性行政许可审批制度和口岸转关、展出地集中验放的快速通关模式，确保展品以最便捷的方式运抵展览场所；在展品的监管方面，对进境展品实行清单式预申报监管模式，实现对监管场所和展品的科学化、规范化管理；在展品查验方面，与检验检疫部门建立"联合办公、共同检验、一站式服务"的通关作业模式，将海关查验与参展商展台布展同步进行，提高查验工作效率，为参展商布展提供便利。

八、提升通关服务质量

组委会抽调业务骨干，组成一支"业务素质过硬、服务水平良好、综合能力强"的驻会监管队伍，落实服务东北亚博览会人员保障要求；建立"专人、专岗、专办"的服务模式，对参展商实施"贴身式"、"跟进式"服务，及时处理展品通关疑难问题或紧急情况；设置博览会展品审单专用通道，实行24小时预约通关和无假日值班制度，推行展前旅客携带进境的展品提前报关、货到放行的通关模式，并对双休日期间到货的布展商品办理先放后报手续，为进境参展宾客、商品提供了热情的通关礼遇和实时快捷的通关服务。派员驻会现场服务，设立咨询台，为与会客商现场提供全面、直接、便捷的海关政策法规服务。坚持关领导带班制，保证展会期间海关的现场协调指导工作，现场解决有关问题。

九、完善通关应急处置机制

加强与外省口岸海关、代理报关企业的联系协调，主动协调沟通，积极建言献策，建立起有效的通关协调机制，确保参会人员和参展展品的快速有序通关。（资料来源：东北亚博览会网站）

【案例分析】 会展服务既包括发生在展览现场的租赁、广告、展位搭建等专业服务，也包括展品运输、仓储、报关等服务，会展服务质量的高低，直接影响到组展方与参展商的合作关系。在国际性展会举办前，展品的安全运输和报关工作尤为重要。为保证参展、参会客商及货物的顺利通关，东北亚博览会主办方特制订了通关服务的保障措施，为参展、参会客商提供了便利。

会展物流是将展品从参展商所在地运输到展出所在地，进入场馆，展览结束后再从场馆回运或运到下一个展出地点的过程。这其中的具体环节包括国际运输或外地运输、国内运输或展出地运输、运输方式的选择、到达后的临时存储、进出场馆、进出口报关等。会展物流服务又叫展品运输服务，是指展品在运输的过程中，运输公司所提供的一系列服务。

展品运输是一项十分复杂的工作。若运输不及时，则会影响展台的搭建和布展，进而影响展出的最终效果。因此，展品运输一般承包给专业运输公司。国外展览业在这方面操作模式比较成熟，他们有专门的机构——国际展览运输协会，展览组织者只在其中起联络、协调、组织的作用。在我国组展方往往推荐或指定信誉度较好的物流公司，或者参展商自行选择。

一、会展物流服务项目

会展物流的特点是多品种、小批量、多批次、短周期，而且运输环节多，这就要求物流企业或展品运输代理必须把改善服务方式、提高服务质量作为赢得竞争的关键。

（一）会展物流服务项目的主要内容

（1）展品包装与装箱。

（2）展品运输代理从参展商处提货，或在车站、货场、机场提货。

（3）物流仓库装卸、集结、仓储。

（4）选择合理的长途运输方式，接运和交接。

（5）市内卡车运输。

（6）会展中心卸货区搬运展品至展位。

（7）提供机械和人工。

（8）包装及展品开箱就位。

（9）包装材料保管。

（10）展品全程运输，包括来程运输和回程运输。

（11）代办展品保险。

（12）办理国际参展品手续，包括海关报关等。

在以上会展物流服务项目中，展品的包装、展品运输和运输代理的选择及保险等在整个服务中占有重要地位。以下是主要会展物流服务项目介绍。

（二）主要会展物流服务项目介绍

1. 展品包装与装箱

展品包装与装箱是保证整个展品顺利运输的第一步，展品包装与装箱主要包括以下几个环节。

（1）展品包装分类　在这个环节中，要针对不同的工作要求对展品进行分类包装。用于销售的包装，要注意两点：一是保护功能，主要指运输过程中对产品的保护；二是艺术功能，放在展台上吸引观众。用于运输的包装，多是木箱或纸箱，运输包装应以结实、耐用为原则，还要注意包装的尺寸，要能够出入展场的门和电梯。此外，在展品的包装和装箱方面，对集装箱或木套箱、包装衬垫物等也有一定的要求，而且在国际展中，展品包装在海关将受到严格的检查。

（2）包装箱标识　运输包装箱要按规定标识。标识的主要内容有：运输标志、箱号、尺寸或体积、重量，以及参展企业的名称、展馆号、展台号等。对于易碎物品要打上国际通用的易碎的标志——"玻璃杯"，作特别标记。

（3）装箱单和展品清册　展品运输的特点之一就是杂，任何一个环节疏忽，都可能造成麻烦和混乱。要防止漏装、错装、装箱不符的情况。装箱后，须制作装箱单和展品清册，以确保准确无误。

2. 展品运输

展品运输可以分为三个过程：运输筹划、来程运输和回程运输。每一个过程在实际操作中都有一些特殊的要求。

（1）运输筹划　运输筹划的主要内容有运输调研、线路与方式的选择、日程、费用以及集体运输和单独运输的问题。

运输调研是运输筹划的基础和依据。运输调研的主要内容包括会展运输代理的选择、交通航运条件、可能的运输线路和方式，发送地和目的地，车船运输设施，港口设备和效率、安全状况、运输周期和班轮、班车和航班时间及费用标准，发送地和展出地对展品的单证和手续要求规定等。

运输线路和运输方式有着密切的关系。运输线路最简单的是门到门的运输，即卡车开到参展商所在地装货，然后再直接开到展场卸货的运输方式。

国际运输最常用的线路可以分为三段：一是从参展商所在地将展品陆运到港口；二是从港口将展品海运到展览会所在国的港口；三是从港口陆运到展览会所在地。

运输方式的选择有水运（包括海运和河运）、空运、铁路运输、汽车运输、邮寄、快递、自带等。

在确定展品运输日程时，不仅要考虑运输所需的时间，还要考虑展品、资料等展览用品准备所需的时间以及办理有关单证和手续所需的时间，并且要协调好这些工作和时间。同时，要考虑会展运输代理的能力和信誉、装卸货的速度、运输过程中可能的延误包括发生故障、港口严重压港等情况。

为了避免运输代理乱收费，可以要求几家公司报价，从数家报价公司中选择一家。降低运输费用还有诸如尽量使用正常的运输方式、用定期班轮、定期的铁路运输、避免使用加急运输方式等，这些都是在运输筹划中要考虑到的。

集体出展通常由组织者统一运输，不安排集体运输时则需要各参展商自行安排，单独运输。

（2）来程运输　这是指展品自参展商所在地至参展所在地之间的运输。一个比较完整的来程运输过程大致可分为展品集中、装车、长途运输、交接、接运、掏箱和开箱等环节。

（3）回程运输　这是指将展品自展台运回至参展商所在地的运输或参展商指定的其他地点的运输工作，简称"回运"。

不论是来程运输还是回程运输，都可能出现未运到、途中损坏、丢失等情况，因而，展品运输是一项需要重视并认真做好的工作。

3. 运输代理与保险

运输代理的选择对展品的运输至关重要，选择好会展运输代理后，参展商要和运输代理签署详细的合同，考虑到所有细节问题。国际展览运输协会（IELA）对会展运输代理的业务标准有明确的规定，后面将提到。

为确保展品安全准时到达，参展商除了与会展运输代理签署责任合同外，还应与保险公司签署保险合同。

展览涉及的险别较多，包括展览会取消险、展会推迟险、雇工责任险、运输险、战争险、火险、盗窃险、破损险、人身伤害险、公众责任险、人身事故险、个人财产丢失险等。参展商可根据规定和需要选择险别投保。保险最重要的是单证和保险单，其他可能使用的单证有受损报告书等。

4. 展品装卸服务

展品的装卸可分为两种类型：一种是运输代理直接装卸；另一种是参展商自行装卸。这里所说的展品装卸服务是指运输代理的直接装卸服务。

运输代理直接装卸服务包括两个过程，一是指运输代理从参展商处将展品装车，运往车站、码头或机场，准备实施长途运输；二是指运输代理按照展品的进馆日期将展品直接运到展厅并卸货至展位的过程。这两个过程都使参展商不必操心展品的装卸环节。对于运输代理而言，承担的装卸运输服务可能不止一家，因此直接装卸服务对时间要求比较高，必须按照办展机构的时间安排为参展商提供装卸服务，参展商不能依照自己的时间来安排展品的装卸。

有时参展商会自行安排展品装卸，展馆会安排准备装卸展品所必需的机械设备，如叉式装卸机和手动小起重车等供参展商租用，但参展商须提前申请，办理租用装卸设备的手续。采用这种方式，参展商支付的费用少，但也可能会因不够专业而承担相当的展品损失风险。

二、国际展览运输协会相关规定

由于运输有它自己的行业操作规范和工作技巧，国际展览运输协会（IELA）对会展运输代理的工作提出了两个方面的要求：第一是会展运输代理的工作准则，第二是报关代理的工作准则。也就是说在选择会展运输代理时，不仅要考虑到运输能力，还要考虑其海关报关能力。

（一）会展运输代理的工作标准

国际展览运输协会（International Exhibition Logistics Association，IELA）对现场运输代理（Site Agents）规定了如下业务标准。

现场运输代理的业务在很大程度上依赖于三个方面的有效管理：联络；海关手续；搬运操作。

国际展览运输协会对三方面的最低要求如下。

1. 联络

联络的第一个要求是语言。国际展览运输协会的运输代理成员中必须会有说流利的英语、德语、法语和展览会举办国家或地区的主要语言的人，主要是为了保证运输代理和组办方、参展商能够很好地沟通和联络。第二个要求是运输代理必须在展览会场设立全套办公设施，如果会场不具备条件，要在合理的距离（步行距离内）设立办公设施，并配备常设的支持设备，以便与地方办公室及时联系。第三个要求是为了协助客户与运输代理的联络，必须要配备以下设施：国际电话和国际传真。第四个要求是运输代理必须提供详细、有效的邮政地址，这一点对于临时在现场工作的代理非常重要。因为参展商会在展会前后把运输单证文件（提单、海关文件）直接寄给运输代理。

2. 海关手续

运输工作最关键的部分应该是办理海关手续。海关手续办理是否及时直接影响到国际参展商的展览计划，如果不能及时办理，就可能出现展会开幕而展品未到展场的情况。对此主要有两个要求：一是展会组织机构和代理共同为展会设立临时免税进口手续，根据海关的规定，对于有些题材如汽车展会，运输代理可能还需要担保或交保证金；二是要与海关商妥现场工作的时间和期限，包括正常工作之外的时间、周末和节假日等，以便有足够的时间办理海关手续。每天工作开始时间不得晚于 8:00，工作结束时间不得早于 16:30。在这个时间之外，如果有需要，仍可以找基干职员（Skeleton Staff）办事。

以下是办理进出口手续的一些时间标准。

（1）进口手续的时间标准如下。

① 整车放行卸货：在预先通知的情况下，货车抵达后 6 小时；未预先通知的情况下，

货车抵达后 24 小时。

②空运货物放行：在预先通知的情况下，货车抵达后 8 小时；在未预先通知的情况下，货车抵达后 48 小时。

（2）出口手续的时间标准如下。

①包装检查。在预先通知的情况下，开始后 2 小时；未预先通知的情况下，申请后 8 小时。

②装车检查、铅封、货车放行。在预先通知的情况下，装车后 3 小时；未预先通知的情况下，申请后 8 小时。

③办理出口或转口文件。在预先通知的情况下，提交文件后 4 小时；在未预先通知的情况下，申请提交文件后 8 小时。

另外需要指出的是，除进口手续未预先通知情况之外，所有手续都由同一海关官员在一个班次内完成。货车装货完毕等待文件和铅封不应过夜。同样，展出者要求海关检查掏箱装箱应该在同一天办理。

但是如果货车在海关下班前抵达或装完，又未事先通知，便难免过夜等待。同样条件下，展出者临下班前要求海关检查也可能无法安排。

以上时间期限的前提条件是展出者提供全套、准确的文件，事先通知并准确地表述和申报。

3. 搬运操作

国际展览运输协会对搬运操作的要求主要有以下几点。

（1）协会代理必须熟悉现场并在展览施工和拆除期间能随时使用合适的设备和有经验的搬运工。有责任事先预计到非常规、大尺寸的物品的运输装卸问题，并相应准备好特殊设备。

（2）运输代理要在现场安排仓储地，如果不可能，就在尽可能近的地方（不超过 30 分钟的路程）安排仓库，以存放易被盗或保密的物品。

（3）空箱应当存放在现场或离会场尽可能近的地方，以备万一展出者将物品遗留在箱内需要寻找；另外也为了展览会结束后能迅速运回空箱。如果有条件，空箱应当存放在室内。如果没有条件，必须采取措施保证空箱回运时与运出时状况一样。

（4）空箱及时回运是展览会拆除成功的关键因素，使展出者能尽早装箱和装车，这有助于尽早清场。

（5）如果展览会面积达到 10 万平方米，空箱全部回运时间最晚也不得超过正式拆除第一天的 12:00，如果展出者或组织者同意，并更有利于拆除进度安排，空箱空运可晚一些运回。

（6）如果展览会面积超过 10 万平方米，将视情况安排空箱回运时间。但是，在一般情况下，空箱回运工作必须在正式拆除第三天开始的时候全部完成。即使这样，代理仍必须合理安排，保证凡要求空箱回运的展出者都可以在正式拆除的第一天中午便开始收到部分空箱，其他空箱在以后陆续回运。

在任何情况下，不允许发生有任何展出者一直等到拆馆的第三天才收到空箱的现象。

（7）卸车和装车必须按预定的时间进行。以下时间适于 10 万平方米及以下的展览会。卸车或装车必须在同一天内尽快完成，条件是：车辆按施工/拆除计划时间抵达，或在工作日有足够的时间内抵达。如果晚到，在不影响其他按时抵达的车辆装卸的情况下，必须在第二个工作日一开始就装卸。另外，如果展馆只有一个运货门，那么为该门附近展台运货的车辆应当尽量安排在施工期最后卸车，并安排在拆除期最前装车。

（8）协调好所有展出者的要求，并相应安排好搬运操作，就可以避免出现混乱。在现场设立仓库有利于解决问题，对各方都有益处。

（9）运输代理在收到使用吊车的要求后，应当能够在第二个工作日提供吊车服务。在此期间，代理可以安排设备和劳工。如果展出者要求当天使用吊车，代理在可能的情况下应该尽量安排，最晚在第二个工作日的开始时应安排好。条件仍然是不影响周围展台、走道、运货门的正常工作。

现场搬运操作的成功完全在于现场运输代理，现场运输代理必须事先协调好所有展出者的搬运要求，并提前将相应的安排通知组织者和所有展出者。这样就能够避免展出者提出工作计划之外的搬运要求，或提出临时遇到的难题。

对于国际会展出口代理还规定了有关报关代理的工作准则。

（二）报关代理的工作准则

海关报关对国际参展商是非常重要的工作。国际展览运输协会（IELA）对出口代理的海关报关工作主要有以下六个方面的要求：联络；展前客户联系；单证办理及通知；最佳运输；现场支持；展后处理（回运）。

1. 联络

有效联络的三个因素分别是语言、通信设施和明确的邮政地址。

（1）语言　为了进行有效的联络，协会成员必须都能够使用英语进行联络，所有代理都必须有员工可以说流利的英语。

（2）通信设施　所有代理都必须有常设的国际直线电话、电传和传真设备。一些发展中和第三世界国家政府可能限制使用传真，这种情况除外。在其他无限制的情况下，所列设备是必备的。

（3）邮政地址　所有代理必须有一个明确的邮政地址，因为代理可能还有其他业务和其他地址。

2. 展前客户联系

展前与客户联系是六个工作部分中最关键的一环。因为这一部分工作中任何一项未完全做好都会给展出工作带来麻烦。

作为国际展览运输协会会员的出口代理给展出者的要求必须是内容明确、简洁（展出者不会也不愿阅读空洞、冗长的词句），最重要的是不能有歧义。要求必须使用展出者的语言。出口代理有义务安排翻译基本运输要求，在任何情况下，不允许出口代理将运输要求原封不动地转给展出者。

当然，在一些情况下语言困难、在更多情况下缺乏地方和技术知识使基本运输要求不易阅读。作为协会会员的出口代理要努力将要求翻译得清楚、全面，使展出者能读懂。

海关报关工作要求必须包括以下内容。

（1）单证文件　世界各地的现场代理需要办理许多不同的单证文件。因为需要准确的单证说明，最好有样本。要建议展出者利用 ATA 通关单证册以最大限度地减少单证文件，并出具"授权签字和修改函"。

必须让展出者完全了解手续规定，包括从本国出口并进口到展览会所在国，以及办理手续所需的时间。

（2）包装/标识　出口代理应当了解运输方式和路线，必须让展出者知道展览会所在国有关包装的规定，并注明对特殊货物的包装标准。出口代理必须确保所有包装都按基本要求印有标记。

（3）截止期　截止期必须明确，并被执行以便货物能按要求的时间运到目的地。截止期必须包括所有选择，也就是空运截止期、海运截止期、陆运截止期和铁路运输截止期，以及拼装或整装运输截止期。出口代理必须在展览会开幕前至少90天提出截止期要求。这对于需要远程海运的运输尤其重要。

（4）其他情况　还必须让展出者知道有关其产品和展览会所在国的任何特殊规定，也就是，限制的物品、随时携带的物品、进口特别要求或审查等。同时，对进口或重要的任何限制也应当告知展出者。

3. 单证办理及通知

货物启程时必须将展品情况和搬运细节用电信方式通知现场运输代理，如展出者、展台号、展品运到展台的要求时间、箱数、尺寸、毛重、净重、体积、CIF价格（即成本加保险费加运费价格）。运输细节也必须包括在内：航班号、提单/空运提单号、卡车货车/集装箱/铁路货车号。

获取形式发票/装箱单（或相同的文件）以及运输单证（空运提单、提单等）后必须尽快用传真发给现场代理。现场代理要求的可转让单证要按现场代理的时间表和基本运输要求的规定份数分两份用航空快邮或航空快递发出。

作为国际运输协会会员的出口代理必须确保按基本规定提供正确、完整的单证，以避免办理海关手续的延误。

4. 最佳运输

考虑到货物的特性、预算和时间限制，作为协会会员的出口代理应当向展出者建议最佳的运输方式和路线。此建议的根据是前面所提到的标准，对展览会所在国的了解和基本运输要求。

5. 现场支持

出口代理对现场支持的主要目的是确保客户在运输和装卸各方面获得国际展览运输协会的专业标准服务。另外一个目的是帮助和支持现场代理，以使其顺利完成现场搬运工作。

要达到现场支持的目的，出口代理可以作为客户和现场运输代理的协调人员，处理有关运输的事务。

在展览会搭建和拆除期间，出口代理将与现场代理的搬运人员建立密切的关系，帮助现场代理处理棘手问题。比如，吊运一件困难的物品，现场代理常常要等展出者的技术人员到场，而出口代理可以代为解决。出口代理可以随时协助海关检查货物，可以迅速安排空箱运出和运回、减轻现场代理的压力。

展览会期间，出口代理要巡视所有客户，以便收集展品处理或回运的要求，并整理成准确的、易读的表格转交给现场代理。简言之，出口代理将作为现场代理的一个成员，直接负责其所有运输客户的事务。

6. 展后处理和回运

出口代理将展品处理和回运的有关要求明确地交代给现场代理后，还应该监督所有搬运操作，以确保各项工作按时，并符合基本运输要求，使客户满意。

任何展品成为进口品，出口代理将为之办理所产生的当地税务。如果有任何物品改变流向，出口代理一般应当通过现场代理办理，交代交货条件、交货地点、销售条款。将海关和进口的所有情况通知现场代理，以便相应安排运输。

回运运输将由出口代理安排，通常自行办理运输手续。但是，仍要将有关货物和海关手续的全部要求告知现场代理，办理展览会所在国的再出口手续，避免延误报关，以顺利办理再进口手续。

现场费用，包括展览会闭幕后需要支付的费用，由出口代理承担；然后，折成客户所使用的货币，按出口代理的条款转到客户应支付账单上。

国际展览运输协会对会展运输代理和报关代理的工作准则是针对其会员单位的，对我们选择会展运输代理有很大的参考价值。

有些会展只指定一家运输公司作为代理，统一负责海内外的运输事宜。但对于国内运输和跨国运输来说，差别非常大。所以，有些组展机构通常分别指定国内运输代理和海外运输代理。

三、国内运输代理

国内运输代理主要负责国内参展商的展品及相关物资的运输工作，有时也作为海外运输代理理国内段运输的代理。国内运输代理主要分为来程运输和回程运输。

（一）来程运输

来程运输是指将参展商的展品及相关物资自参展商所在地运至会展现场。主要有以下几个环节。

1. 展品集中和装车

参展商将展品和相关物资，按要求的日期集中到统一指定的集中地点，由国内运输代理进行理货并安排运输路线和方式；确定后再将展品和相关物资装上运输工具，运往车站、机场或码头。

2. 长途运输

根据运送物品的特点，结合最佳运输路线和方式，长途运输可能会采用水运、空运、火车和汽车运输。如果是汽车运输，最好是安排从运输地到会展场馆的"门到门"运输，以减少装卸次数；如果是空运，要注意提前订舱；如果是火车和水运，则要注意出站和出港以后的运输衔接。

3. 接运和交接

对于空运、水运和火车运输，都存在一个中途接运的环节。例如，物品从船上卸下后再由汽车运到场馆等。接运要注意安排好时间，尽量减少接运次数。货物运到会展现场，要交接给指定的展台工作人员。交接中要注意列出相关工作和货物清单以便工作衔接。

4. 掏箱和开箱

掏箱是指将展品箱从集装箱或其他运输箱中掏出或卸下，并运到指定展位的过程；开箱是指打开展品箱取出货物。掏箱工作要准确有序，时间和人员要安排合理；开箱工作一般由参展商自己负责，要注意清点和核对货物。

经过以上运输环节，货物安全准时到达会展现场后，参展商就可以按照计划安排布展工作了。会展结束后，根据参展商的计划，有些货物需要运回参展商所在地，有些需要运给经销商等，这样就涉及回程运输的问题。

（二）回程运输

回程运输是指在会展结束后，将展品和相关物资自展位运至参展商指定的其他地点的运输工作。回程运输的目的地可能是参展商所在地、参展商指定的地点如经销商和代理商的所在地或另一展会所在地等。

回程运输的基本环节与来程运输相似。回程运输的时间要求虽然不高，但办展机构和运输代理应该提早筹备回程运输，以免引起撤展现场的混乱。

（三）其他注意事项

办展机构在指定国内运输代理时，还要考虑以下几个因素。

1. 时间安排

展品和相关物资的运输时间要提早安排，并向参展商公布。主要有以下时间安排：交箱日期、办理手续日期、发运日期、抵达目的地日期、到达会展场馆日期、回运日期等。

展品到达时间过早，会产生额外的仓储费用；到达过晚，会延误展览日期。运输时间适当留有余地为好，多花仓储费总比耽误布展要好。

2. 运输路线和方式

办展机构有必要督促运输代理为参展商安排最佳运输路线和运输方式，尽量使用集装箱等安全的运输方式等。此外，一定要明确不同运输方式的到达目的地。

3. 包装要求

由于在同一个大型展馆可能同时举办多个展会，为了在展览现场搬运和装卸方便，办展机构可以和运输代理一起安排好会展物资的运输包装要求，如包装标志要注明展会名称、展位号、收货人名称和地址等。

4. 费用问题

办展机构有必要让运输代理向参展商提供合理的运费和杂费的收费标准，防止运输代理收取的费用过高。要和运输代理谈妥陆运、水运和空运的基本费率，以及迟到附加费、早到存放费、码头或机场费等附加费率、自选服务的费率，并明确告知参展商。

5. 保险

办展机构要督促运输代理提醒参展商在安排运输时需要投保的险别。

四、国外运输代理

如果举办的会展是国际性的，那么就应当再指定国外运输代理来负责海外参展商的展品及相关物品的运输工作。尽管运输也是分为来程运输和回程运输，但其运输环节和手续的办理，要比国内运输复杂得多。跨国运输和国内运输最大的不同主要表现在以下三个方面。

（一）运输方式

跨国运输基本上都是国际联运，整个运输过程基本要经过陆运—海运—陆运，或者是陆运—空运—陆运等几个环节，参展的货物要从一个国家运到另一个国家才能完成。因此，海外运输代理必须要清楚了解会展举办地所在国的海关规定、海关手续和进口税率，了解当地对展品进口的处理办法和规定，了解当地是否有免费进口宣传品和自用品的规定等，以免展品报关受挫。

（二）有关文件

由于跨国运输的货物要从一个国家运到另一个国家才能完成，所以运输过程中涉及的有关文件要比国内运输多得多，也复杂得多。一般来说，跨国运输需要准备的有关文件主要有以下几种。对于这些文件，运输代理要明确告诉参展商提供各文件的具体时间和最后期限，以便及时办理有关手续。

1. 会展文件

会展文件是有关展品和相关物品的证明和文件，主要有展品和相关物品清单、展品安排指示书、需送海关审查的特殊物品样本和清单、发票等。有些国家可能还要产地证书、商品检验证书等文件。其中，展品及相关物品的清单最重要，一定要完整准确。

2. 运输单证

运输单证是办理货物运输所需要的证明文件，主要有装运委托书、装箱单、集装箱配装明细表、提单、运费结算单等。如果货物需要回程运输，那么还需要有委托回运通知书。

3. 海关单证

海关单证是办理货物海关报关时所需要的证明文件，主要有报关函、报关单、清册、进口许可证、发票等。

4. 保险单证

展览所涉及的保险险别比较多，在运输过程中，一般办理投保"一切险"，有时还会投保一些附加险。展览涉及的险别比较常见的还有展品的盗抢险和道具的火险、第三者责任险、展出人员险等。保险单证主要是保单，另外还有受损报告书等。运输代理有必要了解会展是否有指定的保险公司，如果有就尽量按规定办理。

（三）海关报关

如果有回程运输，海关报关手续就有两次：一是来程运输时的货物进口报关，二是回程运输时的货物出口报关。相比较而言，来程运输时的货物进口报关对参展商来说更加重要。

实际操作中，货物进口报关一般有以下四种办理形式。

1. ATA 形式

ATA 形式报关是一种准许货物免税暂时进口的报关制度。国际海关合作理事会制定的《关于暂准进口的 ATA 单证册海关公约》（简称 ATA 公约）和《货物暂准进口公约》是这项海关制度的法律基础，国际商会和商会国际局在此基础上创建了国际出证和担保系统。使用 ATA 形式报关可以大大减少通关工作量，缩短报关时间，简化报关手续，还不用缴纳关税，并且 ATA 临时进口证在一年的有效期内，可用于一个以上的国家。ATA 形式只有在ATA 公约的成员国之间才能使用，在展会结束后货物必须回运。中国已于 1993 年加入ATA 公约。

2. 保税形式

如果展会是保税形式的展会，货物报关就可以采用保税的形式。保税形式报关手续要比一般报关手续简单，货物可以在展会现场再进行检查。如果是需要检疫的动植物物品不适用于这种报关形式。再者采用这种形式报关，物品不能带出保税现场。

3. 再出口形式

再出口形式报关是提供相当于展品等物资进口关税相同金额的保证金，再办理报关手续使货物通关展出。这种形式是以展品等货物的再出口为前提条件，展品等货物再出口时必须与进口报关时完全一致。因此使用这种形式报关，检验十分严格，展览时货物不能随便出售或处理。再出口形式报关手续较多，比较费时。

4. 进口形式

进口形式报关是将展品等货物当成一般货物办理进口手续，缴纳关税。采用进口形式报关，展会结束后可以自由处理，采用这种方式须缴纳的关税可能较高。

 知识链接

展品关税与会展的发展

展品运输报关工作是举办国际性展会项目的重要组成部分，境外企业参展是一项有关成本收益的决策行为，过高的关税会加大参展成本，从而间接抑制企业的参展需求。因此，展品关税政策对于会展行业的国际化起着一定的制约作用。

在 1997 年海关总署颁布的《中华人民共和国海关对进口展览品监管办法》（以下简称《监管办法》）中这样规定如下。

（1）《展品临时进口规定》条款中规定：展览品自进境之日起 6 个月内复运出境。如需延长复运出境期限应报经主管海关批准，延长期限最长不超过 6 个月。举办为期半年以上的展览会，应由主办单位或其代理人事先报海关总署审核。

（2）《关税及增值税》中规定：对于转为正式进口的展览品，按照有关规定交税。展览会期间出售的小卖品，应向海关缴纳进口关税和其他税费。符合规定的小件样品不交税。

我国《监管办法》中的规定与国际上比较具有代表性的国家——德国、巴西等国在展品临时进口、关税及增值税等方面是有明显差别的，特别是在时限方面，这三个国家中，以巴西的办展期限最长（5 年）而以德国最短（3 个月），较长的展品临时进口期限有利于吸引境外企业参展，但同时也会带来海关管理上的混乱以及偷漏税现象；而期限较短，对展会自身要求就会很高，也只有像德国这样的展览王国，才有可能以高品质的品牌展会吸引参展单位和目标观众。事实上，即便这样，德国还是以低进口担保金额作为其竞争优势，弥补其期限的不足。

随着上海世博会和北京奥运会的成功举办，以及政府对会展业的扶持力度的不断加强，展品税费已经有了调低的趋势和举措。以上海世博会为例，中国政府承诺通过法定程序，在世博会举办期间，对各参展国企业在世博会园区内销售的本国展品，给予了税收免征；对组委会为各参展国参展企业提供的劳务给予了税收免征；对在中国居住不超 183 天的各参展国参展的外籍（包括港澳台）工作人员，给予了个人所得税减免；这些措施适用于所有的参展国。这一系列规定的出台不仅有利于世博会的成功举办，也必将刺激中国会展业的发展。

（资料来源：根据相关资料整理得到。）

任务三　会展后勤服务管理

案例引导

第七届"渔博会"的餐饮服务上"星级"

为期三天的第七届中国国际渔业博览会（以下简称"渔博会"）落下帷幕，会展中心高质量的餐饮服务受到大会组委会和与会参展商的如潮好评，大大提升了会展中心整体服务

水平。

为使本次展会餐饮服务上档次，上水平，会展中心管理人员亲赴"广交会"实地考察和学习，回来后因地制宜加以应用。针对渔博会国外参展商众多、国际性强的特点，会展中心不计经济成本，投入一定资金购置新设施，提升硬件档次，并引进"酒店式管理"模式，加强服务管理，收到明显成效。

硬件方面：一是服务人员统一着新订做的供餐专用服装；二是餐厅装饰一新，重新设置了餐厅引领标志、禁烟标志、提醒保管好贵重物品、收银台、饭菜规格等中英文标志牌，使参展商用餐时一目了然；三是重新配置了档次高的饭盒、餐巾纸等餐饮用具，并专门为外宾购置了刀叉；四是专门配置一部餐车用于饭菜运输；五是增加饭菜花色品种，提高饭菜质量。

软件方面：一是本着为展商负责的精神，加强展会"一条龙服务"，从采购到加工制做、运输、供应，全部由会展中心独立完成，且由卫生防疫站全程监督，供餐样品24小时留样；二是会前对供餐人员进行了多次业务培训，内容包括"微笑"服务意识和英语培训；三是服务中突出一个"细"字。在展商谈业务用餐不便的情况下，供餐人员不管数量多少，都把饭菜送至参展商摊位；四是要求每一位供餐人员都持"卫生健康证"上岗。

双管齐下的措施使本次供餐服务成为本届"渔博会"的一大亮点，突显了会展中心规范管理的力度和成效。

（资料来源：根据相关资料整理得到。）

【案例分析】 餐饮服务是会展服务的重要组成部分。展会期间高质量的餐饮服务能够加深参展商和观众对展会的良好印象，可以大大提升展会的整体服务水平。

一、餐饮服务

餐饮服务是会展服务的重要组成部分。参加展会时，有时人们在餐饮上的花费甚至超过在住宿上的花费，且餐饮服务的范围广、形式多，如果这一环节很完美，展会就会增色不少。

餐饮服务在物质供应方面最重要的作用就是给与会者一个休息的机会，即使在吃饭的时候有人发言，与会者也能够体会到一种积极的节奏改变。餐饮服务在会展中还可以创造社交机会，让与会者能够彼此增进了解。而且餐饮服务到位，能够加深参展商和观众对展会的良好印象。

作为办展机构而言，在安排展会餐饮服务时，通常有以下几种选择。

（一）餐饮服务方式选择

1. 会议在与会者住宿的酒店举行

这种情况下的餐饮问题比较容易解决，只需要提前和酒店餐饮负责人联系，列出一份详细的会展策划书，其中包括会展的主办机构名称、与会者人数、会展日期等基本信息，由餐饮经理具体安排就餐事宜。

2. 会议不在与会者住宿的酒店举行

在这种情况下，会展策划者应该考虑会展举办地点与酒店之间的交通问题，尽量选择最近的一家酒店就餐。

3. 大型会展中心配备专门餐厅

在这种情况下，会展策划者一般把客人安排在该餐厅就餐，但同时也可增加自助餐服务、冷餐酒会和鸡尾酒会服务。

不管选择哪一种餐饮服务方式，办展机构都应该做好相应的餐前准备工作，还应做好餐前的全面检查。

（二）会议餐饮安排

一般来说，展会期间通常伴随着一些重要会议的召开，会议通常统一安排餐饮活动，如果会议的餐饮安排在酒店，办展机构应从以下几方面进行具体会议餐饮安排工作。

1. 签订餐饮合同

（1）提前做好餐饮预算　需要考虑在会议期间预算开支有多少，应与会议部经理、餐饮部经理、餐厅厨师长等商量，列出预算。

（2）确定餐饮活动形式

① 早餐。早餐食物选择的范围很大。可以是正规的复杂早餐，也可以是自助早餐，品种多样的自助早餐可以让客人各取所需。

② 会议期间的茶歇。一般供应咖啡、茶或其他饮料，有时有点心，有时没有。

③ 午餐。午餐如何安排主要看下午计划做什么。一般来说，午餐不宜大吃大喝，以免影响下午的会议安排。

④ 正式晚餐。晚餐较正式，菜肴要丰盛、味美。

⑤ 冷餐会。它可以作为正式餐宴的引子，也可以仅举行冷餐会。冷餐会的目的决定冷餐会的食品选择。

（3）其他应考虑的因素

① 房间大小、参会人数多少及客人背景。

② 主桌和其他桌的摆放。

③ 是否有视听设备。

④ 是否能提供特色菜肴等。

⑤ 是否具有高水准的餐饮服务水平。

为将以上工作做好，应努力为与会者选择健康、美味的食品，以便使与会者在会议期间精力饱满、心情愉快。

2. 餐饮时间的协调

办展机构工作人员与酒店或其他机构在时间上的协调对会议各项活动的顺利进行至关重要。如果会议上午的活动没能按计划进行，那么午餐也会与既定时间脱节（提前或推迟）。这些临时变化都必须及时告知会议服务经理，以便厨房能按新的会议时间安排调整供餐时间。

3. 成本控制

餐饮成本除食品成本外，还包括会场座位布置、清洁卫生、灯光设计、视听设备布置等服务费用，所以价格优惠的空间很小，重要的是内部控制成本。如果会务费中包括餐饮，除大型晚宴外，最好使用餐券，因为有些人并不一定参加所有活动，使用餐券比较准确。如果能确认出席人数，将会减少浪费。

（三）展会期间的其他餐前准备与服务

在展会期间，可能会安排宴会、便餐、自助餐、冷餐会和鸡尾酒会等，对于各种餐饮期间的具体服务，各个承接的酒店将会作出具体安排，办展机构应做好的工作是餐前的布置与检查。

1. 中餐宴会前的准备工作

（1）掌握宴会情况 确定参加宴会的来宾个人信息，宴会人数和桌数，宴会性质、标准，开餐时间、菜式品种等；还要了解来宾的风俗习惯、生活忌讳、特殊爱好、进餐方式以及特殊要求等。

（2）场地的布置 要根据宴会的主题、性质、接待规格、参加人数、宾客禁忌和特殊要求，宴会厅的结构、形状、面积、设备等情况来布置宴会厅。

① 一般采取"中心第一，先右后左，高近低远"的原则设计台型布局，要求合理利用宴会厅的空间，做到主桌突出，餐桌排列整齐有序、间隔适当，方便宾客就餐和席间服务。

② 可选用条幅、盆景花草、画屏等装饰物品来装点宴会厅，并运用灯光及与宴会主题相吻合的色调和背景音乐来烘托隆重、热烈的宴会气氛。

③ 充分利用各种家具设备，与适宜的温度、湿度、气味、光线、色调、背景音乐等进行恰到好处的组合，使宾客感受到安静舒适、美观雅致、柔和协调的艺术效果与艺术感受。

（3）全面检查 准备工作全部就绪后，展会工作人员要做一次全面检查，以保证宴会的顺利进行。

① 既要检查宴会的场地布置，也要检查菜单及菜肴原料的准备情况。

② 安全检查。宴会厅出入口是否畅通无阻，各种灭火器材是否完备，宴会厅内所有桌椅是否牢固，地板有无水迹或地毯接缝处是否平整。

③ 设备检查。确保宴会安全用电；空调正常运转，并在开餐前半小时宴会厅就应达到所需温度（冬季18～22℃，夏季22～26℃）；调试音响设备、话筒；检查其他设备，达到宴会主题所需要的气氛。

④ 卫生检查。包括宴会厅环境卫生、餐具卫生、冷菜卫生、个人卫生等。

⑤ 餐桌检查。餐桌布局是否合理，桌面摆设是否符合宴会的规格要求。

⑥ 物品检查。开餐物品、服务用品、餐具的配备与摆放是否合理；冷盘摆放是否合理；酒品、饮料、茶叶等的准备是否到位。

⑦ 服务员的仪容仪表检查等。

2. 西餐宴会前的准备工作

对于国际性展会，有时往往举办西餐宴会，宴会前应做好以下工作。

（1）布置宴会场地 根据宴会通知单的要求提前布置好宴会厅。宴会厅内要有相适应的装饰品，如壁画、油画、书法作品、花草等；宴会厅内要有舒适的环境，要显示出高雅、豪华、协调、清洁、美观、大方、典雅，使客人一进入宴会厅既有优美、舒适、愉快的感觉，又有豪华、高雅之感。西餐宴会厅墙壁装饰的图案要有西方特色，一般有各种油画、水彩画，内容也应符合西方人的欣赏习惯和艺术特色。根据宴会通知单摆出台型，做好宴会前的环境卫生、餐具卫生、宴会厅员工的个人卫生。

（2）摆设餐台 根据宴会菜单和规格铺上台布，按列出的宴会菜单摆上相应的餐具，餐具的摆放要符合规格要求。根据通知单上的酒水要求摆放酒水杯。台面中央放鲜花、烛灯、胡椒瓶、盐瓶、牙签盅、烟灰缸、火柴等。西餐宴会在台面上一定要有蜡烛，特别是晚宴。在蜡烛台上放一面镜子，或圆或方，照映出支支烛光，很有特色。另外，在举办西餐高级宴会时，在铺好台布后，还要在长台的纵方向摆上一条装饰性宽彩带，这样可以把台面衬托得更加华丽。

（3）准备工作台 根据出席宴会的人数、菜单准备宴会临时工作台，在工作台上通常摆放咖啡具、茶具、冰水壶、托盘、干净的烟灰缸及服务用具刀、叉、勺等；在备餐间内准备面包篮、黄油、各种调味品及酒水等。

（4）宴会前的全面检查　包括场地、安全、设备、卫生、餐桌、物品摆放、服务员的仪容、仪表等。

（5）宴会前的鸡尾酒服务　根据宴会通知单的要求，在宴会正式开始之前的半小时或15分钟左右，在宴会厅门口为先到的客人提供鸡尾酒式的酒水服务。服务时由服务员用托盘端送饮料、鸡尾酒，并巡回请客人饮用。

3. 自助餐、冷餐会及鸡尾酒会服务

自助餐是一种由客人自行挑选、拿取食物或自烹自食的一种就餐方式。这种就餐方式灵活方便，迎合了客人的心理。采用自助餐形式，饭店或展馆的餐厅可在较短的时间内供应很多人用餐。

自助餐宴请的特点是不排席位，菜肴以冷食为主，也可用热菜，连同餐具陈设在餐台上，供客人自取。客人可自由活动，可以多次取食。酒水可摆放在桌上，也可由招待员端送。可设餐桌、椅子，自由入座。有时主宾席排座位，其余各席不设固定座位，也可以不设坐椅，站立进餐。这种形式常用于官方会议正式活动，以宴请人数众多的宾客。由于它需要的服务人员较少，收费相对较低，又能宴请众多的宾客，因而在越来越多的会展活动中得到了采用。

冷餐会是当今较流行的服务方式，适用于会展用餐、团体和各种大型活动。冷餐会一般有坐式和立式两种就餐形式，有自助、半自助和 VIP 服务。冷餐会的特点是规模大，布置华丽，场面壮观，气氛热烈，环境高雅，菜肴丰富，服务准备工作量大，宴会进行中服务较简单。冷餐会的特点是不排座位，菜肴以冷食为主，也可上热菜，食品有中菜、西菜、中西菜结合。菜肴提前摆在食品台上，供客人自取，客人可自由走动，多次取食，酒水可放在桌上，也可由服务员端送。冷餐会既可在室内，又可在院里，也可在花园里举行，可设小桌、椅子，客人自由入座，也可以不设座位站立进餐。根据宾主双方的身份，冷餐会的规格和隆重程度可高可低，举办时间一般在中午 12 时至下午 2 时，或下午 6 时至 8 时左右。这种形式多为政府部门或企业界举行人数众多的盛大庆祝会、欢迎会、开业典礼等会展活动所采用。

鸡尾酒会又称酒会，是较流行的社交、聚会的宴请方式。这种招待形式比较活泼，便于广泛接触交谈，且适用于不同场合，可以在任何时间举行，与会者不管身份高低贵贱，气氛热烈而不拘泥。招待品以供应各种酒水为主，略备小吃。不设桌椅，仅设小桌或茶几，以便客人随意走动。酒会举行的时间也较灵活，中午、下午、晚上均可。请柬上往往注明整个活动延续的时间，客人可在期间任何时候到达和退席，来去自由，不受约束。鸡尾酒是用多种酒和饮料配成的混合饮料。酒会上不一定都用鸡尾酒，但通常用的酒类品种较多，并配以各种果汁，不用或少用烈性酒。食品多为三明治、面包、小香肠、炸春卷等各种小吃，以牙签取食。饮料和食品由招待员用托盘端送，或部分放置于小桌上。国际上举办大型活动越来越趋向于采用酒会形式。

以上三种就餐形式，餐前的检查基本相同，除了进行全面检查外，还应重点检查餐台上物品的准备和食品的准备。

（1）物品的准备　在餐前检查杯架、金属表层、餐台表面是否擦干净；托盘、餐巾、餐具是否备足；餐桌和杯架必须整洁、安排有序；服务用具和餐碟供应要做适当的组合，同型号的碟要摆放在同一条线上；不同种类桌椅应准备好，并按要求整齐摆好。

（2）食品的准备　检查调料、调味品、是否摆放在适当的地方。冷热饮料、食品及色拉、甜点、面包等要精心加以装饰后展示。展示主菜时，切好的肉片应堆放得高一些，肉丸应直线排放，肉块应放在盘中部。水果和蔬菜等色拉的安排要具有一定高度，并呈不同形状。安排色拉时，要把同一类不同颜色的菜品放在一起，以便顾客挑选。甜点柜台和其他部分也应该干净，安排有序。甜点也应该根据食品和容器的不同，按类别摆放，保持摆放匀称并呈直线，以便于挑选。

参考资料

中国-东盟博览会的餐饮服务

历届中国-东盟博览会都非常重视餐饮服务，2014 年中国-东盟博览会期间，南宁国际会展中心同样为客商和观众设置了各式茶歇、小吃、快餐、西餐、清真餐等，这些茶歇、小吃、快餐、西餐等的设置位置和品种很有特色。

在会议层及广场展区设立西式快餐及两个咖啡点，其中西式快餐位于广场展区的西侧，两个咖啡点设在会展层内。一层展馆的中庭处设有一个咖啡点；二层展馆的西面也设有餐饮区，提供中西式快餐，4 号展厅旁设有清真餐，15 号展厅旁设为休闲餐饮区。

咖啡点提供的精选饮品为米罗热咖啡、米罗冰咖啡、米罗奶茶、可口可乐、雪碧、雀巢冰极茶（红/绿）、果粒橙、纯净水等。此外，咖啡点还提供精选商务餐，商务餐种类多种多样，有红烧牛肉饭、卤鸡腿饭、红烧排骨饭、台湾卤肉饭等，以方便客商选择。

广场展区西侧的"好友缘国宴"设的快餐点在会展期间准备了几款套餐，有"三荤一素"套餐和"二荤一素"套餐等，每份快餐还另外配送水果和水。

在二层展区 6 号展厅前的小卖部主要销售饮料和水。饮料和水配备的种类齐全。

展会期间方便、快捷的餐饮服务得到了参展商和观众的一致好评。

（资料来源：根据相关资料整理得到。）

二、保安、清洁服务

为使展会的各项活动顺利进行，展会的安全保卫工作显得尤为重要。展览会的保安服务要依靠当地保安部门，认真采纳他们的建议，共同负责安全的管理和服务。要制订安全保卫方案，落实安全保卫制度，如值班制度、夜间巡逻制度、开馆交接和闭馆清场制度、消防管理制度等。展会保安服务要抓重点、抓关键，重点是防火、防盗。对易燃易爆展品和设施要重点加以保护。珍贵物品应有专人看管，消防设施和控制报警装置要经常检查。要加强对全体展览工作人员和广大观众的安全教育，做到人人重视安全工作，人人自觉遵守有关防火、防盗及人身安全的纪律和规定。2003 年在 SARS（"非典"）疫情出现之后，国内不少的会展组织机构都把公共卫生作为重要的安全保障内容，每次会展活动都会有相应的公共卫生安全预案并组织实施；制订重要领导和来宾的卫生保健工作方案并组织实施；制订公共卫生管理的方案，并对实施情况进行指导、检查、督促和管理。

在展位的搭建和展品装卸的过程中，整个展区都会产生很多垃圾，并且往往需要大量用水、用电，有的还会用明火，因此展馆内存在较大的安全隐患，一旦失火或者用电过量引起断电，都会影响展会的筹备进度，严重的还会造成重大的损失。因此，在搭建展台的时候，应认真对待展台搭建安全问题和垃圾的清洁处理问题。

开展期间，人流较多，环境嘈杂，办展机构更应该做好展会的安全、清洁工作。在展馆的公共区域，应设专门的保洁人员及时清扫现场产生的垃圾；对于各个展位的卫生保洁工作，应由各参展商自行负责。办展机构应做到定时检查，及时管理，以保证整个展馆的环境干净、井然有序，给人赏心悦目的感觉。

同样，撤展时办展机构也应该做好展馆的清洁管理工作。

三、其他配套服务

（一）交通配套服务

在大型展会举办期间，会展现场交通将达到高峰，办展机构和展馆都应提前筹划，以避免严重的交通堵塞现象。在开展前，还需要联系当地的交通管理部门共同管理，根据展会参与的人数、规模、类别等制订出交通管理计划，以协调对场馆周边地区以及场馆内部的交通管理。有时甚至需要与交警部门配合，并需要交警全力参与执行。

1. 停车场管理

一般大型场馆都配备有大型停车场，以方便参展商和观众的停车需求。除了与场馆配套的固定停车场外，办展机构或场馆管理部门在大型展会期间还应与交通部门沟通，在场馆附近设置临时停车场。展会期间停车场的管理需要做好以下几个方面的管理。

（1）划分不同车辆停放区域，进行分区管理。可将展馆内部停车场和临时停车场划分为小轿车停放区、大中型客车停放区、大型货车和集装箱车停放区或卸货区等。对于有政府官员或其他贵宾参加的展会活动，要安排特别的停车区域，以保证这些车辆的无障碍出入。

（2）设置明显的交通指示标志。停车场的标志应清晰明了，以保证车辆的正常进出。这些标志包括车场进出标志、限速标志、限高标志、方向标志、停车线和禁停标志、停车车位标志、车道示宽标志、严禁烟火标志、车辆导向标志等。室外停车场要用临时胶带划分出停车车位。

（3）派专人现场指挥。进入停车场的车辆须按规定读卡交费，车辆管理员对车辆的停放进行指挥，维护场内车辆停放秩序和行驶秩序，制止车辆跨车位停放或超出停车线，杜绝事故隐患。

（4）现场车辆登记。可通过智能化停车场管理系统进行现场登记，也可以通过人工完成，当有需要时能及时与车主联系。

（5）配备安全防范设备。场馆内的停车场应配备必要的安全防范设备，如监控系统、防爆设备、防火设备等，以保证场馆的安全。

（6）安全检查。派专人对进入展馆地下停车场的车辆进行安全检查，以防止放置有易燃、易爆、剧毒等危险物品的车辆进入停车场，同时防止车辆丢失、损坏。

（7）清洁管理。场馆内的地下停车场应禁止吸烟，设置禁止吸烟标志，不得乱丢垃圾、杂物等。

（8）通行证和停车证管理。如果展会期间停车车位紧张，须提前通知进入展馆的车辆办理有关手续，如通行证和停车证。对于无通行证或停车证的车辆，不予通行或停放。

2. 现场交通管理

会展期间的现场交通管理应做到以下几点。

（1）设计车辆行驶路线。应提前设计好车辆行驶路线，将人流和车流分开，避免人流阻碍车速，或者车辆碰撞行人。要安排交通管理人员或交警配合进行人行方向的引导，防止行人乱穿马路和人群在交通要道上停留。为保证车辆进出通畅，统一流向，尽可能采用单向行驶。

（2）指示信号灯和指示标牌设置清晰。在通向展馆的重要道路入口和交叉口设置明显且足够多的指示信号灯和指示标牌，引导车辆按规定的路线行驶，必要时加派交警维持秩序。场馆内部应有足够明晰的交通图以指示一些重要的交通点的位置，如出租车等候点、大巴停放点、地铁站、地下停车场出入口、公交车站等，以方便展会参与者寻找到相应的交通工具。

（3）统一发放车辆通行证。为方便外地参展企业自带车辆在市区指定线路及会展场馆区进出，主办方或场馆管理部门应统一发放"车辆通行证"。无车辆通行证的车辆一律不准进入场馆区。

（4）及时疏通道路。严禁车辆乱停乱放，对于乱停乱放的车辆，应立即移走，以疏通道路。观众疏散道路应畅通，不可停放任何车辆。场馆入口处应留有疏散通道和集散场地，可充分利用场馆现有的道路、空地、屋顶、平台等地方。

（5）留有消防车通道。场馆周围道路应满足通行消防车的需求，净宽度不应小于 3 米。上空有障碍物或穿越障碍物时净高不应小于 4 米。场馆周围消防车道应畅通，消防车应可直接开入场馆建筑内部。

（6）派专人指挥大型机械工程车辆。对于大型工程机械车进出场馆要有专人负责指挥，以防止发生突发事件。原则上叉车由场馆方提供，各参展商可以租用叉车来往于卸货区和展览区搬运笨重货物，但叉车应按指定的路线行驶，以免碰撞或阻塞通道。

（7）做好安全管理工作。对于往来于会展场馆的车辆要密切监控，发现形迹可疑或者异常的车辆应该要求其停车检查，以防止恐怖事件的发生。

（二）商务通信服务

在展会期间，展馆应能为参展商和观众提供及时的复印、传真、喷绘、刻字、代购 IC 卡、印名片、上网收发 E-mail 等业务。还应该能够为国内外展商提供所在地、国内、国际电话及各种专线、线路的布线服务，方便参展商联系业务。

（三）劳务和其他服务

展会能为参展商雇请译员、讲解员、服务员、保安人员、技术人员等，特别是国际会议上提供口译、笔译等翻译服务，方便参展商和客户之间的交流。

展馆设立就餐中心，提供临时餐饮服务；设立休息场所、方便通道，在宽阔处和休息场所放置一些方便顾客休息的躺椅等；设置快餐厅、咖啡厅、商品屋等配套设施，满足展商及来宾工作洽谈、休闲娱乐、餐饮、购物等需要。

总之，随着我国会展业的飞速发展和展会品质的逐步提高，优质会展服务、特别是会展配套服务正日益成为各种展会间竞争最锐利的武器之一。展会配套服务是能够给参展商和观众带来某种利益或满足感的可供有偿转让的一种或者一系列活动，它渗透到展会举办的方方面面之中，是展会不可或缺的重要组成部分。

知识拓展

如何到国外办展览？

随着对外经济交往的逐步扩大，国外形形色色的展览会吸引了众多欲走出国门，将产品技术销到海外去的企业。据中国贸促会（全称为"中国国际贸易促进委员会"）统计，去年我国有 90 个办展单位共赴 60 个国家举办经贸展览会和参加国家博览会达 400 个，展览总面积达到 12 万平方米。

作为国际商贸活动的一种重要形式，国内企业参加国外举办的展览无疑有如下好处：

（1）扩大商务接触面，开阔视野，启发思路；

（2）货比三家，寻求最佳的供货厂商与合作对象；

（3）直接面对客户，便于寻求客户和商贸机会开拓国际市场；

（4）可直接订货，免去寻求海外客户与市场的中间环节，花费最少，时效最高。

目前，我国企业出国展览已形成了一些热点，如法兰克福春秋季消费品博览会、科隆五金制品展览会、米兰国际展览会、芝加哥五金展览会、迪拜春秋季国际博览会等，取得的贸易效果明显，其中机械、电子类展览参展比例最高。

在去年我国企业出国展览的 60 个国家中，德国以 73 个参展项目位居出国展览项目最多的国家之首。欧洲、北美、日本是我国出国经贸展览的传统市场，目前也正在开拓亚洲、非洲、拉美、东欧和独联体市场。

出国展览对企业的要求是：必须有进出口经营权的企业才能参加出国展览。

由于涉及展品出口、兑换外汇等问题，一般企业要参加出国展览必须由经国家批准的有出展权的主办单位来组织。这样的主办单位全国有 200 家，包括贸促会系统（地方分会与行业分会）、各地经贸委、大型外贸、工贸总公司、大型商会等。一般单位可通过这些主办单位的全年组展计划了解可出国参加哪些展会并向这些单位交费参加。

参加出国展览应注意的问题有以下几点。

（1）企业选择展览会应和自身的营销、出口目标结合起来。一般来说，参加专业性的大型有影响的展览会要比综合性的博览会效果好些。

（2）由于现代专业展专业细分化程度越来越高，企业参展的展品应注意和展览会的主题相一致。

（3）参展人员应有懂外语的业务人员，以利于谈判。

（4）应将样品、样本、货单及宣传材料准备齐全，如有条件，应在参展前对目标客户发出邀请来参观自己的展台，以取得更好的展示与贸易效果。

欧洲、美国、日本作为与我国贸易量最大的地区与国家，也是我国企业出国展览集中的地区。在去年我国企业出国展览项目最多的国家中，德国以 73 项位居第一位，大大超过位列第二和第三的美国和日本的 51 项和 19 项。欧洲已成为我国企业出国办展览最集中的地区。

中国企业到欧洲去办展览的四大理由如下。

（1）展会的成功最主要在于观众的质量，欧洲展的绝大部分是普通观众不能入内的专业展，专业观众包括贸易商、采购商、批发商、科研教育人士、官员等，素质高，很多都能参与企业的决策。

（2）国际化程度高，辐射全球，如科隆展览会有 50% 的展商和 30% 的观众来自国外，高度国际化使欧洲展会成为国际商业活动的中心。

（3）展会组织与服务高度专业化。

（4）展期短（一般为 3～6 天），可减少企业费用负担，其中德国、意大利和法国作为中国企业参展最多的欧洲国家，位列于中国企业出国展览项目最多的 10 个国家之中。

国际上具有领先地位的博览会约有 2/3 在德国举行，即德国每年承办 130 个国际国内专业博览会。德国举办博览会的城市有 20 多个，其中中国企业参展最多的有科隆、汉诺威、法兰克福、杜塞尔多夫、柏林、纽伦堡、莱比锡等。德国科隆国际博览会是中国企业参展最多的博览会，迄今为止来自中国的 800 家参展商和 3500 名专业观众定期参加科隆博览会，参展面积达 8000 多平方米。德国汉诺威展览会拥有世界上最大的展览场地，总占地 100 多万平方米。是世界展览会的发源地，已有 800 年举办展览的历史。由于地处德国东部，其面向东欧市场的独特优势更有利于中国企业参与。

法国每年举办全国性国内展和国际展约为 175 个，其中专业展 120 个左右。法国大型展览会的国际参与程度正在不断提高，有些世界著名的展会，其力争上游参展商超过总数的 50%。与德国由展馆自己组织展会的形式不同，法国的展览会采取展馆与展览组织分离的形式。

意大利是中国企业到欧洲参展的第二大国，去年有 17 个展览项目有中国企业参展。米兰是重要的展览城市。

能力训练

郑州某机械设备参展商欲参加德国慕尼黑某设备机械展，该展商的设备展品为设计新品，运输操作方式是该展商自行送货至展品运输代理指定仓库，仓库收货后由展品运输代理操作送至德国慕尼黑展馆展位指定位置，期间需要该参展商配合单据操作等事宜。在整个操作过程中，通常容易出现哪些风险？应注意哪些问题？如何选择展品运输路线？

 复习思考题

1. 如何考察展位承建商？选择展位承建商的方法有哪些？
2. 如何撰写展位搭建招标书？
3. 国际展览运输协会对会展运输代理和报关代理有哪些要求？
4. 国际运输代理和国内运输代理在运输操作中有哪些不同？
5. 展品运输过程中应注意哪些问题？
6. 展会期间的餐前准备与服务应注意哪些问题？
7. 展会的配套服务有哪些？如何做好展会现场的交通配套服务？

项目八 会议策划与管理

项目目标

通过实践和模拟练习，学生能够具备对会议现场策划与管理的操作和沟通能力；具备对会议活动方案策划的写作能力。

案例引导

第二届中博会动漫产业国际合作研讨会策划方案

一、活动主题

为促进国内动漫产业服务贸易的发展，增进国内外动漫产业的交流合作，增强国内动漫行业的版权保护意识，充分利用中博会国际动漫展平台，本次活动将邀请商务部、文化部、国家版权保护中心以及动漫领域主管领导及专家、企业，围绕以下内容发布导向性政策、做出权威性评述。

主题突出"以资本为纽带，以市场为导向"的宗旨。

1. 国际动漫产业的发展历程、现状及趋势。
2. 美国、韩国、日本的动漫产业发展分析。
3. 中国动漫产业服务外包的现状与未来的发展空间。
4. 中国动漫产业面临的挑战和机遇。
5. 发展中国动漫产业的有效途径和可行性建议。
6. 中国原创动漫作品版权保护合作计划。

二、活动时间及地点

时间：2007 年 4 月 26 日（星期四）14:00～17:30

会议地点：郑州国际会展中心太室厅

三、活动形式

首先邀请商务部、文化部有关领导参加中国原创动漫作品版权保护合作计划签约仪式，原创红色经典动画电影《小兵张嘎》全国公益放映活动启动仪式，然后邀请商务部、文化部有关领导参加研讨会发表演讲，双方联合提出方向性意见；邀请中外动漫业界专家探讨我国动漫产业如何通过积极开展与国外同行业的合作，承揽外包业务，加快自身发展；将邀请迪斯尼、英特尔、思科、海尔、华为、力晶等已经与动漫产业界有过良好合作的海内外大型企业在研讨会参与讨论。同时通过新闻界向社会公布。

四、邀请领导出席

商务部领导、文化部领导、国家信息办副主任、信息产业部领导、知识产权局领导、广电总局领导等部委领导。

五、参会人群

国际动漫展主办单位（六部委司局级、国际动漫展承办单位、商会及相关机构）、国家版权保护中心、国际动漫企业代表、动漫业界专家、国际动漫展参展企业、各大专院校动漫专业教师、各大媒体。

六、发言人及主持人

发言人：商务部部长或副部长、文化部领导、国家版权保护中心领导、美国迪斯尼有限公司总裁/副总裁、日本动画协会事务局局长、（中国）香港专利授权及特许经营协会会长、北京电影学院动画学院院长、（中国）台湾动漫创作协会理事及中国传媒大学客座教授谢××。

主持：中博会动漫展筹备组领导。

七、研讨会内容

1. 动漫展主办单位：商务部领导致辞

主题：中国动漫产业服务外包的现状与未来的发展空间。

2. 动漫展支持单位：文化部领导演讲

主题：中国动漫产业政策介绍。

3. 迪斯尼企业代表演讲

主题：美国动漫产业发展分析——成功动漫产品个案分析。

4. 日本动画协会事务局局长山口××演讲

主题：日本动漫产业发展分析——动漫品牌的市场化运作。

5. （中国）香港专利授权及特许经营协会会长李××

主题：如何提升中国动漫产业整体产业链的价值。

6. 北京电影学院动画学院院长孙××演讲

主题：发展中国动漫产业的建议

7. 日中动漫产业信息协会副会长陈××演讲

主题：中国动漫产业如何走出国门。

八、活动流程安排

4月26日（周四）

12:00～13:00　　会务组人员最终确认会议各环节，调试设备，确保顺利实施。

13:30～13:45　　媒体签到领取纪念品。

13:45～14:00　　与会领导及嘉宾会议准备。

14:00～14:05　　主持人宣布活动开始介绍到场嘉宾。

14:05～14:15　　商务部领导致辞。

14:15～14:25　　文化部领导致辞。

14:25～14:30　　主持人宣布第一项中国原创动漫作品版权保护合作计划签约仪式。

14:30～14:33　　国家版权保护中心领导致辞。

14:33～14:35　　中华民族文化促进会领导致辞。

14:35～14:37　　主持人宣布第二项原创红色经典动画电影《小兵张嘎》全国公益放映活动启动仪式。

14:37～14:40　　电影制作方北京电影学院动画学院院长孙××发言介绍《小兵张嘎》活动。

14:40～14:43　　商务部部长和孙院长为活动标牌揭幕。

14:43～14:45　　主持人宣布第三项动漫产业国际研讨会开始。

14:45～15:05　　　华特迪士尼（中国）有限公司总裁演讲。

15:05～15:25　　　北京电影学院动画学院院长演讲。

15:25～15:45　　　日本动画协会事务局局长演讲。

15:45～16:05　　　日中动漫产业信息协会副会长演讲。

16:05～16:25　　　（中国）香港专利授权及特许经营协会会长李××演讲。

16:25～16:45　　　（中国）台湾动漫创作协会北京传媒大学客座教授谢××演讲。

16:45～17:05　　　现场嘉宾观众交流。

17:05　　　　　　　主持人宣布研讨会结束。

（资料来源：http：//expocentralchina. mofcom. gov. cn）

【案例分析】　会议的成功举办，需要主办者的精心设计与策划，必须由经验丰富的团队进行全面的策划，注意到每一个细节。策划工作做好了，才能保证会议圆满召开，取得预期效果。

任务一　会议策划的内容与要求

一、会议策划的内容

会议策划分为广义和狭义两种。广义的会议策划是指根据会议市场的分析和定位，针对某一会议细分市场进行会议项目的总体构想。狭义的会议策划是指会议召开之前，会议的主办者或是承办者根据会议目标，对一个具体会议的形式、会议的规模、会议的地点、会议的时间、会议的布置、会议的议程、参会人员，会间活动、会议的财务开支等作出构想和设计，形成系统、完整的会议活动方案。广义的会议策划和狭义的会议策划其实都是会议活动前期的准备阶段，当总体构想完成，有了开始的"创意"之后，就应该有细化的会议策划活动方案，并以会议文案的形式完整地记录下来。

二、会议策划的具体要求

（一）确定会议目标和任务

会议活动是一项目的性很强的群体性社会交往活动，人们举行会议都是为了达到某种目的、完成一定的任务。目标是会议所要完成的具体任务的总和，而完成任务则是实现会议目标的具体过程。因此，确定会议目标和任务就是要解决为什么开会这一最根本的问题。只有目标清晰、任务明确，会议才能发挥应有的功能。会议目标和任务策划的要求如下。

1. 提出的目标和任务要明确切实

会议的目标和任务要切合工作实际和人们的思想实际，目标过高、过低，或者空洞抽象，具体任务不明确，都会对会议产生负面效果。

2. 实现目标和完成任务的时机和条件要成熟

掌握信息和分析情况是会前的重要工作，认真考察各方面条件是否成熟，时机不成熟，条件不具备的情况下不能匆忙应付。

3. 处理好目标层次间的关系

会议的目标根据实际需要可以是一个，也可以是多个，对于多目标的会议，必须处理好层次关系。有的大型会议活动需要解决的问题较多，在总目标之下需确定一些具体的目标。但总目标与具体目标之间是统帅与被统帅的关系，具体目标必须服从于总目标，同时还需要处理好主要目标和次要目标的关系。

（二）确定会议主题

要想成功地举办一次会议，必须有一个合理的中心思想和主要内容，只有紧扣主题，才能有更多的人愿意参加会议，会议的主题要与会议的目的相联系，不仅需要吸引与会者的注意力，也是体现会议核心议题的手段。一般来说，主题在会议标志中是通过图形表示出来的，比如主题的字母缩写或者其他的非元素图形。会议的主题标志是营造氛围和传导信息的形象化手段，而这种氛围在为会议进行宣传和推广的时候被进一步强化。

（三）确定会议议题

在会议过程中，会议的目标与任务必须落实到具体的会议议题上。议题是为目标和任务服务的，并为目标和任务所制约。有什么样的会议目标和任务，就会有什么样的会议议题。会议议题应当在会议召开之前与目标和任务一起确定。

单项议题的正式书面文件称为议案。重要的会议，特别是法定会议，正式代表和法定机关提出的议题应当采用议案这一书面形式。议案必须经过一定的审查程序并获得通过才能成为会议的议题，列入会议的议程。一般法定性会议都规定有提交议题（议案）的截止时间，便于议案审查机构在有效期限内予以审查。在一定程度上说，会议的准备主要是议题的准备。

会议议题策划的要求如下。

（1）会议议题要服从会议目标。

（2）处理好主题与议题的关系。

（3）实现高效性的议题。

（4）议题表述要准确。

（5）议题要符合会议权限。

（四）确定会议参加对象

会议的参加对象应当依据会议的目的、性质、议题以及议事规则来确定。会议参加对象确定是否恰当关系到会议的目标是否能顺利实现，因此要特别慎重。

各种法定性会议（如政府会议、董事会议、人民代表大会等）的参加对象是根据组织章程或议事规则确定的，他们享有参加会议的基本权利，如董事会的董事具有依法出席董事会的权利，非经必要程序，不得取消他们的与会资格。非经必要程序，也不得擅自扩大参加对象（包括列席对象）的范围。

（五）策划会议规模

会议的规模与会议的效果密切相关。有的会议（如盛典、学术交流会、联谊会等）要求造成声势，扩大影响，需要达到一定的规模才能产生效果。有的会议保密性较强，必须严格控制与会人数和会务人员，以防会议内容的扩散。

会议的规模直接制约会议的效率。除了法定性会议和必须举行的大规模会议之外，要尽可能地控制与会人数。一般来说，规模决定场地，但常常由于场地的限制，会议规模受到相应的限制。因此，决定会议规模之前应当先考察场地条件。

（六）策划会议地点和时间

1. 会议地点的策划

会议地点的策划包括两方面的含义：一是选择合适的地方；二是选择合适的场馆（包括会场、住宿的饭店等）。

现代会议地点的选择不仅要考虑是否能够容纳会议的人数这些简单的问题,更重要的是考虑这一地点能否突出会议主题、提高会议效果、有利于实现会议目标。在会议场所的选择上要综合考虑交通是否方便,环境是否适宜,接待能力是否充足,场馆是否安全,会场设备和通信设备能否满足要求等诸多因素。

2. 会议时间的策划

会议时间的策划也涉及两方面问题:一是指什么时候召开会议最为合适;二是指会期的长短。

会期的长短要依据会议的实际需要来确定。一般要考虑会议的各项议程是否能够完成;与会者能否充分表达意见;是否留有一定的机动时间,以应不测等。但在满足需要的前提下,适当、合理地压缩会议的时间是降低会议成本、提高会议效率的有效手段。

(七)策划会议议程、日程和程序

会议议程是会议主要活动的安排顺序,它将会议的议题按付诸讨论、审议和表决的次序编排起来并固定下来。凡有两项以上议题的会议都应当事先制订议程,它反映了会议议题的主次、轻重和先后,并起着维持会议秩序的作用。在议程中,不包括会议期间的辅助活动。议程一旦确定,不得任意改动。一般情况下,会议议程由会议的领导者和主办者确定,在会议中由主持人掌握。

会议日程是将各项会议活动(包括辅助活动)落实到单位时间,凡会期满一天的会议都应当制订会议日程,以便与会者和会议工作人员了解会议的具体进程。日程也是对完成各项议程需要时间的预测和必要的限制,以提高会议的效率。

会议程序则是一次具体会议活动的详细顺序和步骤,是会议议程的具体化和明细化,可供会议主持人直接操作,也可让与会者了解每次具体会议活动的内容及时间顺序。

(八)会议公关和宣传的策划

会议的公关和宣传是会议组织工作的有机组成部分,也是会议取得成功的重要保证。

对于主办会议的机构来说,公关和宣传的目的首先是为了吸引与会者参加会议,达到主办者的期望值;其次是为了传递信息,展示该组织在会议活动方面的水平。与媒体沟通是会议公关和宣传主要的、首选的方法,包括邀请记者前来采访会议,设立会议新闻发言人,择机召开新闻发布会或记者招待会,拟写新闻稿,送请有关新闻媒体编发等。

会议的公关和宣传报道分为会前、会间、会后三个时段,不同的时段具有不同的目的和不同的公关、宣传效果。例如在会议举行前和会议举行过程中,充分运用传媒和各种宣传手段表现会议的主题和意义,渲染会议气氛,形成正确的、积极向上的舆论氛围。其方法有刊登会议广告,张贴会议海报和宣传画,进行网上传播,发表评论文章等。会后公关和宣传,主要是让公众了解会议取得的成果,树立并提高主办者的形象。

任务二 会议的现场策划与管理

案例引导

2014 年××公司年会策划方案

一、活动目的

(1)增强员工的团队凝聚力,提升公司的竞争力。

（2）对 2014 年营销工作进行总结，对市场业绩进行分析；制订新年度营销工作总体规划，明确 2015 年度工作方向和目标。

（3）表彰业绩优秀的公司优秀员工，通过激励作用，将全体员工的主观能动性充分调动起来，投入到未来的工作之中。

二、年会主题

一个团队；一个梦想。

三、年会时间

2014 年 12 月 30 日下午 4 时。

四、年会地点

××大酒店会议厅。

五、年会主要内容

领导致辞、表彰优秀员工、表演节目、员工现场活动、聚餐。

六、年会组织形式

由公司年会工作项目小组统一组织、执行。

参加人员：客户群、领导；邀请业界领导；公司工作人员。

（1）会场总负责：×××。

主要工作：总体工作协调、人员调配。

（2）策划、会场协调、邀请嘉宾：年会策划组。

主要工作：年会策划、会议节目安排、彩排、舞台协调；对外协调、现场资讯采集。

（3）人员分工、布场撤场安排：×××。

（4）嘉宾接待、签到：×××。

（5）音响、灯光：×××（会前半小时检查音响、灯光等设备）。

（6）物品准备：×××。

主要工作：礼品、奖品等物品的准备。

七、会场布置

会场内布置内容如下。

（1）舞台背景喷画。

（2）舞台悬挂烘托气氛的红灯笼；四周墙壁挂烘托节日气氛的装饰。

（3）舞台两侧挂有条幅宣传企业文化。

会场外布置内容如下。

（1）充气拱门放置宾馆大门外主要通道。

（2）酒店入口处挂红布幅。

（3）酒店内放置指示牌。

八、年会流程

（1）主持人开场白，介绍到会领导和嘉宾，邀请领导上台致辞。

（2）公司领导上台致辞。

（3）嘉宾致辞。

（4）表彰优秀员工。

（5）员工文艺汇演。

（6）现场有奖问答、游戏。

（7）聚餐。

（资料来源：根据相关资料整理得到。）

【案例分析】 会议策划方案是指导会议成功举办的基础。会议策划方案不仅要考虑会前的工作安排，还应考虑会议的流程设计和现场的布置，只有制订详细的会议策划方案，才能保证会议的圆满举办。

一、会议的流程与设计

成功召开一次会议，需要主办者的精心设计与策划。在可能的情况下，会议的主题应该与主办者的目的和使命相联系。会议的主题应该定位准确、用词恰当，以引起人们的注意，同时要表现会议的核心议题。

主题要在会议标志中通过图形表现出来。例如，表现"回望过去"主题的标志可以是过去风格的设计。在现代会议中，"主题"与"主题的标识"可以纳入到宣传的范畴中去，这也是策划会议时所必须要考虑到的。

从策划会议的角度来说，接下来的步骤是为会议和活动进行日程安排。它需要细致考虑与会者到达时间、最初的活动安排、与会者的预期、与会议主题的关系以及各类会议等。会议策划的核心内容之一是会议议程的设计，一般包括以下几个方面。

（一）主席的开场白

开场白是会议开始时首先要进行的部分。开场白的内容主要包括：必要的与会者介绍，此次会议所要解决的问题，问题的有关背景，此次会议的目标等各方面内容。根据会议的种类和性质，开场白之后可以安排专项报告或系列报告，也可以是情况介绍或颁奖等。

（二）介绍基本情况

开场白之后，根据会议议程，可以设计几位与会者介绍他们对会议主题问题所掌握的情况，为会议讨论作铺垫。这项议程的安排需要注意的是：情况介绍者应事先指定并且是对会议议题有一定研究的人；情况介绍者的发言应简明扼要。

（三）自由发言，讨论问题

在介绍完基本情况之后，会议便可以进入自由发言、讨论问题阶段。自由发言也应当有所安排，使发言者有心理准备，这样不至于造成冷场的尴尬状态。在充分讨论会议议题形成相对集中的观点之后，会议有可能出现热烈的场面，这可以说是会议的高潮，也给会议的下一个环节作了良好的铺垫。

（四）整合意见，得出结论

对会议议题的讨论形成了几种不同的意见，最后需要对意见进行整合，找到共同点。这时会议主席应站在主导的位置，促成与会者意见的互相融合，最终达到意见的统一，提交上级或传达下级。

（五）会议结束

会议达成决议后还不是会议的完全结束，会议的主席或召集者一般还需要对会后工作作简要的安排与部署，或明确地向与会者布置任务。

在设计会议议程的时候，还有一些值得注意的事项，例如，在会议议程设计好之后，还应对其各个部分仔细检查一下，看看是否有与主题无关的内容，会议议程安排的逻辑顺序如何。为了确保会议的顺利进行，可以将会议议程提前通知与会者，以方便与会者及早进行相关的安排。

参考资料

会议主持词

尊敬的各位领导、同志们：

大家好！

我受××的委托，主持今天的大会。在会议正式开始之前，为了保证大会的顺利进行，请所有与会人员暂时关闭手机，或把手机调至振动或会议状态。（停顿），谢谢各位的配合。

现在正式开会。

首先，我很荣幸地向大家介绍今天莅临本次大会的厂领导及部门领导，他们是××、××、××、××，让我们以热烈的掌声再次对在百忙之中前来参加大会的厂和部门领导的到来，表示热烈的欢迎和衷心的感谢！（鼓掌）

今天大会主要有五项议程：第一项议程，……；第二项议程，……；第三项议程，……；第四项议程，……；第五项议程，……

下面，会议进行第一项议程，请××传达……职代会精神；大家欢迎！（鼓掌）

……

下面，会议进行第五项议程，让我们以热烈的掌声欢迎上级领导××同志作重要讲话。大家欢迎！（鼓掌）

同志们，这次大会，自始至终都以企业精神为宗旨，体现了团结、民主、奋发向上、开拓进取的精神，开成了一个团结的大会，奋进的大会，一个向新的目标进军攀登的大会。

各位领导的讲话，目标明确，措施具体。希望大家会后认真学习领会并认真贯彻落实，进一步认清形势，立足当前，着眼全年，增强信心，真诚奉献，勤劳务实，只争朝夕，开拓进取，团结拼搏，扎实工作，确保全面完成今年确定的各项目标任务，推动公司全面、协调、可持续发展。

（征求各位领导意见，是否另有补充）

会议议程到此进行完毕。

会议到此结束，散会！

二、会议设施与会场布置准备

（一）准备会议的物品与设施

会议物品和设备的准备、安装、调试和使用是一项责任性和技术性都很强的工作。会务工作机构或会务工作人员应在会前根据会议需要制订详细有关物品和设备的使用计划。作为会议预案的附件，报请会议的领导机构审定。计划应当列明所需物品和设备的清单，包括名称、型号、数量，物品和设备的来源，如租借、调用或采购等，所需的费用。

现代会议活动所使用的物品与设施众多，概括起来，会议用品和设施主要包括以下几类。

1. 会场基本设施

如桌椅、照明电器、卫生用具、消防设施等。

2. 会场装饰用品

如会标、会徽、旗帜、花卉、标语口号等。

3. 会场视听器材

如扩音机、幻灯机、投影仪、录音机、电子书写板、同声翻译系统等。

4. 会议通信设施

如电话机、传真机、电视机、计算机以及相应的通信网络设施。

5. 常用文具和印刷设备

如笔、纸、簿册等常用文具，打字机、打印机、扫描仪、复印机等设备。

6. 交通工具

如轿车、大巴士等接送与会者的车辆。

7. 会议专门用品

如颁奖会的奖品与证书，开幕式剪彩时用的彩带和剪刀，选举会用的选票、投票箱等。

8. 生活卫生用品

如茶水、茶杯、毛巾等。

（二）会场布置

会场布置是一项有明确意图的会务工作，其根本目的在于创设与会议主题、性质相适应的会场气氛，确保会议的需要，体现会议的有序性，从而有利于实现会议的目标。

1. 会场座位格局设计和安排

设计和安排会场座位格局是会场布置的首要任务。会场大小和与会人数多少是制约会场座位格局设计和安排的两个重要因素。在设计和安排座位格局之前，应事先进行会场实地考察，根据主席台就座人数和代表人数以及会场内必需的活动空间和安全性因素，确定座位的疏密程度和结构形状。不同的座位格局所形成的会议氛围和产生的心理效果是不同的。此外，会场的座位格局还具有政治意义，与政治有着密切的联系。

会场座位格局大体上可分为：上下相对式、全围式、半围式、分散式、并列式五种。

（1）上下相对式 这种座位格局的主要特征是主席台和代表席采取上下面对面的形式，从而突出了主席台的地位。由于专门设立了主席台，整个会场气氛就显得比较严肃和庄重。上下相对式又可以分成礼堂形（图 8-1）、"而"字形（图 8-2）等。

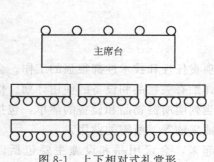

图 8-1 上下相对式礼堂形

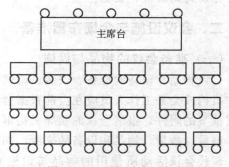

图 8-2 上下相对式而字形

礼堂（或剧院）形是最常见的一种座位格局。这种形式既适合于大型会议，又适合于小型会议。这种布置的特点是可以在有限的空间里容纳最多的人数。"而"字形格局一般安排在座位不固定的会议厅内，形式较为灵活。

（2）全围式 这种座位格局的特征是不设专门的主席台，会议的领导人和主持人同其他与会者围坐在一起，容易形成融洽与合作的气氛，体现平等和相互尊重的精神。全围式格局适用于召开小型会议以及座谈性、协商性等类型的会议。全围式格局有圆形（图8-3）、长方形（图8-4）、八角形（图8-5）、"回"字形（图8-6）等具体形式。

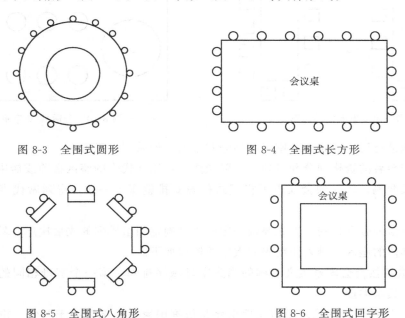

图8-3 全围式圆形   图8-4 全围式长方形

图8-5 全围式八角形   图8-6 全围式回字形

（3）半围式 这种座位格局介于上下相对式和全围式之间，即在主席台的下面和两侧安排代表席，形成半围的形状，既突出了主席台的地位，又增加了融洽的气氛，适用于中小型的工作会议等。半围式又可分为桥形（图8-7）、T字形（图8-8）、马蹄形（图8-9）等。

（4）分散式 即将会场座位分解成由若干个会议桌组成的格局，每一个会议桌形成一个谈话交流中心，与会者根据一定的规则安排就座，其中领导人和会议主席就座的桌席称作"主桌"（图8-10）。这种座位格局适合于召开规模较大的联欢会、茶话会等。

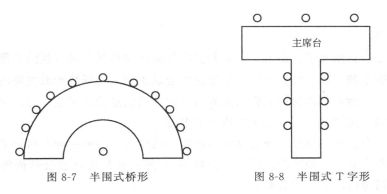

图8-7 半围式桥形   图8-8 半围式T字形

（5）并列式 即将会见与会谈的座位安排成双方纵向或者横向并列的格局。

2. 座区划分与座位排列

所谓座区是指按会场内一定规则划分和排列的座位区域。进行座区划分与座位排列，有利于维持会场秩序，便于分组统计参加会议的人数，便于会场内按代表团、小组或单位对会

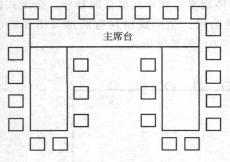

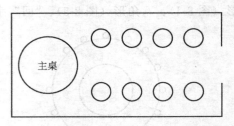

图 8-9 半围式马蹄形　　　　　　　　图 8-10 分散式 V 字形

议的临时议题进行讨论或磋商。座区的划分和排列一般采用以下方法。

（1）按与会者的资格划分和排列　一般做法是：正式代表的座区在前或居中，列席代表安排在后排或两侧，较大的会议也可将正式代表安排就座于一楼，将列席代表安排在二楼就座。

（2）按团组划分和排列　首先要按一定的原则确定团组排列的先后次序，然后再按一定的方法确定具体的座区。排列团组先后次序的依据如下。

① 国际会议按与会国家英文名称的当头字母顺序排列，第一个字母相同的，根据第二个字母确定，其余类推。

② 我国全国性会议各代表团的先后次序是依据国家有关部委关于各省、市、自治区排列顺序的规定，即按规定的顺序排列。

③ 一般会议，按代表团、小组、单位名称的笔画确定，首字笔画数相同的，根据第二字的笔画数确定，其余类推；也可按代表团、小组、单位名称的汉语拼音的字母顺序来确定，第一个字母相同的，根据第二个字母确定，其余类推。

④ 根据协商达成的约定排列。

（3）按代表资格和团组顺序混合排列　如参加会议的代表具有不同的资格，又分成若干团组，则应当先按与会者的资格划分和排列座区，在相同资格的座区中，再按团组排列先后次序。

3. 会场装饰

会场装饰是指运用文字、图案、色彩和实物等装饰物烘托会场气氛的手段。文字性装饰直接揭示会议的主题，图案性装饰则形象地说明会议主题。会场装饰的主要内容如下。

（1）会标　会标是指以会议名称为主要内容的会议信息的文字性标志。国际性会议的会标可以用中文和外文同时书写，也可以用英文书写。

（2）会徽　会徽即体现或象征会议精神的图案性标志。会徽一般有两种来源：一种是以本组织的徽志作为会徽（如国徽、团徽、警徽等）；另一种是向社会公开征集，选择最能体现或象征会议精神的图案作为会徽。

（3）标语　把会议口号用醒目的书面形式张贴或悬挂起来，即成为会议的标语。会议标语是一种书面符号系统，与会徽、画像、旗帜等装饰物相比，能直接凸显会议主题，因而具有更加显著的宣传效果。

（4）旗帜　隆重的会议宜在主席台及会场内外升挂一些旗帜，以增加会议的气氛。

 •••

旗帜的悬挂方法

1. 国旗的悬挂

国旗是一个国家主权的象征，是一国代表到另一国享受特殊礼遇的具体表现。因此，会议和活动的国际惯例是不同国家的国旗同时悬挂时，各自的旗面尺寸大小、旗杆的粗细、高低都要一致，且国旗的悬挂以横挂为标准，因为有些国家的国旗，其旗帜上的文字或图案或颜色条块是以横挂为基准的。会议和活动所涉及的现场，都要放置有关国的国旗。

2. 彩旗的悬挂

会议和活动场地可以根据需要来悬挂和插放花色彩旗来衬托气氛，七色彩旗可以是长方形、正方形、三角形等，可以一面面插放，也可以一串串悬挂在空中。

3. 红旗的悬挂

红旗的悬挂和插放是衬托会议和活动会标、会徽的重要方法之一。红旗一般插放 8～10 面，即在会徽的左右各以 45°角斜插 4～5 面。

•••

（5）植物和花卉　主席台前和会场人口处是植物和花卉布置的两个重点区域。摆放与布置的原则是：植物和花卉的高矮、大小、粗细、种类、疏密、颜色搭配等要适度，以不挡住台上和台下视线，不妨碍人员行走，不影响颁发礼物，以及不妨碍有关的设备移动（例如摄像机、移动照明灯光）等为原则。

（6）灯光　灯光的强、弱、明、暗及颜色，会给会场带来不同的视觉效果。一般情况下，宜使用白炽灯和日光灯作为会场的照明光源。由于主席台是会场的中心区域，其照射光线的亮度应当比主席台下稍强，以突出主席台的地位。

4. 主席台布置

由于主席台是会场的中心，众人瞩目，因此，主席台布置在整个会场布置工作中占有突出的地位，应当高度重视。

（1）主席台的座位格局　一般都采取横式。应根据主席台上就座的人数多少来确定主席台的长短和排数。可以是一排，也可以是多排。除前排必须通栏外，后排有时也可分成两栏，中间留出通道。主席台上每排桌椅之间要空出适当的距离，以方便领导人入席与退席。

（2）讲台　设置专门的讲台，有助于突出报告人的地位，显示报告的重要性，也体现出会议气氛的庄严和隆重。一般情况下，讲台只设一个，可设在中央，也可设在右侧（以主席台的朝向为准）。

（3）话筒　主席台前排的每个座位都应装有话筒，便于主席台入座人员讲话、插话。

（4）休息室　重要会议的主席台旁应设有休息室，其作用一是便于领导人到达时集中，然后依次入场，二是便于领导人休会时休息、谈话。

（5）主席台的座次安排　国内会议主席台座次安排的具体做法是：严格按照会议领导机构事先确定的名单次序安排座次，身份最高的领导人（或是声望较高的来宾）安排于主席台前排中央就座；其他领导人按先左后右（以主席台的朝向为准）、一左一右的顺序排列。主持人的座次按其身份高低安排。国际性会议主席台座次安排的具体做法是：一般以对方提供的正式名单或正式通知上的身份和职务高低次序为依据，不分国家大小，一律按国家元首、副元首、政府首脑、副首脑、部长、副部长等顺序排列。

5. 座位标识

座位标识是指引与会者就座的各种标志。

(1) 座次图　大型会议活动，应把座次图可张贴或悬挂于会场入口处，主席台的座次图则是悬挂在休息室。

(2) 指示牌　在较大的会场，为了方便与会者寻找座位，要在会场门口和场内悬挂或放置指示牌，指明各座区的方向和方位。

(3) 座位号标识　大型的固定会场要有座位号标识。一般包括楼层、区号（可用序码编号，如1号区、2号区）、排号、座位号（一般分为单数号和双数号）。

(4) 团组标识　即对代表团或小组的座位区域，可以制作落地指示牌，上书代表团或小组名称，置于该团组首座的前方或两侧；或制成台式标志，放置在该团组首座的桌上。分座区时要把首长席、正式代表、列席代表、来宾席、旁听席、记者席等用标志明确区别。

(5) 席卡　即每个与会者桌上放置的写有姓名的标签，又称名签，席卡通常两面书写姓名，一面朝外，一面朝与会者自己。如果与会者是某个国家或组织的代表，也可以用中外文两种文字书写国名或组织的名称。

三、会议接待管理

(一) 会议的迎送与引导服务

1. 接站服务

接站即会议接待人员在机场、码头、车站迎接与会者。做好接站服务时要注意以下几个方面。

(1) 确定迎接规格　重要领导或外宾前来参加会议，要事先确定迎接的规格，主办方应当派有一定身份的人士前往机场、车站、码头迎接。

(2) 竖立接待标志　与会者集中抵达时，在接待处要竖立醒目的接待标志，以便与会者辨识。个别接站，接站人员可以手举欢迎标志。

(3) 掌握抵达详情　随时掌握并统计抵达的名单、人数、航班（车次）、时间，特别要留意晚点抵达的与会者，避免漏接。

(4) 开设专用通道与休息室　若条件允许，对贵宾、领导开设抵迎的专用通道与休息室。

(5) 组织欢迎队伍和安排献花　如举行重大会议，为表示对与会代表的热烈欢迎，可在机场、车站、码头组织群众性的欢迎队伍。

(6) 免检与专检　接待人员应将可享受免检或专检人员（含随行人员）的姓名、职务、性别、国籍、抵达时间、乘坐的交通工具（航班号、车次、车厢号）、目的地、随身物品是否托运等基本信息，交有关单位办理手续后，方可享受这方面礼遇。

(7) 迎送交通工具与陪车　交通工具的使用计划要周详，按可能和需要进行安排，位置可留多一些。尤其是运送行李与物品的交通工具，更要有较大的机动，这是因为客人的行李与物品体积是较难估计精确的。

陪同客人乘车时要注意座位次序。小轿车的座位次序通常为"右为上、左为下；后为上、前为下"。

2. 引导服务

引导服务是指会议期间接待工作人员为与会者指引会场、座位、餐厅、住宿房间以及与会者所要打听的地方的路线、方向、具体位置、交通条件等的服务。国际性会议的礼仪人员还要会熟练使用外语。

3. 返离服务

返离，即会议闭会后与会者离会并返回，做好返离工作体现了会议接待工作有始有终，始终如一。返离服务的具体内容有以下几点。

（1）预定返程票　应做好以下几点。

① 在汇总会议通知回执的同时，仔细登记与会者对回程票的具体要求，包括回程的交通工具（飞机、火车、轮船）、返程日期、航班或车次、座卧等级、抵达地点、回程票数等。

② 在登记与统计的基础上，及时同有关交通部门联系订票事宜。

③ 与会者报到时，要进一步确认订票要求并收缴票款，如有变化，及时与交通部门联系更改。若某个日期、某个班次的票据缺额，无法满足登记要求时，要及时提出改日期、改班次等具体解决方案，供有关人员选择。

④ 交接回程票时要与购票者当面确认票面日期、班次无误，并做好交接记录，一旦出现问题或差错便可查阅。

（2）结算费用　报到时如预收了有关费用，在与会者离会之前，必须把费用结算清楚。结算时要做到：列清每项开支，多退少补；开具正式发票（如预收款时曾开具临时收据，则应将收据换取正式发票）。

（3）检查会场与房间　与会者离会时可能会在会场与房间里遗忘物品和文件，服务人员要仔细检查，一旦发现，及时送还。

（4）送行　如同接站一样，与会者离会时也要热情欢送。

（二）会议的食宿服务

1. 会议客房服务

（1）客房安排的原则　具体的要求如下。

① 参加会议的主要人员，或者是职务和级别以及身份最高的人员，一般安排套间。主要人员的副手，或者是职务、级别、身份都较高的人员，一般安排单人房。

② 涉及有外国人居住的，按照国际惯例应该一个人住一间房。

③ 要为因各种原因不能按时抵达的 VIP 人员，留足条件优越的房间。

④ 在分配会议团队客人的客房时，应尽量将与会者分配在同一楼层或相近的楼层，且各种朝向的客房数应尽可能均匀。

⑤ 会议主要人员的贴身随员用房，应尽量安排靠近主要人员的房间旁，方便照顾起居生活。

⑥ 对老弱病残的与会人员，应安排在底楼或其他各楼层服务台附近、电梯门附近的房间，或专设的残疾人客房。

⑦ 会务人员工作用房，应设在靠近住地入口、楼梯和电梯、走廊和通道口处，方便与会人员寻找。

⑧ 对于互相敌对的国家、团体的与会者，应尽量把他们安排在不同楼层。

⑨ 尽量将提前抵达或提前离开的与会者安排在一起，有利于房间周转，在某种情况下会降低会议成本。

（2）客房服务要求　具体的要求如下。

① 服务人员不要动房间桌椅上有文字的记录和资料，不要翻阅会议的各类文件。

② 对房间内的垃圾处理要十分慎重，对垃圾篓里的丢弃纸张必要时用碎纸机作粉碎处置，避免泄密。

③ 楼层服务人员应主动、及时提供机动坐椅，增添房内的茶杯、茶叶，确保开水供应。事后应及时对房间进行清理。

④ 会议期间床上用品非特殊情况不必每天更换，可 3～4 天更换一次；毛巾、香皂、卫生纸等盥洗用品，会议客人也比其他商务客人房间的用量要少。

⑤ 围绕会议主题，在客房内作些简单装饰，增加会议气氛，提高会议效果。

2. 会议餐饮服务

（项目七"会展服务策划与管理"已详细阐述）

四、会议现场管理

（一）会间服务

1. 会场检查工作

在会议正式举行之前，会议组织人员应先到会场，安排会场检查工作，检查内容包括设有主席台的会场，桌签或坐签是否安排正确的放置，会标、会徽和标语是否正确布置等。

2. 入场工作

召开大中型会议时，为了方便与会者尽快就座和保持会场秩序，需采取适当方式引导座次，也就是会议的入场工作。需特别提醒的是，在大型会议会场开会，如人数不多，最好采用对号入座，避免出现会议自由入座，造成前排无人就座，大家集中于后排的情况，开会时有可能主持者还要调整座次，这样既浪费时间又损坏主办者的形象。

3. 安排会议迎宾和服务人员

会务工作人员和相关领导应在单位门口或会场周围迎候，引导到会场周围的休息场所或会议室进行休息，等待其他嘉宾到来，一起出席会议，需要时，为重要的与会者佩戴鲜花和胸徽。在安排重要而又可能出现混乱的会议时，会前应将有关与会者的座次进行周密安排。

4. 适时提供茶水

正式场合最好使用茶杯，为参加会议的人员准备第一杯水应该先倒好，一般从右侧添水；上茶应密切关注会议进程，水少于水杯的二分之一处添水，保持适当的频率；在会议中的简短停顿中添水，总之要有眼色，还要干净麻利，切忌毛手毛脚或慢慢吞吞。

5. 做好摄影、拍照工作

根据会议需要，做好会议全程或部分重要时段的摄影、拍照工作，为会后的宣传、学习、报道发挥作用。有的会议安排在开幕式后会议代表合影留念。对此，有关会务人员要对拍照的地点、座次早作安排，以便利用会议间隙，快速完成，保证会议有充足的时间。

6. 会议前提醒工作

在正式会议开始前，会议主持人或会议组织者有必要提醒对会议参与人员会场纪律等问题，使会议进程不受影响。

（二）会议记录工作

正式会议都有会议记录。如实记录会议情况，客观反映会议过程和成果，会议记录就成为重要的文书档案，研究会议内容和起草会议文件的重要依据。

1. 会议记录的内容

会议记录是会议情况的原始记录，要求真实反映会议的全貌。记录的内容包括会议的组织情况和会议的具体内容。会议记录具体内容如下。

① 会议名称：包括会议的全称及届次。

② 时间：会议起止的具体时间。

③ 地点：会场地点。

④ 到会人：包括出席人、列席人、主持人。

⑤ 缺席人：缺席人姓名及缺席原因。

⑥ 记录人。

⑦ 会议议题。

⑧ 讨论经过。

⑨ 议决事项。

2. 会议记录的方法

会议记录一般采用笔录方式或用录音会后整理的方式。从记录的详细程度来看，记录主要包括以下两种方式。

（1）详录　重要会议需要详细记录，要求做到"有言必录"，包括发言中的插话。

（2）摘录　日常会议通常用摘要记录的方法。选择那些与会议主题相关的内容进行记录。这种方法要舍弃一些内容，记录主要精神。

3. 会议记录人员

会议记录人员是做好记录的关键。会议一般有相对固定的记录人员。记录人员需要有良好的素质。首先要有认真负责的态度，具备一定的秘书工作知识，掌握一些基本技能，如果能学会速记就更好。同时也需要实际训练，提高记录速度。

任务三　会议活动策划方案

案例引导

2015××国际教育大会活动方案

为促进中国××市和各国人民的友好往来，促进中国××市和各国院校的友好交流，扩大中国学生的对外交往，帮助他们及他们的家长增进对各国院校的了解，进一步开展国际教育交流活动，拟于7月19～21日召开2015××国际教育大会，现将有关活动安排如下。

一、大会主题

加强交流、共同发展。

二、举办时间

2015年7月19～21日。

三、举办地点

××市会议中心。

四、主办及承办单位

主办单位：××市教育局。

承办单位：××展览有限公司。

协办单位：××大学。

五、会议内容

① 各院校的办学基本状况和招收国外留学生的情况。

② 参展院校在中国招收留学生的有关情况及要求。

③ 去国外留学人员开展咨询。

④ 同准备与国外院校合作办学的中国院校、公司洽谈办学合作项目。

⑤ 举办讲座，向准备出国留学的人员讲解出国留学政策与要求。

⑥ 召开研讨会，交流招收和派遣外国留学生工作的体会。

六、会议的组织

本次国际教育大会由中国××市教育局主办，具体承办单位为××展览有限公司。协办单位是××大学。参加对象为美国、英国、加拿大、新加坡、韩国、芬兰等国家院校的代表。

会议的开法是展览与咨询相结合，多个院校将接待××地区数千名拟出国留学的人员。向他们介绍情况，并提供咨询。创造机会，播放参展院校当地风光录像片，用讲座和演示的方法向观众讲述本院校的情况和留学方式。

展览与合作办学洽谈项目结合，将有××市的部分院校和其他地方的中国院校参加这次会议，同来华招收中国留学生和合作办学的外国院校进行合作办学洽谈，双方可以建立友好校际关系，可以通过邀请对方人员到自己院校讲学或留学，也可以共同培养留学生等。

七、会议日程安排（见下表）

时间		内容	参加人员	地点	备注
7月17日		报到,安排食宿			
7月18日	9:00	1. 宣布展览会议议程及安排 2. 分配展台 3. 安排工作人员,每个参展院校配一名翻译,一名工作人员	1. 有关部门领导 2. 全体参展人员 3. 工作人员	展厅	
	10:30	4. 布置展台			
	中午	午餐			
	13:30 14:30 17:00	国际教育研讨会 接受记者采访 会见市长及政府有关官员	参展人员、政府官员、新闻记者	宾馆会议室	
	19:00	欢迎会议		宾馆	
7月19日	9:00～ 9:30	开幕式 1. 市长讲话 2. 外方院校讲话 3. 剪彩	市政府官员、新闻记者及参展人员		接受记者采访
	9:30	1. 观众入场、开展、咨询及洽谈 2. 专题讲座(一) 英国招收外国留学生的基本状况和政策 3. 签订合作协议	同上	展厅	接受记者采访
	中午	午休			

续表

时间		内容	参加人员	地点	备注
7月19日	下午	1. 展览、咨询、洽谈 2. 专题讲座（二） 美国招收外国留学生的基本情况及政策 3. 签订合作协议	同上	展厅	
	晚间	自由活动			
7月20日	上午	1. 展览、咨询、洽谈 2. 专题讲座（三） 澳大利亚招收外国留学生的基本情况及政策 3. 签订合作协议	参展人员	展厅	
	中午	午休			
	下午	1. 展览、咨询、洽谈 2. 专题讲座（四） 加拿大招收外国留学生的基本情况及政策 3. 签订合作协议	同上	展厅	
	晚间	观看中国歌舞节目	同上		
7月21日		组织全体外宾到××游览	同上	××	
	晚间	欢送宴会	同上	宾馆	
7月22日		散会,返程			

八、有关事项

① 举办这次国际教育大会的目的是扩大××市与国外的交流，促进××市的对外开放，也是对当前××市的出国留学服务中一些不正常情况的调整，防止一些人过分的商业行为和欺骗行为，让供需双方直接见面，让××市的学生了解外界，也让外界了解××市。

② 为开好这次会议，拟邀请一些外国驻华使团的文化参赞和领事人员参加开幕式。

2015××国际教育大会会组委会

2015 年 3 月 10 日

【案例分析】 会议活动策划的安排必须做好各方面的协调工作，使得参会的各方均能够达到参加会议的目的。会议的安排要突出专业性、实用性、前沿性和时间的有效性，这样才能不断提高组织会议的专业水平。

在会议策划活动中，设计会议日程表是重要的内容之一。会议日程表的设计要充分考虑以下因素。

① 在一个对大部分目标听众来说比较方便的时间开始活动；

② 预留充足的登记时间；

③ 由会议主席作简要介绍或致辞，以正式开始一天的活动；

④ 会议时间应长短适中；

⑤ 会议间歇休息时间应充分；

⑥ 确保充足的茶点供应；

⑦ 安排一次总结性的全体会议；

⑧ 避免收场时的混乱情况。

下面了解几种常见的会议策划方案，可供在进行会议策划时参考。在实际会议策划中，可能会有诸多变化的因素。

一、奖励旅游会议策划方案

作为一种奖励员工和传达组织信息的理想形式，近年奖励旅游在全球获得迅猛发展。奖励旅游会议往往设有专门的旅游经理，并精心安排食宿和各种娱乐活动，同时合理地穿插目标明确的会议，以鼓励出色的分销商或优秀员工。这种会议对会议设施要求不如正式会议高，且一般不超过一周。

二、一日会议策划方案

大多数一日会议都是为那些在附近地区居住或工作的人举行的。这种会议的特点是与会者一般不需要安排住宿，会场通常选在一家有较多会议室的酒店。见表8-1。

表 8-1　一日会议策划方案

序号	时　　间	内容安排	地　　点
1	8:30	注册报到	大　厅
2	9:00	全体大会	大会厅
3	9:45	并行会议Ⅰ	
4	10:30	休　息	大　厅
5	10:45	并行会议Ⅱ	
6	12:00	午　餐	大会厅
7	13:30	讨论会Ⅰ	
8	15:15	休　息	
9	15:30	讨论会Ⅱ	
10	16:30	自由活动	
11	17:00	全体大会	大会厅
12	18:00	招待会	大会厅

三、两日会议策划方案

两日会议从正式开幕前一天的下午开始报到注册，开幕第二天中午会议结束，其主要目的是便于外地与会者返程。欢迎宴会往往设在正式开幕前一天晚上。在会议的日程安排上，第二天早晨举行一个简短的开幕式，会议就正式开始。会议的具体任务是用一天半的时间来完成，会议报到时间、会间休息时间和讨论时间视会议具体内容提前作出安排。

四、三日会议策划方案

这里所要列举的三日会议策划方案适用于规模在100人的会议。具体完整的日程安排详见表8-2。

表 8-2　三日会议策划方案

序号	周五	序号	周六	序号	周日
1	①会议主持人-计划； ②注册报到	3	早餐	12	早餐
		4	会议主持人演讲	13	会议主持人演讲/资料
		5	休息	14	午餐:分桌讨论
2	①招待会和晚餐； ②解释会议如何进行	6	会议主持人演讲	15	会议主持人演讲/资料
		7	午餐	16	休息
		8	与会者演讲	17	主持人总结会议
		9	休息	18	闭幕式
		10	①与会者自由活动； ②会议主持人计划		
		11	鸡尾酒会		

以上是三日会议的日程安排，仅供参考。至于各项内容的具体时间，由会议主办者根据所举办会议的情况而定。

知识拓展

博鳌亚洲论坛

博鳌亚洲论坛是一个非政府、非营利的国际组织，目前已成为亚洲以及其他大洲有关国家政府、工商界和学术界领袖就亚洲以及全球重要事务进行对话的高层次平台。博鳌亚洲论坛致力于通过区域经济的进一步整合，推进亚洲国家实现发展目标。

博鳌亚洲论坛由菲律宾前总统拉莫斯、澳大利亚前总理霍克及日本前首相细川护熙于 1998 年发起。2001 年 2 月，博鳌亚洲论坛正式宣告成立。论坛的成立获得了亚洲各国的普遍支持，并赢得了全世界的广泛关注。从 2002 年开始，论坛每年定期在中国海南博鳌召开年会。

论坛宣言

新千年伊始，我们聚首中国海南省博鳌，审视亚洲地区经济与社会发展面临的挑战，认识到在这些问题上熔铸亚洲观点的重要性，进一步认识到为增进本地区的相互依存和经济整合而做出持续努力的重要性。

为此，我们：

注意到亚洲国家经济与社会环境的不同，经济发展阶段的差异以及文化和传统的多样性；注意到尽管亚洲具有丰富的多样性，但各国争取平等和可持续发展的目标是一致的，各国都有着共同的前进愿望和决心；认识到使用新技术，实施外向型战略，以充分挖掘亚洲巨大的自然和人力资源潜力，是消除贫困、增进繁荣、提高生活质量的最佳途径；坚信亚洲各国之间的对话、协调与合作，将进一步巩固和深化亚洲内部、亚洲与世界其他地区之间的经济联系，增加亚洲内部、亚洲与世界其他地区之间的贸易和投资。

为此我们郑重宣示：

依据中华人民共和国法律建立博鳌亚洲论坛，中国海南省的博鳌是论坛的永久所在地。博鳌亚洲论坛受以下前景、使命和战略的指导。

1. 前景

力争将博鳌亚洲论坛办成高水准论坛，通过区域经济的进一步整合，推进亚洲国家发展目标的实现。

2. 使命

为达到以上前景，论坛将努力：

为政府要员、商业领袖和知名学者提供一个高层对话平台，以增进和深化贸易和投资联系，推动建立伙伴关系，在应对不断出现的全球性经济挑战方面，阐明各自的观点。

增进亚洲跨文化间的相互理解，增强本地区私营团体的社会责任感。

创造一个良好的环境，强化商业团体在寻求增长和进步过程中的和谐共生关系，以实现本地区经济的可持续发展。

培育和增进区域内网络机制和地区战略联盟的概念，以增加全球化过程中，亚洲内部、亚洲与世界其他地区之间的贸易和投资机会。

为人力资源开发，以及涉及本地区及其与世界其他地区关系的重要研究活动，提供智力支持。

3. 战略

为完成以上使命，论坛将采行以下战略。

（1）经常性地举办各种会议，如论坛大会，研讨会、座谈会和讲座，讨论贸易、投资及环境保护等领域的重大问题。

（2）激发本地区其他机构的主动性，以促进和强化各国政府与商业团体之间在贸易和投资领域的伙伴关系。

（3）把握可能影响本地区经济的全球和地区性经济发展趋势。

（4）甄别随时出现的、可能影响贸易和金融的各种问题并发布相关信息，揭示和彰显新出现的投资机会。

（5）独立并合作开展有助于实现论坛宗旨的各类研究活动。

（6）通过网络化的安排，增进本地区商业团体间的联系。

（7）成为一个研究及培训中心，以增强亚洲商业团体的管理和科技创新能力。

我们还同意建立适当的机构，以实现博鳌亚洲论坛的理想和目标。

我们坚信博鳌亚洲论坛将为建设一个更加繁荣、稳定、和谐自处且与世界其他地区和平共处的新亚洲作出重要的贡献。

2001 年 2 月 26 日于中国海南博鳌

论坛历届主题

博鳌亚洲论坛 2002 年 4 月 12～13 日举行首届年会，主题是"新世纪、新挑战、新亚洲-亚洲经济合作与发展"。此后，论坛每年定期在博鳌召开年会。

博鳌亚洲论坛 2003 年年会于 2003 年 11 月 2～3 日举行，主题是"亚洲寻求共赢：合作促进发展"。

博鳌亚洲论坛 2004 年年会于 2004 年 4 月 24～25 日举行，主题是"亚洲寻求共赢：一个向世界开放的亚洲"。

博鳌亚洲论坛 2005 年年会于 2005 年 4 月 22～24 日举行，主题是"亚洲寻求共赢：亚洲的新角色"。

博鳌亚洲论坛 2006 年年会于 2006 年 4 月 21～23 日举行，主题是"亚洲寻求共赢：亚洲的新机会"。

博鳌亚洲论坛 2007 年年会于 2007 年 4 月 20～22 日举行，主题是"亚洲寻求共赢：亚洲制胜全球经济-创新和可持续发展"。

博鳌亚洲论坛 2008 年年会于 2008 年 4 月 11～13 日举行，主题是"绿色亚洲：在变革中实现共赢"。

博鳌亚洲论坛 2009 年年会于 2009 年 4 月 17～19 日举行，主题是"经济危机与亚洲：挑战与展望"。

博鳌亚洲论坛 2010 年年会于 2010 年 4 月 9～11 日举行，主题是"绿色复苏：亚洲可持续发展的现实选择"。

博鳌亚洲论坛 2011 年年会于 2011 年 4 月 14～16 日举行，主题是"包容性发展：共同议程和全新挑战"。

博鳌亚洲论坛 2012 年年会于 2012 年 4 月 1～3 日举行，主题是"变革世界中的亚洲：迈向健康与可持续发展"。

博鳌亚洲论坛 2013 年年会于 2013 年 4 月 6～8 日举行，主题是"革新、责任、合作：亚洲寻求共同发展"。

博鳌亚洲论坛 2014 年年会于 2014 年 4 月 8～12 日举行，主题是"亚洲的新未来：寻找和释放新的发展动力"。

博鳌亚洲论坛 2015 年年会于 2015 年 3 月 26～29 日举行，主题是"亚洲新未来：迈向命运共同体"。

（资料来源：博鳌亚洲论坛网站 http：//www.boaoforum.org）

能力训练

会议报到工作

假如你是一名会议报到工作的工作人员，将负责一个在酒店召开的专业论坛的报到安排工作，你会从哪些方面考虑会议的注册工作？

会议报到工作提示：在酒店召开会议是现代会议的特点之一，报到注册工作往往也在酒店大堂完成，而酒店也针对会议在酒店大堂报到注册安排会议注册位置、注册桌椅等，因此在进行报到注册工作之前，要事先与酒店联系，进行协调。在注册工作开始前，应从以下方面考虑：①注册地点是否醒目合适；②会议注册登记表格、房间分配表等会议注册文件是否准备齐全；③会议资料是否准备齐全、分装整理好；④证件、票证是否准备妥当；⑤房卡是否准备齐全有序，并与证件等对应；⑥费用收取是否安排妥当；⑦报到注册人员是否熟悉注册程序、人员如何安排、分配、时间要求等。

作为论坛可能涉及嘉宾报到注册和代表提交发言稿的情况，应提前了解、早作准备。

 复习思考题

1. 会议策划的具体要求有哪些？

2. 如何做好会场布置工作？

3. 如何做好接站工作和返离工作？

4. 客房安排应遵循哪些原则？

5. 如何做好工作会议现场管理？

6. 如何做好工作会议记录？

7. 会议日程表的设计应考虑哪些因素？

项目九　会展相关活动策划与管理

项目目标

通过实践和模拟练习，学生能针对不同类型的会展相关活动提出策划要点；对会展相关活动策划具有基本的分析能力；具有把握会展相关活动策划要领的能力。

案例引导

"工博会"工业机器人表演添新意

2014年"第十六届中国国际工业博览会"（以下简称"工博会"）工业机器人展于11月4～8日在上海新国际博览中心N1馆隆重举行。共有110家企业参展，拥有12500平方米的展示规模。本届工业机器人展几乎囊括了在中国市场销量排名前十的工业机器人"大品牌"，如ABB、发那科、KUKA、安川电机、那智不二越、三菱电机、现代重工、史陶比尔、OTC、松下等耳熟能详的"洋品牌"。同时，新时达、埃夫特、埃斯顿、广州数控、高威科、沃迪等"本土品牌"也携重头产品参展，上演同台竞技的好戏。

一、表演特色令人赞

新时达机器人展台前，一台会下棋的机器人吸引了大批观众围观，面对观众出招，机器人似乎胸有成竹，不一会儿这名观众就败下阵来。这是新时达机器人公司带来的一个包含两台新时达桌面型机器人的趣味工作站，它具有高速、紧凑和轻量的特点，是新时达为电子行业量身打造的一款小负载型机器人。新时达机器人公司一直致力于推动中国制造业智能发展，努力为客户提供最佳的一体化系统解决方案。新时达公司已连续多年参加工博会，本届机器人的现场表演不仅帮助该公司发掘更多的潜在客户，同时起到品牌宣传的作用。

史陶比尔展出的TX90复合材料三维铣削机器人受到观众瞩目，只见机器人将材料现场打磨为3D人脸模型，细致及精细程度令人惊叹。该款机器人在设计时，特别注意减轻机器人整体重量，以达到节能、环保的目的。

二、人机协作令人叹

本届工博会上，众多展商携新品参与展会，许多展品是第一次与大众见面，在本届工博会上揭开神秘面纱。与工博会携手十六年的发那科机器人公司在本届工博会现场展出两件新品，分别是汽车连杆生产线和机器人3D雕刻系统。其中的汽车连杆生产线，是世界上第一个全无人操作的汽车连杆自动生产线。现场展示了生产过程，即使工件任意摆放，系统也可自动识别，不需人力帮助，大大减轻生产过程中的人力投入。

全球领先的工业机器人技术提供商ABB在工博会现场首发世界上首台真正实现人机协作的机器人YuMi，它可以和工人完成同一任务，实现机器和人的和谐共处。现场机器人的表演引起了不少目标观众的兴趣。

三、有奖竞猜场面热

电装（中国）投资公司展出了 VS 系列机器人，值得一提的是，该机器刚刚在 11 月 3 日获得了日本设计大奖。该系列机器人致力于制药、医疗器械制造工艺及药物制剂的自动化，在卫生性方面有突出表现。

库卡 11 月 3 日在工博会举行新品 LBR iiwa 首发会，作为全球第一款轻型系列机器人，为工业机器人开启了一个新时代。在素有设计界"奥斯卡"美誉的 2014 年红点设计大奖上，它还获得了"最佳红点奖"的殊荣。在展示期间，库卡展商举办了库卡机器人知识有奖竞猜活动，答对的现场观众可获得小礼品，现场气氛活跃，场面热烈。

工博会的工业机器人展的现场表演，不仅活跃了现场气氛，吸引人气，同时展示了机器人工业的前沿发展，为观众带来了一场机器、人、行业创新与融合的盛宴，代表了未来工业机器人的发展方向。（资料来源：根据"工博会"相关资料整理得到。）

【案例分析】 会展的相关活动对展会起着至关重要的作用，这些活动已经成为现代展会不可分割的一部分。"第十六届工博会"工业机器人展的表演活动，展示了机器人工业的前沿领域。通过科技搭台，表演唱戏，不仅能够活跃了现场气氛，同时营造出特殊的主题效果。因此，策划活动不仅需要有前沿科技的推动，更需要实在的载体的体现，才能让策划活动更成功，更加令与会者印象深刻。

任务一 会展相关活动的策划

一、会展相关活动策划的含义

会展相关活动的策划实际上就是制订出会展相关活动的实施方案并进行可行性分析的过程。在这个过程中，相关活动的策划会对会展的整体效果产生重要的影响，它不仅是会展举办的有利支撑，也是会展顺利进行的必要条件。

对于目的明确的会展活动，前期的筹划和设计是必不可少的。实践证明，任何一项成功的会展活动是科学合理、富有创意的策划和可行性分析的共同结果。在展会中，促成参展商与客户的贸易合作是根本的目的，但会展效应并不仅仅局限与此。现代的展会，还需要策划者为他们提供一个交流沟通的平台，在这个平台上，除了展示产品之外，还可以发布产业信息，交换市场走向和产业发展的意见。因此，现代展会相关活动的策划和管理是会展工作的一个非常重要的环节。

二、会展相关活动策划的作用与意义

（一）会展相关活动策划的作用

1. 展示与发布功能的强化

产品展示是展会的主要功能。通过对展位的设计，展品的包装以及宣传营销活动，参展商可以将产品的最主要优势展现给客户，使其了解展品并对展品发生兴趣，大大提高双方或多方技术和市场合作的可能性。对于专业展览会，还常常伴有讲座、研讨会、产品发布会等活动，一般都是行业内领先者来进行主讲，行业人士的聚集和信息传播的迅速都是其他方式无法比拟的，这也是许多企业愿意选择展会作为发布信息场所的原因之一。当然，利用表演、比赛等活动形式和发布会相结合，更能强化展会的信息发布功能。

2. 丰富展会信息，搭建信息平台

会展本质上就是为信息交流进行的传播活动。会展活动的参加者，既是本人信息的传播者，也是他人信息的接收者，而展览则为这种传递提供了系统的平台。一个大型的展会，汇集了业内人士和潜在的合作伙伴，也蕴藏着大量的经营管理、生产技术和市场需求的信息。通过会展相关活动策划，参展商不仅可以获得产业最新发展动态，还可以借机进行市场调查、了解消费者偏好、市场需求特征等其他相关信息。会展的相关活动，是丰富展会信息的有效途径。

3. 树立良好的展会形象，扩展展会展示

高水平的文艺表演、高规格的行业会议、专业研讨会及技术交流会都会扩大展会在行业内的影响力，也能提升企业或组织的形象。筹展工作好比"搭台"，展台工作如同"唱戏"，而展会的相关活动就是协调两者的"配乐"。通过精心的会展相关活动策划的方式，可以使展会的价值和展出的目标在展台上得以实现。

4. 活跃现场气氛，营造良好氛围

具有观赏性和趣味性的相关活动能够极大调动现场观众的积极性。选取参与性强、互动效果好的项目在设计相关活动时尤为重要。这不仅能给参与者留下深刻的印象，还可以使展会本身气氛活跃，良好的现场氛围是参展企业和参与者相互交流的最佳条件。

5. 延伸展会贸易的有效途径

在大多数的交易会、展览会和贸易洽谈会上，参与方都能签订一定金额的购销合同，以及投资、转让和合资意向书。展会不仅是信息发布的集散地，也是一个非常重要的贸易平台，而且它的延伸功能对于企业来讲更为持久和重要。策划和举办会展相关活动，能够延伸展会的这种功能。例如产品订货会、产品推介会、项目招标活动等都可以使展会取得良好的效果。

（二）会展相关活动策划的意义

1. 为会展决策提供方案

决策是对未来行动方案的选择，好的方案是好的决策的前提和条件。会展相关活动的策划可以帮助整个策划活动寻求最合理、最经济、最有效的方案，为科学的决策提供合理的依据。

2. 提高会展活动的经济效益

由于会展策划活动是运用科学的方法，因此能够大大减少盲目性，克服不合理性，减少和避免浪费，提高会展活动的效率和效益。

3. 塑造会展品牌形象

会展活动的策划是个形象工程，它根据会展市场的需要，在保持自身优势和体现创新特色的基础上，努力创造新的亮点，提升竞争力，从而塑造会展品牌的形象。

三、会展相关活动策划的原则

展会的相关活动的策划是为展会的整体策划和展会服务的，一般来说，举办展会的相关活动应遵循以下几个原则。

（一）目标性原则——切合展会主题

展会的相关活动与展会的主题要严格相一致，会展策划的过程是追求最佳决策方案的过程，而会展决策方案是为实现会展活动目标服务的。因此，相关活动的策划不能漫无边际。

如果举办的相关活动与展会主题不相干，活动形式脱离展会实际，不仅会使相关活动与展会脱节，也会扰乱展会的现场秩序。会展相关策划活动必须紧紧围绕会展活动的特定目标，以活动的目标为核心和依据。

（二）创新性原则——吸引目标观众

策划与一般计划的不同之处就在于更强调、更追求创新。创新是会展策划的生命，特色是会展成功的要诀。策划得当、组织完善、丰富多彩的展会相关活动对展会观众会有很大的吸引力。对于展会来讲，有一定数量和质量的参展企业是展会赖以生存的基础，而有一定数量和质量观众参观则是展会赖以发展的根本。因此，举办展会的相关活动一定要考虑目标观众因素。在会展业竞争日益激烈的今天，唯有不断创新，强化特色，才能在日益激烈的市场竞争中扩大影响力，提高实力，保持领先地位。

（三）可行性原则——实现策划的最优性

创新是会展策划的生命，但创新必须是现实可行的，这也是我们对展会策划最基本的理解。脱离了可行性，创新就是一种资源的浪费，甚至会损害企业和组织的形象，导致会展的整体效果的失败。因此，成功的相关活动的策划是创造性和可行性的有机统一。

（四）周密性原则——提高展会效果

会展相关活动的策划除了创新之外，也是一个理性思辨的过程，需要运用收敛性思维注意事物的普遍联系，关注到策划的每一个细节，每一个方面的相互衔接、照应和协调。企业参展的目标是多样的，取得经济效益也好，社会效益也好，无论参展商抱着怎样的目标，总是希望能够达到预期目的，获得良好的参展效果。这就要求展会的相关活动策划必须组织有力，秩序井然，为展会总体效果服务。任何一方面考虑不周或欠妥，都可能导致整个会展活动的失败。

任务二　会展相关活动的种类与策划

案例引导

"工博会"开幕论坛呈现年度盛典

"第十六届中国国际工业博览会"（以下简称"工博会"）于2014年11月4～8日在上海新国际博览中心隆重举行。作为本届工博会的一大亮点，第十届全球城市信息化论坛以"智慧、融合、跨界"为主题，构建了一个交流发展思路、研究产业发展动向和共享技术应用经验的平台。在工博会的开幕论坛主旨演讲中，来自三个国家、三个不同领域的权威人士邬贺铨院士、德国国家科学工程院梅内尔院士、法国国家科技院安东尼·贝叙院士，分别针对信息化和工业化，与来自中外各界专业人士分享了自己精彩的研究和观点。

中国互联网协会理事长、中国工程院院士邬贺铨首先进行了题为《大数据时代的管理方式转变》的演讲，从产业应用、生产技术变革和企业战略转型三个角度对大数据进行了深入的剖析。邬贺铨院士提出，现在进入了一个"大智移云"的时代。他巧妙地运用了国内外的生动案例，生动直白地讲述了大数据给生产生活带来的重大变革，例如掌握很多商场的重要消息、促进互联网金融发展、推动银行改革等。在对影视业的的作用时，邬贺铨院士提到了近期收视率火爆的美剧《纸牌屋》、综艺节目《爸爸去哪儿》和国产电影《心花路放》，提出大数据为制作以观众为导向的影视作品和影视高收益提供了重要的保障。此外，邬贺铨院士还指出，大数据不仅深化了信息技术的应用，还推动了信息化和材料技术、生物技术、能源技术等结合，其与移动互联网、物联网和云计算的结合还可以引发了企业战略的转型，显现产业生态链的影响力。在谈到第三次工业革命时，邬贺铨院士指出这场革命的重心是数据化和智能化。而德国所推崇的工业4.0就是工厂的智能化，通过加工信息来制造产品。

对于"工业4.0"，来自德国国家科学工程院院士、IPv6委员会主席梅内尔在题为《德国工业4.0》的演讲中给出了更为生动的解读。梅内尔院士以德国的汽车制造业为例指出，未来所有的零配件都将收集数据，并把数据传给厂商，告知其运行状况。一旦厂商收到异常信息，就可以生产相应零配件，然后直接递送给车主进行更换。而要实现这样的一个模式就需要整个价值体系的水平整合和整个有序生产系统中的垂直整合。在梅内尔院士看来，智能化包括很多方面，有智能经济、智能工厂、智能生产、智能人员、智能生活、智能之家、智能出行、智能物流、智能供应链、智能政府、智能环境等。而智能技术为解决现存的问题，比如交通、环境，提供了另一个妥善解决的可能性，使生活和环境相联系。

法国国家科技院院士、法国联合建筑设计公司董事长安东尼·贝叙则选取了人文化的视角，围绕信息技术和建筑的可持续发展，阐释了当今信息时代的生态城市构建，并作出了对未来的展望。贝叙先生着重从生态城市拥有四大主要支柱——人、城市化的设计、生态城市、文化——展开，强调了在生态城市的建设过程中必须思考的问题。他说，未来对于我们来说最关键的，是用更少的资源创造出更多的内容，并且通过互惠互利来实现城市化。贝叙先生希望通过巧妙的设计，重新激发人们心中的梦想，在绿色、自然和楼宇之间找到一个微妙的平衡，打造出一个真正的、未来的生态城，以此解决目前城市化发展所带来的诸多问题。

从2013年开始，这已经是中国国际工业博览会第二次以论坛的形式开幕。经过十六年的发展和革新，本届工博会都较之前几届有了巨大的飞跃，无论是在展览规模、专业化程度上，还是在论坛和嘉宾的国际化、权威性上，都为来宾们呈现出一场信息化和工业化的年度盛典。（资料来源：根据工博会相关资料整理得到）。

【案例分析】 会展相关活动的形式多种多样，可以是专题会议，也可以是表演、比赛，或是工农业考察等。会展相关活动的成功举办，不仅能够强化展会的功能，丰富展会的信息，活跃展会的现场气氛，而且能够反映行业热点，构建信息交流、产业发展动态和技术经验共享的平台。

会展中的展示、宣传、营销活动是展会的主流活动，除此之外，会展相关的活动如礼宾活动，交流活动，表演活动，贸易活动，娱乐活动、专题会议、参观等也都是不可缺少的内容。

一、专题会议策划

（一）专题会议策划的概念

在综合性展会中，专题会议已经成为一个重要的组成部分。在展览期间，主办机构通常在行业协会的协助下，邀请业界人士交流产品信息、经营心得、市场动向，或是邀请专家学者、企业高管或政府有关部门的领导共同研究探讨产业的发展前景与方向。根据会议的目的与参与会议的人员不同，展会期间举行的会议大体可分为以下几类。

1. 论坛

论坛是指一种高规格、有长期主办组织、多次召开的研讨会议。论坛往往由政府有关部门的领导、专家学者、企业高管等参加，共同研究探讨产业的发展前景与方向。论坛分为两种：一种是以会议的形式单独举办，比如"博鳌亚洲论坛"；另一种是随着展会的开始而举办的论坛，比如"中国国际奶业展览会及高层论坛"，每届中国国际奶业展览会都举办高层论坛。

2. 专题研讨会

专题研讨会是以研究行业发展动态为主要内容的会议，对组织者的要求较高，主要目的是学术交流。

3. 技术交流会

技术交流会是以技术的交流和传播为主要内容的会议。与会者就大家共同关心的领域进行研讨，并引领合作事业和构建未来伙伴关系的框架。主要目的是进行技术交流，寻求技术合作。

4. 行业会议

行业会议一般是由行业协会或者政府主管部门组织举办，由行业协会会员或者该行业有关企业参加的会议。在行业会议策划中要完成三方面的中心任务，即会议的主题、议题和筹备方案。行业会议在筹备方案上已经形成了固有的特点，虽然会议举办的时间、规模、场所比较固定，但召开的形式比较灵活。

5. 产品发布会

产品发布会是以发布新产品或者有关新产品的信息为主要内容的会议活动。在形式上可采用新闻发布会、记者招待会、情况通报会、记者通气会、政策说明会、技术推荐会、产品推荐会、成果发布会等类型，这些类型在内容和形式上相互交叉，各具特色，主要目的是向大众介绍企业的新产品。

（二）专题会议策划的步骤和组织程序

1. 论坛

（1）成立论坛组织委员会　主办单位首先需要指定专门的工作小组来负责论坛的筹备工作。一些高级别论坛的组织框架通常由指导委员会、组织委员会和顾问委员会三部分组成。从论坛的组织框架可以看出论坛级别的高低以及是否具有行业的权威性。

（2）市场调查　工作小组成立后，第一项工作就是进行市场调查，调查的内容包括产业发展的热点问题，近期举办的同类展会论坛议题、收费标准和效果、潜在目标听众的评价和建议等。

（3）明确主题　鲜明的主题可能会对潜在听众尤其是目标听众有很大的吸引力。成功的论坛主题必须符合以下标准：围绕展会题材，紧靠展会主题；能抓住行业发展的热点和难点问题，有现实性；能面向目标听众，有针对性；能反映行业发展的现状和趋势，有前瞻性；对与会者来说是难得的受教育机会和交流机会，有实用性。

（4）策划具体议题　主题确定后，接下来就是设计具体的议题。策划议题的基本依据是论坛的结构和目标听众的需求。每一个具体的议题都应该有明确的目标，同时多个务实而富有吸引力的子议题，才能共同支撑论坛的主题。

（5）论坛日程的安排和嘉宾的邀请　对展会期间的论坛时间安排，视展会具体情况而定。对于国内的嘉宾要提前2～3个月发出邀请，国外的嘉宾则至少要6个月发出邀请，并协助嘉宾做好相应的准备工作，将嘉宾的接待工作落到实处。

2. 专题研讨会

（1）收集市场信息 为了使研讨的内容有针对性，会展企业要收集市场相关的信息，对该行业做深入研究，努力抓住行业热点问题，为下一步确定会议主题和准备会议方案提供翔实的资料。

（2）确定会议主题 会议主题一定要紧握时代脉搏，能切实反映该行业某一具体领域的发展动态。

（3）准备会议方案 会议方案是关于会议如何召开的具体实施计划。会展企业要组织一个成功的会议，实施计划一定要做到详尽、周密、高效运作。

（4）邀请主讲人员 会展企业必须尽可能邀请自己所期望的主讲人员到会。对于主讲人员负责的议题，会展企业至少应该在会议开幕前的一个月甚至是更早的时间通知他们，以便其早作准备。

（5）会后总结 会议召开以后，会展企业要及时对会议筹备及举办过程中的经验和教训进行总结，以便下次举办该类型的会议时能够使会议的水平得到进一步的改善和提升。

3. 行业会议

行业会议的中心任务集中在三个方面：会议的主题、会议的议题和会议的筹备方案。行业会议的筹备方案和专题研讨会的筹备方案，其基本内容十分相似。

行业会议的主讲人基本来自行业协会、协会会员和政府主管部门三个方面，也有少数来自行业以外的科研机构。行业会议的听众基本上都是来自行业内的企业。在展会期间举办行业性的会议，能针对行业发展中遇到的新情况、新问题展开讨论，能使参展商及时了解行业发展动态。

4. 技术交流会

会展企业举办的技术交流会一般以技术的交流和传播为主要内容。技术交流会策划的基本流程也是由收集市场信息、确定会议主题、准备会议方案、邀请主讲人员、会后总结等组成。但是与专题研讨会相比较，有以下几点不同之处。

（1）市场信息的收集应该侧重收集展览题材所在行业的最新技术发展状况和发展趋势，了解该行业的实用技术发展状况。

（2）会议主题的确定应与技术问题密切相关，要务实。

（3）会议方案的准备应注意会议时间的安排、会议议程的确定和会议资料的准备工作。

（4）会议主讲人的邀请应注意主讲人的技术背景和经历，要能回答听众关于该技术议题的一些问题。

（5）会议的召开要根据技术议题的特殊要求对会议现场进行布置，要能够提供和维护会议所需的特殊设备，要安排懂技术、会操作和维护设备的现场工作人员。

5. 产品发布会和产品推介会

产品发布会和产品推介会也是展会期间较为常见的两种相关活动。产品发布会和产品推介会对产品的信息发布和贸易功能都很强。产品发布会和产品推介会的主办者可以是参展企业或行业协会，也可以是办展机构。

（1）产品发布会的一般流程 从展会主办单位的角度来讲，组织产品发布会可以大致分为以下五个步骤。

① 产品发布会主题的选择。在策划产品发布会时，主办单位首先需要与行业内研发能

力强的企业及相关科研机构沟通，了解本行业类似产品的发展动态和客户对产品发布会的需求与设想，确定一个鲜明的核心主题。展会上所有场次的发布会都必须围绕核心主题展开。核心主题确定以后，接下来的工作便是确定细分主题，所有细分主题的最终表现就是不同类型的最新产品。

②　设计产品发布会的框架。产品发布会的框架应根据既定的细分主题进行设计。设计产品发布会的框架还包括制订媒体邀请计划、观众组织计划、现场执行计划等重要内容。其中，在现场执行计划中，对不同目标企业的发布会的统筹安排至关重要。

③　"销售"产品发布会。制订好整个产品发布会的设计方案后，主办单位就可以向相关企业尤其是本届展会的目标参展商"销售"了。一般来说，"销售"的主要对象是该行业内倡导技术创新、注重产业升级的大企业。在具体操作时，主办单位可以将产品发布会的"销售"与招展工作结合起来，并可根据实际情况对既定方案进行灵活调整。

④　召开产品发布会。

⑤　完成善后工作。产品发布会的善后工作主要包括开展现场观众调查、跟踪媒体报道情况、答谢发布产品的企业和进行工作总结等。

（2）策划展会产品发布会的常用技巧

①　统一安排不同参展商的发布会，使发布会显得组织有序、主题明确。

②　统筹安排展会期间所有场次的产品发布会或产品推介会，避免现场混乱。

③　利用"媒体日"、"新产品专区"等方式，为参展商展示产品创造更多的机会。

④　反映行业发展的新趋势和新技术。

⑤　做好会场布置、现场协调、安全保卫和现场服务等工作。

⑥　制订切实可行的媒体邀请计划。

⑦　控制待发布产品的档次和质量。

参考资料

开启快乐生活：2008 悦泉新品发布会

一、会议议程安排

1. 12:00 接待厅接待来宾、经销商、记者签到。

2. 14:00 引导嘉宾经销商和记者入场。

3. 14:10 钢琴伴奏。

4. 14:20 播放企业宣传片。

5. 14:25 主持人请来宾就座。

6. 14:30 主持人宣布新品发布会开始并介绍公司领导来宾与媒体。

7. 14:35 悦泉啤酒董事长总经理徐容鑫致辞。

8. 14:40 上海蓝海营销策划驻马店分公司总经理薛茂川讲话。

9. 15:25 公司领导与嘉宾共同拉开新品幔布，并有请市××领导讲话。

10. 15:28 新产品模特展示。

11. 15:40 记者来宾提问；悦泉啤酒总经理和蓝海策划总经理作答。

12. 15:50 会议结束，请媒体记者到××厅稍候，各位经销商到×× 厅稍候（钢琴或萨克斯伴奏，为来宾赠送礼品）。

13. 16:00 公司领导和媒体详细交流意向。

14. 16:20 与媒体交流结束（赠送礼品）。

15. 16:10～5:50 悦泉厂家领导与各位经销商座谈，签约、交押金。

16. 17:50 各签约经销商抽奖。

17. 18:00 洽谈结束，发赠房卡，到××厅共享晚餐。

18. 19:30 晚宴结束，就寝（赠送礼品）。

二、场地布置布展

1. 酒店门口悦泉企业彩虹门，彩旗，巨型条幅，停车位导向牌布置。

2. 酒店正门，接待人员佩带悦泉绶带，要摆有标明会场、休息厅、就餐、领奖品等地点明显的指示牌。

3. 宾客接待台、接待人员两名，登记来宾和发放会议标准资料袋和参会证企业画册，并配二名礼仪向导。

4. 酒店门口和会仪厅门口各摆放 X 展架多个，写真帖多张。

5. 主会场背景墙巨型喷绘，舞台两旁各放置一堆物展架，上放新品遮盖慢布，演讲台正面贴悦泉 VI 写真，上面摆贴悦泉 VI 写真电脑、麦克风、啤酒、鲜花。

6. 会场顶部彩旗交错，墙壁条幅贺辞，走廊前台两旁 X 展架。

7. 主席台和各座位贴带悦泉 VI 的编号，台上摆悦泉啤酒和专用杯，文件夹 DM 封尾页，台前摆贵宾名签。

8. 配备礼花，专用整场音乐配音，抽奖箱有悦泉写真包制。

9. 配备企业纪录片和新品讲解幻灯片播放。

10. 调试好音响设备，指定好录像人员。

三、参会应邀人员

1. 邀请嘉宾、市政府领导代表。

2. 各地经销商和意向客户。

3. 部分分销客户。

4. 部分零售及餐饮终端客户。

5. 邀请媒体（30 人）：驻马店广播电视局；河南电视台驻马店摄制组；驻马店电视台（1 套、2 套、3 套）；驻马店有线电视；驻马店交通旅游广播；《大河报》驻马店分站；《驻马店日报》；《天中晚报》；《广播电视报》；河南省旅游杂志驻马店分站；天中网；驻马店信息港；驻马店在线。

四、新品发布会提供给媒体的资料

以文件袋装，在新闻发布会前发放给新闻媒体。文件袋内装有：会议时间项目安排流程、新闻通稿、演讲发言稿、发言人的背景资料介绍、公司宣传册、新产品说明资料、有关图片等。

五、成立组委会，确定组委会主要成员及职责

1. 组委会组长（负责整个活动与酒店协调）。

2. 协调员（协调员由悦泉主要领导组成，负责各小组的工作协调）。

3. 领导小组下分各个项目组分别为：

(1) 会场接待（6 人 负责来宾登记、礼品发送、资料袋的发放及各种接待工作）；

(2) 与媒体联系（媒体发稿、媒体接洽）。

4. 场务维护（负责现场、设备能够正常使用排除外界干扰）。

5. 广告宣传（有策划公司与公司宣传部、市场部、产品部共同组成）主要负责。

6. 就餐（主要负责来宾、客商的餐饮服务安排）。

7. 住宿（主要负责来宾、客商的住宿服务安排）。

8. 主持人（主要负责各个环节串词及开场主持）。

9. 外联（主要负责与模特及演员联络以及现场产品展示安排6~8人）。

六、新品发布会资料袋内容

会议手册、新品文字资料（招商）、相关图片、笔和信笺、餐券和礼品券。

七、大会筹备及项目和时间的安排

1. 3月5日前设计、定稿，印刷企业宣传单、台卡、背板、邀请函、横幅、海报、新品展示资料图片等。

2. 3月8日发放邀请函给政府领导、合作伙伴领导、客户、媒体人员、代销商、社会人士。

3. 3月12日前确定相关人员名单。

4. 3月12日最后确定参加来宾名单、客户资料、总参与人数。

5. 3月16日展示资料，准备布展。

6. 3月17日最终确定场地布置、餐饮地点、住宿房间、物料运送、设备调试、桌椅安排（来宾位置）等。

7. 3月18日中午12:00工作人员（含礼仪小姐）到位，按分工配合完成各项工作，会议一切物品到位，乐队到位。

8. 3月18日12:10活动物品检查、人员检查、资料检查、礼品检查、会场检查。

9. 3月18日12:20~13:50全程摄影摄像，协调落实，签到开始、赠送资料袋、嘉宾媒体佩戴胸花、来宾卡、会场资料发放、会场引导，分别入座。

10. 3月18日2:00主持人宣布新品发布会开始。

八、新品发布会所需人员、物料及使用位置

1. 所需人员及使用位置：礼仪小姐（6人，会场门口）、模特（8人，会场）、演员、主持人（3人，会场）。

2. 物料及使用位置：摄影师及摄像设备（1人1套，场内）、数码相机（3部，场内）、彩虹门（1个，会场门口）、横幅（4条，酒店门口及会场）、升空气球（2个，酒店门口）、气球条幅（2个，酒店门口）、彩旗（3条，酒店门品及会场）、鲜花（15篮，主席台）、大型喷绘背景（1张，会场背景墙）、悦泉绶带（6条，接待礼仪）、啤酒充气娃娃（2个，会场门口）、新品海报（30份，会场布置）、企业宣传幻灯片、新产品讲解幻灯片（各1段，介绍）、所展产品、道具（1套，产品展示）、会场专用接待车（2部，接送主要来宾）等。

九、新品发布会邀请人员清单（略）

		政府嘉宾	新闻媒体	酒店来宾
	姓名			
	单位			
	职务			
	联系人			
	备注			
	合计人数			
	总人数			

十、新品发布会费用预算（略）

二、表演、比赛活动策划

展会期间，为了活跃现场气氛，更好地吸引企业参展和观众参观，办展机构往往结合展会的需要，举办一些与展会有关的表演、比赛，借以提升展会的效果。

（一）表演策划

1. 表演策划的含义

表演是一种观赏性比较强的公众性活动，它吸引观众较多，现场气氛也比较热烈。精彩的表演可以吸引观众，扩大展会的影响。当然，与展会题材紧密结合的表演则更能体现其影响力。表演可以是参展企业自己组织的为提高其展出效果的表演，也可以是由办展机构组织的为整个展会和所有参展商及观众服务的表演，还有一些是行业协会和当地政府组织的表演。从办展机构来说，可以组织策划的表演有两种：一种是与展览题材无关的表演，如演唱会或其他娱乐性表演活动；另一种是与展览题材有关的表演，如某项展品的制作演示和操作演示。

2. 表演的分类

（1）文艺表演　这类表演活动主要目的在于活跃展会气氛，积聚人气，一般是由办展机构组织发起的。

（2）与展品展示相结合的表演活动　这通常是参展商营销活动的一部分，参展商通过这个表演，吸引观众对产品的关注，介绍产品的用途和功能，同时树立企业和产品在消费者心目中的形象。这种表演一般规模比较小，由参展商自己组织筹办。从参展商的角度来说，最具有实际意义的表演就是展会现场的演示。现场演示的好处是可以帮助企业和其产品成为会场谈论的话题。

（3）例行表演活动　办展机构按照惯例在展会的开幕、闭幕及进行期间组织的普通表演活动。

3. 表演策划的注意事项

（1）时间和地点　与展会题材相关的表演适宜安排在展会期间，并在展会现场举行；与展会题材无关的表演可以与展会开幕闭幕仪式安排在一起，如果条件不允许在展会现场举行的话，也可以选择现场以外的地方。

（2）组织者　表演可以是参展商自己组织的，也可以由办展机构策划组织。对于前者，办展机构不需要做太多的工作，只需要做好联系沟通和现场服务管理工作就可以了。如果是办展机构自己组织表演，就要从前期工作开始，联系演员，聘请舞台设计人员、专业服务人员、节目审核人员，并负责好现场的营销与服务和演出后的清理等一系列工作。

（3）演出效果　演出对于展会只是一种辅助功能，不能喧宾夺主，首先要与展会整体氛围相协调，例如，一些气氛过于热烈的表演就会破坏展会轻松优雅的格调。其次，表演活动不能影响现场秩序，阻碍观众观看展品，向参展商询问。最后，具有吸引力的表演同时会吸引非目标观众，他们的过多介入将影响展会最终目标的完成。

（4）现场管理服务工作安排　要组织一场成功的演出，光有演出的策划是远远不够的。演出现场的情况往往出乎组织者的预料。因此，要尽可能地多方面考虑，仔细安排人员做好现场的服务工作。

（二）比赛策划

1. 比赛策划的含义

为了吸引参展者的眼球，展会期间常常举办各种各样的比赛。比赛是另一种介绍展品、吸引观众的途径。有一类比赛是以观赏性、娱乐性为取向的，主要是增添现场气氛；另一类与展品相结合，通过表演性质的比赛或是观众的亲身体验，增进观众对展品的了解，一般具有较强的专业性。比赛是公众参与性较高的项目，策划时要制订好所能预测到的危机管理方案，确保展会比赛顺利进行。

2. 比赛策划的注意事项

（1）比赛时间和场地　比赛时间和场地的选择应主要考虑方便观众观看，不造成秩序混乱，不影响参展商产品的展出。

（2）比赛规则与评奖　比赛规则应尽可能地简单明了，符合惯例，容易被参与者理解接受。这样才能确保比赛的顺利进行，完成组织者设想的目标。有权威的裁判或评审团可以保证规则的实施。成员名单应向参赛者公开，并要及时公布比赛结果。奖品是对参与者的一种奖励，颁奖过程也是一个很好的宣传机会。在实际操作中，组委会往往举办一些评奖活动作为展会补充，并且会策划相关的颁奖晚会。

案例引导

第十四届国际自动识别技术展览会亮点：评奖活动

为期三天的第十四届国际自动识别技术展览会（SCAN CHINA 2007）已圆满结束，组委会周密筹备，参展企业踊跃报名、积极参加，媒体持续关注，观众热情参与，活动取得了可喜的成果。展览会规划总面积8000平方米，有效展览面积2578平方米，分别比2006年增长25％和22％，有来自全国各地从事自动识别业、物流业、零售业、制造业、食品加工业的上万观众、听众参加了展览会及其同期活动。

为提升国际自动识别技术展览会的服务质量，促进观众参与的积极性，组委会特别组织了由观众参与的评奖活动。由于评奖活动组织合理，极大提高了观众参与的兴趣，观众积极参与游戏，与参展商形成了良好的互动。根据观众现场参观和投票评出了"实用展台奖"、"环保展台奖"、"人气展台奖"、"新锐产品奖"、"技术创新奖"、"新颖方案奖"等奖项。闭幕式上中国物品编码中心副主任还为获得奖项的单位颁奖，评奖活动成为这届国际自动识别技术展览会的亮点之一。（资料来源：根据相关资料整理）。

【案例分析】　评奖活动已经成为现代会展项目中经常使用的手段和环节。活动的举行有利于活跃展会的气氛；更重要的是，可以通过这样的途径推动行业的竞争性，及时提供更多更有效的市场信息。第十四届国际自动识别技术展览上，评奖活动成为亮点，形成了良好的互动，也为其他展会的开办提供了很好的借鉴平台和学习基础。

三、其他相关活动策划

展会期间，往往要举行一些如参观、工农业考察、明星见面会等群众可以参与的活动。尤其是工农业旅游，近些年来愈发成为会展活动中一条亮丽的风景线。

总之，无论举办什么样的活动，目的都是为了使会展更专业、更有吸引力。一项活动对展会最终产生什么样的影响，办展机构、参展商对该活动的策划和把握起着关键的作用。因而，重视策划工作是十分必要的。如表 9-1 所示是各种活动形式选择模式表，仅供参考。

表 9-1　活动形式选择模式

活动形式	选择此种形式的原因	可能的听众	主题范围	筹备期	负荷
膳宿型会议一周或一周以上	组织尽量多的听众在相对集中的时间内进行集体工作或娱乐	国际、国内的或临时组织的	广泛;复杂;多元主题;有机会深入、广泛地进行	18 个月	高
膳宿型会议 2 至 3 天	听众广泛,平时很难聚到一起,出差时间不能太长	国际、国内的或地区间的	同上	18 个月	高
为期 1 天的活动	紧紧围绕一个主题或专业	国内的或地区间的	相对特殊的主题或关注的焦点	6 个月	中
半天的活动或培训主题讨论会	对工作繁忙的受众而言成本相对较低;有区域或话题限制	本地的、国内的或机构内的	同上	6 个月	中
专家研讨会	汇集专家进行经验、学识的交流	邀请的专家	相当特殊,也许仅就一个议题进行讨论	6 个月	中
公众演讲	关注某位特殊人物或话题	无限制	无限制	3 个月	低
邀请演讲,如"捐赠讲话"或"纪念演讲"	向精选出的听众介绍特殊的讲话人	根据当时情况而定	各种话题,常为学术或专家性质的	3 个月	低
座谈会或辩论会	听取就某一话题或主题的不同见解	各种的,可以与其他会议或活动时间重合	专家级活动,侧重讨论	6～12 个月	中或高
推介活动及发布活动	介绍某个议题、某个组织或是某种产品	产品、组织或某项成果的目标听众	无限制	6～12 个月	高
表演活动	庆祝开幕、闭幕、新产品、产品推广	无限制	无限制	12 个月	高
著名人物见面会	新产品、产品推广	记者、最终产品使用者	传播产品信息	3 个月	低
比赛	吸引目标受众和参展商	无限制	具有比赛竞争力的竞赛	6～12 个月	高
颁奖活动	庆祝取得成功	提名者、获奖者、领导和嘉宾	主要是获奖者	6～12 个月	高
年度大会	履行慈善组织或自愿团体法定职责	会员和领导	管理、计划和发展	12 个月	中
晚宴与宴后演讲	组织或工作组庆祝活动	组织成员与嘉宾	庆祝、娱乐、联谊	12 个月	中

任务三　会展的旅游活动策划

一、会展旅游的概念及特征

作为会展和旅游的结合物——会展旅游，从 20 世纪 60 年代伴随着现代会展业的出现而初露端倪。会展旅游是一种高级的、特殊的旅游活动方式，是会展经济发展的必然产物，是会展产业链的一个重要环节。

世界上许多国家将会展旅游作为一种高产出的旅游项目予以大力扶持和发展，有的国家还利用开发会展旅游产品来抵消其他旅游产品的下滑给本国旅游业和经济所造成的影响。可以说，会展业的繁荣带动了旅游业的发展，而旅游业的进步又促进了会展业的发展。两者相得益彰，相互促进，共同带动了举办地经济的发展。

（一）会展旅游的概念

会展旅游是由于会展活动的举办而产生的一种旅游活动形式。从旅游需求看，会展旅游是指特定个体和群体到特定地方去参加各类会议展览、奖励旅游、节事活动及可能附带相关的参观、游览及考察内容的一种旅游活动形式；从旅游供给看，会展旅游是指特定机构或企业以组织参与各类会展奖励旅游和节事活动为目的而推出的一种专业旅游产品；从旅游市场看，会展旅游应是旅游市场中商务旅游市场的主要组成部分。

我们可以分别从狭义和广义上来界定会展旅游。

狭义的会展旅游是指不仅为会议和展览活动的举办提供会展场地，而且提供与旅游业相关的服务并从中获取一定收益的经济活动。从此定义可以得出，旅游业参与会展活动的目的是开拓旅游市场空间并获取一定的经济收益，而达到此目的的手段是根据参会者的不同需求为其提供旅游企业所擅长的服务。因此，会展旅游的服务对象应该落实到具体参加会议和参观展览的人，并根据参加者参加活动类型的不同，将其细化为会议旅游和展览旅游两种。此种划分有利于旅游企业根据不同的活动类型提供不同的服务。

广义的会展旅游是指以参加会议、展览、体育运动会和节庆活动等为主要目的而进行的旅游活动。

（二）会展旅游的特征

会展旅游作为一种新兴的旅游项目，以其产业的结合性、行业的带动性、消费的集中性、收益的显著性、服务的关联性等优势，得到了旅游业的普遍重视。会展旅游具有的特点如下。

1. 消费能力强，旅游行业受惠多

参加会展活动的公务人员及接受奖励旅游的员工一般职位较高，有一定影响力，其消费以公务消费为主。而且他们的住、吃、行在一定程度上能显现出单位的实力，单位本身也希望通过代表者的活动来树立在同行中的形象，加强在客户心中的印象。因此，从可支配的购买能力的角度看，他们均是消费能力较强的商务客人，其消费档次高、规模大，开支均比普通旅游者要高得多，这一点在酒店业表现得最为明显。会展、节事的召开期间及奖励旅游的进行过程中，所在地的酒店是直接的受益者，他们的入住率往往会在短期内得到提升，并会带动酒店的餐饮消费，商品的销售和对酒店商务设施、娱乐设施的使用，从而增加了酒店的收入。据统计，会展旅游人均消费是一般游客的3～5倍。

2. 停留时间长，出游机会多

会展旅游的时间安排依会展活动的举办而定，一般持续时间比较长，短则三五天，长则七八天，有的时间跨度会更长，这就为参加会展活动的代表在工作之余进行休闲娱乐活动提供了机会。况且在紧张繁忙的公务交往中，代表们在精神上感到很累，持续的工作也造成了心理的压力，迫切希望寻找一个比较好的休闲的地方和放松的方式，到就近的旅游点进行参观游览往往成为代表们的首选，尤其是外地的代表，更是强烈地希望到当地有代表性的旅游风景区进行游览，以获得精神的放松，或是满足他们不枉此行的一种心愿。这就为旅行社和旅游景区进行市场开发提供了很好的机会。虽然在会展旅游中不存在旅游机会多的问题，但

作为一种奖励，除了消费档次、服务水平高之外，奖励旅游在目的地的停留时间也比较长。

3. 出行人数多，但多为自行组团

会展所具有的行业导向，使其吸引了为数众多的参加者和观众。参加会展活动和奖励旅游的人数常常要比旅行社日常的招徕方式组成的旅游团队规模要大，且组团容易、利润更高、时间固定、人员组成单一、双方沟通容易，这都为旅行社的介入提供了便利的条件。根据国际会议协会（ICCA）的界定，国际会议的与会人数应在300人以上。一般来讲，各类展览会、博览会、展销会等，其规模要大于会议。而影响会展活动举办效果的直接因素就是会展参加人气指数。一般被看好的、有良好发展前景的国家、地区、城市，历史悠久、特色鲜明、具有品牌和知名度的会展，大多能吸引众多团队和人士参与。

在实际运作中，虽然奖励旅游业务主要由旅行社负责接待，但具有组织接待优势的旅行社在会展召开的前后发挥的作用有限，并没有达到人们所预期的那样可以大规模地接团，长时间地为参加者提供出行服务和获得较高的回报。其原因是以下几点。

（1）作为会议和展览的主办方，在目的地选择的方面已经考虑到了进出的便捷性。

（2）在招展和筹办会议的时候，主办方已经向诉求对象详细说明了进入举办地的具体位置、交通方式、乘车路线和联系方式，并附有清楚的路线图。

（3）由于会议和展览出行的商务性质，参加者目的地明确，在出了机场或车站之后，立即到下榻的宾馆。

（4）由于商务的往来和通行的交往，商业伙伴或是有密切联系的同行会派人接待。

（5）在拥有了比较详细的信息和商务活动的外出经验后，会议或展览的参加者，就会选择自己来安排整个活动的出行方案。一是他们可以对变化的情况即时掌握，二是可以更加主动地对变化作出反应。

（6）自行组团的优越性弱化了旅行社在此方面发挥作用的功能，乃至将旅行社排除在整个活动之外，这一点在国内会议和展览表现得更为明显。

4. 潜在的参加者多，实际的旅游者少

一次大型的会议展览，尤其是一些定期举办的国际性会议展览，出席会议的代表或参展商的人数动辄上千，再加上随行人员、新闻工作者及慕名而来的参观者，人数更是上万，但真正能转化为实际的旅游者则屈指可数。其原因有以下几点。

（1）会展的客体一般是机构组织，较少指向个人。尤其是展览（个人展除外），参加者的身份更是要求以机构参加为主（会议有时出于某种需要，会有以个人身份参加的代表者）。这种参加客体的机构化，使参加者的行程安排受到较大的束缚，在时间安排上往往要考虑到工作的需求，使他们不能参加当地的一日游或两日游的行程。这也就限制了他们转化为旅游者的可能。

（2）参加会议的代表一般都会得到主办者的旅游安排，会议日程中含有旅游参观的活动项目，但会议的规模相对于展览而言，一般较小。展览虽然人数众多，但主办者没有或很少为参展商提供相应的旅游安排，更是缺乏统一的旅游组织和安排，旅游业在此方面所做的工作也较少，使绝大部分的参展商没有转化为实际的旅游者。

（3）转化的效果也取决于当地的举办者是否主动推荐和介绍当地的旅游资源，当地的旅游企业是否依照会议与展览的主题设计了相应的旅游项目。因为常规的满足一般旅游者的旅游项目不一定能满足商务客人的特殊需求，虽然他们具有很强的消费能力，又有实现旅游的愿望和时间，但缺乏旅游企业的引导。

对旅游业来说，参加会议和展览的代表只是一个潜在的客源市场。一次会议或展览的举办，能有多少参加者转化为旅游者，其规模通常与会展的性质（国际还是国内）、类别（综合性的还是行业性的）、时间的长短、行业发展的前景等因素有关。当地的旅游业能获得多大的经济效益，这又和旅游业介入的深度有关，与旅游企业是否认真开发和重视这一市场有关。当然也取决于代表们对当地旅游资源的熟悉程度，而这种熟悉程度又与当地政府和旅游企业对旅游资源的宣传力度密不可分。

5. 文化主题突出、专业性强

一次会展活动的内容总是围绕一个主题进行，呈现出鲜明的专业性。无论会展主题是什么，其举办原因都是以一定文化为基础的。而会展旅游活动往往是会展活动内容的延伸与深化，其产品不同于一般的普通观光旅游产品和休闲度假产品，专业性很强。如世界地质大会会后的会展旅游是专线地质考察活动，不是一般意义上的观光休闲。因此，会展旅游与滑雪旅游、游船旅游、沙漠旅游、生态旅游、农业旅游、工业旅游等一样，同属专项旅游产品。

6. 旅游者的文化素质高

参加会展旅游的人员，特别是参加大型国际会议或学术会议的人员，多数是某一方面的专家。即使是中小型会展活动，与会者也都是技术人员、知识界人士，文化素质很高。这在会展旅游过程中具体表现为旅游者的探索性强、知识面广、求知欲旺、审美情趣高，不满足于一般性的游山玩水。作为旅游服务企业，必须为他们提供超常的服务，以满足旅游者高层次的旅游需求。

（三）会展旅游的作用

1. 拓展旅游业的发展空间，创造巨大的经济效益

会展是都市旅游的一个重要组成部分。发展会展旅游，可以为当地旅游业开辟新的旅游领域，培育新的旅游增长点，拓展旅游业的发展空间，发展专项旅游。随着社会经济、科技和文化的发展，商贸、奖励、会议、展览、体育、考察等活动日益繁荣，发展会展旅游提升了旅游服务功能，带动交通、住宿、餐饮、商业、金融、文化艺术的发展，创造了巨大的经济效益。

2. 带动其他相关行业的发展

会展旅游是一种在现代化条件下开展的团体性间接专项旅游活动，消费能力极强，单团规模较大，涉及众多社会服务行业，再加上较高的产业关联度等特点，使它在促进和提升现代服务业方面具有特殊的效应。

3. 提升区域形象，扩大区域知名度

开展会展旅游需要完善的城市功能、便捷的交通条件、一流的会展场所及公共服务设施，别具特色的城市风景名胜区以及高档的旅游接待设施等，因而有利于促进政府加快城市建设。另外，不少会展活动，特别是较大型的国际性会展活动，与会者往往都是社会名流、权威人士、各领域"重量级"的大厂商和名牌企业，而且会展主题鲜明，内容丰富。举办这类会展活动，会引起世人关注，从而极大地扩大举办地的知名度和美誉度。

4. 传递新信息，新知识，增进交流

任何一个成功的会展活动都需要有会展旅游或休闲活动的安排。一方面可使与会者调节精神、有张有弛，促进会展活动成功；另一方面，为与会者提供和增加沟通和交流的机会，进一步深化信息交流的宗旨。因为在旅游活动过程中，无论是在车上、路上，还是在饭前、饭后，都可以无拘无束地找想交流的人交流，以弥补会展期内的不足，起到交流作用、增加友谊、广交朋友的作用。实际上，以休闲为核心的旅游并非是旅游活动的全部，旅游活动还有着另一个十分重要的方面，即实现人际交流，而会展旅游就是一种实现人际交流的活动。

5. 增加就业机会，缓解城市就业压力

会展旅游的发展，不仅会使会展业、旅游业的就业机会增加，而且也直接地为相关行业创造大量的就业机会，从而有利于缓解会展举办城市的就业压力。据世界旅游组织统计，旅游业每增加 1 个直接从业人员，全社会的就业机会就会增加 5 个。发达国家每增加 1000 平方米的会展面积，就可以创造出 100 个就业机会。

二、会展旅游的分类

按照国际上的提法，会展旅游可分为以下几类。

（一）会议旅游

会议旅游所指的会议是人们有组织地聚集在一起进行交流信息、联络感情和制定决策的活动，这里不包括带有展示、交易或竞技性质的展览会、博览会、交易会和运动会。在这种界定下，我们将会议旅游定义为人们由于会议的原因离开自己的常住地前往会议举办地的旅行和短暂逗留活动，以及这一活动引起的各种现象和关系的总和。会议旅游的基本特点如下。

1. 异地性和暂住性

该特点反映了会议旅游的一般外部特征，即这是包括会议旅游在内的一切旅游形式必须具有的共同特点。

2. 内涵的综合性

会议旅游不仅指会议旅游的活动，如在常住地与会议举办地之间往返的旅行，在会议举办地出席会议、参加文娱联谊活动、参观考察、旅游观光、休闲购物、探亲访友等，而且还指由会议旅游者的活动引起的各种现象和关系，其中最主要的是会议旅游者和当地旅游企业进行会议旅游产品交换这一经济现象及其反映的经济关系。

会议旅游是一个内容非常丰富的概念，完全超出了开会、会务的范围。即使这里的会议旅游只含会议活动，实际上对会议旅游者而言至少包括旅行的经历、新环境的体验、会议期间与他人交流、享受各种会议服务和旅游接待服务等。总之是其旅行和逗留期间的所有活动，以及由此引起的诸多现象和关系。

3. 反异性和目的广泛性

会议旅游是以会议来界定的。其概念的核心是"由'会议的原因'引发的旅游活动"，这是会议旅游与其他旅游形式相区别的特异之处。由会议这一根源引发的旅游活动，在目的上具有广泛性的特点。目的的产生是基于会议这个最根本的引发原因。会议代表是最主要的会议旅游者，其主要旅游的目的是参加会议。所以参加会议也是旅游活动的目的，但不是唯一的目的。

（二）展览旅游

展览旅游是指为参与产品展示、信息交流和经贸洽谈等商务活动的专业人士和参观者而进行的一项专门的旅行和游览活动。相对于会议来说，展览要求的是聚人气、讲规模、重品牌，举办地需经济实力强大、基础设施良好、商业环境优越、文化氛围浓郁、信息辐射迅速、进出交通便利。但在初期发展过程中，展览的展馆规模、配套设施、服务水平等方面还存在着差强人意的地方，加上展览行业的相对封闭性所导致的服务水准在短期内难有重大改观，并缺少行业服务意识，已经制约了会展经济的发展。

而旅游企业在人员接待、事务协调、活动安排、票务预订等方面均比专业展览公司具有独到优势，因市场需求和展览活动的激发，展览旅游便应运而生。

所以，旅游企业在开发这一旅游产品的同时，还必须按照展览的分类（综合性展览和专业性展览）和发展变化而调整其服务的内容。对专业性展览，旅游企业应该熟悉行业的发展情况和参展者展览之外的需求，能安排与本地同行业的交流与参观访问活动，应该由专业化的旅游企业来承担。对综合性展览而言，其规模庞大，人数众多，持续时间长，单一的旅游企业无力提供所有的服务。因此，需要建立战略伙伴关系或由大型旅游集团来承揽。对其变化趋势进行市场细分，依据企业优势而有所选择的决定进退市场和开发产品。

（三）节事旅游

节事旅游就是非定居者出于参加节庆和特殊事件的目的而引发的旅游活动，它属于旅游业中的专项或特殊旅游活动，涉及会展业中的大型活动。由于节事活动归类的特殊性，一般是从旅游市场的开发角度来看其特点。

1. 节事旅游者的身份具有二重性

节事旅游者的第一角色一般是某个节事主题的参加者，其次才是在时间充足的前提下作出旅游的选择，扮演第二角色，成为旅游者。

2. 节事旅游产品必须丰富多彩，充满个性化选择

节事旅游者往往具备较高的收入和较好的素养，个性化十足。如果举办地没有特别出色的旅游产品供他们挑选，一般很难打动他们。当然如果宣传不到位，也无法将节事活动的参加者转换成旅游者。

3. 节事本身必须具备强大的旅游吸引功能

节事应给人以非常好的感知印象，在心理上产生非去不可的愿望。

4. 当地的认可度

从旅游容量的角度来分析，大量人流的涌入既会给当地产生正面效应，也会带来负面效应。如果超过了当地居民的承受能力，就会遭到居民强烈的抵制而显示出一种极不友好的态度。因此，举办地应很好地控制节事活动参加者的数量，并非人越多越好。

5. 属于典型的二度促销旅游市场，因此开发的难度相对较大

这一特征也是受第一特征的影响而产生的。其一，节事活动的参加者一般都有比较好的旅游经历，如果没有独创性很好的旅游产品是很难让他们产生旅游动机的。其二，相对直接旅游者的营销而言，对节事参加者的旅游促销难度是比较大的。基本上需要二度开发，方可使他们转化成旅游者。因此，可将开发节事活动参加者的旅游促销定性为二级旅游市场，而将开发直接旅游者的市场定为一级旅游市场。

（四）奖励旅游

国际奖励旅游协会对于奖励旅游的定义为：一种现代化的管理工具，目的在于协助企业达到特定的企业目标，并对于达到该目标的参与人员给予一个旅游假期作为奖励；同时也是为各大公司安排以旅游为诱因，以开发市场为最终目的的客户邀请团。

不同机构、不同研究人员根据对奖励旅游的不同认识与理解，从不同角度对奖励旅游现象给出了不同的解释。我们对奖励旅游的理解为：基于工作绩效而对优秀职员及利益相关者进行奖励的管理方法和以旅游方式进行商务的活动。奖励旅游是一种管理手段，其特征有别于会展旅游和其他构成者，具体表现如下。

1. 精神奖励

奖励旅游的出现和实行是企业激励文化转化的一种表现形式，在物质奖励边际效用递减的情况下，企业为了保持和提高员工的工作效率和积极性，转而依靠精神手段满足职员的社会需求和人性需求。

2. 绩效标准

奖励旅游是基于工作目标的实现而对工作业绩表现优异的职员进行物质与精神双重奖励。这种标准来源于职员个人所承担的工作目标、部门目标和企业目标的完成情况，其评估结果来源于人力资源部门的年度考核和业绩评价。

3. 福利性质

奖励旅游在性质上是一种带薪的、免费的、休闲的奖励方式，这种方式依照实际绩效与原定标准对比结果来决定奖励旅游的花费，其费用来自于超过企业预定目标的超额利润。整个活动的费用由企业为参加奖励旅游的优秀职员进行全额支付。

4. 长效激励

奖励旅游会使职员在参加不同形式奖励旅游的过程中，产生令人愉悦的精神享受和难以忘怀的经历，对职员的内在激励将是持久的，并由于奖励旅游的参加者都是企业精英，可以和企业的最高领导层对话，这会使他们感到荣耀，使参与者对奖励旅游产生更多的期待。在期待中，他们会主动要求自己更加努力地工作，以获得更好的工作绩效和参加下次奖励旅游的机会。

5. 管理手段

奖励旅游作为现代化管理的法宝，在企业经营管理中发挥着重要的作用。奖励旅游作为企业管理的一种策略和方法，可以通过组织外出旅游加强企业的团队建设，默化企业的经营理念，以此来凝聚企业的向心力，提高企业的运作效率，增强职员对企业的认同感，塑造企业文化。

6. 旅行游览

奖励旅游通过旅行游览方式激发职员的进取精神。其旅游的目的地的选择、旅游线路的设计、活动内容的安排都是经过精心设计并且按照一定的游程进行。在对会展旅游所包含的内容进行了分类阐述和概念界定之后，会展旅游的定义才更加完善和准确。

三、会展旅游项目策划原则

与策划传统的大众旅游产品有所不同，会展旅游作为特殊的旅游项目，一般来说，应该坚持以下原则。

（一）会展旅游需要突出会展主题

会展旅游项目策划必须以会展的主题为中心展开。大型的会展活动一般都有一个特定主题。为了能够吸引更多的参与者和参观者，同时也为了对项目及产品进行推广，在进行旅游项目策划时，必须对会展的主题有一个正确而充分的认识，这才是会展中心思想的旅游项目的要点。

以下几个要素需要在会展旅游项目策划的过程中注意以下几点。

1. 注意选择景点

会展旅游一般为当日往返的短线旅游，参展商的观光、休闲旅游倾向于城市周边景点。

2. 注意挖掘会展旅游项目的文化内涵

会展旅游项目既然是源于会展事件的旅游项目，就应该充分挖掘其文化内涵，如啤酒节的文化核心应该是"啤酒文化"，民歌艺术节主要以"民歌和艺术"为中心思想。现在，参展商的文化素养越来越高，所以策划应该以深层次文化内涵为挖掘的重点，才能更好地吸引与会者。

3. 注意对会展旅游服务人员的培训

会展旅游服务的专业性、针对性较强，这就对服务人员提出了更高的要求。服务人员的素质、能力和专业性的提高对会展的成功是重要的辅助要素，因此对会展旅游人员进行综合的、有针对性的培训是十分必要的。

4. 区别参展商和普通旅游者

进行策划时，还应明确区分不同的旅游群体，即以参加会展为目的的参展商和出于好奇等原因而前往会展举办地的普通旅游者。这两个群体的消费特点具有明显的差别。一般来说，会展旅游者对于某些工业旅游项目比较感兴趣。而普通旅游者在会展旅游中更加倾向于感受热闹、繁荣的气氛，注重活动的参与性。

参考资料

会展旅游与主题活动相结合

会展旅游还应选择有特色的主题，通过会展旅游的强大吸引力来为会展提供更多的专业观展者和潜在顾客，同样，会展也可通过举办强势品牌的展会为举办城市带来更多的旅游者。选择与城市旅游资源及特色相关联的主题会展将使会展和旅游凭借各自的优势互动发展。众所周知，云南昆明世界博览会对其城市旅游、会展旅游有着广泛而深刻的影响。研究表明，1999 年世界博览会提升了昆明旅游在全省和全国的地位，推进了昆明旅游目的地品牌化进程，是中国会展旅游发展史上的大事件之一。

借鉴昆明的成功经验，长沙市发展会展旅游应努力从会展活动中的大型会展如金鹰电视艺术节、浏阳国际烟花节、全国糖酒交易会、省农博会着手，尝试将主题会展活动与主题旅游结合，挖掘市场的深度。如金鹰电视艺术节与展览影视旅游产品、建立影视艺术中心、展示中国电影电视艺术文化结合。浏阳国际烟花节旅游与本地的旅游资源结合，开发生态旅游。在全国糖酒交易会、省农博会、茶文化节会展期间，会展活动强调湖湘特色的旅游资源（如星沙的百里茶廊、长沙的白沙古井、宁乡的旅游资源），与休闲旅游、乡村旅游联姻，使传统的酒文化、茶文化与长沙周边的旅游特色整合。如长沙的烈士公园，是全国十大公园之一，烈士公园每年的游客近 400 万人次，每年成功举办灯展和车展，每次观展人数达 30 余万人次。目前，长沙在尝试以"生态、文化、科技、现代园林"的烈士公园为阵地，斥资1.5 亿元在二年内打造"国际生态会展"，让旅游者欣赏烈士公园美景的同时，还可以感受长沙国际生态会展的魅力。这样的思路将会展和旅游完全融合，从而将大大促进二者的共同发展。（资料来源：http://www.meetingschina.com）

【案例分析】 旅游业具有聚集人气、繁荣市场、拉动消费、促进招商的强劲动力，因而是长沙市经济发展战略中的关键环节。旅游业在长沙市第三产业中的比重与其他著名旅游城市相比有较大差距。因此，着力整合长沙市旅游资源，加快旅游产业开发建设，培育发展旅游新市场——会展旅游，构建内外对接的旅游网络，打造湖湘文化底蕴厚重和长沙特色鲜明的整体品牌，是为长沙经济注入新的活力的必由之路。会展旅游与主题活动相结合，是其未来发展的有效途径。

（二）旅游是会展的辅助

参展商前往会展举办地的根本目的是"参展"而不是"旅游"，因此，在对会展旅游项目进行策划时，要把握旅游的辅助性原则。

（1）旅游项目通常是为了对会展进行宣传，或为了吸引更多的社会关注。

（2）旅游活动不能与会展主体活动相冲突，应将旅游安排在主要的会展活动之余。

（3）旅游必须尽可能地为会展服务，如工业旅游项目可以延伸会展的效果。

（三）旅游项目适应性强的原则

尽管会展旅游者也是前往异地进行旅游，但这种旅行活动并非是基于闲暇时间，而是基于工作时间。因此，时间的安排上弹性空间较小，这就要求旅行社等服务企业所提供的服务必须具有更多的选择性，方便会展旅游者根据自身的具体情况进行选择。

除了上述提到的基本原则外，会展旅游项目策划还应该坚持"特色鲜明"、"内容充实"等原则，以保证旅游者的安全，提高他们的满意度等。

四、会展旅游策划的实施

一个优秀的会展旅游项目，不仅可以带动相关消费，更重要的是可以增强会展活动的效果。因此，会展与旅游的结合将越来越密切，会展旅游项目策划也就显得尤为重要。

（一）会展旅游项目策划的前提

1. 旅游者的需求

（1）交通设施 交通设施是旅游者在地区间来往的必要条件，即满足旅游者"行"的需求。与大众观光旅游不同，会展旅游者对交通工具的要求一般都集中在便利性、舒适性、快捷性以及科技含量等方面，而对于价格则不太敏感。

在衡量会展举办地交通状况时，主要考虑举办地的可进入性以及举办地的市内交通情况两个方面。会展旅游者对举办地的可进入性要求较高，除了在数量上必须具有一定的规模，在标准上也必须达到一定的高度。因此，会展举办地与全国、全世界各地之间是否有便利的、规模化的直航班机，是会展选址的一个重要指标。此外，良好的市内路况和交通工具，对于满足会展旅游者的实效以及舒适程度等方面的要求具有决定性的影响。

（2）住宿设施 住宿设施的情况对于确保会展旅游者在会展举办地停留期间的人身和财产安全、生活和工作质量具有重要作用。

会展旅行者在旅行期间通常会携带大量现金、票据以及文件等，日常的工作安排也比较繁忙。因此，在选择酒店的过程中，会展旅游者会倾向于选择保安状况良好、能够提供优质休息质量的中高星级品牌酒店。而在商务服务和用餐服务方面的优势，也是许多酒店争取会展旅游者的重要竞争优势。

总之，会展旅游者对于住宿设施的功能要求表现出较强的综合性，不仅仅要求满足住的需求，同时也要求具备多种综合性功能，以满足会展客商与工作相关的需求。

（3）用餐设施 对于消费能力和文化素质都很高的会展旅游者来说，对用餐服务的要求也相对较高。在饮食方面，会展旅游者可能会更加关注菜品精美程度、地方特色、用餐范围、服务者的素养，以及其中包含的特定文化内涵等。换言之，会展旅游者吃的不仅仅是食物本身，更重要的是领略和享受其中的饮食文化。

此外，用餐的过程，除了满足用餐者的基本需要外，对于会展旅游者来说，还有更为重要的意义，那就是把用餐作为商务礼仪中的一个重要环节。在现代商务往来中，各种正式或非正式的宴会、酒会等，可以更好地与客户进行沟通，促进商务合作。

总之，会展旅游者对用餐设施和用餐服务的要求，一方面是"吃饱"、"吃好"的普通需求，另一方面是出于工作需要的需求。

（4）办公设施　会展旅游者外出旅行的主要目的，并非是一种普通的个人消费，而是一种工作性质的消费。因此，在会展旅游行程期间，会展旅游者的各种活动都依然是以"工作"为中心的，所以其对必要的办公设施设备的要求，是会展旅游者有别于普通旅游者的一个重要方面。

会展旅游者对办公设施的需求主要包括：桌椅纸笔等办公用品、计算机等网络工具、通信设施设备，以及商务中心、会议室、会客室、商务文秘等配套设施和服务。总之，即使是在旅行期间，会展旅游者也可能随时随处都需要一个设施设备齐全的"移动办公室"。

2. 会展旅游的供给

旅游企业对市场进行细分，推出了一系列个性化和专业化的产品和服务，其中最普遍的就是"商务型"旅游产品和服务，如商务型酒店、商务型旅行社、商务餐厅、商务舱、商务中心等。由于各种商务服务的专业性、个性化水平都比较高，因此，在价格、服务质量等方面也有更高的定位。

在开发商务旅游产品和服务方面，一些世界著名的酒店企业集团向来处于前沿。20世纪90年代，西方发达国家的酒店中出现了只为商务客人提供的、具有"店中店"功能的专门楼层。这些楼层自成一体，一般都配有先进的办公和信息传输设备、免费使用的小型会客厅和会议室、最新的时事咨询等，提供24小时的各种服务。而且，为了满足商务客人对于工作效率的高要求，通常还设有专门的、独立的为商务客人办理登记和结账手续的局域网系统，以及专业的商务文秘服务等。

随着对商务旅游市场的进一步细化，酒店的商务客房中更逐渐出现了专用保险箱、女性商务服务、客房办公等服务项目。以希尔顿国际饭店为例，该集团开发了包罗万象的服务以满足商务旅游者的要求，这些服务包括俱乐部楼层、行政楼层、配有最先进设施设备的商务中心以及各种会议服务等项目，重点满足商务客人的三项需求，即能够享受充足的睡眠、能够恢复体力与精力以及能够有机会专心工作、尽情娱乐和享受美食。这一服务理念在全球的希尔顿饭店进行推广，获得了良好的效果。集团前任首席执行官大卫·贾维斯自豪地说："有商务旅行者的地方就会有希尔顿。"

随着商务旅游市场的进一步扩大，许多商业城市出现专门针对商务旅游市场的商务型酒店。其在规模和专业化程度上都较商务楼层有所提高，但大多数是为中级商务旅游市场服务，而高端商务旅游服务仍然集中于高星级酒店的商务楼层。但是，随着专业分工的细化，商务型酒店的正规化和独立化将是酒店在会展旅游服务市场发展的一个趋势。

与酒店相类似，航空公司推出了舒适度、服务质量都更加接近商务旅客需求的商务舱、头等舱，通过提供更加宽敞而舒适的座椅、更加先进的视听设备服务来吸引商务客人。此外，还有饭店的标准化商务套餐、旅行社的商务旅行服务等。

上述的专门性旅行服务，为满足会展旅游者的特殊需求提供了保证，在不断发展的过程中也更加专业化，更趋完善。

（二）会展旅游产品策划的形式

1. 会展旅游产品的推广

（1）参与承办 取得会展活动的承办资格，是旅游企业推介旅游产品的一条捷径。作为承办者，由于可以获得主要参展商的详细信息以及与之接触的机会，具备了"近水楼台"的机会。通常旅游企业只需将各种旅游产品和服务信息传递出去，继而可以收到参展商的预定。

（2）广告宣传 广告宣传是指通过电视、报刊、杂志等媒体以及网络上发布广告的形式，对产品和服务进行宣传。广告宣传方式的覆盖率通常比较广泛，但成本也比较高，而且由于目标市场不十分明确，同时还存在众多竞争者，效果一般不是十分理想。

广告宣传形式是目前国内会展旅游产品推广的主要形式。

2. 策划会展旅游产品的形式

（1）菜单式 菜单式旅游产品，就如同在餐馆点菜时一样，旅游者可以在许多的单项产品中进行选择，临时性地组合出一条旅游产品线路。而各单项产品和服务都是明码标价的，最终的报价就是各项产品和服务的单价之和。对于旅游者来说，菜单式的会展旅游产品具有更高的灵活性和可选择性。

（2）自助餐式 自助餐式的旅游产品比菜单式具有更大的自由度，旅游者可以根据自己的偏好和具体情况，对目的地以及接待标准等进行指定的选择，可以充分体现其个性化的需求。

（3）全包式 全包式会展旅游产品是旅行社于会前设计好的固有的旅游产品的形式，是最普通也是最稳定的旅游产品形式。尽管全包式旅游产品在形式上缺乏灵活性，但只要产品的内容具有特色，仍然可以吸引众多会展旅游者的注意，尤其是那些时间相对比较宽松的会展旅游散客。

与全包式旅游产品相比，菜单式和自助餐式的旅游产品适合针对团体参展商群体，由于团体参展商不存在组团人数不足的因素，旅行社也就无需为成本和利润率有太多的担心。凭借已有的经验和专业优势，旅行社完全有能力在短时间内，根据旅游者的需求组合设计出旅游产品线路。

（三）会展旅游项目策划的要素

1. 策划项目及路线

第一，旅游活动策划需要切合会展主题。参观、考察、游览的项目要尽可能与会展活动的目标和主题相适应。如召开会展搭建方面的专题研讨会应该组织参观知名的展示材料生产工厂、基地等相关地方。第二，要照顾参与者的兴趣。参与对象不同的兴趣、爱好和要求，在具体会展项目策划时应该充分考虑到。要尽可能地安排大部分参与者感兴趣的项目。第三，要有接待能力。参观、考察、旅游的当地是否具有足够的接待能力，如果接待能力有问题，则应改变和取消该项活动，以免影响会展的整体效果。第四，还要内外有别。有的项目不适宜组织外国人参观游览，有的项目参观时也有一定的限制要求，策划安排时应了解有关规定，做到内外有别，并做好相关的保密工作，有些项目还需要报经有关部门批准。

2. 安排落实

会展旅游项目确定之后，应及时与接待单位取得联系，以保证会展旅游项目的顺利实施。制订详细的方案，安排参观游览的路线、具体日程和时间表，并明确告知参加对象，让他们作好思想准备和物质准备。大型会展活动安排应当在会议通知、邀请函中加以说明，并列明各条观光项目和路线的报价，以便参加对象的选择；同时也要落实好车辆和安排好住宿。准备必要的资金和物品，如摄像机、摄影机、对讲机、团队标志、卫生急救药品等。人数较多时还要事先编组并确定组长，明确责任。旅游项目也可委托旅行社实施，但必须选择信誉好、价格合理的旅行社并签订相关合同。

3. 介绍情况

每参观游览一处，应由解说员或导游人员作具体解说和介绍。介绍情况时，数字、材料要确切。向外宾介绍情况时，要避开敏感的政治、宗教问题，保密内容不能介绍。对外宾不宜使用"汇报"、"请示"、"指示"、"指导"、"检查工作"等词语。

4. 陪同

组织会展旅游项目如考察、参观等一般应当派有相当身份的领导人陪同。除必要的工作人员外，其他陪同人员不宜过多，每到一处，被考察、参观单位应派有一定身份的领导人出面接待欢迎并作概况介绍。游览名胜一定要配备导游。如果是国际性展会，除了陪同外宾参观游览，还应配备翻译人员。

5. 安全

安全第一是参观游览的必要前提。如参观施工现场、实验室等地方，要事先宣布注意事项，如在有一定危险的旅游景区游览，一定要告知每一个参加者，确保安全。每到一处参观旅游，开车前要清点人数，避免遗漏。

6. 摄影

为扩大宣传或为以后的会展活动留下珍贵的历史资料，会展旅游活动的主办方应注意影像资料的收集。遇到不让摄影的项目和场所，应该事先向客人说明，现场应竖有"禁止摄影"的标志。

 知识拓展

日照市如何借水上运动会之机发展会展旅游

2007年中国水上运动会的举办提升了日照市的知名度，丰富了这座海滨旅游城市的内涵与价值，促进了日照市旅游经济的发展和各项旅游基础设施的建设。在后水上运动会时代，日照需要继续发掘"水上运动休闲之都"的品牌效应，大力发展会展旅游经济恰逢其时。会展旅游具有组团规模大、消费档次高、停留时间长、季节性弱、利润丰厚等特点。日照作为黄金海岸线上的明珠城市，目前传统旅游业的发展已具备了相当规模，如何抓住2007中国第一届水上运动会的历史机遇，充分发挥资源优势，以会展旅游为主攻方向，实现旅游业发展的新跨越，是日照市当前应当深入研究的一个重要课题。

如何发展会展旅游的"金点子"提要：

（1）制定日照市会展旅游业中长期发展规划；

（2）设立"在日照举办大型会展的补助金制度"；

（3）量身打造具有日照特色的长期化的大型节庆活动；

（4）抓紧建设国际一流的会展设施和配套设施并保证其良好运转；

（5）鼓励有实力的大型旅游企业积极参与投资、运作会展旅游；

（6）"派出去、请进来"培养会展旅游专业人才；

（7）结合本地区会展旅游的发展定位，确定日照作为会展城市的整体形象。

一、日照发展会展旅游有何优势

1. 地理区位优势

日照市地处中国沿海中段，在我国南北方地理分界线附近，山东半岛南翼，东与日本、韩国隔海相望，西通中国内陆诸省区，南与江苏省连云港市接壤，北与青岛市、潍坊市毗邻，处于环太平洋经济圈和环黄（渤）海经济圈，是中国重点开发建设和生产力布局的沿海主轴线与新亚欧大陆桥的交会处，既是鲁南地区的直接出海口，又是亚太经济和欧洲经济的重要结合点，有着突出的区位优势。

2. 交通条件便捷

航空：日照离青岛、连云港、临沂、潍坊空港都在160公里以内，且路况良好，车程都在90分钟以内。铁路：日照现已开通了到北京的特快列车和到郑州、济南的旅客列车。公路：过境的204、206国道，日东、同三高速公路贯通祖国南北。并且现已开通了至韩国平泽的客箱班轮。由航空、铁路、公路、海运组成的立体交通网已基本形成。

3. 城市功能不断完善

日照市城市综合服务功能不断增强，分别荣获"国家卫生城市"、"国家园林城市"、"国家环保模范城市"、"中国水上运动之都"等称号，特别是日照奥林匹克水上公园及临近景区的打造更是神来之笔。

4. 旅游资源丰富

日照依山傍海，历史悠久，具有丰富的自然景观和人文资源，海、山、古、林兼备。境内有奥林匹克水上运动公园、五莲山风景区、莒县浮来山风景区、日照海滨国家森林公园、万平口景区、灯塔景区等一批国内外知名的旅游景点；有世界上最大的汉字摩崖石刻——河山"日照"巨书，天下银杏第一树——浮来山银杏树；以及江北最大的绿茶基地、最大的毛竹生长带、最大的野生杜鹃花生长带等。境内陵阳河遗址发掘的原始陶文早于甲骨文1000多年，为我国文字始祖。龙山文化的典型代表——两城遗址被誉为"亚洲最早的城市"。日照黑陶已有5000年历史，为华夏文明之瑰宝。莒文化与齐文化、鲁文化并称山东三大文化。日照还是西周时期伟大的军事家姜尚、南北朝著名文学评论家刘勰、诺贝尔奖获得者丁肇中等名人的故里。

5. 会展旅游设施具备一定的接待能力和规模

作为专业展览场馆，日照会展中心地理位置优越，总建筑面积2.6万平方米；日照旅游接待功能日益增强，目前全市旅行社达到120多家，出租车1316辆，旅游饭店及各类社会宾馆1000余家，旅游商品、纪念品定点生产单位23家；具备了较强的会展接待能力。2006年，日照市接待旅游者超过1000万人次，旅游总收入达到50亿元，旅游业产值相当于全市GDP的10%，成为日照市第三产业的龙头。

6. 积累了一定的办展经验

日照会展发展已初具规模，并积累了一定的操作经验。每年的茶博会、房博会卓有成效，2005年国际欧洲级、2006年国际470级帆船世界锦标赛，尤其是举办过中国首届水运会之后，全面检验了日照的会展接待能力，积累了继续举办大型会展活动的经验，积聚了相应的人力资源。

二、如何借水运之机发展会展旅游

1. 高度重视会展活动对经济的拉动作用和对城市宣传的推动作用

要对其大力扶持，重点发展。制定日照市会展旅游业中长期发展规划，扶持展会，保护品牌展会，鼓励境外来展，优先全国展会，应成为日照市制定会展业中长期发展规划的重要原则。应明确通过5～10年努力，将日照建成中国东部沿海地区的会展名城。

2.加大政策扶持力度，为会展旅游企业创造良好的创业条件

可以学习长沙的经验，设立"在日照举办大型会展的补助金制度"，大力促进旅游会展业的发展。

3.建立、健全相应的管理机构，加强会议展览的招徕、管理、接待工作

日照应设置相应的会展旅游主管机构，统筹规划全市节庆活动，综合协调、整合全市节会资源，不断挖掘日照地方文化，借鉴国内外著名节庆活动的成功运作模式，引入国际专业机构"量身"打造具有日照特色的长期化的大型节庆活动。应积极吸取国际会展旅游发达国家的经验、教训，制定一套完善的地方行业规范，支持、引导会展旅游健康发展。要明确审批主体，规范、简化审批手续，建立有效、完善的审批机制。

4.建设设施先进的展览场地

日照市要学习世界会展大国德国的经验，建设的展览会场的设施要处于国际领先水平。日照要抓紧建设国际一流的会展设施和配套设施并保证其良好运转。同时，充分发挥市场机制的作用，吸引更多的社会资本到日照，按照大小结合、功能互补的原则，在全市新建一批会展场馆，使日照会展设施的布局逐步趋向合理，以满足举办较多场次、较大规模会展活动的需要。也要合理改造现有设施，提高接待能力和服务水平。

5.旅游企业的积极参与

应鼓励有实力的大型旅游企业积极参与投资、运作会展旅游，发挥其优势，使会展业与旅游业实现双赢。旅行社企业要主动与会展企业、政府建立信息共享机制。

6.大力培养会展旅游专业人才

"派出去、请进来"培养会展旅游专业人才。针对日照市会展旅游专业人才匮乏的状况，可把国内外精通会展业务、了解市场行情的高层次管理人才请进来，通过"传、帮、带"等途径培养提高日照市会展人员的专业技能，同时输送高素质的员工到会展业发达的国家、地区深造，或进行短期培训和考察。还可以利用日照市大专院校设有旅游相关专业的优势，有针对性地设置会展旅游专业，培养会展旅游策划、同声翻译、营销外联、广告宣传、运输报关、接待服务等相关人才，为会展旅游企业构建梯次结构齐全的人才队伍，为发展会展旅游提供智力保障。

7.强化对现有从业人员的岗位培训

由于我国会展旅游职业化教育培养体系尚未形成，那么暂时的短期行业培训是会展旅游人才培养的有效形式和重要途径。由日照市会展旅游部门聘请国内外的专家、学者，到日照开展有关会展组织设计、经营管理、服务理念方面的讲座，从一定程度上提高会展企业管理人员的策划、服务、管理、现场操作水平。同时，定期或不定期地开展对会展从业人员的岗位培训，全面提高会展从业人员素质。

8.树立整体形象

应组织专家、学者开展研讨，结合本地区会展旅游的发展定位，确定日照作为会展城市的整体形象。旅游部门应致力于整体形象的宣传和推广，抓紧制作出宣传影视片、宣传册，在国内外举办一系列新闻发布会，并邀请知名人士担任"日照会展旅游形象大使"，全面提高影响力和知名度。此外，还应鼓励和帮助市内会展企业，积极参加国内外的会展申办活动，尽可能赢得一些有影响力的会展举办权，为树立日照会展旅游形象奠定基础。

由于会展旅游的综合性强、牵涉面广，单靠会展旅游企业自身的实力难以在激烈的市场竞争中取胜，这特别需要政府方面的大力持。国内会展旅游发达的城市如大连也有类似的成功经验。会展的举办、会展旅游的开展，是一个庞大的系统工程。一次会展举办成功与否，不仅仅取决于会展同旅游的对接情况，还取决于会展策划者同政府、展览场馆、媒体、社会公众等多方面的衔接。日照市会展旅游的发展任重而道远。（资料来源：李华．黄海晨报，2007.10.31）

能力训练

　　请结合本省会展业的发展现状，谈谈当地如何发展会展旅游。

 复习思考题

　　1. 会展的相关活动有哪些？

　　2. 会展相关活动策划的原则是什么？

　　3. 论坛、专题研讨会、技术交流会、行业会议、产品发布会有什么不同？

　　4. 如何召开产品发布会？

　　5. 会展比赛活动策划时应注意哪些事项？

　　6. 如何策划和实施会展旅游？

项目十　会展的后续工作管理

项目目标

在掌握会展评估相关知识的基础上，模拟练习展会评估报告文案的写作。

案例引导

上海技交所为工博会参展外商度身定制展后服务

一、尚未成交的技术继续"留售"

为期一周的工博会闭幕了。这一次，参展的外商们走得特别放心。因为，人虽走了，一批参展待"嫁"的异国技术却能留在中国继续寻觅买家。

以往，展览结束意味着推介到期，不少外商随之陷入去留两难的境地。回国，手中的技术尚"待嫁闺中"，毕竟来一次中国不容易；留下，就得派专人满中国跑，情况不熟，语言不通，成功的概率很低。

得知外商们的尴尬状况，上海技术交易所（简称"技交所"）特地为参展外商们度身定制了"技术留售"服务。展览其期间尚未成交得技术，由专业技术经纪人一对一揽下，继续在中国推广，不仅解决了外商们得后顾之忧，还能大大节约商务成本。

韩国 Nanux 公司率先尝到了"技术留售"的甜头。在 2003 年工博会上，国内不少纺织和卫生用品生产商对 Nanux 开发的纳米银产品兴趣浓厚。但由于该产品是首次在国内露脸，买家们显得顾虑重重，一时拿不定主意。很快，展览结束了，Nanux 公司觉得尚有希望，不想这么快就放弃。

Nanux 公司的矛盾心理让技交所意识到了外商们的普遍需求。作为尝试，技交所揽下了纳米银技术的国内推广事宜。技交所的专业技术经纪人先请华东理工大学超细粉末研究中心验证纳米银独特的消毒杀菌功效，后又针对纳米银易使纺织品老化、泛黄等缺陷，组织华东理工大学、上海无纺布学会开展联合攻关。扫除了技术上的障碍，技交所开始在网站和遍及全国的会员单位中"广而告之"。短短两年，上海、河北、南京、深圳等地的 5 家企业就将纳米银技术欣然买下。

纳米银的故事在外商中一传十、十传百，"技术留售"的需求纷至沓来，甚至连工博会其他展馆的参展外商都主动找上门来。截至闭馆前，技交所在短短一周内收到的"技术留售"委托累计多达 60 余项。英国的高清晰数字电视视频合成设备、以色列的 RFID 主动式电子标签技术、德国的太阳能电池……韩国展团更是将无线信号收发话筒、数码门锁、在线游戏等 13 项技术成果一股脑地委托给了技交所委派的"技术留售"代表。而去年工博会留下的韩国船用自动识别系统、芬兰体外诊断试剂等技术，在"技术大使"的尽心"浇灌"下，也相继在中国落地开花。

以后，除了工博会，技交所还将把"技术留售"服务推广到其他与技术相关的国际性展览上，并派出技术经纪人主动出击，了解参展外商们的实际需求，拓展出更多会展经济的延伸服务。

二、技术交易"联合国"

来自 20 多个国家（地区）的境外政府代表团、技术交易机构和企业，把工博会科技创新馆 2500 平方米展区塞了个满满当当，联合国亚太技术转移中心更是将网站开通仪式和现场推介会开到了工博会现场。本届工博会跨国技术交易共成交 8.11 亿元，占技术交易总余额的 60%。

（资料来源：唐少清. 现代会展操作实务与案例. 北京：北京交通大学出版社，2008.）

【案例分析】 展会结束后，各种服务工作却不应该结束。做好展会后续工作，是实现展会目标和价值的主要工作阶段。上海技交所推出的"技术留售"服务，已形成工博会的特色。

任务一　会展的后续工作

展览会闭幕并不意味着工作的结束。美国著名展览专家阿伦·科诺帕奇博士在研究中发现：参观者在展览会闭幕后 3 周内对参观情况的记忆由 100% 迅速下降到 60%，因此他建议展会的主办者应趁热打铁，将 15%～20% 的预算经费用于后续工作。

一、会展后续工作的目的

参加展会，本身就是一项投入比较大的活动，企业往往需要投入相当多的人力、财力和精力。无论是对组织者或者参展者而言，每次展会都会有很多宝贵的经验和教训值得借鉴和总结。在展会闭幕后，展会主办者对客户进行跟踪服务的目的在于以下几点。

一是对展会主办单位（包括政府部门）而言，可以根据相关的展会评估结果来客观、理性地分析、评价当前的展会市场环境和走向，为今后展会项目的市场开发、运营管理提出相应的建议。展会主办单位可根据每次评估的结论和建议，及时调整会展发展方向、运作管理方式等，扬长避短，来完善自己的展会品牌。

二是对会展行业主管部门而言，可以根据相关展会评估的标准、结论来制定会展行业发展的行业规章和制度，并可对一些评估良好的展会项目进行重点扶持，帮助它们做强、做大以形成品牌优势。反之，对一些评估差、缺乏市场前景甚至重复举办的展会，予以严格控制以达到规范会展市场秩序和行业竞争的目的。

三是对于参展商而言，可以通过评估结果掌握展会的真实情况，从而对是否参展进行客观、理性的判断。现在，由于办展的"门槛"相对较低，导致展会泛滥，重复办展、多头办展的现象屡见不鲜，作为企业，每年都会接到很多展会的邀请函，选择参加哪一个展览。怎样识别是"李逵"还是"李鬼"，成了企业和商家头痛的问题。如果有了规范的、客观地评估报告，企业就可以为自己是否参展找到客观的依据，避免出现很多不必要的麻烦。

二、后续工作的主要内容

（一）向客户邮寄展览总结并致谢

展览闭幕后，要及时给所有参加展览的参展商和观众邮寄展览总结，并对他们参加本展览表示真诚的感谢。展览总结不仅要邮寄给展览现有的参展商和观众，对于那些暂时还没有来参加本展览的目标参展商和目标观众也发邮寄，这样就可以为展览下一届的招展和招商作准备。展览的致谢函可以只邮寄给现有的参展商和观众，但对于那些曾经帮助过展览筹办的机构和个人如各协办单位、支持单位、消防保安部门等也要致谢，对于一些重要的客户和机构，办展机构还可以派人亲自登门致谢。至于展览总结和感谢函，可以采用信函、电子邮件和电话传真等方式。

（二）更新客户数据库

一届展览完毕，办展机构的客户数据库可能会发生很大的变化，包括新客户的加入、老客户的流失、有些客户信息发生变更等。办展机构要根据客户信息的变化，及时调整客户工作的方式和方向。成功的展览往往是那些客户工作做得出色的展览。更新展览客户数据库既包括对参展商数据的更新、对目标观众数据的更新，也包括对各种展览服务商及业务代理资料的更新。

（三）进行展览总结性宣传

展览闭幕以后，可以就展览总的情况进行一次总结性宣传，办展机构可以就展览的情况准备一份总结性的新闻稿，提供给各新闻媒体，让展览有始有终。很多办展机构都不注意展后的总结性宣传，其实，展后总结性宣传不仅是将本届展览的举办成果对社会和客户作一个交代，更是为下一届展览作舆论准备。

（四）发展和巩固客户关系

展览期间，尽管办展机构有机会和客户面对面地进行交流，但由于办展机构和客户各自的时间都很紧，业务也很多，双方很多时候都未能进行很好的交流和沟通。展览闭幕以后，办展机构要继续保持与客户的关系，继续加强与客户的交流和沟通，发展与巩固客户关系。对于一些重要的客户，办展机构还可以亲自登门拜访。

（五）处理展览遗留的一些问题

展览期间，由于时间有限，业务又较多，可能会遗留一些问题，如有的客户款项还没有完全付清，有些客户展品还没有处理完毕，有些客户还需要进行商务考察。展览闭幕后，办展机构要组织力量，及时处理展后遗留问题，尽量不要将这些问题拖到下一届展览，更不能让这些问题影响到下一届展览。

（六）准备下一届展览

展出效果好，参展企业可能希望继续参展，如果这样，可以与展览会组织者初步接触、商谈，尽早提出申请。提前提出申请的优势是：展览会组织者更容易熟悉参展企业，参展企业有机会优先挑选场地位置，组织者可能在其新闻稿中提及最先申请的公司，这也是公司扩大影响的机会。

（七）促进贸易成交

推销产品和服务；洽谈、签订合同是展览的最终目的。在展览会期间，向现有客户推销老产品和服务可能比较迅速，或许当场就能签约。但是，向现有客户推销新产品和服务；或者向潜在客户推销任何产品和服务，想进行贸易洽谈都可能比较费时，这需要在展览会之后继续努力。展览后续工作的主要内容之一是将已开始的贸易谈判继续下去并争取签约成交，并向已显示出购买兴趣的客户继续做工作，引导其购买意向，争取洽谈成交。

参考资料 👆

美国的两项调查表明，如果在展览会闭幕后继续与新建立关系的客户联系，参展企业的销售额可以多 2/3。因此，美国著名展览专家阿伦·科诺帕奇博士（Allen·Konopachiph）建议展出者将预算的 15％～20％ 用于后续宣传和后续工作，并在展览准备时就计划后续工作，而不是在展览会闭幕后才考虑。后续工作可以安排长至 12 个月。要明确负责后续工作的部门和个人。一般情况下，展览部门不负责展览后续工作，而由销售、技术部门负责。另外，还要分清代理、子公司和总公司之间的责任。美国对展览会期间和展览会之后参展企业寄发资料的结果作了调查，发现以下现象：

第一份资料（从展台上得到）1 周内 8％ 的参观者阅读；

第二份资料（参展企业邮寄）5 天内 13％ 的参观者阅读；

第三份资料（参展企业邮寄）90 天内 17％ 的参观者阅读；

第四份资料（参展企业邮寄）5 个月内 21％ 的参观者阅读；

第五份资料（参展企业邮寄）8 个月内 25％ 的参观者阅读；

第六份资料（参展企业邮寄）11 个月内 28％ 的参观者阅读；

第七份资料（参展企业邮寄）14 个月内 33％ 的参观者阅读。

另一份由英康姆调研公司做的调查显示，由参观展览会导致的实际成交有 20％ 是在展览会之后 11～24 个月之间达成的。由此可见展览后续工作以及后续寄发资料工作的频率对成交有着相当大的作用。（资料来源：根据相关资料整理得到）。

（八）建立展台记录

在展览期间建立完善的记录非常重要，参观者接待记录是后续工作的基础。展台人员会接触很多客户，这些客户包括只留下名片的客户、交谈过的客户、表现出兴趣并索取报价的客户、表示要订货并开始谈判的客户等。这些客户应当按标准规格详细记录。获取客户的一些信息很重要，诸如成立年份、雇员人数、年营业额、银行名称和地址、财政状况及信用等级、其供应商和最终用户名称等。但是在展台接待中往往很难收集到这些信息，因为展台人员及参观者都非常繁忙，没有足够时间询问和记录，或者参观者本身可能并不掌握这些情况，尤其是大公司的员工。另外，若问得太细，可能引起参观者的不快而不愿意继续接触交谈。因此，在展会现场能收集到客户的详细资料最好，如果不能，就在后续工作时进一步收集。这些信息是判断客户类型的依据。

任务二 会展评估与总结

案例引导 ✳

第十六届中国国际工业博览会展后报告

一、概况

中国国际工业博览会（简称"中国工博会"）是由国家发展和改革委员会、商务部、工业和信息化部、科学技术部、中国科学院、中国工程院、中国国际贸易促进委员会和上海市人民政府共同主办，中国机械工业联合会协办，上海东浩兰生国际服务贸易（集团）有限公司承办的以装备制造业为展示交易主体的国际工业展。中国工博会自 1999 年创办以来，通过市场化、专业化、国际化和品牌化运作，已发展成为通过国际展览联盟（UFI）认证、中国装备制造业最具规模、水平和影响力的品牌展。

第十六届中国工博会于2014年11月4～8日在上海新国际博览中心成功举办。本届中国工博会以"高端、智能、绿色"为主题，展览总面积182250平方米，吸引了来自全球27个国家和地区的2101家参展商，共有52场论坛及专题活动同期举行。来自境外82个国家和地区，中国31个省区市的141315人次观众参观了第十六届中国工博会，其中专业观众121108人次。

第十六届中国工博会展会规模、国内外展商的地域分布、专业观众数再创历史新高，展品水平和展会品牌影响力再上新台阶，中国工博会地区辐射力和全球影响力日益提升，是中国最具影响力的国际工业品牌展。

第十六届中国工博会8大专业展主题和展览面积

专业展	展览面积/平方米	展位数	展商数
数控机床与金属加工展	57500	2530	539
工业自动化展	34500	1767	467
工业环保技术与设备展	12500	431	181
信息与通信技术应用展	12500	501	184
新能源与电力电工展	11500	504	275
节能与新能源汽车展	12500	500	44
工业机器人展	12500	696	110
科技创新展	28750	1173	301
合计	182250	8,102	2,101

注：（1）展位数指折合成标准展位（9平方米）后的数量，以下同。
（2）展商数不含参展媒体。

二、展商分析

第十六届中国工博会参展商总数2101家，其中境外参展商596家，参展展位数2433个；境内上海以外地区参展商892家，参展展位数3291个；上海市内参展商613家，参展展位数2378个。境内展商来自28个省（市、自治区）及5个计划单列市，境外展商来自26个国家和地区。前5大境外参展国家和地区分别为日本、德国、中国台湾地区、美国和韩国。国内组团参展的省市自治区有黑龙江、河北、陕西、新疆、安徽、广西、贵州、湖南、湖北、辽宁等省、自治区以及深圳市（图10-1、图10-2）。

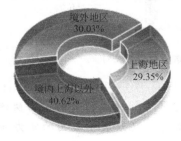

图10-1　按展示面积分析

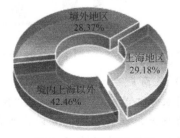

图10-2　按展商数分析

(一) 境外展商分析

第十六届中国工博会吸引了来自境外 26 个国家和地区的 596 家参展商，参展展位 2433 个，境外参展商参展面积比去年增长 5.2％，再创历史新高，占展会总面积达 30％，包括日本、德国、美国、意大利、韩国、瑞士、法国、英国等国家以及中国的香港、台湾等地区，境外组团参展的国家和地区包括日本、德国、韩国、意大利、瑞士和中国台湾地区等制造业发达国家和地区，其中日本贸易振兴机构 JETRO、韩国 NEXNINE、中国台湾地区电机电子工业同业公会、台湾机器工业同业公会等组团单位均组织了多家境外相关行业制造企业参加中国工博会专业展（图 10-3、图 10-4）。

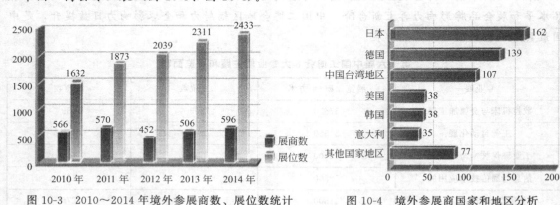

图 10-3 2010～2014 年境外参展商数、展位数统计　　　图 10-4 境外参展商国家和地区分析

(二) 境内展商分析

来自全国 28 个省、市、自治区及 5 个计划单列市的 1505 家参展商以 5669 个展位的面积参展第十六届中国工博会，展位数同比增长 5.63％，创历史新高。全国除海南省、西藏自治区和内蒙古自治区之外的 28 个省、市、自治区以及大连、青岛、宁波、厦门、深圳等 5 个计划单列市的展商与境外参展企业同场竞技，展示了我国在实施全面深化改革、创新驱动发展等战略背景下装备制造业转型升级，新兴产业技术进步的最新成果（图 10-5）。

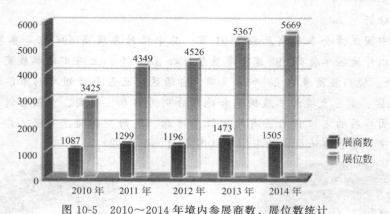

图 10-5 2010～2014 年境内参展商数、展位数统计

(三) 展商声音

秦川机床工具集团股份公司："我们一路伴随工博会走来，是工博会的亲密伙伴，工博会影响力巨大，在这里我们可以向世界的机构投资者和专业观众展示集团的实力和最新产品，加强我们与客户的沟通。"

上海机床厂有限公司："年年参加工博会，工博会是我们展示创新的场所，与各路厂家同台竞技，在这里可以看到行业内其他厂家的发展情况，有助于我们进行产品创新。"

霍尼韦尔（中国）有限公司："我们坚信上海必定会逐步成为中国的工业龙头。工博会也会成为中国最出名的工业博览会，我们会继续参与下去。"

中科易成新材料技术有限公司："在参展的头两天里，就有几百位来自相关行业的客户和朋友参观我们的展位，并与我们进行了很好的互动和交流，纷纷希望在会后开展深度合作，我们的收获很大。"

西门子（中国）有限公司："我们将中国工博会称之为每年魔都的'魔鬼'项目，因为这是西门子中国的年度大戏。西门子公司在展会现场举行的客户见面会非常圆满成功。"

深圳市英威腾电气股份有限公司："对今年的各项工作都非常满意，比去年都有明显提高。我们跟随工博会一同成长，在工博会上宣传企业品牌产品，展示面积一年比一年大。工博会是我们每年必须参加的行业活动。"

安川电机（中国）有限公司："今年已经是公司连续第四次参加工博会。国内也有不少机器人展，但工博会是公认最大、最好的一个，我们是必须参加的，而且公司为参展投入的人力、物力和资源也是非常多的。"

上海新时达有限公司："公司已连续多年参加工博会，工博会的平台有助于我们了解其他厂商的优势，还可以帮助我们发掘更多的潜在客户，并起到品牌宣传的作用。"

SAP 中国："第一次参展，受到政府关注度高，几乎每天都有来自不同城市的采购团，据我们展台现场统计除团队门票观众外，专业观众统计人数近 5000 人，专业观众比例高。感谢主办方给予的各方面支持与帮助，会考虑明年继续参加。"

日立（中国）有限公司："公司参加本届工博会的现场效果超出了预期，接触到了非常多有价值的客户。明年，日立将会以更大的规模带来更多先进的 IT 技术与精彩的产品，进一步借助工博会的平台拓展中国市场。工博会服务给力，工博会平台靠谱。"

奇瑞新能源汽车技术有限公司："已连续四年参加新能源汽车展，每年的参展效果都很好。今年在现场举行了首发活动，活动非常成功，展台客户络绎不绝。"

北京新能源汽车股份有限公司："今年我们第一次参展，参观工博会新能源汽车展的专业观众如此之多出乎我们意料，公司刚在上海开售的纯电动汽车就在现场接到 20 份订单。"

青岛立安德森电气工程科技有限公司："今年展会效果比去年好很多，无论是人数、还

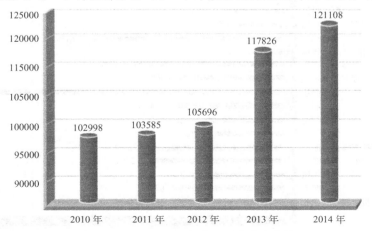

图 10-6 2010～2014 年专业观众人次统计

是质量都有大幅提升。我们准备的样本前两天就发完了，后来不得不临时加印。"

三、观众分析

第十六届中国工博会共到场观众141315人次，其中专业观众121108人次，分别来自境外82个国家和地区以及中国31个省、自治区和直辖市，专业观众人次同比增长2.79%（图10-6）。

（一）按观众来自机构类型分析（图10-7）

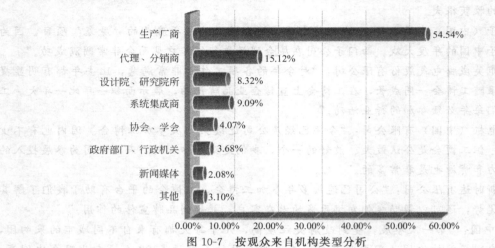

图 10-7　按观众来自机构类型分析

（二）按观众业务领域分析（图10-8）

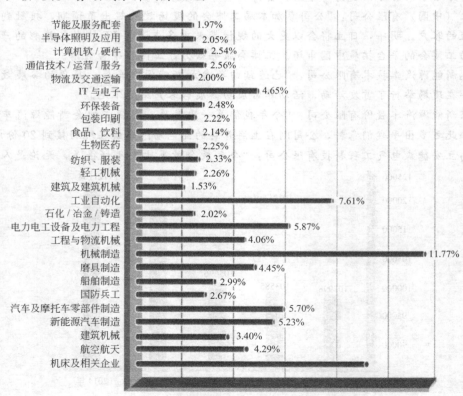

图 10-8　按观众业务领域分析

（三）按观众工作性质分析（图 10-9）

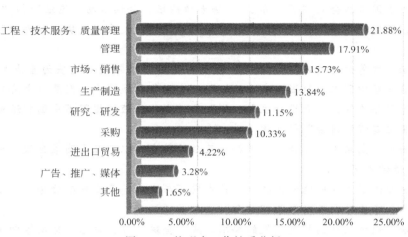

图 10-9　按观众工作性质分析

（四）按观众的采购角色分析（图 10-10）

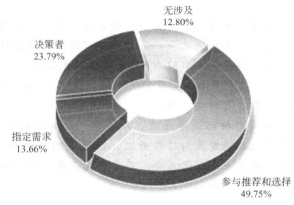

图 10-10　按观众的采购角色分析

四、会展同期活动

（一）开幕论坛释放前沿信息

　　第十六届中国工博会开幕论坛与第十届全球城市信息化论坛同步举行，在论坛主旨演讲中，来自三个国家、三个不同领域的权威人士邬贺铨院士、德国国家科学工程院梅内尔院士、法国国家科技院安东尼·贝叙院士，分别针对信息化和工业化，与来自中外各界专业人士分享了自己精彩的研究和观点。中国互联网协会理事长、中国工程院院士邬贺铨首先进行了题为《大数据时代的管理方式转变》的演讲，从产业应用、生产技术变革和企业战略转型三个角度对大数据进行了深入的剖析。来自德国德国国家科学工程院院士、IPv6 委员会主席梅内尔在题为《德国工业 4.0》的演讲中对于"工业 4.0"给出了生动的解读。法国国家科技院院士、法国联合建筑设计公司董事长安东尼·贝叙则在题为《信息技术与建筑的可持续发展：生态城市》的演讲选取了人文化的视角，围绕信息技术和建筑的可持续发展，阐释了当今信息时代的生态城市构建，并作出了对未来的展望。

（二）同期52场论坛会议精彩纷呈

第十六届中国工博会同期还举办了52场专题论坛、会议活动，论坛紧扣"高端、智能、绿色"主题，设发展论坛、科技论坛、行业与企业论坛三大系列板块，举办不同规模与形式的论坛活动。

发展论坛继续着力打造以中国工博会展示为基础、以制造业发展为重点的专业品牌论坛，包括"第三届中国工业机器人高峰论坛"、"中国智慧城市产业发展（上海）论坛"、"交互设计与设计服务论坛、创新设计主题论坛"和"全球价值链框架下中国制造业的比较优势和劳动分工变化趋势研讨会"等4项活动。

科技论坛秉承高层次、综合性、学科交叉性的特点，以"院士圆桌会议"为核心，同时举办15项专题学术交流活动。

行业与企业论坛主要围绕新产品、新技术发布与交流，产业发展趋势，与中国工博会展示、专业展商、专业观众互动等紧密结合，安排多项活动。

本届论坛选题适应我国转型发展的要求，应对全球能源、资源、环境等约束和世界经济全球化、多极化发展的挑战，重点突出前沿性、前瞻性、专业性、学术性的特点，取得很好的反响。

（三）评奖

中国工博会是唯一经国务院批准具有评奖功能的工业展会，也是国家和地方给予获奖产品政策扶持的展会。作为展会四大功能之一，第十六届中国工博会共设立金奖、银奖、优秀工业设计奖和创新奖等产品奖评选，来自境内外40项获奖展品从140家海内外参展单位的216项参选产品中脱颖而出，斩获荣誉。其中金奖4项，银奖20项、优秀工业设计奖4项，创新金奖1项，创新银奖2项、创新奖9项。

第十六届中国工博会评奖坚持体现专业化、规范化、国际化的原则，紧扣产业发展热点，聚焦信息技术带动制造业创新发展与转型升级，凸显中国工博会"高端、智能、绿色"的主题，在未来有望成为一场工业奥斯卡盛会。获奖展品代表了新一轮工业革命引领的产业发展趋势以及新兴产业的创新能力和水平。

五、宣传推广

（一）境内外媒体热情关注

第十六届中国工博会得到了境内外各媒体以及专业领域媒体的广泛关注，新华社、路透社、中央电视台、东方卫视、凤凰卫视、第一财经、上海人民广播电台、中国日报、联合早报、美国商业新闻社、日本共同社等境内外媒体都对中国工博会盛况予以了及时报道，上海市政府新闻办公室在展前举行了专题新闻发布会，东方网在5天会期对展会进行了全方位专题报道和视频访谈直播，此外，新华网、人民网、新浪、腾讯、网易、和讯、彭湃等网络和新媒体都给予了详细报道。据不完全统计，共有163家境内外大众媒体，超过150家专业媒体到场并发布了展会新闻。

（二）线上线下立体宣传

第十六届中国工博会在展前、展中通过媒体、合作伙伴、驻华使领馆、商会等在境内外专业和大众媒体上做了大量宣传，展前一个月在机场、上海全线地铁列车和站台发布广告，在东方卫视、上视、东方广播等发布中国工博会30秒电视及广播广告，展期在延安路、南北两条高架、展馆周边发布户外电杆广告，通过电话、直邮、EDM、短信等手段邀请专业观众，并通过微信公众号、网上工博会、微博认证号、展前预览等吸引观众，扩大了中国工博会的影响力。

到场媒体	223 家
新闻稿发布	791 篇
展前预览/展报	24000 份
5 天展期官方网站、微信点击阅读量	306003

（资料来源：http：//www.ciif-expo.com）

【案例分析】　展会结束并不意味着展会的一切工作就此结束，办展机构还有必要对展会进行评估与总结，撰写展后分析报告。通过展后的评估与总结，既肯定了成绩，又能找出不足，为下届展会积累经验。同时，展后报告中的一系列数据的展示，对展会起到重要的宣传作用。

评估（测评）是根据一定的法则用数字对事物加以确定。会展评估是对会展环境、会展工作和会展效果进行系统、深入的评价。

会展评估是会展工作的重要组成部分，一般包括对会展前台工作和后台工作两方面的评估。评估后台工作主要是对会展环境，以及会展筹备和组织工作进行评估，在会展结束时完成。评估前台工作主要是对会展人员工作水平和会展效果进行评估，需要在会展结束时及后续时间跟踪调查评估。

一、会展评估的内容

会展是一项环节很多、涉及面很广的工作，因此，评估内容也很丰富，具体包括以下几个方面。

（一）展出目标评估

展出目标是否合理，需要根据展出者的经营方针和战略、市场条件、展览情况等进行评估。

（二）展览效率评估

展览效率是展台整体工作的评估指数。评估的方法有多种：其一是展台人员实际接待目标观众的数量在目标观众总数中的比例；其二是展台总开支除以实际接待的目标观众数量之商。后一种方法也称接触参观者平均成本，这是一项非常有价值的评估指数，只要有足够的开支，展出者可以接触到所有潜在客户，但是，应当用最小的开支达到这一目的。还有一种评估展台工作的指标称为展览记忆率，这是一项能反映整体展览效果的专业评估指数，它是指参观者在参观展台后 8～10 周仍能记住展台情况的比例。展览记忆与展出效果呈正比，反映展出者给参观者留下的印象和影响，记忆率高，说明展台形象突出，工作好；反之，则说明展台形象沟通一般。

（三）展览人员评估

展览人员的表现包括工作态度、工作效果、团队精神等方面，这些不能直接衡量，一般是通过询问参加过展览的观众来了解和统计。另一种方法是计算展览人员每小时接待观众的平均数。美国展览调查公司 1990 年的一项调查显示，在 1990 年，71％的展览人员被认为是"很好"和"好"，23％被认为"一般"，6％被认为"差"。这是全美国的平均值。该调查指出，如果一个展览单位的评估结果显示差的展览人员超过总数 6％，就应当采取措施提高展览人员素质和表现。其他人员评估包括：展览人员组合安排是否合理；效率是否高；言谈、举止、态度是否合适；展览人员工作总时间多少；展览人员工作轮班时间过长或过短等。对展览人员和参展者的评估一般被认为是秘密材料，限内部使用，不宜公开。

（四）设计工作评估

设计工作评估分为定量与定性两类。定量内容有展台设计和施工的成本效率，展台和设施的功能效率，各种数据与竞争者比较等。定性的评估内容有：展台能否表现公司形象；展台图表资料是否有助于展出；展台设计是否突出和易于识别等。

（五）展品工作评估

展品工作评估的主要内容包括：展品选择是否合适；市场效果是否令人满意；展品运输是否按时、顺利；增加或减少某种产品的建议及原因等。

（六）宣传工作评估

宣传工作评估主要包括宣传和公关工作效率、宣传效果、资料散发等。此外，对新闻媒体的反应也应该收集评估，包括刊载、版面大小，电视播放的次数，播放时间长短等。

（七）管理工作的评估

管理工作的评估主要包括：展览筹备管理的质量和效率；展台管理的质量和效率；管理工作有无疏漏，尤其是培训、评估及后续工作等。

（八）费用评估

展览开支是一个争论比较多的评估内容。对于绝大部分展出者而言，会展只是其经营过程中的一个环节，是许多其他工作的一部分。因此，展览直接开支并不是其展览的全部开支，展览的隐性开支可能更大，要计算准确比较困难。但是，会展开支仍要计算并评估，因为会展开支是计算会展成本的基础，是会展评估一些重要指标的组成部分，评估人员必须了解这一情况。关于会展开支的评估，主要包括预算的制订是否合理、预算执行状况，超支的原因等。

二、会展评估的程序

会展评估是一项复杂的工作，必须按照一定的方式科学地进行。会展评估是一个有计划、有步骤的动态过程，必须循序渐进。通常，一项展会评估包含以下几个程序。

（一）确立展会评估目标

展会评估的主要目标是了解展出的效率和效益。由于会展效果的评估涉及到会展工作项目与工作成果之间的复杂的关系，导致了展会评估目标的复杂化。所以在进行展会评估时应该根据展出目标确立评估的具体目标和主要内容，并依据评估目标的主次，排列优先评估或重点评估的次序。

（二）选择规范的评估标准

会展效果的评估标准包括整体成效、宣传效果、接待成果、成交结果等。评估时应该根据展出目标确定展会评估标准的主次。比如展出目标是推销，就应该把成交结果作为主要评估标准。划定评估标准的主次以后，还应该使其规范化。评估标准的规范化是指评估标准必须明确，客观、具体、协调和统一，也就是，明确评估标准的主次、重心；客观地制定切合实际的评估标准；量化评估标准，使之具体化、可操作性强；评估标准之间必须协调并能长期统一，使评估结果更为准确。

我国最早开展系统性展会评估工作的是温州市会展业协会。该协会采用百分记分法对其会员单位举办的所有展会进行评估，每年上半年和下半年各公布一次评估结果。

（三）制订评估方案

　　根据会展效果的评估目标及标准，确定各阶段具体的评估内容和评估方案，包括各段时间安排与抽样分布、评估的对象和方法、人员安排和经费预算等。制订评估方案应包括以下内容。

　　（1）根据评估项目、对象和方法制订评估方案，明确人员分工，安排各项必要措施。

　　（2）设计制作各种测评问卷及情况统计表，如参展商问卷调查表、观众问卷表和展览会举办情况统计表等。

　　调查问卷的方式也是多样的，下面是一份参展商问卷调查表。

　　1. 您是否有意作为参展商参加本届博览会？□是　　□否

　　如是，您的参展产品属于：□有机（绿色）食品　□有机（绿色）饮品　□有机日用品 □有机农业生产资料　□有机认证及协会　□媒体及相关机构　□其他

　　您参展目的是：□树立企业形象　□寻找新的买家　□物色供应商　□寻找代理商 □建立商业联系　□收集市场及产品资料　□了解前沿科技

　　□了解权威机构　□其他：＿＿＿＿＿＿＿＿＿

　　您对展会有何建议？举办时间：＿＿＿月　举办频率：□一年一展　□两年一展

　　2. 您是否有意参观本届展览会？□是　　□否

　　如是，您属于：□进出口商　□批发商　□零售商　□代理商　□生产企业

　　□有机认证机构及协会　□媒体及相关机构　□其他：＿＿＿＿＿＿＿＿＿

　　3. 您希望通过本届展会了解何种信息？

　　□参展商资料　□参观商信息　□国内外有机发展　□国内外有机认证

　　4. 您希望组委会在展会同期组织何种活动？

　　□开幕活动及新闻发布　□国际有机（北京）论坛　□有机产品体验活动

　　□北京有机市场考察　□有机讲座　□展会评奖及拍卖活动

　　5. 您希望获得何种资料？

　　□中国有机（绿色）企业名录　□国际有机认证机构名录

　　□世界有机产品消费分析　□中国中心城市有机（绿色）消费报告

　　□参展企业名录　□参观商名录

　　□国际有机（北京）论坛论文集　□有机（绿色）产品获奖产品信息

　　6. 您希望展会官方网站提供何种服务？

　　□参展企业信息　□有机（绿色）前沿动态　□有机（绿色）讲座　□网上展示

　　□网上交易　□中外有机认证机构链接　□中外有机企业链接　□其他

　　7. 您希望组委会提供何种附加服务？

　　□创办有机（绿色）食品杂志　□提供有机（绿色）产品信息

　　□推介优秀产品　□有机（绿色）认证辅导　□其他：＿＿＿＿＿＿＿＿＿

　　（资料来源：www.ocex.com.cn）

　　（3）小范围预测，修改测评问卷。

　　（4）对测评人员进行培训，考虑测评困难及问题防范措施。

（四）实施评估方案

（1）通过收集现成资料、安排记录、召集会议、组织座谈、利用调查问卷向参观者收集情况等方式收集各种信息。

（2）整理收集的信息，处理分析数据。

（五）撰写评估报告

根据不同阶段的效果测评，汇总分析，对整个展览活动过程的效果进行总体评价，写出评估报告。报告内容一般包括评估项目、评估目的、评估过程与方法、评估结果统计分析、评估结论与可行性建议及附录等。

三、展览效果评估

展览效果评估的主要目的是为了了解会展的效率和效益。会展效果评估需要由展出者自己安排或委托专业评估公司进行。有关会展效果评估的争议也很多，主要是对工作项目与工作成果之间关系的理解不同，因此，效果评估工作比较难做。但是，展出者仍应尽力作好展览效果评估，必须注意不能将评估结果绝对化。会展效果评估内容有定性的内容，也有定量的内容，如果有条件宜多使用定量的评估内容。效果评估的内容包括以下几个方面。

（一）展台效果评估

如果展台接待了 70％以上的潜在客户，而客户接触平均成本低于其他展台的平均值，其展台效果就是优异。

（二）成本效益评估

成本效益即投资效益。成本效益的评估因素比较多，范围也比较广。可以用本次展览的成本与效益相比；也可以用本次的成本、效益与前次展览或类似展览相比；还可以是展出的成本与其他营销方式成本相比。例如展出开支为 20 万元，展出效益（展览成交额）为 8000 万元。那么效益为 1：400。

（三）成本利润评估

成本利润评估就是不仅要计算成本和效益，还要计算成本利润。

有关成本利润的计算公式为：

$$平均成本 = \frac{展览总开支}{成交笔数}$$

$$成本收益 = \frac{展览总开支}{成交总额}$$

$$利润 = 成交总额 - （展览总开支 + 产品总成本）$$

$$成本利润 = \frac{利润}{展览成本}$$

是否使用成本利润作为评估内容，要根据实际环境决定。

（四）成交评估

这里的成交是指贸易成交和展览成交两种。对贸易性的展览会而言，成交评估是展会评估最重要的内容之一。成交评估的内容一般有：有无达到销售目标；成交额；成交笔数；意向成交额；实际成交额；与新客户成交额，与老客户成交额；展览期间成交额；预计后续成交额等。

（五）接待客户评估

这也是贸易展览会最重要的评估内容之一，具体内容包括：参观展台的观众数量和质量、接待客户的成本。参观展台的观众数量，可以细分为接待参观者数、现有客户数和潜在客户数，其中潜在客户数是重点。对于参观展台观众质量的评估，按照评估内容和标准分类统计观众的订货决定权、建议权、影响力；所在行业、区域等数据，然后根据统计情况将参观观众分为极具价值、很有价值、一般价值和无价值4类。对于接待客户的成本评估，计算方法是用展览总支出额除以所接待的客户数，包括新建立的客户数。

（六）调研评估

调研评估指通过展出对市场和产品有无新的了解和认识，有无更明确的发展和努力方向等来进行评估。

（七）竞争评估

竞争评估指对在展览工作方面和展览效果方面与竞争对手相比较的表现的评估。

（八）宣传、公关评估

这方面的评估比较困难，因为定性的内容太多，评估技术比较复杂。具体包括宣传、公关有无效果，效率、效益多大，是否需要增加投入提高展出者形象，以及形象对实际成交有多大关系等。

以上列举了展览评估的几个方面，为避免评估内容复杂化，在实际操作中，展出者或展览会组织者应该根据实际需要和条件选择使用最主要的几个指标。一般选择投入最大的方面（人力、财力、精力）及最主要的结果（成交、客户关系、成本效益）等作为评估内容。

四、会展总结

总结是会展工作的最后一个环节，它可以是一份会展评估工作的分析报告，也可以是会展整体工作的回顾、分析或研究，会展总结最后要形成一份总结文件。会展评估报告应能反映市场状况的有关信息，包括某些调研结论和建议，会展评估报告是会展评估活动过程的直接结果。

（一）会展评估报告的写作要求

会展评估报告必须具备以下要求。

（1）语言简洁，有说服力。

（2）报告必须以严谨的结构、简洁的体裁将调研过程中各个阶段收集的全部有关资料组织在一起，不能遗漏重要的资料，但也不能将一些无关资料统统写进去。

（3）注意仔细核对全部数据和统计资料，务必使资料准确无误。

（4）报告应该对展会评估活动所要解决的问题提出明确的结论或建议。

（二）会展评估报告内容

会展评估报告可能因评估的具体内容而有所区别，但一般来说都应该包含以下几个部分。

1. 评估的背景和目的

在评估背景中，调研人员要对评估的由来或受委托进行该项评估的具体原因加以说明。说明时，最好引用有关的背景资料为依据，分析展览活动等方面存在的问题。

2. 评估方法

（1）评估对象　评估对象说明从什么样的对象中抽取样本进行评估。

（2）样本容量　抽取多少观众作为样本，或选取多少实验单位。

（3）样本的结构　评估根据什么样的抽样方法抽取样本，抽取样本后的结构如何，是否具有代表性。

（4）资料采集方法　常用的资料采集方法有收集历史资料、现场观察记录、问卷调查、会议座谈等。这些方法可从定性和定量两方面获取信息。

① 收集历史资料。历史资料主要有历届会展的统计资料、竞争对手的资料、报刊的相关报道，以及专业和内部媒体的评估资料等。

② 现场观察记录。在会展进行过程中，需要组织评估人员对工作项目、工作环节、工作结果等方面进行记录。通过这些记录，可以得到诸如参观者数量、交通密度、意向成交金额等重要的评估数据。

③ 问卷调查。会展评估中使用的调查问卷主要包括观众问卷和参展商问卷。前者用于了解观众的基本情况及其对会展效果的评价。其中，由主办者发送的观众问卷目的在于了解会展整体效果，参展商也会向参展观众发送问卷以测量其公司和产品的参展效果。参展商问卷重在了解参展商对会展服务的反馈意见及其对会展效果的评价。问卷调查工作用概率抽样的方式进行，可以委托专业的市场调查公司完成。

④ 会议座谈。会展期间可以组织各种规模的会议，邀请政府部门、商会、行业协会、展览会的专业人士参与座谈，定性地收集专业人士的见解和评价。

（5）实施过程及问题处理。

（6）资料处理方法及工具　指出用什么工具、什么方法对资料进行简化和统计处理。

（7）访问完成情况　说明访问完成率及部分未完成或访问无效的原因。

3. 评估结果

评估结果是将评估所得资料整理出来。除了用若干统计表和统计图来呈现以外，报告中还必须对图表中的数据资料隐含的趋势、关系和规律加以客观描述，也就是说要对评估结果加以说明、讨论和推论。评估结果所包含的内容应该反映出评估目的，并根据评估标准的主次来突出所要反映的重点内容。一般来说，评估结果中应包含以下内容：展台效果；成本效益比；成交笔数，成交额；接待客户数量；观众质量等。

4. 结论和建议

要用简洁明晰的语言作出结论。如阐述评估结果说明了什么问题，有什么实际意义；必要时可引用相关背景资料加以解释、论证。建议是针对评估结论提出，可以采取哪些措施以获得更好的效果，或者是如何处理已存在的问题，最好能提供有针对性的方案。

知识拓展

网络化战略——展后服务的重要内容

随着会展业市场化、国际化的日益扩大，会展市场竞争日益激烈，参展商与主办方传统的买卖关系必将难以继续维系。为了组展的顺利进行，主办方往往会尽己所能取得参展商的满意和信任。参展商不再愿意仅仅作为参展费用的支付者，而是希望能够从主办方那里获得更多的服务。

当今，人类社会已经迈入网络经济时代。随着互联网的日益普及，它在扩大展览会影响甚至改变展览会格局方面起着越来越重要的作用。网络也成为诸多参展企业的主要营销手段之一。参展商在参加展览会时，往往利用互联网和其他参展商、专业观众进行互动式交流，以期及时发现展会中的新商机。同时，在展会闭幕后，展会的网络化也可以使参展企业仍然享受参展时的贸易交流。

展会网络服务也要体现重实效和"以人为本"的思想。那么，什么样的网络服务在展会后期是有效的呢？

1. 开辟网上展览业务，建立永不落幕的展览会

因为网上展览不受时间和空间因素的干扰，不论你在哪，只要打开网上展览会，就能找到你想要找到的信息。在展会结束后，为参展商和专业观众的洽谈、交易提供全天候的纽带服务。

2. 利用网络链接，为展商提供机会

展会的工作人员应通过 Internet 在世界范围内查找相关专业展会的信息及其网址，并设法将自身展览会的有关内容贴到这些网站上或与之互为友情链接，为参展商吸引更多的买家洽谈机会。

3. 创造网上独特销售点，增强展会吸引力

努力创造网上展览会的独特销售点，以增强网上展会的吸引力。如邀请专家或业内知名人士在网络上进行客座演讲，以及对展会进行网络直播；展会结束后，对展会进行网络重播，并发布展会的总结新闻等，这些都是展会主办单位帮助企业获得更多效益的方式。

4. 开辟企业网上窗口，促进展商产品销售

在展会的网络平台上，按展品种类列出参展商和参展企业简介，并开设网上展出窗口。对于想了解展会的企业和专业观众来说，他们可以很轻松地了解企业动态；而对于参展商来讲，则扩大了企业的形象并促进了产品的销售。

在会展业迅猛发展的今天，构建办展方与参展商之间的信任，完善展后服务体系是必不可少的前提条件。（资料来源：根据相关资料整理得到。）

能力训练

实地参与某一展会的后续跟踪工作，并撰写该展会的展后评估报告。

复习思考题

1. 为什么要做好展会的后续工作？
2. 后续工作的主要内容有哪些？
3. 如何进行会展评估？
4. 会展评估报告应包括哪些内容？

项目十一　会展客户关系管理

项目目标 👤

通过实践和模拟练习，学生能够灵活掌握会展客户关系管理的实施流程和实施策略，能对会展客户进行有效管理。

案例引导 ✨

"湖北妇儿博览会" 为展商提供 "私人定制" 服务

湖北知音展览有限责任公司，作为中国期刊界的龙头企业——知音传媒集团的全资子公司，虽然成立只有短短一年不到的时间，但充分利用自己传媒背景，在市场大潮中居高望远，其精心打造的"湖北省妇女儿童服务业博览会暨中国（武汉）国际孕妇、婴儿、儿童产品博览会"，精准找到商家的深度需求点，为不同类型的参展商提供"私人定制"服务，从而大受商家欢迎，品牌商家纷至沓来，展馆席位出现一位难求的现象，从而一举也令该公司成为中国会展界最大的一匹黑马！

按展会业态常规，每一届展会，参展企业向组委会缴纳一定参展费用，集中在展馆展示或交易3天左右，随着展会结束，组委会的相应服务也随之结束。对企业而言，参展最大风险在于展会主办法前期宣传造势不深入，导致参观人流和专业观众无法保证；参展投入巨大，达不到预期效果；撤展后相关产品无法"落地生根"等问题。

为最大限度地降低企业的参展风险，知音会展公司背靠强大的传媒集团力量，同时依靠湖北省妇联及地市妇联的强大公信力，与品牌企业进行深度战略合作，竭力为参展企业解除后顾之忧。

该公司负责人介绍说："参展企业的需求是什么，我们就提供什么服务。例如，有些企业的需求是B2B，那么我们就成立专门的信息服务中心，为这类企业邀约精准的专业观众，甚至我们知音会展公司就可以充当该企业在湖北的总代理商，负责推广销售他们的产品，让企业的产品在撤展后一样可以在本土生根；有些企业的需求是通过展会提高知名度，那么知音会展公司就利用自己的强大的媒体宣传机器，全方位为企业提供最优质的'定制宣传'；有些企业需要更接地气的活动，那么我们就为他们提供全省社区行活动和地市州巡展等。"

该负责人还举例说明：近期已成功签约的泛美利华红极参、东方海洋能量包、花梨岭养生酒系列、好想你枣业、玛卡红酒等保健滋补行业一线品牌，知音会展公司就是将自己定位成这些企业进驻湖北市场的"综合服务提供商"。

为这类企业提供的"私人定制"服务有：一是组织提供滋补养生论坛及品鉴会，为这些企业提供全媒体新闻造势；二是展会期间邀请武汉"好吃佬"群体、本地美食帮节目主持人或美食记者来专属餐厅进行推广试吃；展会现场抽取20名幸运观众，邀请他们来专属餐厅试吃等；三是知音会展全权代理这些企业在湖北市场的品牌推广、营销策划、招商和产品销售工作。四是针对企业等会员单位开拓湖北市场的需求，会组建专业队伍，建立数据库，发展、维护专业客户；五是成立"知音精品体验馆"，成为长期线下体验中心，打造全新O2O模式。

像央视（中央电视台）"汉字听写大会"主冠名方的诺亚舟公司，此次参展的最重要目的就是想借助"2014湖北妇儿博览会"平台，办一个湖北版的"汉字听写大会"。诺亚舟湖北区总经理王威激动地表示：仅靠他个人和公司的力量，想要撬动一个省级市场，除了要投入巨大的精力和财力之外，效果可能并不明显。现在好了，通过参加本次展会，他们的活动也得到了妇联的认可和支持，更具公信力，同时省去了他们开拓市场要投入的巨大精力和财力，事半功倍。

据悉，截至8月初，本届展会已吸引了包括诺亚舟、楚天尚漫、花梨岭、兴明华、惠氏、多美滋、雅培、伊利、三元、金宝贝早教中心、小阿福摄影、皇冠蛋糕、本草天香和长江少儿出版社等100余家品牌进驻。（资料来源：http://news.cnhubei.com）

【案例分析】　客户关系管理的最终目标就是实现客户目标，而客户目标的实现需要展会主办方提供相应服务，满足不同客户的需求，有效的客户关系管理是会展企业成功必不可少的工作之一。

任务一　会展客户关系管理概述

随着会展业的不断发展，会展市场的竞争将会越来越激烈，对于会展企业来说，持续发展的关键不仅是维持老顾客，努力提高参展商和观众的忠诚度，而且要不断开拓新的潜在市场。在买方市场条件下，企业市场营销的核心是如何充分满足消费者的需求，如何通过会展项目的实施为顾客带来收益。所以，成功的会展离不开行业内众多企业的长期支持和合作，需要会展企业开展客户关系管理工作，不断地了解顾客的主要需求及未来需求，并从中挖掘出能够受顾客欢迎的新的企业卖点。

一、会展客户关系概念

（一）客户关系管理的概念

对客户关系管理（Customer Relationship Management）的研究基于20世纪90年代盛行的集成直接营销法（Integrated Direct Marketing），从IT技术和网络环境集成演变而来。客户关系管理构成了基于Internet技术电子商务的三大板块（客户关系管理CRM、企业资源计划系统ERP、供应链管理SCM）之一。对于客户关系管理的界定，国外最具代表性的主要有几下几种。

（1）客户关系管理是企业的一个商业策略，它按照客户的分割情况有效地组织企业资源，培养以客户为中心的经营方式以及实施以客户为中心的业务流程，并以此为手段来提高企业的获利能力、收入和客户的满意度。

（2）客户关系管理是企业在营销、销售和服务业务范围内，对现实和潜在的客户关系以及业务伙伴进行多渠道管理的一系列过程和技术。

（3）客户关系管理是为了消除企业在与客户交互活动时的"单干"现象，综合销售、营销和服务业务功能的企业经营策略，需要企业全方位协调一致的行动。

我国对客户关系管理的理解主要体现在以下三个层次。

1. 从宏观层面上，CRM是一种现代的经营管理理念

它源于西方的市场营销理论，又逐步融合了近年来以信息技术为市场营销理念带来的新发展，吸收了"数据库营销"、"关系营销"、"一对一营销"等多种新管理思想的精华，形成了以客户为中心、视客户为企业资源、通过客户关系实现客户满意的现代经营理念。它旨在通过与客户的个性化交流来掌握其个性化的需求，并在此基础上提供个性化交流的产品和服务，不断增加企业给客户的交付价值，提高客户的满意度和忠诚度，最终实现企业和客户的双赢。

2. 从中观层面上，CRM是一种新型的管理机制

客户关系管理成功实现了"以产品为核心"的商业模式向"以客户为中心"的商业模式的转化，完善了管理过程。以客户为资产的客户关系管理帮助企业最大限度地利用其以客户为中心的资源，并将这些资源集中应用于客户和潜在客户身上，缩减了销售周期和销售成本，有助于寻求扩展业务所需的新市场和新渠道，并且通过改进客户价值、满意度、赢利能力以及客户的忠实度来有效地改善企业服务。

3. 从微观层面上，CRM是一套新型的应用软件系统

客户关系管理凝聚了市场营销等管理科学的核心理念，又以市场营销、销售管理、客户关怀、服务支持等构成了客户关系管理软件的模块基石，从而将管理理念通过信息技术的手段集成在软件上面，它集合了当今最新的信息技术，包括呼叫、工作流管理、多媒体技术、数据仓库和数据挖掘、企业应用集成、计算机网络、信息安全、专家系统和人工智能以及相应的硬件环境，同时还包括与客户关系管理相关的专业咨询等。互联网的普及更加成为客户关系管理软件系统应用和推广的加速器。

总之，客户关系管理的核心思想是将企业的客户（包括最终客户、分销商和合作伙伴）作为最重要的企业资源，通过完善的客户服务和深入的客户分析来满足客户的需求，保证实现客户的终生价值。其实施要求以"客户为中心"来整合企业资源，建立能够对客户需求作出快速反应的组织结构，规范以客户服务为核心的工作流程，建立客户驱动的产品/服务设计，进而培养客户的品牌忠诚度，扩大可盈利份额。

（二）会展客户关系管理的内涵

会展客户关系管理是在收集客户信息和分析客户需求的基础上，通过办展机构的资源整合和有针对性地对不同客户提供个性化的展会服务，与客户建立互利、互信和合作双赢的关系来促进会展长期稳定发展。要正确理解会展客户关系管理的内涵，需要把握以下几个方面。

1. 会展客户关系管理是一种以客户需求为核心的营销策略

客户关系管理是企业市场营销策略的重要组成部分，随着消费者主导地位的逐步提升，这种重要性也逐渐增强。会展企业的市场营销人员需要不断地收集、整理、分析参展商、观众以及与展会相关的一些资料，并且追踪分析这些信息资料，以利于对参展商和观众进行市场细分，从中找到较为稳定的、可盈利的长期客户，并不断寻求这些客户的新的市场需求，针对这些客户和需求研究开发稳固这些市场的营销策略，尤其是对于一些重要的参展商和观众实施具有针对性的差异化的营销策略，以提高他们的满意度和忠诚度，进而带动其他潜在参展商和观众的购买，扩大销售，增加盈利。

2. 会展客户关系管理是一种以客户为资产的现代展会经营管理理念

现代化的经营管理理念强调以客户为中心。会展企业作为非物质性生产型的服务性企业，更需要视客户与企业的设备设施、资金一样为企业的重要资产。营销部门可以通过各种营销策路和沟通手段，增加与客户之间的联络和互动，了解主要目标顾客的需求的变化，分析预测展会现有客户和潜在客户的需求特征，并与其他部门配合做好客户关系管理工作，提供个性化的展会，充分满足参展商和观众的各种需求，提升客户忠诚度。

3. 会展客户关系管理需要计算机、互联网、数据库等相关技术支持

会展企业的客户主要是参展商、专业观众和普通观众，其中最为重要的是参展商和专业观众。与其他行业的客户不同，其他行业的客户购买最终产品和服务的目的是消费，购买中间产品的目的是生产投资，而会展企业的主要客户参展商购买展位的主要目的是宣传、沟通、促销、交易等，专业观众参加展会的主要目的是了解行情、寻找合作伙伴、交易等。由于会展企业举办的展会涉及的行业范围广，客户可能来自世界各地，客户的需求变化相对较快，需要会展企业在进行客户关系管理时，借助于 CRM 应用软件系统的支持，以利于会展企业的员工与主要目标客户实施有效的信息沟通，为客户提供针对性较强的个性化服务。

（三）会展客户关系的构成

在会展市场上，从会展活动的组织角度上，会展客户关系的构成主要分为主体和客体两个部分。会展主体主要是会展的主办方和场馆，会展客体主要是指参加会展的参加者和观众。会展主体和客体相互作用，相互联系，互成客户，在一定的业务往来过程中建立起会展客户关系。会展活动的参与者至少有以下四个方面。

1. 会展主办方

会展主办方主要是我们所说的专业会展组织者（Professional Convention Organizer，PCO）。他们主要负责会展活动的策划、参加者及专业观众的确定、合作单位的遴选、会展名称的确定、立项申报、宣传推广、财务管理、质量控制等。这些工作内容是会展活动的开始，关系到整个会展活动的组织是否顺利。

2. 参展商

参展商包括会展现有的参展商和潜在的目标参展商。它是会展客户关系构成中最直接和最重要的组成部分，是会展活动中最为核心的客户。会展主办者的经济效益也主要来源于参展商的参展费用。参展商主要是企业、销售机构或政府部门。在实际的会展活动中，会展活动的多项功能能够满足会展参加者的多方面的需求，很多企业或机构愿意参加会展活动，通过会展活动宣传企业的新产品，拿到更多的订单。所以，只有参展商满意了，主办方才能获得更多的经济来源，参展商才能再次有积极性参与，主办方才能赢得更多的潜在客户，会展规模才能不断扩大。

3. 观众

除了参展商，观众是会展的又一个重要客户。同时，观众也是参展商的主要消费者，他们在一定程度上决定参展商的经济效益，从而进一步影响到会展规模的扩大。和参展商一样，观众也有专业观众和普通观众之分。专业观众带有一定的商务目的，普通观众则主要是最终消费者。不同的观众对会展活动的要求也是不一样的。作为产品、技术展示或展销的展览活动，所挑选观众的层次和数量一定程度上决定了会展活动的成败。

参展商和观众作为会展活动的核心客户，是会展相互影响的两个方面。参展商在产品展示、交易成交、信息搜集等方面离不开观众。观众要实现参加会展的目的也离不开参展商，参展商是观众贸易采购的主要对象，能够为观众提供最新动态的商品展示，能够为观众提供很多产品信息。所以，参展商和观众的相互影响和配合能够最大程度上提高会展举办的成功率。

4. 会展服务提供商

会展服务提供商主要是为会展主办者、参展商和观众提供服务的部门。他们服务的内容包括贸易中介、保险、保安、展品运输、展台装修、消防、法律咨询、酒店接待等。会展服务提供商是会展业发展的基本和必要条件。在会展客户关系的构成当中，参展商和观众基本上都是向会展支付费用，而会展服务提供商则向会展索取费用。为了保证会展服务提供商所提供服务的质量，不影响整个会展的举办，会展主办方应该把会展服务提供商作为自己会展活动中的一个重要组成部分，将会展服务提供商与其他会展客户成员融为一体，提高会展客户关系管理的资源整合效率。

除了以上我们所说到的会展主办方、参展商、观众和会展服务提供商之外，会展活动的参与者还包括政府合作单位、行业协会、展览馆、媒体、赞助商等。随着我国政府职能的转变，政府在会展中的审批和主办方面将逐渐淡出，而政府作为合作单位仍然是会展活动的参与者之一。会展公司所承担的会展活动则越来越多，在会展市场上发挥的作用越来越大。展览馆是会展活动开展的物质基础。在现实中，一些大的展览馆在经营过程中积累了一定的经验，与各行业建立了较为密切的联系，在此基础上他们也自己组织一些会展活动，可以说，他们不仅仅是展览馆的提供者，某种程度上也承担着会展主办者的角色。在整个会展活动的举办过程中，媒体也是必不可少的一个方面，它的参与有助于会展主办方和会展参展商知名度和经济效益的提高。最后，广义的会展参与者也离不开赞助商的参与支持。所以说，会展活动的参与者是一个十分广泛的范畴，随着我国会展业的发展，这个范畴还会进一步扩大。

二、实施会展客户关系管理的必要性

（一）客户在会展活动中的地位和作用

会展业不同于其他行业，它所面对的客户来源极为广泛，且随着会展经济的发展，会展企业的客户也在不断增加。但随之而来的是会展企业对客户的掌控能力急剧下降，企业发展的管理基石逐步减弱。所以，如何向这些会展客户提供满意的产品和服务就显得极为重要了。会展客户关系管理可以为会展企业创造强大的客户数据库，也可以帮助会展组织者树立以客户为中心的经营理念，培养以客户服务为主的服务意识。实施会展客户关系管理，不仅在于实现企业经营管理理念的转变，更重要的是，提高企业寻求新的市场机会的能力。随着会展活动专业化的发展，客户将扮演越来越重要的角色，具体而言，客户在会展活动中的地位和作用主要体现在以下几个方面。

1. 会展客户在会展价值链中处于核心地位

在会展价值链中，会展客户主要包括主办者、参展商、观众、会展服务支持者。如果没有这些客户的参与，就没有会展活动的连续顺利进行。在商业性会展活动中，主办方的经济收入主要来自于参展商和观众。足够多的参展商和观众的介入，是会展活动得以运转的关键。虽然并不是所有的参展商和观众都会带来利润，但这也丝毫不会降低参展商和观众在会展价值链中的核心地位。

2. 参展商和观众的连续参与是会展主办者的利益所在

对于一个定期连续举办的商业会展来说，参展商和观众的连续参与十分重要。首先，参展商和观众是否连续参加是一个展览举办是否成功的重要指标。在每次会展活动结束之后，都有每个参展商和专业观众对会展活动的自己的主观评价，如果会展组织者能在展前、展中和展后提供令客户满意的服务，他们就有可能连续参展。所以，参展商和观众是否连续参展不仅是对上届会展成效客观评价的反映，也是会展活动再次进行宣传的重要资源。其次，从新老客户开发的成本差异上来说，开发一个新客户的成本比保持一个老客户的成本高出五倍之多，如果能最大可能地保持原有客户，会带来会展收益的成倍增长。因此，保证会展利益的最理想方式就是保证参展商和观众的连续参展。

3. 参展商参展收益是会展效益的综合体现

会展的效益是综合的，包括经济效益和社会效益两大方面。参展商的参展收益是会展效益的重要组成部分。参展商的参展收益越高，会展主办者的效益才会越有保障；参展收益低，就会削弱参展商再次参展的积极性，即使其他方面获得较好收益，也会影响会展综合收益。

（二）实施客户关系管理的必要性

1. 会展客户流失严重决定了企业要进行客户关系管理

随着会展业的发展，会展组织者现有的管理已经不再适应会展业长期健康发展的需要。首先，在现有的会展管理当中，"以客户为中心"的管理思想没有得到充分的体现。在很多会展活动结束之后，展览公司很少能主动与客户进行交流来获得反馈信息，大部分企业只是整理好参展商和专业观众的名片以备下次再用，很少关心客户在这次会展中是否获得收益、收益状况如何以及对本次展会有何看法和建议等，因而没有最大限度地提高客户的可信度和满意度。其次，会展业现有的管理技术还存在很多缺陷，不能满足大量客户的管理和客户的个性化需求。面对新的市场需求，更新管理系统和管理技术成为我国大部分会展企业当前最重要的任务，而客户关系管理系统为会展企业完整这项任务提供了方便。

2. 客户关系管理是会展企业发展的需要

客户是企业的生存之本，尤其对于服务性的会展行业来说，客户是会展企业的宝贵资源。全面实施客户关系管理是企业的一种先进的营销和管理手段。随着会展业的竞争激烈程度不断增加，尤其是同一区域内相同主题展会的冲突和竞争，导致客户资源流失严重，需要会展企业不断加强以客户为中心的经营理念，不断努力创造和满足客户的需求，获得客户支持，提升自有品牌，获得长远发展。

3. 会展客户关系管理能够挖掘和满足客户需求个性化、多样化的需要

在现代营销观念指导下，客户需求个性化、多样化的趋势越来越明显。如何满足客户个性化、多样化的市场需求成为企业营销管理的重点。而实施客户关系管理能够保证提供给客户个性化的服务，满足不同客户的不同需求，使客户的各种目标得以实现，赢得客户的兴趣与信赖。

4. 会展行业的发展特点决定其必须选择客户关系管理

会展业属于第三产业，它的产品就是对参展商和观众的直接服务，也就是说，会展企业直接面对的终端客户就是参展商和观众。会展业的这种服务特点就决定了会展企业要重视客户关系管理，要以客户关系为纽带，以客户关怀为手段，以客户数据为基础，努力提高客户服务水平和客户满意度，增强参展商和观众对会展企业的忠诚度。而且会展品牌的创建和发展也需要企业以客户为核心，在参展商取得利益的基础上来获取企业自身的利益，以此产生双赢。

客户关系管理的新 4P 营销理念

客户关系管理是一种倡导以客户为中心的营销管理创新的思想和方法。在客户关系管理中出现了不同于以往的新 4P 要素，它们是：Product（产品）、Process（流程）、Person（人员）和 Performance（表现）。把这些新 4P 结合起来，能进一步提高企业的市场竞争能力和增加价值的能力。实践证明：成功的客户关系管理系统超越了销售、市场营销和客户服务。

（1）产品（Product）是企业提供给客户的根本要素。在客户关系管理中，鉴于对产品的重新认识，产品的概念得到了扩大和延伸，产品差别化逐步转变为关系过程的专业化。因此，企业应该特别关注重点客户的需求，通过定制化的制胜的产品和服务为客户带来超额价值，进而加强客户关系，"锁定"客户。

（2）流程（Process）是支持核心产品和服务的供应系统。为创造一流的客户价值，应该把营销放在整个业务流程的范围内加以考虑。其过程是：找出目标客户；满足目标客户需求；与目标客户形成持久的关系。流程一般通过一整套包含软硬件、理念、策略的解决方案来实现。

（3）人员（Person）是客户关系管理成功的关键。客户与企业的接触首先是与企业员工的接触，只有满意的员工才能产生满意的顾客，因此企业应该关注客户与员工的互动对客户关系的影响。企业在聘请员工后应鼓励员工不断学习，拟订全方位的客户培训计划，尽力扩展员工的动机、价值和绩效。

（4）表现（Performance）是按照承诺供给产品并将事情做好。良好的客户关系通过向客户提供各种高层次的价值来实现。对客户关系管理表现的评价，除了采用一般的公司业绩指标外，还可评估客户满意度、客户流动性、客户服务标准、员工流动性等无形资产指标。

在国外，越来越多的企业寻求把客户关系管理制度化，设立"关系经理"。客户关系管理是一种用于培养持久的、长期的、盈利更多的客户关系的可行框架和经营模式，其理念已经得到广泛的认可，现在的挑战是把理论转化为行动。（资料来源：根据相关资料整理得到。）

任务二　会展客户关系管理的内容

从会展开始准备到会展期间再到会展结束，会展主办者都要为参展商提供各种各样的服务，解决参展商遇到的各种问题，提供全程服务。可以说，会展客户关系管理是会展自始至终都要贯彻的一个核心，是真正实现客户满意，真正达到双赢局面的必不可少的管理内容。

会展服务贯穿展前、展中和展后。在展前服务阶段，企业需要进行会展项目立项策划，指定各类服务商，编制参展商手册，建立会展专门网站，以及进行相关活动的会展策划。在展中服务阶段，首先需要进行规划、装饰、指示牌、工程、保安、保洁等方面的场地服务，其次是开幕、现场、会议等方面的服务，还有会展服务手册、会展信息汇编、感情沟通、礼品派送等参展商、观众服务。在展后服务阶段，还有总结、致谢、更新、发展等方面的服务。结合会展服务的这三个阶段，实施会展客户关系管理，应包括以下内容。

一、收集客户信息

收集客户信息是会展客户关系管理的第一步，通过分析会展市场客户信息，识别市场机遇，从而制订相对应的投资营销策略。收集客户信息不仅体现在展前准备阶段，要做好会展客户关系管理，展中和展后也应是会展企业收集客户信息的重要阶段。

在展前准备阶段，企业应该通过收集信息邀请有价值的参展商、专业观众和品牌媒体。有价值的参展商就是能吸引观众及其他参展商的参展商。参展商参展除了提升企业形象和促进销售外，另一目的就是通过学习和交流，获得相关的行业最新信息。所以，通过邀请有实力的品牌参展商，通过产品展示以及各种专业研讨会、技术交流会及其他行业会议，能使其他参展商学习到相关知识，增强会展的影响力，吸引更多的参展商参加。专业观众也是会展活动的一个重要主体，没有观众，就没有参展商，也就没有会展。通过收集客户信息，建立专业观众数据库，邀请有实力的专业观众加入到会展活动中，可以大大提高会展的影响力和号召力，增加会展的经济效益和社会效益。另外，客户信息收集当中，还有品牌媒体的参与。世界一流的品牌展览会的一个主要标志就是，能够聚集行业最有影响力的媒体参与。品牌媒体的参与可以有效实现参展商提高企业知名度的目标。

在展中服务阶段，可以通过客户资料登记以及与客户的现场沟通获得参展商和观众的一些建议和需求信息，从而为下次展会更充分地满足顾客需求提供保证。

在会展结束以后，也应该与参展商和观众以及会展服务支持者保持联系和沟通。会展结束意味着新的会展的开始，会展企业可以通过网络、电话、书面信件、会展刊物等方式将相关会展信息及时向广大客户和潜在客户发布，增加与客户的感情交流，通过这种交流获取更多的客户需求信息；同时，还存在一个更新客户信息数据库的问题。通过展后对本次会展、相关会展或竞争对手的会展的调查，获得更多的客户资源。

而对于会展企业来说，收集客户信息，发现市场机遇可以通过客户识别、客户细分和客户预测来完成。

（一）识别会展客户

会展企业所面对的客户市场是一个广泛复杂的群体，不同的客户有着不同的参展需求。会展企业要做就是通过不同的途径满足这些参展商的不同需求。在广泛的客户群中，利用互联网、客户跟踪系统、呼叫中心档案等各种客户互动途径，收集详尽的客户信息，包括客户资料、消费偏好以及交易历史资料等，储存到客户数据库中，然后将不同部门的客户数据库整合成为单一的客户数据库，同时将它们转化成为管理层和计划人员可以使用的知识和信息，从而识别出有参展需求的客户。

（二）细分会展客户

市场细分起源于20世纪50年代，市场经过大量营销阶段、产品差异化营销阶段之后，就产生了目标市场营销阶段。目标市场营销的第一步就是进行市场细分。市场细分就是指按照消费者欲望与需求把一个总体市场（总体市场通常太大以致企业很难为之服务）划分成若干个具有共同特征的子市场，用以确定目标市场的过程。因此，分属于同一细分市场的消费者，他们的需要和欲望极为相似；分属于不同细分市场的消费者对同一产品的需要和欲望存在着明显的差别。

随着会展市场竞争激烈程度的增加，会展企业也需要进行会展客户细分。通过集中有参展需求的客户信息，对所有不同需求信息之间的复杂关系进行分析，按照需求差异进行客户市场的细分，并描述每一类客户的购买行为模式。从而会展企业可以根据每次会展的主题定位，从中选择某些具有相同需求的客户群体进行专业的市场营销推广。

（三）预测会展客户

市场预测是市场营销战略和策略的前提和基础。通过分析目标顾客的历史信息和客户需求特征，预测原有和潜在客户在本次会展活动中，对会展服务的期望和参展行为的变化，借助会展数据库的数据对会展业务和行业进行分析预测，并以此作为客户管理决策的依据。

二、制订客户方案

针对不同的客户类别，制订不同的客户服务方案，实施定制服务。客户的分类管理是实现优质服务的前提。客户分类管理主要包括以下内容。

（一）确定细分会展客户群的标准

确定细分会展客户群的标准，包括参展商的个性化资料、消费的量与频率、参展方式、地理区位、客户的关系网等。

（二）深入分析会展客户群

对会展同客户群的信息的进一步分析，以便识别具有不同终身价值的客户或客户群。

（三）制订不同的服务策略

对于不同客户群，会展企业应确定出不同客户群对企业的价值、重要程度，并针对不同客户群的消费行为、期望值等制订不同的销售服务策略。

会展客户关系管理要求会展企业在全面收集客户信息的基础上，针对项目客户，预先确定专门的会展活动，制订服务计划。这就加强了会展企业营销人员及会展服务提供者在展前的有效准备和展中的针对性服务，提高了会展企业在客户互动中的投资机会。

三、实现互动反馈

随着 Internet、移动通信的发展，越来越多的会展客户习惯于通过 Web、E-mail、WAP、SMS 等方式与会展企业交流沟通，电子商务和呼叫中心的建立及不断完善大大提高了企业客户信息的处理效率，系统可以自动为客户提供信息查询、历史交易明细查询等，还可以为客户提供多样化、个性化的服务，最大限度地发挥信息对会展企业营销和竞争的作用。

实现互动反馈，追踪需求变化是会展企业执行和管理与原有客户和潜在客户沟通的关键性阶段，它使用各种各样的互动渠道和前端办公应用系统，包括客户跟踪系统、销售应用系统、客户接触应用和互动应用系统。通过与客户的互动，会展企业可以随时追踪到有关参展商的需求变化以及参展后的有关评价，并不断修改客户方案。以往的市场营销活动效果通常是以销售成绩来判定的，客户关系管理却可以对过去市场营销活动资料进行相关分析，并且通过客户服务中心或呼叫中心及时地进行互动反馈，从而可以进一步地调整营销策略。

互动贯穿于展前、展中和展后。展前加强会展客户的联系，了解他们的需求。在布展期间，办展机构的主要工作是依照合同核实展馆租赁面积及使用范围；负责加班的统计与汇总；同时负责协调承建商与展馆内部各部门之间的沟通；还应该根据客户的需要提供各种硬件及软件服务，包括会展布置、展位搭建、指示牌、休息区、会议室、展品运输等。开展期间，办展机构除了进行一系列现场管理工作外，应主动与客户沟通，感谢客户的参展，咨询客户的建议及意见，并认真记录，如遇到客户有额外的要求或不满，绝对不能借故推辞，即使不属于服务范围，也要努力帮助客户解决各种问题。有些会展还会根据需要为客户提供翻译、商务、法律、内容详细实用的会展服务手册、网站及时信息通报及客户互动服务、第三方认证等服务，尽量赢得客户的满意和忠诚。展后继续与会展客户联系，听取他们的意见和建议，为下届展会做好充分的准备。

四、改善客户关系

改善客户关系是会展客户关系管理活动中和活动结束之后会展企业都应该去做的一个工作内容。会展企业通过企业和客户之间的互动反馈，追踪需求变化，并通过捕捉和分析反馈的数据，了解客户对企业各项营销活动所产生的具体反应，为下一次更完善的客户关系管理提出新的建议，不断改善企业与客户之间的关系。

客户关系也存在生命周期，即会展与客户的关系所能维持的时间。客户关系会经历从不信任到信任，从信任到不信任的过程。对于老客户，对会展会有一个从信任到不信任的过程，一旦一个老客户对会展产生不信任，会展就很有可能失去这个老客户。对于新客户，对会展也会有从不信任到信任、从不熟悉到熟悉的过程，一旦一个新客户对会展产生信任，就会成为会展的客户。如果会展一直能令客户满意，客户就将变成会展的忠实客户。会展客户关系会经历关系培育、关系确认、关系信任、关系弱化和关系消失五个阶段。在客户关系的不同发展阶段，会展客户关系管理的工作重点也是不同的。在关系培育阶段，重点是进行会展的宣传推广，使客户更好地认知本次会展；在关系确认阶段，主要是增加客户的价值，提高会展效果；在关系信任阶段，主要是追踪客户的需求变化并不断满足其需求；在关系弱化和关系消失阶段，重点是找出造成客户流失的原因并采取相应措施等。只有延长和巩固与客户的关系才能维持客户继续参展，并保证客户不转向竞争对手的会展。所以，延长和巩固客户关系生命周期也是客户关系管理的重要任务之一。

会展客户关系管理的过程，就是企业与客户建立关系并引导关系健康发展的过程。企业通过客户细分策略，即根据不同标准将客户划分为不同的客户关系类型，有针对性地采取措施，管理复杂多样的客户关系。在客户细分的基础上，企业还会为不同的客户制订相应的关系发展策略，并对不同的客户关系分配相应的企业资源，保持与客户关系的健康发展。

任务三 会展客户关系管理的策略

一、吸引会展客户

会展活动的成功举行离不开会展客户的支持，而会展客户的支持首先需要会展企业通过各种策略和方式吸引到客户，因此，吸引会展客户是会展客户关系管理策略的第一步。会展客户不仅指老客户，也包括新客户和会展潜在客户。对于会展企业和客户来说，关系是双方的，企业要与客户建立关系，一方面企业需要寻找目标客户，另一方面，客户也需要了解企业。吸引老客户和吸引新客户企业所采取的策略也会有所不同。

（一）留住老客户

忠诚的老客户是企业最有价值的资产。老客户是企业发展的客户基础，企业留住老客户和吸引新客户对于企业来说具有同等重要的意义，企业在开发新客户的同时一定不能忽视了老客户的存在。许多研究还表明，一个老客户为企业所带来的利润要比一个新客户高出许多。企业吸引老客户的方法主要有以下几种。

1. 数据库营销

会展客户关系管理是在收集客户信息和分析客户需求的基础上，通过办展机构的资源整合和有针对性地对不同客户提供个性化的展会服务，与客户建立互利、互信和合作双赢的关系来促进会展长期稳定发展。而数据库营销是指企业通过收集和积累消费者的大量信息，经过处理后预测消费者去购买某种产品的可能性，以及利用这些信息给产品以精确定位，有针对性地制作营销信息，从而达到说服消费者去购买产品的目的。所以，企业可以通过对客户信息的收集，通过数据库营销吸引老客户。企业和客户之间的关系是双向的，他们之间关系的形成是建立在双方互利的基础上的，只有双方都获得了收益，这种关系才会形成并长期维持下去。即会展企业为客户提供一个展示自己产品和宣传自己的平台，在专业技术和服务的包装下，提升参展企业的市场销路；而客户的参展也可以为会展企业带来可观的经济收益和社会收益。数据库营销就为每一个客户提供了及时做出可测定和度量的反馈的机会，使得客户从被动接受转为"双向信息交流"。数据库营销通过对客户信息数据库的建立和分析，能够对会展客户的资料有详细全面的了解，可以对会展重要客户提供个性化的服务支持和营销设计，使一对一营销成为可能。在信息化时代，数据库营销通过将这种新的营销理念和信息技术相结合，充分对客户需求进行全方位的分析，真正建立起与老客户的持续、健康关系。

2. 一对一营销

一对一营销在数据库营销的基础上，通过对客户资料的信息收集，会帮助会展企业从规模营销向个性化营销转变，在企业资源允许的情况下，为重要客户提供个性化的产品，进行定制服务。通过一对一的定制服务，吸引老客户。

一对一营销的执行和控制是一个相当复杂的机制，它不仅意味着每个面对顾客的营销人员要时刻保持态度热情、反应灵敏，更主要也是最根本的是，它要求能识别、追踪、记录个体消费者的个性化需求并与其保持长期的互动关系，最终能提供个体化的产品或服务。所以，一对一营销的核心是企业与顾客建立起一种新型的服务关系，即通过与顾客的一次次接触而不断增加对顾客的了解。企业可以根据顾客提出的要求以及对顾客的了解，生产和提供完全符合单个顾客特定需要的产品或服务。即使竞争者也进行一对一的关系营销，你的顾客也不会轻易离开，因为他还要再花很多的时间和精力才能使你的竞争者对他有同样程度的了解。

企业可以通过下列四步来实现对自己产品或服务的一对一营销。

（1）识别顾客 "销售未动，调查先行"。占有每一位顾客的详细资料对企业来说相当关键。可以这样认为，没有理想的顾客个人资料就不可能实现一对一营销。这就意味着，营销者对顾客资料要有深入细致的调查和了解。对于准备实行一对一营销的企业来讲，关键的第一步就是能直接挖掘出一定数量的企业顾客，而且大部分是具有较高服务价值的企业顾客，建立自己的顾客库，并与顾客库中的每一位顾客建立良好关系，以最大限度地提高每位顾客的服务价值。

（2）顾客差别化 一对一营销较之传统目标市场营销而言，已由注重产品差别化转向注重顾客差别化。从广义上理解顾客差别化主要体现在两个方面：一是不同的顾客代表不同的价值水平；二是不同的顾客有不同的需求。因此，一对一营销认为，在充分掌握了企业顾客的信息资料并考虑了顾客价值的前提下，合理区分企业顾客之间的差别是重要的工作。

顾客差别化对开展一对一营销的企业来说，首先可以使企业的一对一工作有的放矢，集中企业有限的资源从最有价值的顾客那里获得最大的收益，毕竟企业不可能有同样的精力与不同的顾客建立服务关系，也不可能从不同的顾客那里获取相同的利润；其次，企业也可以根据现有的顾客信息，重新设计生产行为，从而对顾客的价值需求作出及时的反应；第三，企业对现有的顾客库进行一定程度的差别化，将有助于企业在特定的经营环境下制订适当的经营策略。

（3）"企业-顾客"双向沟通　当企业在对个体顾客的规格或需求作进一步了解时，会发生两方面的活动：公司在学习，顾客在教授。而要赢得真正的顾客忠诚，关键在于这两方面活动的互动。一对一营销的关键成功之处就在于它能够和顾客之间建立一种互动的学习型关系，并把这种学习型关系保持下去，以发挥最大的顾客价值。一对一企业善于创造机会让顾客告诉企业他需要什么，并且记住这些需求，把其反馈给顾客，由此永远保住该顾客的业务。

（4）调整产品和服务以满足每个客户的需要　一旦了解了客户的需求，就必须采取行动，提供能够为他们带来额外收益的产品或服务。要想把客户锁定在学习型的关系中，就应该有针对性地将自己的产品和服务个性化。向客户准确地提供他们需要的东西，客户的满意度和忠诚度就会极大地提高。

收集客户信息，通过价值分析，将所有客户分为最有价值客户、最具成长潜力客户和负值客户，对不同的客户实行不同的一对一策略。这对会展企业来说，也是值得参考的，会展企业首先要赢得最有价值的客户，其次应该尽量尽快地把最具增长性的客户转化为最有价值客户，同时最重要的是减少带来负值客户的数量，只有这样，才能使会展中的企业不断发展壮大。而要使最有价值客户长期满意，会展主体不仅要了解客户目前的需要，还应了解客户的潜在需要，并及时满足他们不断变化的需要，并能为给企业带来正价值的重要客户提供个性化的服务和关怀，提高客户满意度，增强忠诚度。

3. 关系营销

关系营销也是留住老客户的主要策略之一。在市场经济日趋完善和全球经济一体化的氛围里，企业置身于社会经济大环境之中，其营销活动的核心是正确处理与消费者、竞争者、供应商、经营商、政府机构、社区及其他公众之间的关系。关系营销日趋成为营销的关键，发挥着重要的作用。关系的内涵发展到了不断发现和满足顾客的需求，帮助顾客实现和扩大其价值，并建成一种长期的良好的关系基础。关系营销更有效地运用了成本，因为时间与财物都花在了最有潜力的顾客身上，而且影响又极其深远——针对顾客朋友与合作伙伴。关系营销强调双向沟通，强调"双赢"，重视合作，认为合作是实现协同和双赢的基础，重视情感因素在企业营销中的作用。关系营销更强调控制的作用，要求建立专门的部门，用以跟踪顾客及其他参与者的态度，由此了解关系的动态变化，及时采取措施消除关系中的不稳定因素和不利于关系各方利益共同增长的因素。此外，通过有效的信息反馈，也有利于会展企业及时改进产品和服务，更好地满足会展客户的需求。

（二）吸引新客户

新客户是会展业宝贵的市场资源，也是会展企业未来的发展空间，新客户数量的多少决定着会展未来可能发展规模的大小。吸引新客户是会展企业长期稳定发展的重要工作内容之一。吸引新客户就是企业通过有效的营销管理策略，在目标市场中寻找和发现新的目标客户，并通过有效的传播手段与他们沟通，最终将他们变成会展的现实客户。

会展企业通过市场细分选定特定的目标市场以后，经过特定的渠道收集目标客户资料，然后将这些资料输入客户数据库，通过分组将客户按会展的需求分成不同群体，再通过数据挖掘技术，从大量的数据中发现有用的信息，寻找到会展潜在的客户。这是吸引新客户的第一步。因为经过筛选的潜在客户并不是真正意义上的新客户，要想使这些潜在客户转化为现实客户，还需要与这些潜在客户进行有效的沟通。而要使沟通达到预期的目标，还必须根据会展的优势和特点，结合客户的需求来精心设计沟通的信息。不同内容的信息对不同的客户所起的作用大不相同。例如，对于那些理性诉求倾向较强的客户，我们的信息设计就应从客户的利益出发，着重描述会展的优势、特点以及能给客户带来什么样的利益；对于那些情感诉求倾向较强的客户，我们的信息设计就应努力激发起客户的某种特定情感；对于那些道德诉求倾向较强的客户，我们的信息设计就应利用客户的道德感来强化他们参加会展的理由等。会展企业可以通过多种渠道和各种营销手段完成与客户的沟通，将会展的有关信息传递给潜在客户，以完成潜在客户向现实客户的转化。

会展企业可以通过以下策略实现对新客户的吸引。

1. 加大宣传力度，吸引会展客户

对于会展企业来说，会展主体一旦确定，就应该通过各种宣传方式，加强宣传，让更多的客户了解此次会展，并根据自己的需求参展。在对目标市场进行市场细分之后，会展企业也是针对目标客户的需求，选择适合目标顾客的宣传手段传播相关信息，阐述会展项目和相关服务措施，赢得顾客的支持和信任，吸引会展客户。

2. 提高管理和服务水平，建立良好第一印象

会展企业要想吸引新客户，还需要通过完善的管理和服务水平，建立良好的第一印象，赢得客户信任。会展业本身属于服务业，不断提高管理和服务水平是这个行业不断发展的重要保证。参展商和观众需要通过会展企业提供的高效、完备、便捷、优质的服务赢得一定的经济收益和社会收益。所以，提高管理和服务水平，给新客户留下良好的第一印象，是企业长期稳定发展的关键，也是会展企业获得忠诚客户的重要因素。

3. 尽量降低客户的成本付出

会展的客户成本主要包括货币成本、时间成本、精力成本三个方面。货币成本是会展客户参加展会的所有货币性支出。对于参展商和观众来说，如果在日常的经营活动中，如果错过了某些宣传、谈判或销售的时机，可能会失去宝贵的时间机会，从而给企业带来利润的损失。因此，参展商和观众在决定是否参展时，往往要考虑参展的时间成本，即参展商和观众因参加展会花费时间而不能利用这段时间开展其他活动所损失的成本。精力成本是参展商和观众在参加展会的准备阶段、参加阶段、参展后的一段时间内处理与该展会相关的业务时在精神和体力方面的支出。对于任何企业来说，都希望通过少的投入而获得大的产出。所以，会展企业也希望能够以小的成本付出，获得大的收益。

4. 提供增值服务

随着产品的同质化越来越强，提供增值服务可以为企业赢得竞争优势。在会展核心产品和服务出现雷同的情况下，会展企业可以通过提供增值服务吸引新客户，并通过增值服务的提供提升会展企业的形象和提升会展品牌知名度，获得客户的信任和忠诚。

会展企业为参展商和观众提供的增值服务主要有以下几种。

（1）提供市场预测、行业趋势、政策走向等相关市场信息。

（2）提供网上"虚拟展览"和"在线商机"，以便客户与潜在买家进行更广泛的交流。

（3）同期举办新闻发布会和技术交流会等活动。

会展组织者不仅要满足客户的现有需求，使客户满意，还应尝试着为顾客提供全新的服务和体验，将潜在客户转化为现实客户。

二、巩固客户关系

客户关系也存在生命周期，即会展与客户的关系所能维持的时间。客户关系生命周期主要分为五个阶段：关系培育阶段、关系确认阶段、关系信任阶段、关系弱化阶段和关系消失阶段。在关系培育阶段，会展与客户之间的关系还很脆弱，客户只是"潜在客户"，会展需要通过有效的营销手段吸引潜在客户对会展的注意，使客户逐步对会展产生一种认知。在这一阶段里，会展的宣传推广等营销手段和口碑传播至关重要，他们的好坏直接影响客户的决策，影响到会展与客户关系的进一步发展。在关系确认阶段，也是客户关系的基础阶段，客户对会展开始认知并开始考虑是否参加会展。一旦客户决定参加该会展，那么潜在的客户就变成了现实的客户，会展与客户之间的关系得到确认。在这一阶段，会展客户关系的建立处于双方对基本交易的最低程度的满足。如果一个会展主办者或场馆能够满足会展客体最基本的交易需求，会展客户就会愿意同这些会展主办者或场馆发生关系，乐于参加他们组织的会展活动，会展客户也会利用这样的机会一方面与主办者建立联系，另一方面也同其他同行保持联系。这一阶段的会展客户关系还是一种相当肤浅的商业关系。在关系信任阶段，会展客户的更高层次的需求开始得到满足，这时的客户关系已经发展到相互信任和相互合作阶段。随着会展主办者对会展客户的逐步了解，会展主办者总能通过会展活动在产品和服务的提供上更大程度地满足会展客户的需求，并能依据客户现有的需求预测未来的需求，使会展主体与客体的关系长期处于信任和合作阶段。如果会展主体不能及时创新满足客户不断变化的需求，那么，参展商和观众对会展就会由信任而改变为不信任，会展客户关系就开始弱化。一旦客户与会展的关系开始弱化，而会展企业也不及时采取措施，那么会展客户关系就会继续弱化并逐步消失。巩固客户关系其实也就是对会展客户关系信任阶段的不断延长。巩固客户关系可以采取以下策略。

（一）追踪客户需求并不断满足

追踪客户需求是企业营销工作的起点和工作重点，只有不断满足客户的需求，才能取得他们的长期信任。不同的企业需求也会存在很大差异，需要会展企业有针对性地去满足。客户也有很多种类，不同的客户对企业的长期发展所起的作用也大有不同，所以对不同的客户企业可以采取不同的关系发展策略，不同程度地去满足这些客户的需求。比如，对于战略客户，由于该类客户对企业的长期发展具有重大影响，企业应该投入足够的资源与其建立长期、密切的客户联盟关系，加强企业的市场营销战略，追踪这些客户的需求变化并不断满足；对于主要客户，由于他们是企业利润的主要来源，应与其发展长期、稳定的学习型关系，企业应为长期的互利发展投入较多的资源，利用各种有效方式去追踪这类客户的需求变化并不断满足。而要追踪客户需求，可以通过很多方式，比如直截了当地发问、座谈会、调查表、电话访问等都可以捕捉到客户信息。对于会展企业来说，了解追踪客户信息并不是最重要的，最重要的是根据这些客户需求付诸行动，真正地去满足客户需求，从而向二者之间的长期相互信任的关系迈进。

（二）关注参展商和观众的参展效益

对于参展商和观众来说，能够通过参展获得效益才是他们真正所追求的。如果参展商不能通过会展取得预期收益，他们与会展企业的关系就很难维持，会展企业的客户就会减少，市场就会萎缩。所以，会展企业要想从根本上留住客户，首先应该关心的就是客户在此次会展上的交易情况，所取得的经济效益和社会效益如何，从而有效组织专业观众，增加参展商和专业观众的成交额，提高双方的参展效益。关注参展商和观众的参展效益是巩固客户关系的最直接的途径。

（三）不断丰富员工知识，提高服务质量和服务技能

会展活动的组织需要很多员工的参与，这些员工会负责整个会展活动的安排、相关配套服务的协调、会展活动的市场营销等。而这些员工要想很好地组织会展活动，需要在展前掌握很多专业知识，包括对本行业的市场状况的了解，本行业各企业的情况，政府的相关政策，以及对参展商的一些情况的掌握等。员工只有掌握了这些知识，才能为客户提供更好的和更高质量的服务，最大可能地去满足客户需求。

（四）进行展后客户满意度调查，并有效处理客户投诉

会展活动结束之后，会展组织者的工作并没有结束。会展企业要想赢得客户的信任和提升会展组织效率，还需要进行展后客户满意度调查。通过展后客户满意度调查了解会展活动组织的效果，了解参展客户的满意度。而要提高客户满意度，有效处理客户投诉也是必不可少的。有效处理客户投诉有助于会展企业留住老客户，并通过投诉了解到会展服务的不当之处，提升客户满意度。

通过以上这些策略的采取，使会展主体与会展客体之间能够相互依存、相互信任和相互尊重，彼此能从良好的关系中获得各自的收益，以合作态度解决双方之间的矛盾冲突。

三、实施客户忠诚策略

（一）客户满意与客户忠诚

客户满意是顾客对一种产品满足其需要的绩效与期望进行比较所形成的感觉状态。20世纪70年代成为企业的一种经营思想，其含义是企业的整个经营活动要以客户满意为中心，要从客户的角度、用客户的观点来分析和满足客户需求。会展企业可以通过对客户的期望和实绩进行比较评价，了解客户再次购买的意愿等来衡量客户满意度。会展参加者的满意程度直接影响到他们再次参展的意愿。为吸引参展商和观众再次来参加，会展主体必须对会展参展商和观众加强服务，提高他们参加会展的满意度。具体做到以下几点。

（1）充分了解客户参展的目的，尤其是不同参展商的特殊需求，以便为其提供相应的服务。

（2）对员工的服务质量和服务技能进行培训，使员工具有良好的职业修养、工作态度和全面的专业知识，从而可以全方位地为参展商服务。

（3）要为参展商和观众提供全方位的服务。

（4）在会展结束后，对参展商和客户进行满意度调查，了解会展客户对会展各项指标的综合评价。

（5）有效处理客户投诉。客户满意还是客户忠诚的前提和基础，只有客户满意了，才会有进一步的客户忠诚。

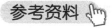

如何提高客户满意度

客户关系管理本身并不能唤起客户对产品及服务的热情，客户需要的是迅速、简洁、可靠并有价值的服务。

今天，客户满意度、忠诚度、终身价值三者之间的直接联系已得到广泛宣传，然而企业在倾听客户所需并且反馈这些方面所做的却是那样少。

当我们考虑客户关系管理的评估方法时，总是采用调查，或者通过电话来了解客户对上次沟通经历的感受。大多数企业的调查都采用这两种方法。通常他们会简单记录下反馈的大致信息，但往往不能据此采取实际行动。

事实上，对大多数服务性机构而言，能有一种更好的方法来培养客户满意度。客户将会告诉你长久以来他们一直期望的，而你要做的只是去收集、分析、理解、当然最后还要付诸实施。

有许多被公认为优秀的企业，以亚马逊公司为例，尽可能收集日常与客户间的联络信息（而很多企业只是关注投诉）。他们称之为接触分析。其目的在于了解客户关系中的哪个环节出了错，找出问题的根源并系统地、依据事实地进行解决。

由 Limebridge 与 BUDD 联合开展的一项针对英国企业的调查发现：77%的企业并不认为自己提供给客户的服务是简洁而又迅速的。大部分问题出在收集并利用客户意见，以及商业协作环节上的不足。

下面是一套提高客户满意度的封闭流程。它基于假设这些优秀公司都能持续、正确地理解客户服务的基础。

（1）倾听客户的声音。不仅是在调查或者受到投诉的时候，而应是每时每刻——所有与客户间的日常接触。

（2）对客户反映的事实负责并且采取行动。当客户对账单存有疑问时，要将它作为一次客户关系恶化的情况来处理——因为你缺乏与客户间的良好沟通！

（3）集中关注并把资源放在那些对客户有影响的项目上，从而达到提供更简单，快捷和有价值的服务。要找出深层次的原因，而不是表面现象。

（4）利用一套共同的指标来量度不同的项目成效。这些指标必须从客户立场出发。假如一段时间内客户对账单的质询大量减少，说明你们之间的沟通改善了（客户满意度也同样如此）。

（5）协调部门之间的商业协助能帮助有关员工处理客户关系，要系统化地做出即时性的协作，而不是交换。

（6）追踪所发生的一切——找出你在客户工作中作产生的作用。这需要依据对于趋势的判断来进行适当调整，而不是单次记录下满意度调查得来的反馈内容。同样，还需要在整个流程，跨部门的协调。

（7）回到第（1）条，重新开始。确保倾听客户声音并付诸实施的行动是一个受激情与毅力共同推动着的过程。

（资料来源：根据相关资料整理得到。）

（二）客户忠诚策略

会展企业得益于客户的忠诚行为，而这种行为源于他们的心态。忠诚也是一种相对而言的心态，它排除对其他一些会展组织者的忠诚，但并不是排斥所有其他组织者，比如一名客户可以对一个以上、但彼此相竞争的供应商保持忠诚。

1. 会展客户忠诚价值

会展客户忠诚价值主要体现在以下几个方面。

（1）忠诚客户的宣传　忠诚客户的口头宣传对其他客户的影响是比较大的。忠诚客户不仅自己会重复购买，还会为会展企业作口头宣传，影响其他客户的购买决策。忠诚客户的宣传要远比会展企业的其他促销手段更具说服力。

（2）较低的价格敏感度　忠诚的客户对会展企业提供的产品和服务的价格敏感度较低，他们愿意为会展服务支付较高的价格，他们认为较高的价格能够获得相对应的较好的会展服务。

（3）能够获得更多的有关参展商和观众信息资源　参展商希望获得更多的有关观众尤其是专业观众的资源信息，通过这些专业观众的信息，参展商可以更大程度地去了解和掌握其消费者的需求，从而满足这些需求，获得更多的参展效益。观众也希望掌握更多的有关参展商的信息，能够以最小的成本从这些参展商当中找到适合自己的参展商，达成交易。所以，忠诚的客户能够为企业提供这些信息，从而为会展企业获得忠诚客户提供保证。

（4）展后信息反馈　忠诚的客户能够积极地向会展企业反馈信息，这类信息可能包括对会展服务提出的建议、意见以及客户需求等方面的信息。

2. 培育忠诚的会展客户

（1）寻找正确的忠诚目标客户　正确的忠诚目标客户就是那些愿意并且能够对会展企业忠诚，也能够为会展企业带来利润的客户。参展商有很多类别。不同的参展商带给企业的利益是不同的。比如，对于那些行业内有影响力、有价值的参展商，会展企业就应该尽可能地将其发展为忠诚客户和长期合作关系。而对于那些抱着只参加一届的目的的参展商，会展企业就不必投入太多的精力。总之，会展企业自身资源和能力有限，不可能将所有的参展商都发展为忠诚的目标顾客，可以有选择性地锁定忠诚目标客户，培育成忠诚客户。

（2）为会展客户提供满意的参展经历　客户满意是客户忠诚的前提，参展商和观众只有参展满意，才有可能参加下一次会展，才有可能对会展企业忠诚。当然，会展企业只有提供满意的会展服务，才能获得这种客户满意。

（3）加强与客户的情感联系　忠诚客户的培育离不开与客户的情感交流和联系。会展企业需要加强与客户的情感沟通，维持与客户较好的长期合作关系。比如，会展企业可以开展联谊工作，通过会员俱乐部等组织形式，加强与忠诚客户的联系，可以通过一定的途径，向会员无偿提供商业供求信息，为重点参展企业提供展览知识方面的服务，优先保证他们参加展览企业组织的各种培训等。为此，会展企业在展前、展中和展后都需要与客户进行情感沟通和交流，重视和加强与客户的情感联系，从而培育出忠诚的客户。

3. 维护与会展主要参展商和观众的关系

（1）了解、追踪主要参展商和观众的需求并不断满足　只有不断满足客户的需求，才能取得他们的信任和忠诚。会展企业应该首先了解并追踪主要参展商和观众的需求，并有针对性地加以满足。最有效的了解参展客户需求的方法就是直截了当地发问，而座谈会、调查表和电话访问等也都是捕捉客户信息的常用方法。由于客户的需求随着市场需求的变化也在不断发生变化，所以，对客户需求的调查和追踪也是企业长期工作的内容。了解客户需求是第一步，最重要的是在了解客户需求之后，想方设法地去满足这些需求。对于参展商和观众来说，他们也需要组展机构关心他们，与他们进行有效沟通，了解他们的需求，满足他们的需求。所以，会展组织者需要建立一种良好的沟通渠道，随时了解参展商和客户的需求，并根据他们的需求对会展进行定制化的调整。

（2）实施促销激励　实施促销激励是企业奖励忠诚顾客的最常用方式，如价格折扣、免费或低成本地促销产品和服务等，这些促销激励方式在会展中也很常见。香港会展中心承接大量会展业务，建立了自己广泛的客户关系，为了培育忠诚客户和维护与他们的关系，该中心采取了积分累计的措施。在客户档案中建立积分栏，按其一定时间内在中心参展的累计次数积分，积分达到不同数量时实行不同级别的奖励，即在缴纳展位租赁费用时享受不同的折扣，从而鼓励客户长期发展，形成客户忠诚，并长期维护与他们的关系。

（3）提供增值服务，给予特殊待遇　为企业的主要客户不断提供增值服务，给予特殊待遇，也是企业维持客户忠诚的有效举措。比如，组织参展企业培训班，就企业参展的有关问题请有关专家进行讲座，灌输新思想，转变旧观念，提高参展企业的参展效果，从而通过为他们提供获利帮助赢得并维护客户忠诚。只有帮助参展企业增加利润，节省开支，才能说会展企业在客户忠诚策略上取得了成功。

电子商务正在改变展览会的运营

在传统的工业经济中，一直是以产品为中心的卖方市场，营销的理念是：产品、价格、销售渠道、促销和服务，也就是4P＋S。在现代信息经济中，将是一个以客户为中心的买方市场。营销的理念是：客户需求、采用成本、为客户提供便利、与客户沟通和服务，也就是4C＋S。具体到展览会业务上，以前我们的出发点是：我们要办一个展览会即我们有一个产品（P），我们的展台售价是多少（P），我们要采取何种渠道把我们的展台卖给厂商（P），我们如何向厂商推销展台（P），如何向厂商提供服务（S），我们一直是站在自己的角度做展览会。而现在我们的出发点是：客户是不是需要参加这样的展览会（C），客户参加这样的展览会需要多少成本（C），我们如何为客户提供便利（C），我们如何与客户沟通（C），向客户提供更好的服务（S）。

展览是一个系统工程，要办好展会，首先要加强企业内部的管理ERP，规范企业的工作行为，有一个良好的执行机体。实行客户关系管理，突出4C理念，建立完善的数据库统计分析系统，实现招展自动化、网上订单系统和自动报价系统。实行供应链的管理就是将施工、运输、广告、旅游等配套单位有机地结合起来，更规范高效地为厂商服务。知识管理就是为了将员工积累的展览经验形成理论，实行FAQ系统，促进全员素质的提高。（资料来源：陈彤刚．电子商务正在改变展览会的命运．新浪网．展览世界。）

知识拓展

对CRM的六大技术要求

对CRM的主要技术要求主要是六个方面，一般包括分析信息的能力、对客户互动渠道进行集成的能力、支持网络应用的能力、建设集中的客户信息仓库的能力、对工作流进行集成的能力、与ERP进行无缝链接的能力。

CRM 的六个主要的功能和技术要求，具体如下。

1．信息分析能力

尽管 CRM 的主要目标是提高同客户打交道的自动化程度，并改进与客户打交道的业务流程，但强有力的商业情报和分析能力对 CRM 也是很重要的。CRM 系统有大量关于客户和潜在客户的信息，企业应该充分地利用这些信息，对其进行分析，使得决策者所掌握的信息更完全，从而能更及时地作出决策。良好的商业情报解决方案应能使得 CRM 和 ERP 协同工作，这样企业就能把利润创造过程和费用联系起来。

2．对客户互动渠道进行集成的能力

对多渠道进行集成与 CRM 解决方案的功能部件的集成是同等重要的。不管客户是通过 Web 与企业联系，还是与携带有 SFA 功能的便携电脑的销售人员联系，还是与呼叫中心代理联系，与客户的互动都应该是无缝的、统一的、高效的。统一的渠道还能带来内外部效率的提高。

3．支持网络应用的能力

在支持企业内外的互动和业务处理方面，Web 的作用越来越大，这使得 CRM 的网络功能越来越重要。以网络为基础的功能对一些应用（如网络自主服务、自主销售）是很重要的。一方面，网络作为电子商务渠道来讲很重要；另一方面，从基础结构的角度来讲，网络也很重要。为了使客户和企业雇员都能方便地应用 CRM，需要提供标准化的网络浏览器，使得用户只需很少的训练或不需训练就能使用系统。另外，业务逻辑和数据维护是集中化的，这减少了系统的配置、维持和更新的工作量，就基于互联网的系统的配置费用来讲，也可以节省很多。

4．建设集中的客户信息仓库的能力

CRM 解决方案采用集中化的信息库，这样所有与客户接触的雇员可获得实时的客户信息，而且使得各业务部门和功能模块间的信息能统一起来。

5．对工作流进行集成的能力

工作流是指把相关文档和工作规则自动化地（不需人的干预）安排给负责特定业务流程中的特定步骤的人。CRM 解决方案应该能具有很强的功能，为跨部门的工作提供支持，使这些工作能动态地、无缝地完成。

6．与 ERP 功能的集成

CRM 要与 ERP 在财务、制造、库存、分销、物流和人力资源等连接起来，从而提供一个闭环的客户互动循环。这种集成不仅包括低水平的数据同步，而且还应包括业务流程的集成，这样才能在各系统间维持业务规则的完整性，工作流才能在系统间流动。这二者的集成还使得企业能在系统间收集商业情报。（资料来源：http://www.itpub.net）

能力训练

21 世纪，以产品为导向的营销哲学将逐步转向以客户为中心、全方位满足客户需求的服务。在此背景下，会展企业的客户关系管理将从以往注重业务量的增长转向注重质的管理；会展企业 CRM 的研发方向将从降低成本提高效率转向开拓业务、提高客户忠诚度。概括而言，会展企业 CRM 的技术构建模块主要有以下五个部分：

（1）对现有参展商和观众进行分类管理；

（2）重新确定客户档案的内容和作用；

（3）运用现代信息技术，建立客户、市场信息处理系统；

（4）新一代的营销自动化工具将会格外关注客户价值，并且具有为 CRM 其他功能模块（特别是呼叫中心和门户网站）提供实时支持的能力；

（5）收集客户信息，提炼客户知识，建立以客户知识为导向的营销体系，从而为客户提供最佳的产品和服务。

根据以上所提供的资料以及自己收集的信息，分析以下问题。

1. 我国会展业目前的客户关系管理存在什么问题？

2. 如何建立真正意义上的客户关系管理系统？

3. 结合我国会展客户关系管理的现状，谈谈会展业 CRM 的发展方向。

 复习思考题

1. 简述会展客户关系管理的内涵。

2. 会展客户关系管理的内容主要有哪些？

3. 如何开发新客户？如何维持忠诚客户？

4. 试述会展客户关系管理的实施策略。

5. 讨论会展客户关系管理对会展企业的重要意义。

主要参考文献

[1] 孙明贵. 会展经济学. 北京：机械工业出版社，2006.

[2] 应丽君，曾华. 会展场馆管理. 北京：机械工业出版社，2008.

[3] 唐少清，魏士洲. 会展运营管理. 北京：机械工业出版社，2007.

[4] 刘勇，蒋兆峰. 会展服务与管理. 北京：化学工业出版社，2008.

[5] 马勇，冯玮. 会展管理. 北京：机械工业出版社，2006.

[6] 张晓娟. 会展概论. 大连：东北财经大学出版社，2008.

[7] 刘大可，王起静. 会展活动概论. 北京：清华大学出版社，2004.

[8] 张艳玲. 会展管理. 北京：清华大学出版社，2009.

[9] 胡平. 会展管理. 北京：高等教育出版社，2004.

[10] 丁萍萍. 会展实务. 北京：高等教育出版社，2004.

[11] 谭红翔. 会议运营管理. 重庆：重庆大学出版社，2007.

[12] 刘勇. 会展服务与管理. 北京：化学工业出版社，2012.

[13] 许传宏. 会展策划. 上海：复旦大学出版社，2005.

[14] 阎蓓，贺学良. 会展策划. 北京：高等教育出版社，2005.

[15] 王春雷，陈震. 展览会策划与管理. 北京：中国旅游出版社，2006.

[16] 丁霞，张晓娟. 会展策划与管理. 北京：高等教育出版社，2006.

[17] 任国岩，骆小欢. 会展组织与管理. 北京：高等教育出版社，2004.

[18] 牟红. 会展服务管理. 北京：机械工业出版社，2007.

[19] 胡平. 会展营销. 上海：复旦大学出版社，2005.

[20] 许传宏. 会展服务与现场管理. 北京：中国人民大学出版社，2008.

[21] 唐少清. 现代会展操作实务与案例. 北京：清华大学出版社，北京交通大学出版社，2008.

[22] 卢小金等. 会展策划. 大连：东北财经大学出版社，2008.

[23] 向国敏. 会展实务. 上海：上海财经大学出版社，2005.

[24] 李辉. 参展企业实务. 北京：对外经济贸易大学出版社，2007.

[25] 刘松萍. 会展营销与策划. 北京：首都经贸大学出版社，2006.

[26] 程爱学，徐文锋. 会展全程策划宝典. 北京：北京大学出版社，2008.

[27] [美] JeAnna Abbott，[美] Agnes DeFranco，王向宁. 会展管理：中文版. 北京：清华大学出版社，2004.

[28] 胡平. 会展管理. 上海：华东师范大学出版社，2007.

[29] 郑彬. 会展策划. 北京：中国财政经济出版社，2008.

[30] 华谦生. 会展策划. 杭州：浙江大学出版社，2014.

[31] 毛金凤，韩福文. 会展营销. 北京：机械工业出版社，2006.

[32] 王春雷. 会展与节事营销. 北京：中国旅游出版社，2010.

[33] 丁建石. 客户关系管理. 北京：北京大学出版社，2006.

[34] 王保伦. 会展经营与管理. 北京：北京大学出版社，2006.

[35] 李爽. 从会展业和旅游业的关系看我国会展旅游的发展. 福州：亚太经济社，2004，(3).

[36] 王春雷. 展览会出售攻略. 中国展览，2005，(10).

[37] 李明伟. 关于会展业发展的思考与对策. 理论观察，2007，(5).

[38] http://www.henan.gov.cn

[39] http://www.expo-china.com

[40] 中国经济网、厦门经贸信息网、中国国际工业博览会和东北亚博览会等相关网站.